Das große Handbuch der Strategieinstrumente

Das große Handbuch der Strategieinstrumente bietet eine Gesamtschau der wichtigsten Werkzeuge, die für die Strategie eines Unternehmens oder für einzelne seiner Geschäftseinheiten notwendig sind. Es werden alle Instrumente behandelt, die Unternehmensmanager kennen müssen. Die einzelnen Anwendungen werden kurz und solide zusammengefasst. So ist ein unverzichtbares Handbuch für jeden Wirtschaftspraktiker entstanden.

Prof. Dr. Hermann Simon ist Vorsitzender der Geschäftsleitung von Simon, Kucher & Partners in Bonn, München, Paris, Zürich, Tokio und Cambridge/Massachusetts sowie Gastprofessor an der London Business School. Er ist regelmäßiger Kolumnist im Manager Magazin. Bei Campus erschienen von Prof. Simon *Die heimlichen Gewinner*, *Profit durch Power-Pricing*, *Das große Handbuch der Strategiekonzepte* sowie *Geistreiches für Führungskräfte*.

Dr. Andreas von der Gathen ist Unternehmensberater bei Simon, Kucher & Partners.

Hermann Simon, Andreas von der Gathen

Das große Handbuch der Strategieinstrumente

Werkzeuge für eine erfolgreiche Unternehmensführung

Campus Verlag
Frankfurt/New York

Bibliografische Information der Deutschen Nationalbibliothek:
Die Deutsche Nationalbibliothek verzeichnet diese Publikation in der Deutschen Nationalbibliografie. Detaillierte bibliografische Daten sind im Internet unter http://dnb.d-nb.de abrufbar.
ISBN 978-3-593-36993-8

Umschlaggestaltung: Init GmbH, Bielefeld
Satz: Publikations Atelier, Dreieich
Druck und Bindung: Druckhaus »Thomas Müntzer«, Bad Langensalza
Gedruckt auf säurefreiem und chlorfrei gebleichtem Papier.
Printed in Germany

Besuchen Sie uns im Internet: www.campus.de

Inhalt

2. Instrumente zur Strategie von Geschäftseinheiten

Vorwort

Vor zwei Jahren erschien bei Campus *Das große Handbuch der Strategiekonzepte*. Konzepte und Instrumente der Strategie stehen zwangsläufig in einem engen Zusammenhang. Insofern können beide Bücher zusammen genutzt werden. Während Erstere die grundlegenden Ideen und Ansatzpunkte von Strategie betreffen, dienen die Instrumente der konkreten Ausfüllung und Verwirklichung von Strategie. Sie sind die Werkzeuge, mit deren Hilfe der Stratege sein Handwerk ausführt.

Strategie ist die Kunst und die Wissenschaft, alle Kräfte eines Unternehmens so zu entwickeln und einzusetzen, dass ein möglichst profitables, langfristiges Überleben gesichert wird. Diese Definition gibt erste Hinweise darauf, ob ein Instrument als strategisch anzusehen ist oder nicht. Dennoch bleibt die Auswahl schwierig und nicht frei von Willkür. Mancher Leser wird insofern das eine oder andere Instrument vermissen oder, umgekehrt, aufgenommene Instrumente nicht als strategisch ansehen. Dieses Urteil hängt vom jeweiligen Standpunkt ab. Wir waren bemüht, einerseits eine Abdeckung der wichtigsten Instrumente zu erreichen, andererseits ein Ausufern zu vermeiden. Auf diesem Mittelweg sind wir zu der beachtlichen Zahl der in diesem Buch vorgestellten Instrumente gelangt.

Das Gebiet der Strategie gehört zu den innovativsten der Betriebswirtschaftslehre. Die meisten Strategiekonzepte und -instrumente sind in den vergangenen 30 Jahren entstanden. Manche bauen auf älteren Grundideen auf, haben jedoch im Strategiekontext einen neuen Namen erhalten. Viele strategische Neuerungen erweisen sich als kurzlebige Moden; auf deren Einbeziehung haben wir verzichtet. Dauerhafte Substanz und Bedeutung waren die Kriterien für die Aufnahme eines Instrumentes in dieses Buch.

Gemeinsam ist allen Instrumenten, dass sie im Sinne der obigen Strategiedefinition zum Überleben des Unternehmens beitragen, indem sie die Wettbewerbsfähigkeit, den Kundennutzen, den Shareholder-Value und die Bewältigung der Zukunft fördern. Diese gleich geartete Zielrichtung bedingt aber auch, dass es zwischen den Instrumenten Überlappungen gibt. Wir waren bemüht, jedes einzelne Instrument möglichst eigen- und vollständig darzustellen. Die Lektüre eines Beitrags soll den Leser mit dem jeweiligen Instrument vertraut machen, ohne dass er auf andere Beiträge rekurrieren muss. Diese Zielsetzung hat zur Folge, dass sich kleinere Überschneidungen zwischen den einzelnen Beiträgen nicht vermeiden ließen. Ohnehin wird man dieses Buch nicht von Anfang bis Ende lesen, sondern es eben wie ein Handbuch nutzen, mit dessen Hilfe man sich bei Bedarf zu einem Instrument kundig macht. Vielleicht hilft die eine oder andere Überschneidung sogar, Zusammenhänge zu erkennen, und trägt so zu einem gesamthaften Verständnis von Strategie bei.

Primäre Zielgruppe für das Buch sind Führungskräfte aller Funktionen, die sich mit strategischen Fragestellungen befassen. Jeder Manager und Unternehmer sollte mit den wichtigsten Instrumenten der Strategie vertraut sein und sie anwenden können. Auch Studenten und Forscher sind angesprochen. Zwar liegt unser Schwerpunkt auf Praxis und Anwendung, doch gerade in dieser Hinsicht besteht in der akademischen Lehre und Forschung großer Wissensbedarf. Dieses Buch ist das Werk eines Autorenteams von *Simon, Kucher & Partners*. Insofern fließt ein breites Spektrum von Erfahrungen, Perspektiven und Meinungen in die Darstellungen ein. Wir danken unseren Kollegen und Mitarbeitern sehr herzlich für ihre Beiträge, die Mühe und die Zeit, die sie als Autoren investiert haben. Dem Leser wünschen wir, dass er in kompakter Form eine schnelle und kompetente Aufklärung zu den wichtigsten Strategieinstrumenten findet.

Bonn und Boston, im Herbst 2002

Hermann Simon
Andreas von der Gathen

Einführung

Bei der Gliederung des vorliegenden Buches unterscheiden wir nach Instrumenten für die Strategie des Unternehmens sowie Instrumenten für die Strategie von Geschäftseinheiten. Diese Abgrenzung lässt sich nicht immer scharf vollziehen, da manche Instrumente auf beiden Ebenen eingesetzt werden können. Auch strategische Geschäftseinheiten sind ja oft wie »kleine« Unternehmen aufgestellt, mit Untereinheiten, Produkten, Teilmärkten. Beim Thema Kundenbindung kann man sich beispielsweise darüber streiten, ob es primär darum geht, den Kunden an ein Produkt zu binden, oder ob er im Sinne eines bereichsübergreifenden Cross-Selling an das Unternehmen als Ganzes gebunden werden soll. Der Leser wird für seinen spezifischen Fall zu entscheiden wissen, auf welcher Ebene er ein bestimmtes Instrument einsetzt.

Innerhalb der beiden Blöcke teilen wir jeweils in analysebezogene sowie umsetzungsbezogene Instrumente ein. Auch hier ist die Trennung nicht immer eindeutig vollziehbar, da viele Instrumente beide Elemente enthalten. Die Schwerpunkte liegen jedoch unterschiedlich: Analysebezogene Instrumente haben Planungscharakter, sind tendenziell eher quantitativ und eindeutiger strukturiert. Die umsetzungsbezogenen Instrumente sind stärker auf Führung ausgerichtet, haben eher qualitative Merkmale und zielen oft auf die inneren Mechanismen eines Unternehmens – ein typisches Beispiel ist Wissensmanagement.

Alle Beiträge weisen durchgängig einen einheitlichen Aufbau auf. Nach einer kurzen einführenden Gesamtsicht folgt ein Abschnitt zu *Definition und Zielsetzung* des Instrumentes. Im Abschnitt *Darstellung* wird das Instrument inhaltlich beschrieben und diskutiert, dabei werden häufig Grafiken, die in der Strategie eine große Rolle spielen, zur Illustration herangezogen. Ein dritter Abschnitt, mit *Umsetzung* überschrieben, behandelt die Anwendung. Durchgängig streben wir Praxisnähe und -relevanz an.

	Analysebezogene Instrumente	**Umsetzungsbezogene Instrumente**
Instrumente für die Strategie des Unternehmens	• Vision • Geschäftsdefinition • Portfolio-Analyse • Kompetenz-Mapping • Wertkettenanalyse • Szenario-Analyse • Organisatorische Fit-Analyse • Konkurrenzaufklärung	• Optionenauswahl • Supply Chain Management • Instrumente des Qualitätsmanagements • Instrumente des Wissensmanagements • Instrumente für das Outsourcing • Balanced Scorecard • Investor Marketing • Polaritätsmanagement
Instrumente für die Strategie von Geschäftseinheiten	• Strategische Geschäftsfeld-Analyse • Comstrat-Analyse • Benchmarking • SWOT-Analyse • Erfahrungskurven-Analyse • Lebenszyklus-Analyse • Brand-Equity-Analyse • Analyse des Kaufverhaltens	• Value-to-Customer • Marktsegmentierung • Instrumente des Produkt-Bundling • Instrumente des Pricing • Instrumente der Marktkommunikation • Instrumente der Distribution • Decision-Support-Systeme • Kundenbindungsmaßnahmen

Abbildung 1: Überblick zu den sich ergebenden vier Kategorien

Es ist uns wichtig, darauf hinzuweisen, dass die Instrumente das eigene strategische Denken nicht ersetzen, sondern nur unterstützen können. Sie dürfen nicht als Patentlösungen für standardisierte Probleme missverstanden werden. Strategie zeichnet sich gerade dadurch aus, dass eigenständiges, kreatives Denken unverzichtbar ist. Die schematische Anwendung eines Instrumentes und die Imitation der Konkurrenz führen nie zur Überlegenheit im Wettbewerb. Ein Vergleich mit der Kunst beleuchtet das Problem: Auch dort verfügen alle Maler oder Bildhauer im Wesentlichen über die gleichen Werkzeuge. Was sie daraus machen, ist allerdings sehr unterschiedlich. Notwendige, aber keineswegs hinreichende Bedingung für Meisterschaft ist, dass man die Instrumente kennt und sie beherrscht. Danach erst kann die hinreichende Bedingung wirksam werden: die kreative und problemadäquate Anwendung dieser Instrumente. Für diese Anwendung ist die Einsicht entscheidend, dass jedes Unternehmen seinen eigenen Weg finden und gehen muss. Es muss wissen, was es will, muss seine Stärken und Schwächen ergründen, die Kunden und die Wettbewerber verstehen und aus diesen Erkenntnissen die richtigen Schlussfolgerungen für die Umsetzung ziehen.

Aus diesem Grunde gibt es auch nicht den standardisierten oder den optimalen »Instrumentenkasten«. Wir raten nicht dazu, alle Instrumente, die in diesem Buch dargestellt werden, im Unternehmen einzuführen. Vielmehr sollte man sorgfältig auswählen. Einige wird man generell und regelmäßig einsetzen, andere nur selektiv und bei Bedarf, auf manche wird man verzichten. Die Auswahl fällt dabei von Unternehmen zu Unternehmen unterschiedlich aus. Denn jede Firma befindet sich im Hinblick auf Produktportfolio, Lebenszyklus, Kundenstruktur und Konkurrenz in einer anderen Situation. Mit Klugheit und Bedachtsamkeit ausgewählt, werden die Instrumente eine große Hilfe für die Entwicklung und Umsetzung von Strategie bieten.

1.
Instrumente zur Strategie des Unternehmens

1.1 Analysebezogene Instrumente

Vision

Die Vision bildet ein grundlegendes Instrument der strategischen Führung und Umsetzung. Es geht darum, eine Vorstellung darüber zu entwickeln, wie das Unternehmen in Zukunft aussehen soll. Eine Vision ist dabei nichts Nebulöses oder Illusionäres, sondern eine Sammlung von Aussagen, die eine schwierige Balance zwischen scheinbaren Widersprüchen anstreben sollte. Sie muss Ziel und Richtung vorgeben, soll langfristig sein, aber dennoch nicht auf den St. Nimmerleinstag vertrösten. Qualitative wie quantitative Elemente sollten in ihr enthalten sein. Sie muss herausfordernd genug sein, um große Energien freizusetzen, darf aber nicht Ziele postulieren, die von zu vielen Betroffenen als unrealistisch und unerreichbar angesehen werden. Die Visionsentwicklung geht zwar von der Unternehmensspitze aus, sollte jedoch die Mitarbeiter einbeziehen, um Akzeptanz und »subjektiven« Realismus zu gewährleisten.

Diese Forderungen verdeutlichen, dass die Entwicklung einer Vision keinem Standardmuster folgen kann, sondern die Eigentümlichkeiten des jeweiligen Unternehmens sorgfältig beachten muss. Es geht gerade darum, das Besondere, die Ecken und Kanten eines Unternehmens und seiner Kultur in eine griffige Form zu bringen, die sich für die Kommunikation eignet und mit der sich die Mitarbeiter identifizieren. Eine Vision hat nicht nur Bedeutung nach innen, sondern kann auch eine wichtige Botschaft für Kunden und insbesondere Investoren bilden.

Definition und Zielsetzung

Vision, Mission, Leitbild und ähnliche Begriffe treten im Kontext von Strategie immer wieder auf. Unseren Erfahrungen zufolge werden mit diesen Termini unterschiedliche Inhalte, Zwecke und Ziele verbunden. Es gibt keine genaue Abgrenzung, und wir halten eine solche auch nicht für sinnvoll, da jedes Unternehmen eine ihm eigene und gemäße Behandlung dieser Fragen finden muss. Die Formulierung einer Vision darf auf keinen Fall nach einem Standardverfahren erfolgen, etwa in dem Sinne, dass sie die Aspekte A, B, C gemäß einer Checkliste abarbeitet, sondern die Führungskräfte müssen ergründen, was genau die Besonderheiten sind, die das Unternehmen im Kern ausmachen. Ein Test für eine gute Vision besteht darin, dass das Unternehmen auch dann noch erkennbar sein sollte, wenn man den Namen weglässt.

Diese Eigentümlichkeit bedenkend, schlagen wir folgende Definition – besser wäre vielleicht »Umschreibungen« – vor. *Vision* ist einfach eine Vorstellung davon, wie das Unternehmen in der Zukunft aussehen soll. *Vision* muss Ziel und Richtung vorgeben sowie qualitativ und zeitlich über das Tagesgeschäft hinausgehen. Vor allem muss eine *Vision* kommuniziert, vorgelebt und durchgesetzt werden. Aufgrund der letztgenannten Forderung sehen wir in der Vision vor allem ein Instrument der strategischen Führung und Umsetzung. *Vision* dient weniger der Analyse oder Planung, sondern ihr Hauptzweck besteht darin, dem Unternehmen und seinen Mitarbeitern Ziel und Richtung vorzugeben. *Vision* kann in diesem Sinne ein höchst effektives Führungsinstrument sein.

Die strategischen Ressourcen des Unternehmens können nur dann zielgerichtet eingesetzt werden, wenn klar ist, wohin die Reise gehen soll. Nur dann werden die richtigen Dinge getan, ziehen die Mitarbeiter an einem Strang und in derselben Richtung, agiert das Unternehmen als Einheit und nicht als konfuser Haufen. Es gibt, um mit Wilhelm von Oranien zu sprechen, keinen günstigen Wind für den, der nicht weiß, wohin er segeln will. Die Bedeutung dieser Aspekte wächst, da das Gewicht strategischer, nicht auf das Alltagsgeschäft bezogener Aktivitäten in den meisten Unternehmen zunimmt. Hierzu zählen zum Beispiel Forschung und Entwicklung, Personalentwicklung, Aufbau dauerhafter Wettbewerbsvorteile, der Übergang vom Produktions- zum Serviceunternehmen oder die internationale Expansion. Um die Ressourcen für solche langfristig orientierten Maßnahmen effektiv zu steuern, müssen klare Vorstellungen über die Zukunft und die Position des Unternehmens in dieser Zukunft bestehen. Nichts anderes ist Vision!

Demgegenüber beschreibt Mission den engeren Zweck des Unternehmens und kann folglich als eine Komponente von Vision angesehen werden. Beim Missionstatement geht es meist um eine griffige, kompakte

Formulierung, die Mitarbeitern, Kunden, Aktionären und anderen Zielgruppen in einem Satz oder Slogan kommuniziert, wozu das Unternehmen da ist. Bei der Mission steht also die knappe, kommunikationswirksame Formulierung im Vordergrund. Der Inhalt des Missionstatements wird durch die Vision vorbestimmt. Beide werden insofern in ein und demselben Prozess erarbeitet.

Der Ausdruck Leitbild ist weniger eindeutig definiert, gelegentlich wird er in ähnlichem Sinne wie Vision verstanden, häufig bezieht er aber auch explizit Aussagen etwa zu Unternehmenskultur, Umgang mit Mitarbeitern oder Führungsstil ein. Solche Inhalte können jedoch auch Gegenstand einer erweiterten Visionsformulierung sein. Wie gesagt, es geht nicht um eine genaue Abgrenzung dieser Begriffe, sondern darum, dass die Unternehmensleitung ausdrückt, wohin man will, was der Zweck der Tätigkeit ist und welche die zugrunde liegenden Werte sind.

Der große Managementlehrer Peter Drucker beschreibt in dem folgenden Zitat, das auch den Zusammenhang mit der Unternehmenskultur verdeutlicht, eindrücklich den letztendlichen Zweck der hier diskutierten Konstrukte: »Jede Unternehmung braucht einfache, klare und sie zusammenhaltende Ziele. Diese müssen leicht verständlich und herausfordernd genug sein, um eine gemeinsame Vision zu begründen. Wenn wir heute so oft über Unternehmenskultur sprechen, dann meinen wir damit in Wirklichkeit das die ganze Unternehmung durchziehende »Commitment«, das Eingeschworensein auf gemeinsame Ziele und Werte. Diese Ziele müssen von den Unternehmensführern ausgedacht, verkündet und vorgelebt werden.«

Die Vision darf niemals losgelöst vom Unternehmen gesehen werden. Eine Vision muss zur Geschichte, zur Kultur, zur Identität des jeweiligen Unternehmens passen. Alle diese Konstrukte sind interdependent, eine einseitige Abhängigkeit existiert nicht. Vision und Kultur müssen zudem dynamisch sein. Die Vision darf nicht zum Dogma werden, sondern sie ist unter Berücksichtigung der Markt- und Technologiedynamik in angemessenen Zeitabständen zu überprüfen und fortzuentwickeln.

Darstellung

Wie bereits angedeutet, hat eine Vision zahlreiche Dimensionen. Diese sind in Abbildung 2 stichwortartig zusammengefasst.

Die vielen Dimensionen der Vision
• Ziel- und Richtungscharakter • Über den Tag hinaus – qualitativ: nicht nur graduelle, sondern gravierende Änderungen – zeitlich: genügend weit voraus, typischerweise 5-10 Jahre, oft auch länger • Zwischen Utopie und Realität – Motivation durch ausreichende Herausforderung – Glaube, dass gerade noch machbar • Kommunikation: Voraussetzung für Umsetzung • Vorleben durch die Führung: Nur dann glaubt die Mannschaft an die Vision • Personifikation: Idealerweise personifiziert die Führung die Vision

Abbildung 2: Die vielen Dimensionen der Vision

Der Horizont einer Vision sollte zeitlich und qualitativ über den Tag hinausreichen. Meistens beträgt der Visionshorizont fünf bis zehn Jahre, in eigentümergeführten Unternehmen ist er auch deutlich länger. So sagte uns der Gründer eines weltmarktführenden Unternehmens, das heute mehr als drei Milliarden Euro Umsatz erzielt: »Meine Vision geht über Jahrzehnte, dadurch komme ich zu anderen Entscheidungen als unsere kurzfristig orientierte Konkurrenz. Die Grundlagen unserer heutigen Überlegenheit wurden vor 20 Jahren gelegt, und heute bauen wir an unserer Wettbewerbsposition für das Jahr 2015.« Dem stehen als Negativbeispiele Unternehmen gegenüber, die etwa in neue Geschäftsfelder diversifizieren und diese kurze Zeit später wieder verlassen.

Das Fehlen einer klaren Vision bildet in vielen Unternehmen eine Schwachstelle.

Die meisten Firmen werden zu sehr aus dem Alltagsgeschäft heraus, also »reaktiv« gesteuert. Technik und Verkauf beispielsweise haben unterschiedliche Auffassungen von Markt und Wettbewerb und können sich nicht auf eindeutige Prioritäten einigen. Manager, die an bewährten Erfolgsrezepten festhalten, stehen gegen Veränderer, die nach neuen Spielregeln suchen. Vor einer gemeinsamen Prioritätensetzung drückt man sich. Es ist klar, dass unter solchen Umständen nur eine diffuse, ungefestigte Unternehmenskultur entstehen kann und häufige Richtungswechsel vorkommen. Zu wenig Zeit und Energie werden auf die Klärung grundlegender Fragen verwandt. Den folgenden Ratschlag des Psychologen Thomas Harris sollte sich jeder Manager ins Stammbuch schreiben: »Man muss sich Zeit nehmen für wichtige Entscheidungen in Grundfragen. Das macht zahlreiche kleine Entscheidungen überflüssig. Der erhöhte Zeiteinsatz bei den großen Dingen wird mehr als eingespart bei den zahllosen kleinen Entscheidungen, für die die Antworten dann klar sind.« Eine solide Vision erspart insofern viele zeitraubende Einzeldiskussionen und -entscheidungen.

Neben der Zielausrichtung besteht der wichtigste Effekt einer Vision in der Freisetzung von Motivation und Energie. Visionen, mit denen sich die Mitarbeiter identifizieren, die sie mittragen, verleihen der Arbeit Sinn und Ziel, entfalten eine normative Kraft. Es entsteht eine Gravitation, die das ganze Unternehmen mitzieht. Antoine de Saint-Exupéry umschreibt dies plastisch: »Wenn du ein Schiff bauen willst, dann trommle nicht Männer zusammen, um Holz zu beschaffen, Aufträge zu vergeben und Arbeit zu verteilen, sondern lehre sie die Sehnsucht nach dem weiten, endlosen Meer.« Die Mitarbeiter wollen eine Vision. Eine gute Vision erwächst aus einer delikaten Balance zwischen Realitätssinn und Utopie. Sie darf einerseits nicht so utopisch sein, dass die Mitarbeiter nicht an sie glauben, sie sollte andererseits ausreichend utopisch sein, um wirklich herauszufordern und Energien zu mobilisieren. Vision ist das gerade noch Machbare!

Vision ist ein wohlklingendes Wort, bei dem sich Assoziationen zu großen Unternehmern oder bahnbrechenden Innovationen aufdrängen. Doch 90 Prozent der Geschäfte sind banaler Natur, erwachsen aus kleinen, wenig spektakulären Verbesserungen. Welche Rolle spielen Visionen in solchen Fällen? Gibt es überhaupt Visionen, wenn man Holzschrauben, Lkws oder Mineralwasser vermarktet? Vielleicht ist eine Vision hier noch wichtiger als bei großen Durchbrüchen, da Letztere oft eine starke Eigendynamik entfalten und genügend inhärentes Motivationspotenzial besitzen. Es ist schwieriger, aber nicht unmöglich, bei scheinbar banalen Geschäften eine inspirierende Vision zu finden. Beispiele wie die Swatch, die letztlich nur eine Uhr ist, der Einzelhändler

Aldi, der alltägliche, wenig prestigeträchtige Produkte verkauft, oder Ryanair, letztlich nicht mehr als eine Billigfluglinie, belegen dies. Auch bei einfachen Produkten kann man der Beste sein!

Nachdem die Funktionen der Vision und ihre ausschlaggebende Bedeutung für die Schaffung und Sicherung des langfristigen Unternehmenserfolges herausgearbeitet ist, geht es nun um die Frage, welche Kerninhalte Visionen im Einzelnen aufweisen können.

Im Grundsatz lassen sich sechs Visionsinhalte unterscheiden. So können Visionen erstens neue Technologien propagieren: In diese Kategorie fallen Visionsinhalte wie die von Microsoft, Polaroid, Pharmainnovationen, der Einsatz der Lasertechnik in Werkzeugmaschinen oder die Magnetbahn.

Zum Zweiten können neue Märkte und die Nutzung neuer Distributionskanäle im Mittelpunkt der Vision stehen. So sind die Visionen der Gründer von Internet-Unternehmen weniger auf die Technologie als auf die Schaffung neuer Märkte, die Etablierung innovativer Informations- und Distributionskanäle für Produkte und Wissen gerichtet. Dazu zählen AOL, Amazon oder Ebay.

Als dritte Visionsart sind »Imperiale« oder Eroberungsvisionen anzuführen: Sie bieten sich an bei regionaler Expansion, beim Eintritt in neue Marktsegmente, Streben nach Marktführerschaft und Schmieden von Konzernen. Als Beispiele seien Rolf Breuers Vorstellungen zur Rolle der Deutschen Bank im künftigen globalen Wettbewerb und die Vision Jürgen Schrempps von DaimlerChrysler als einem weltumfassenden Autokonzern genannt.

Attraktiv sind – viertens – Visionen, die sich auf die Erzielung der Führerschaft bei Qualität, Service oder Kosten richten: Mitarbeiter identifizieren sich gerne mit Visionen, die die Position des Besten, Ersten, Freundlichsten oder Schnellsten anstreben. Niemand ist gerne Mittelmaß. Porsche, Ferrari oder Miele passen in dieses Muster.

Des Weiteren kann der Nukleus einer Vision im Überholen oder Einholen eines Konkurrenten bestehen: Kaum etwas motiviert stärker als der Kampf gegen einen starken Gegner. Pepsi-Cola war von der Idee, Coca-Cola zu schlagen, regelrecht besessen. AVIS machte das Ziel, den Marktführer Hertz auszustechen, in Form des »We try harder« zum Unternehmensmotto. Die Herausforderung, den Erzrivalen Daimler einzuholen, beflügelte BMW. Ryanair und andere No-Frills-Airlines beziehen Energien daraus, dass sie die Giganten der Luftfahrt wie Lufthansa oder British Airways angreifen.

Nicht zuletzt stellt auch die Mitarbeiterorientierung einen gewichtigen Visionsinhalt dar: Unternehmen, in denen Wohlergehen und Entwicklung der Mitarbeiter zur Vision gehören, erreichen bei ihren Beschäftigten eine besonders hohe Identifikation mit entsprechenden Motivationswirkungen. Dieser Inhalt spielt bei Hewlett-Packard, Gore und in vielen jungen Unternehmen eine herausgehobene Rolle.

Sollten Visionen qualitativ und quantitativ formuliert sein? Generell gilt, dass eine Vision nicht zu allgemein und damit nichtssagend sein darf, allerdings sollte sie aber auch nicht zu einengend und konkret sein. Dort, wo es um die Beschreibung des Geschäftes, der Werte, des Besserseins, der Führungsstile geht, sind offensichtlich qualitative Aussagen angezeigt. Bei Wachstums-, Marktanteils- oder Renditezielen sollte man jedoch auf quantitative Präzision abstellen, da sonst die Gefahr der Unverbindlichkeit besteht. Eine Aussage »Wir wollen profitabel wachsen« signalisiert nicht nur eine geringere Präzision, sondern auch eine schwächere Verbindlichkeit als das Statement: »Wir wollen unseren Umsatz alle fünf Jahre verdoppeln und dabei mindestens eine Eigenkapitalrendite von 15 Prozent erzielen«. Reinhold Würth, der sein Unternehmen von Beginn mithilfe langfristiger Visionen führte, gab stets zahlenmäßige Ziele für die nächsten fünf oder zehn Jahre an. Wir raten dazu, in die Vision sowohl qualitative als auch quantitative Elemente aufzunehmen.

Umsetzung

Wie kommt man zu einer Vision? Wie geht man bei Entwicklung und Umsetzung vor? Wer ist dabei einzubeziehen? Auf diese Fragen gibt es keine Standardantworten. Dennoch haben sich gewisse Vorgehensweisen als sinnvoll herausgestellt.

Bei der Visionsentwicklung sollte man einem systematischen, aber nicht starren Prozess folgen. Der notwendige Zeitraum kann dabei zwischen wenigen Tagen und mehreren Monaten liegen. Die Visionsentwicklung beginnt an der Spitze, also top-down. Die Kerninhalte der Vision werden von der Unternehmensspitze vorgegeben und sind nicht Gegenstand einer Abstimmung durch die Mitarbeiter.

Jedoch sollte sich die Führung nicht auf die Verkündung einer oben formulierten Vision beschränken. Vielmehr ist es ratsam, im Anschluss an die Top-down-Prozessphase eine Bottom-up-Phase anzuschließen.

Konkret bedeutet dies, dass die zunächst grob formulierten Kerninhalte auf den nachgelagerten Ebenen diskutiert werden. In der Regel geschieht dies in Form von Arbeitsgruppen oder Workshops. Ziel ist dabei, die Akzeptanz zu prüfen, Inhalte kritisch zu hinterfragen und ergänzende Punkte aufzunehmen. Die Wichtigkeit dieses Prozesses wächst mit der Unternehmensgröße. So stellen wir in unseren Projekten häufig fest, dass die Visionsinhalte, die von der Unternehmensführung vorgegeben werden, von den Leitungen der Geschäftsbereiche oder Untereinheiten nicht uneingeschränkt geteilt und mitgetragen werden. Diskrepanzen können dabei in beide Richtungen gehen. Manchmal halten die nachgeordneten Ebenen die von oben vorgegebenen Ziele für nicht erreichbar. Wir haben aber auch mehrfach in Großkonzernen erlebt, dass die Geschäftsbereiche ehrgeizigere Ziele formulierten als der Konzernvorstand. Wichtig kann auch die Prüfung durch einfache Mitarbeiter sein. Nicht selten werden die an der Spitze angedachten Aussagen als Schönfärberei entlarvt, die fernab der betrieblichen Realität liegt.

Eine große Gefahr besteht darin, dass Visionen zu allgemein und damit unverbindlich formuliert werden. Auch dieser Gefahr lässt sich durch die Einbeziehung der Mitarbeiter in den Visionsprozess vorbeugen. Wenn die Mitarbeiter aus den Aussagen keine konkreten Verhaltenswirkungen ableiten, dann ist dies ein sicherer Indikator dafür, dass die Vision ihre Funktion nicht erfüllen wird. Bei rein qualitativ formulierten Visionen ist diese Gefahr besonders groß. Man muss sich aber auch vor dem gegenteiligen Risiko hüten: Die untergeordneten Ebenen könnten daran interessiert sein, Ecken und Verbindlichkeiten aus der Vision zu eliminieren. So hatte in einem Fall der Vorstand die Formulierung »Wir trennen uns konsequent von Mitarbeitern, die unsere Leistungsanforderungen nicht erfüllen« vorgeschlagen. Diese Aussage traf im Prozess auf Widerspruch und wurde letztlich vom Vorstand aufgegeben. Damit verlor die Vision erheblich an Prägnanz, denn die gegenüber den Kunden formulierten anspruchsvollen Nutzenversprechen setzten überdurchschnittlich leistungsbereite Mitarbeiter voraus. Es erschien unwahrscheinlich, dass diese Versprechen ohne systematische Mitarbeiterselektion einzuhalten waren. Die Vision verlor an Konsistenz und Glaubwürdigkeit.

Mit der Formulierung der Vision ist nur ein erster Schritt getan. Eine kritische Bedeutung fällt der Kommunikation der Vision zu. Diese Kommunikationsaufgabe wird meistens unterschätzt – sowohl im Hinblick auf den Ressourceneinsatz als auch was die zeitliche Ausdehnung betrifft. Wir empfehlen zur Initialkommunikation eine »Big-Bang-Veranstaltung«. Es hängt dabei von der Unternehmensgröße und -struktur (etwa von der Verteilung über Standorte) ab, welche und wie viele Teilnehmer man einbezieht. Bei größeren Unternehmen braucht man mehrere Veranstaltungen, etwa für Führungskräfte oder Multiplikatoren. Natürlich sollte die Vision auch mithilfe der Medien, also Broschüren, Firmen-TV oder Intranet, kommuniziert werden. Nach unserer Erfahrung ist aber die persönliche Kommunikation wichtiger und wirksamer. Äußerst ratsam ist es, die Erstkommunikation interaktiv zu gestalten, beispielsweise in Form eines Workshops, in dem erarbeitet wird, welche konkreten Maßnahmen sich für die Umsetzung der Vision im Alltag ergeben.

Man sollte sich bewusst sein, dass die Einmalkommunikation der Vision nicht ausreicht. Das »Eintrommeln« der Vision ist ein Prozess, der sich über lange Zeit hinziehen muss. Die Kerninhalte bedürfen nachhaltiger Wiederholungen bei passenden Gelegenheiten. Durchaus typisch ist die folgende Aussage des Vorstandsvorsitzenden eines deutschen Großunternehmens: »Ich habe die Botschaft mehr als hundert Mal wiederholt, ich kann mich selbst nicht mehr hören.« Unsere Antwort darauf war: »Der Einzige, der Sie hundert Mal gehört hat, sind Sie selber. Alle anderen haben Sie nur ein-, allenfalls zweimal gehört.« Man kann eine Vision nicht oft genug kommunizieren, damit sie ihre intendierte Wirkung erreicht.

Abschließend seien demjenigen, der an die Erarbeitung einer Vision denkt, zwei Prinzipien ans Herz gelegt:

Primat der Einfachheit: Auch wenn die Realität komplex ist, sollte die Vision möglichst einfach und leicht verständlich abgefasst werden.

Konzentration auf das Wesentliche: Es ist besser, wenn die Mitarbeiter die Kerninhalte der Vision kennen und leben, als wenn eine möglichst vollständige Definition erarbeitet wird, die nicht verstanden, geschweige denn umgesetzt wird.

Geschäftsdefinition

Der Wandel im Fokus unternehmerischer Handlungsmaxime hin zu wertschöpfendem Wachstum hat zu einem Bedeutungswandel der Markt- und Wettbewerbsstrategien geführt. Es geht hierbei um die Orientierung des Unternehmens an maßgeblichen Entwicklungen und Chancen auf den Absatzmärkten zur Sicherung des langfristigen Unternehmenswachstums. Dabei reicht es nicht aus, »marktorientiert« zu handeln, sondern Kundenanforderungen und Marktentwicklungen werden jetzt zum Dreh- und Angelpunkt der eigenen Unternehmensaktivitäten. Die Markt- und Wettbewerbsstrategie liefert in diesem Zusammenhang Antworten auf die folgenden Fragen:

1. Was ist unser Geschäft?
2. Wo wollen wir künftig konkurrieren? Wo sind relevante Marktchancen?
3. Wie wollen wir konkurrieren?

Definition und Zielsetzung

Jedes Unternehmen wird von sich behaupten, marktorientiert zu handeln. Wertschöpfendes Unternehmenswachstum braucht aber als Grundlage klare Aussagen zur Definition und Abgrenzung des Marktes, in dem das Wachstum erreicht werden soll, sowie eine Fokussierung auf strategische Geschäftsfelder. Die Markt- und Wettbewerbsstrategie liefert hierzu Antworten aus der kundenorientierten Perspektive. Im Folgenden wird die Frage der *Geschäftsdefinition* (WAS?) sowie die Auswahl von *Geschäftsfeldern* (WO?) diskutiert.

Der Frage des »WIE wollen wir konkurrieren?« wird im Beitrag *Optionenauswahl* nachgegangen.

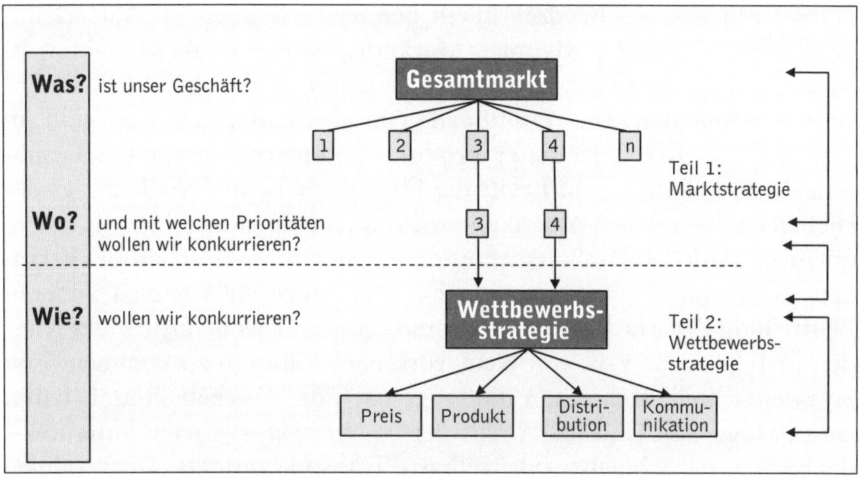

Abbildung 3: Markt- und Wettbewerbsstrategie

Darstellung

WAS ist unser Geschäft (Geschäftsdefinition)?

Die Marktstrategie legt die Stellung eines Geschäftsfeldes gegenüber den einzelnen Marktsegmenten bzw. Zielgruppen fest. Es geht um die Frage »Was ist unser Geschäft?«. Die Frage ist – obwohl trivial anmutend – aufwändig in der Beantwortung und mit weitreichenden Konsequenzen für die Marketing- und Unternehmensstrategie verbunden. Sie verlangt genaue Kenntnisse von Kundenbedürfnissen und Kundensegmenten, der Wettbewerbssituation sowie der Entwicklung eigener und möglicher Substitutionsprodukte. Eine zu enge Abgrenzung des eigenen Geschäfts kann zum Verpassen von Marktchancen oder zum Untergang des Unternehmens führen.

Zur Abgrenzung der eigenen Aktivitäten und zur Definition von strategischen Geschäftseinheiten gibt es drei grundsätzliche Vorgehensweisen: produkt-, bedürfnis- oder kompetenzbezogenes Vorgehen.

Zur Illustration der Relevanz dieser Fragestellung wird häufig das Beispiel der amerikanischen Eisenbahngesellschaften verwendet, das der Harvard-Professor Theodore Levitt bereits 1961 in einem Aufsatz mit dem Titel Marketing Myopia (Marketing-Kurzsichtigkeit) dokumentierte. Er stellt die Frage, in welchem Geschäft eigentlich die Eisenbahngesellschaften sind. Die traditionelle Antwort lautet hier: »Sie sind im Eisenbahngeschäft«. In dieser produkt-/kompetenzorientierten Definition des Geschäftes sieht Levitt die Hauptursache des Niedergangs der ehemals erfolgreichen amerikanischen Eisenbahngesellschaft. Eine bedürfnisorientierte Geschäftsdefinition – »Sie sind im Geschäft der Personen- oder Güterbeförderung.« – hätte zu einer vollkommen anderen Beurteilung der Marktsituation führen müssen. Das Bedürfnis des Kunden besteht darin, z. B. von New York nach Chicago zu kommen. Erst an zweiter Stelle steht dann die Frage nach dem Verkehrsmittel (Bahn, Auto, Flugzeug). Und hier wählt der Nachfrager – je nach Situation – die bequemste, schnellste oder billigste Transportvariante. Die produktorientierte Geschäftsdefinition hat den Blick auf die aufkommende Flugindustrie verstellt, die zunehmend die Eisenbahn an den Rand drängte.

Aber auch in die andere Richtung bietet die richtige Geschäftsdefinition neue Möglichkeiten zur Differenzierung vom Wettbewerb. Sie öffnet den Blick für neue Geschäftsmodelle. So ging die Firma ERCO in den sechziger Jahren von der produktorientierten Geschäftsdefinition »Lampen und Leuchten« auf die bedürfnisorientierte Definition »optimale Ausleuchtung« über. Nicht mehr das Objekt stand nun im Vordergrund, sondern die Funktion bzw. das »Bedürfnis«. Neue Kunden wurden dort gewonnen, wo die optimale Ausleuchtung eines Raumes die Nachfrage trieb und nicht der Kauf einzelner Beleuchtungsmittel. Beispiele sind Museen oder Kundenhallen etwa von Versicherungen oder Banken. Der bekannte Hersteller von Bohrmaschinen HILTI bemühte nicht den Bohrer (produktorientiert) zur Abgrenzung seiner Aktivitäten, sondern definierte bedürfnisorientiert über die »Löcher«. Damit ist allerdings nicht nur eine erhebliche Angebotsausweitung auf der Produktseite erforderlich. Fortan ist der Bohrer nur noch so lange das Maß der Dinge, wie es keine effizientere alternative Möglichkeit zum Bohren von Löchern gibt. Das ganze Unternehmen muss dann auf die Problemlösung »Loch« ausgerichtet werden. So wird bei HILTI der Vertrieb nach Branchen mit unterschiedlichen »Lochanforderungen« ausgerichtet (unter anderen Bau, Elektro, Installation). Um das Loch herum werden noch zusätzlich alle denkbaren Vertiefungen des Themas angeboten, wie z. B. Dübelsysteme oder Befestigungshaken.

Die bedürfnisorientierte Geschäftsdefinition reduziert damit ganz erheblich das Risiko, dass die Nachfrager ihre Bedürfnisse mit anderen Produkten befriedigen. Damit erweitert sie die Wettbewerbsperspektive. In welchem Geschäft ist der Hersteller eines Gallensteinzertrümmerers tätig? Und mit wem konkurriert er? Bei der produktorientierten Definition würde man die Geschäftsdefinition auf die verwendete Technologie fokussieren und als Herstellung und Verkauf von Gallensteinzertrümmerern beschreiben. Das Risiko, Kunden zu verlieren, die im Allgemeinen nicht am Zertrümmern von Gallensteinen interessiert sind, sondern den lästigen Stein nur loswerden wollen, ist hier hoch. Denn die Steine lassen sich auch durch einen chirurgischen Eingriff, durch Einführung eines Lösungsmittels mit einer Sonde oder durch die Einnahme eines Medikamentes entfernen. Der Unternehmenserfolg des Herstellers von Zertrümmerern ist damit nicht nur davon abhängig, wie gut er im Vergleich zu anderen Herstellern von Zertrümmerern ist, sondern ob er das Kundenproblem besser löst als die alternativen Technologien.

Die kompetenzorientierte Geschäftsdefinition stellt die Frage »Was können wir?« oder »Was können wir besser als andere?«. Die Frage ist für die Wahl des Geschäftes kritisch, aber allein reicht sie nicht aus, denn sie ist nur im Zusammenhang mit der Befriedigung eines spezifischen Kundenbedürfnisses relevant. Mithilfe von Kompetenzmatrizen lassen sich Defizite erkennen und geeignete Maßnahmen ableiten.

Gerade bei Fragen der Auswahl neuer Geschäftsfelder oder der Konzentration/Fokussierung auf Kerngeschäfte ist die Frage des kompetenzorientierten Geschäftsverständnisses von entscheidender Bedeutung. Die Frage nach der richtigen Geschäftsdefinition sowie die Auswahl geeigneter Geschäftsfelder ist kein statischer oder einmaliger Vorgang. Immer wieder muss das »WAS ist unser Geschäft?« neu beantwortet werden. Dabei geht es häufig nicht ausschließlich um Produkte und Kundenbedürfnisse, sondern in einer nachgelagerten Überlegung auch immer um die Frage der regionalen Fokussierung des Geschäftes. Die Dynamik dieser Entscheidungsfindung zeigt eindrucksvoll die Entwicklung des Mannesmann-Konzerns. 1965 war das Geschäft noch auf Kohle und Pipelines konzentriert. Veränderungen der Geschäftsdefinitionen erfolgten durch die Konzentration auf Maschinenbau und Hydraulik und später durch die Diversifikation auf den Bereich Mobilfunk, der Ziel der Akquisition von Mannesmann durch Vodafone war.

Die Überlegungen zur Geschäftsdefinition erlauben die Festlegung der Stellung des Unternehmens gegenüber den einzelnen Marktsegmenten bzw. Zielgruppen. Zunächst ist also zu prüfen, ob die bisherige Marktposition beibehalten werden soll oder ob Veränderungen (Variationen) vorzunehmen sind. Wird eine Veränderung als sinnvoll erachtet, dann ist durch aktive Gestaltung und Steuerung die Stellung einer Marktleistung im relevanten Markt zu verändern. Bei der *Umpositionierung* wird dann versucht, die Position des Leistungsangebots bei den Kernzielgruppen zu schärfen und ggf. das Angebot in Randbereichen zu erweitern, um neue Zielgruppen zu erschließen. Die Schwierigkeit besteht darin, das Produktangebot so zu differenzieren und zu verändern, dass die neuen Zielgruppen die veränderte Produktsubstanz akzeptieren, ohne aber die bisherigen Kernzielgruppen aufs Spiel zu setzen. Bieten sich insgesamt – also auch bei den bisherigen Zielgruppen – keine relevanten Marktchancen, dann ist eine *Neupositionierung* notwendig. Hierbei wird eine vollständig neue Marktstrategie entwickelt, die angibt, welchen Zielgruppen welcher Nutzen angeboten werden soll. Insgesamt ergeben sich auf Gesamtunternehmensebene unterschiedliche strategische Alternativen, je nachdem ob sich der strategische Fokus auf die Unternehmensentwicklung, auf Produkt-Markt-Kombinationen oder auf die Entwicklung von einzelnen Geschäftsfeldern bezieht.

Für die Frage der Bearbeitung bestehender Segmente oder neuer Segmente sind insbesondere die Alternativen auf Produkt/Markt-Ebene interessant. Kombiniert man die Frage der Segmente (neu/alt) mit der Frage, ob dies mit neuen oder alten Produkten geschehen soll, dann ergeben sich die folgenden Möglichkeiten:

- Diversifikation (neuer Markt/neues Produkt): Aufbau neuer Geschäftsfelder;
- Produktentwicklung (alter Markt/neues Produkt): Optimierung von Produkteigenschaften, Variantenentwicklung, neue oder zusätzliche Services;
- Marktentwicklung (altes Produkt/neuer Markt): Ausdehnung Marktsegmente, geografische Ausdehnung, Neuausrichtung von Produkten (z. B. militärische Produktsubstanz einem zivilen Kundenkreis zugänglich machen);

- Marktdurchdringung (altes Produkt/alter Markt): entweder bei Wachstum des Gesamtmarktes oder durch Erhöhung des eigenen Marktanteils gegenüber der Konkurrenz.

Wo sind relevante Marktchancen?

Geht man davon aus, dass die Entscheidungen über die Auswahl der Geschäftsfelder auf Ebene des Gesamtunternehmens getroffen wurden, so sind die Geschäftseinheiten für die Bestimmung der Marktsegmente und Zielgruppen verantwortlich. Liegen z.B. für ein Telekommunikationsunternehmen die Kernzielgruppen »Privat«, »Business« und »Firmenkunden« (Großkunden) fest, dann sind auf Ebene der Geschäftseinheiten die Teilsegmente kleine, mittlere und große Unternehmen zu adressieren. In der Praxis lässt sich keine saubere Trennung zwischen der Entscheidung auf Unternehmensebene und der Entscheidung in den Geschäftseinheiten treffen. Beide bedingen sich gegenseitig und werden in einem iterativen Bottom-up-Top-down-Prozess festgelegt.

Die Frage der Geschäftsdefinition stellt letztendlich die Frage nach dem Kundennutzen eines Angebotes. Liegt die Geschäftsdefinition fest, kann entlang von zwei Hauptdimensionen – Produktsubstanz und Preis – der Kundennutzen optimiert werden. Entscheidendes Merkmal der marktorientierten Strategie ist es, die Organisation und die Prozesse auf die Optimierung des segmentspezifischen Kundennutzens auszurichten. Elementares Kennzeichen von Strategien ist die Innovation. Eine marktorientierte Strategie zu verfolgen bedeutet damit, den Innovationsprozess – also den Prozess der Angebotsveränderung an den Kunden – konsequent an den Markterfordernissen auszurichten. Es wird erforderlich, die Anforderungen des Marktes etwa (Kundenbedürfnisse oder Segmente) zu erfassen und systematisch dem Bewertungsprozess des Unternehmens zuzuführen.

Abbildung 4 stellt die in den einzelnen Prozessphasen einer Innovation möglichen technikgetriebenen Methoden den marktgetriebenen Methoden zur Beurteilung von Angebotsinnovationen gegenüber.

Neue Produktideen beginnen entweder mit einer guten Idee oder einem konkreten Marktbedürfnis. Von beiden gibt es sicherlich genug. Ziel muss es sein, während des gesamten Innovationsprozesses den Blickwinkel auf die späteren Kunden der Innovation zu richten und kontinuierlich zu prüfen, ob deren Bedürfnisse mit diesem Produkt erfüllt

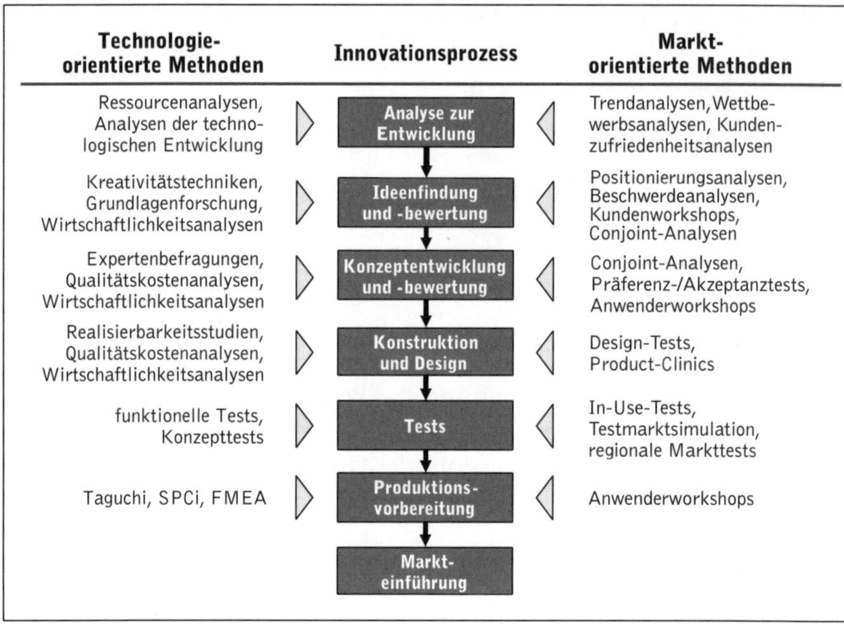

Abbildung 4: Technologie- vs. marktorientierte Methoden zur Innovationsbewertung

werden können und ob das neue Geschäft für das Unternehmen profitabel ist. Denn was nutzt es dem Kunden, wenn das Produkt über hervorragende technische Eigenschaften verfügt, jedoch nur unzureichend zur Befriedigung seiner Bedürfnisse beiträgt? Genauso schlecht ist es, wenn das Produkt zwar optimal auf den Markt zugeschnitten ist, für das Unternehmen aber keinen Gewinn generiert. Aus Sicht des anbietenden Unternehmens geht es also nicht einseitig um die Optimierung der Kundenbedürfnisse, sondern eher um die Optimierung der angebotsbezogenen Zahlungsbereitschaften.

Divergenzen zwischen technischen Möglichkeiten und Kundenbedürfnissen sind in der Praxis häufig und sowohl bei Dienstleistungen als auch bei konkreten Produkten zu beobachten. Die folgenden Beispiele belegen dies:

- Ein deutscher Druckmaschinenhersteller bot anerkanntermaßen die Maschine mit der umfassendsten technischen Ausstattung an. Dennoch verlor er Marktanteile an ausländische Konkurrenten, die ihre robusten Standardmaschinen um 20 Prozent preiswerter verkauften. Der Hersteller hatte den Nutzen der Zusatzqualitäten seines Produktes vollkommen überschätzt.

- Die MobilCom AG führte Anfang 1999 als erster deutscher Anbieter von Internet-Diensten eine so genannte Flatrate am Markt ein, mit der die Kunden für eine monatliche Grundgebühr von ca. 78 DM beliebig lange im Internet surfen konnten. Der Zulauf für dieses Angebot war so hoch, dass die Kapazitäten von MobilCom hoffnungslos überlastet waren. Das Unternehmen hatte den Nutzen des Angebots völlig unterschätzt. Nur wenige Wochen nach der Markteinführung musste das Angebot wieder vom Markt genommen werden.
- Mitte der 90er Jahre begann man, High-Tech-Hausgeräte anzubieten, die eine Vielzahl von Funktionen boten. High-Tech-Herde konnten so programmiert werden, dass sich Temperatur und Kochzeit automatisch einstellen. Nach der Markteinführung dieser Geräte zeigte sich jedoch, dass die Bedienung viel zu komplex war, sodass im Alltag nur ein Bruchteil der Funktionsvielfalt dieser Geräte genutzt wurde. Die sehr teuren und komplexen Geräte wurden zugunsten der einfacheren und preiswerten Herde zu Ladenhütern.

Fast alle diese Markteinführungen beruhen auf einer Fehleinschätzung des Kundennutzens und der damit verbundenen Preisbereitschaften. Ein häufiger Grund für die Fehleinschätzung des Nutzens neuer Produktideen ist in der oft noch sehr traditionellen Denkweise vieler Betriebe zu finden. Dabei dominieren die Dimensionen »Produkt« und »Technik« bei der Weiterentwicklung des Produktes, während die »markt-« bzw. »kundenorientierte« Sicht zu kurz kommt. Es reicht nicht aus, Markttrends zu erkennen und das Unternehmen optimal darauf auszurichten. Ebenso wichtig ist es, Kernwerte (Innovationen) für den Kunden zu schaffen und damit Wettbewerbsvorteile gegenüber der Konkurrenz zu generieren. Beides zählt zur Kernaufgabe einer marktorientierten Unternehmensführung. Neben dem Erkennen von und der optimalen Ausrichtung auf Markttrends sind die Kenntnis und die Schaffung von Kernwerten (Innovationen) für den Kunden und damit die Generierung von Wettbewerbsvorteilen gegenüber der Konkurrenz Kernaufgabe der marktorientierten Unternehmensstrategie.

Umsetzung

Die Umsetzungsvielfalt marktorientierter Strategien ist nahezu unerschöpflich:

- Bertelsmann entwickelt sich von der Bibeldruckerei hin zum globalen, in allen Wertschöpfungsstufen präsenten Medienkonzern.
- Preussag reagiert auf die veränderte Marktsituation im Stahlgeschäft und gehört heute zu den größten europäischen Touristikkonzernen.
- Mannesmann entwickelt sich vom Pipelineanbieter zum Mobilfunkprovider.

Allen Unternehmen ist gemeinsam, dass sie rechtzeitig die frühen Signale veränderter Markt- und Wettbewerbssituationen erkannt und – wahrscheinlich noch entscheidender – rechtzeitig auch in neue Strukturen umgesetzt haben. Das Erkennen von Marktentwicklungen und Trends ist aber nur die eine Seite der Marktstrategie. Kernbestandteil sind darüber hinaus die »Neudefinition« und Gestaltung des eigenen Marktes. Auch hierzu gibt es unzählige Beispiele aus der Praxis:

- Der Brillendiscounter Fielmann hat den Brillenmarkt umdefiniert.
- Der Finanzberater MLP hat durch sein auf spezielle Zielgruppen abgestimmtes Beratungskonzept maßgeschneiderte Produkte generiert sowie mit dem entsprechenden Personal eine offene Flanke der etablierten Versicherungsgesellschaften erfolgreich besetzt.
- Das amerikanische Unternehmen Caterpillar, Marktführer bei Baumaschinen, hat durch das Angebot eines weltweiten 24-Stunden-Ersatzteil-Services einen nachhaltigen Differenzierungserfolg durchgesetzt. Ein weltumspannendes Logistik- und Servicesystem ist deutlich schwerer zu kopieren als das Angebot von Baumaschinen.

Die Beispiele machen deutlich, dass durch innovative Marktstrategien nachhaltiges Unternehmenswachstum sichergestellt werden kann. Die Voraussetzungen dafür sind:

- Wissen, was man will, und wissen, was man nicht will;
- Prüfen der externen Chancen und internen Kompetenzen; Bedingung: genaueste Kenntnisse von Kundenbedürfnissen, Märkten und deren Trends;
- Ausrichtung des Unternehmens auf die Sichtweise des Kunden (marktorientierte Prozesse).

Portfolio-Analyse

Die *Portfolio-Analyse* erfreut sich seit ihrer Einführung in den siebziger Jahren großer Beliebtheit und zählt zu einem der am weitesten verbreiteten Konzepte des Strategischen Managements. Mitte des vorigen Jahrhunderts war es gängige Managementpraxis, Mittel dort wiederzuverwenden, wo sie erwirtschaftet wurden. Doch der meist aus risiko- und anlagepolitischen Gründen erfolgte Eintritt in neue Geschäftsfelder machte nur allzu rasch ein Umdenken in den Managementetagen der damaligen Konzerne notwendig; eine weitaus differenziertere Mittelzuteilung wurde erforderlich, um die verschiedenen Geschäftseinheiten im Sinne einer nachhaltigen Gesamtunternehmensstrategie zu steuern. Dabei stehen immer die folgenden Fragen im Mittelpunkt des Interesses:

- Nach welchen Maßstäben sollen die knappen Ressourcen auf die einzelnen Geschäftseinheiten verteilt werden?
- Anhand welcher Kriterien kann beurteilt werden, ob die bestehende Kombination von Geschäftseinheiten langfristig die Zukunft des Unternehmens sichert?
- Welche Maßstäbe sind heranzuziehen, um eine Beurteilung über die Neuaufnahme von Geschäftsbereichen treffen zu können?

Keines der damals üblichen Instrumente zur Steuerung von Unternehmen vermochte eine befriedigende Antwort auf derartige strategische Fragen zu geben. Bevor die Portfolio-Analyse Eingang in die moderne Betriebsführung finden konnte, orientierten sich viele Unternehmen am Profit-Center-Konzept zur Lösung der anstehenden Probleme. Aber schon bald stellte man fest, dass dieses Konzept zwar eine relativ differenzierte Ergebnisanalyse ermöglicht, darüber hinaus jedoch einige gewichtige Mängel aufweist, welche die Sicherung des langfristigen Unternehmenserfolges sogar erschweren können.

Grundüberlegung des Profit-Center-Gedankens ist, dass der Gesamtunternehmenserfolg dann optimiert wird, wenn eine isolierte Gewinnoptimierung in den einzelnen Profit-Centern des Unternehmens erfolgt. Eine nachhaltige Sicherung des Unternehmenserfolges muss unter dieser Voraussetzung allerdings noch lange nicht eintreten, da es im Gesamtunternehmensinteresse richtig sein kann, Mittel aus einem Geschäftsbereich abzuziehen und in andere, vielversprechende Unternehmensteile zu investieren. Die kurzsichtige Ausrichtung des Profit-Center-Gedankens am Jahresergebnis steht einer langfristigen, strategischen Unternehmensführung entgegen, ist aber durch die dahinter stehende Annahme begründbar, dass vielfach die Leistungen des Managements an den kurzfristigen Unternehmenserfolgen gemessen werden. Hierin liegt auch der Hauptkritikpunkt am Profit-Center-Gedanken: Die kurzfristige Gewinnorientierung und die damit verbundene Investitionsträgheit in neue Technologien, Produkte und Märkte pulverisiert künftige Erfolgspotenziale. Dies liegt einerseits an der mangelnden finanziellen Mobilität innerhalb des Unternehmens, andererseits unterstützt der Profit-Center-Ansatz auch keine Risikostreuung auf breiter Unternehmensebene.

Definition und Zielsetzung

Der kurzfristig gewinnorientierte Profit-Center-Gedanke legt nahe, dass eine langfristig tragfähige Unternehmenspolitik dadurch zwangsläufig konterkariert werden muss und die Entwicklung langfristiger Unternehmensstrategien in jedem Falle zumindest behindert wird. Vor diesem Hintergrund wurde das Konzept des Portfolio-Managements entwickelt. Dabei wurden Anleihen aus der Finanzierungstheorie genommen. Grundlegend waren die Überlegungen von Markowitz, der in seiner »Portfolio Selection Theory« erstmalig die Zusammensetzung eines optimalen Wertpapier-Portfolios bestimmte, das der Optimierung der Investitionen an Kapitalmärkten diente. Das Ziel der Bewertung einzelner Werte nach ihren künftigen Ertragschancen bestand darin, ein ausgeglichenes Aktien-Portfolio durch die Mischung risiko- und ertragreicher mit risiko- und ertragsarmen Wertpapieren zu erhalten, sodass ein Verzinsungsoptimum des eingesetzten Kapitals erzielt werden konnte.

Die dahinter stehende Idee, einzelne Anlageoptionen nicht isoliert nach Risiko- und Renditegesichtspunkten, sondern in ihrem Zusammenspiel zu beurteilen, kann auf Unternehmen mit mehreren Geschäftseinheiten analog übertragen werden. Dabei werden die einzelnen Geschäftseinheiten als Renditebringer mit eigenen Chancen und Risiken interpretiert, auf die der Gedanke der »Portfolio Selection Theory« sinngemäß angewendet wird. Es wird dabei bewusst auf eine integrierte Steuerung einzelner Geschäftseinheiten abgestellt, indem eine möglichst ausgewogene Struktur aller Geschäftseinheiten des Unternehmens angestrebt wird. So lässt sich eine suboptimale isolierte Steuerung vermeiden.

Zweck der strategischen Planung unter Zuhilfenahme der Portfolio-Technik ist es, die knappen Ressourcen nach Ertrags- und Risikoaussichten in Abhängigkeit von der Markt- und Wettbewerbsposition optimal auf die alternativen Geschäftseinheiten zu verteilen. Doch sei schon an dieser Stelle darauf hingewiesen, dass die Portfolio-Technik kein Allheilmittel, sondern lediglich einen Bezugsrahmen darstellt, der es erlaubt, alle Geschäftseinheiten – und auch Produktlinien – zu betrachten und auf Ausgewogenheit der Zusammenstellung hin zu untersuchen. Dabei ermöglicht es die Portfolio-Analyse, verschiedene, zum Teil divergente Geschäftseinheiten ihrer Situation angemessen zu analysieren und strategisch zu planen. Die Restriktionen des Gesamtunternehmens können so eingehalten und die Chancen der Märkte genutzt werden. Hinzu kommt, dass Portfolios ein geeignetes und beliebtes Instrument zur Kommunikation der Gesamtunternehmenssicht darstellen und oft die Basis für die kritische Diskussion der gegenwärtigen und zukünftigen Situation bilden.

Wird neben der Analyse der Ist-Situation auch der Versuch unternommen, mithilfe der Portfolio-Technik die Planung der künftigen strategischen Weichenstellungen vorzunehmen, so wird gerne der Begriff des Portfolio-Managements verwendet. Dieser Begriff umfasst nicht nur die einzelnen Geschäftsfelder und deren strategische Entwicklung, sondern auch die Interdependenzen zwischen den einzelnen Geschäftsfeldern. Portfolio-Management stellt einen Teil des Strategischen Managements dar, das auf folgendem Gedanken beruht. Unternehmen sind dann erfolgreich, wenn sie ihre zahlreichen Geschäftseinheiten so ausrichten, dass sie in ihrer Gesamtheit angemessene Gewinne und ein zufrieden stellendes Wachstum hervorbringen.

Die *Portfolio-Analyse* als Instrument des Portfolio-Managements beschäftigt sich demnach mit dem wichtigsten Aspekt der Unternehmensführung: Sicherung der langfristigen Rentabilität unter Akzeptanz eines angemessenen Risikos.

Im Folgenden sollen nun die beiden bekanntesten Portfolio-Modelle dargestellt werden. Es wird dabei weniger die theoretische Fundierung im Vordergrund der Betrachtungen stehen als vielmehr die praktische Relevanz und Anwendbarkeit sowie die Stärken und Schwächen der einzelnen Ansätze im Managementalltag.

Darstellung

Die theoretischen Grundlagen der zahlreichen Portfolio-Konzepte sind in der Bildung und Definition Strategischer Geschäftseinheiten, in den Annahmen des Produkt-Lebenszyklus-Modells, dem Erfahrungskurven-Konzept und den umfangreichen empirischen Forschungsergebnissen der PIMS-Studie (Profit Impact of Market Strategies) zu suchen. Dabei stellen die Strategischen Geschäftseinheiten immer den Untersuchungsgegenstand dar. Alle anderen genannten theoretischen und empirischen Konzepte dienen der Beurteilung der Position – innerhalb eines definierten Bezugsrahmens – dieser Geschäftseinheiten. So bildet zum Beispiel einerseits das Produkt-Lebenszyklus-Modell und andererseits das Erfahrungskurven-Konzept das theoretische Fundament der Marktanteil-Marktwachstum-Matrix (siehe Abbildung 5). Die Wettbewerbsposition-Marktattraktivitäts-Matrix basiert auf den PIMS-Studien über Einflussgrößen auf den Return on Investment von Geschäftseinheiten.

Die Portfolio-Analyse dient im Wesentlichen der Erreichung zweier zentraler Ziele: Zum einen unterstützt sie die integrierte Steuerung von Unternehmen, indem sie eine ausgewogene Struktur aller Geschäftseinheiten anstrebt. Man unterstellt hierbei die Annahme, dass ein Unternehmen dann langfristig erfolgreich sein wird, wenn sein Portfolio von Geschäften im Hinblick auf Mittelbedarf und Mittelerzeugung ausgewogen ist. Darüber hinaus werden in einem optimalen Portfolio Ungleichgewichte zwischen risikoreichen und risikoarmen Geschäftseinheiten ausbalanciert. Zum anderen lassen sich auf dieser Basis mögliche, strategische Stoßrichtungen – auch Normstrategien genannt – für die einzelnen Geschäftseinheiten ableiten.

Zur Visualisierung der Struktur und Ausgewogenheit der einzelnen Geschäftseinheiten bedienen sich die Portfolio-Modelle in der Regel einer zweidimensionalen Matrixdarstellung, die in nahezu allen Varianten der Portfolio-Analyse nach dem gleichen Schema aufgebaut ist. Es wird

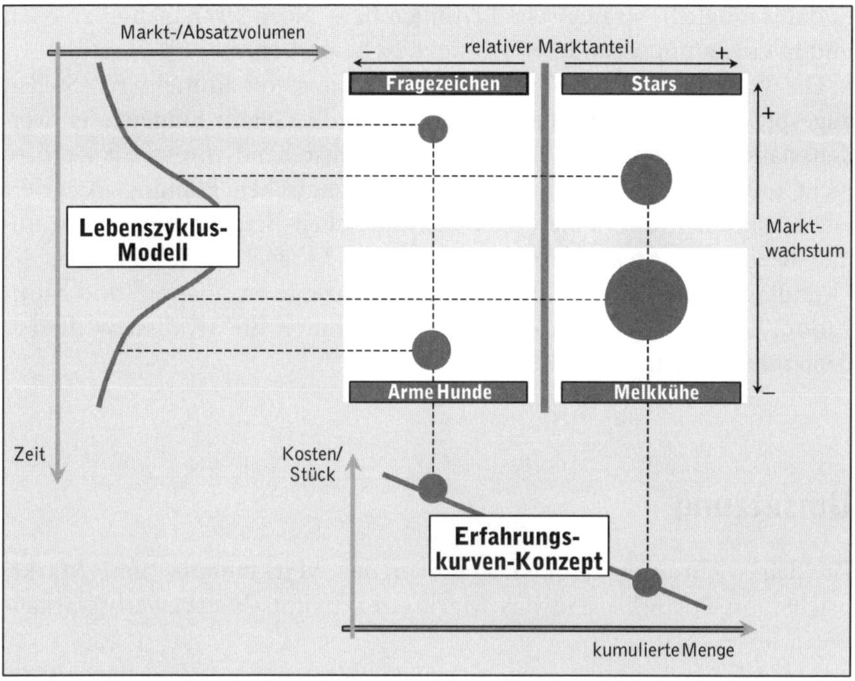

Abbildung 5: Theoretische Grundlagen der Marktanteil-Marktwachstum-Matrix

dabei auf den Gedanken der Umwelt- und Unternehmensanalyse zurückgegriffen, deren Ergebnisse in verdichteter Form auf den beiden Achsen der Matrix abgetragen werden. Die Umweltachse repräsentiert dabei in komprimierter Form die Chancen und Risiken der Unternehmensumwelt, ist also extern gegeben und für das Unternehmen kaum zu beeinflussen. In der Praxis wird dabei vielfach nicht nur auf den gegenwärtigen, sondern auch auf einen zu erwartenden künftigen Zustand Bezug genommen, was eine Integration zu erwartender externer Marktentwicklungen und -ereignisse in die Beurteilung darstellt. Die Unternehmensanalyse auf der anderen Seite dient der Beurteilung von gegenwärtigen und zukünftigen Stärken und Schwächen des Unternehmens (Geschäftseinheit). Sie können durch das Verhalten des Unternehmens direkt beeinflusst werden. In dieser zweidimensionalen Matrix werden die einzelnen zu analysierenden Objekte positioniert. Auf dieser Basis ist es dann möglich, strategische Leitlinien bzw. Normstrategien abzuleiten und in einem umfassenderen Kontext zu beurteilen.

Die Vorteile der Portfolio-Analyse wurden schon an mehreren Stellen angesprochen, zugleich muss aber auch auf die Gefahr hingewiesen werden, dass vorgefertigte Modelle, wie sie nachstehend vorgestellt werden, nicht unreflektiert in den Prozess der strategischen Planung integriert werden können und sollen. Der in zahlreichen Beratungsprojekten immer wieder bei Anwendern festzustellende Mangel an Wissen über die Grundlagen und Grenzen der einzelnen Konzepte ist Ansporn und Motivation, hier nochmals mit kritischem Blick hinter die »Kulissen« der bedeutendsten Portfolio-Modelle zu schauen.

Umsetzung

Zu den wichtigsten Modellen zählen das Marktanteils- und Marktwachstums-Portfolio und das Marktattraktivitäts-Wettbewerbsstärken-Portfolio.

Marktanteils- und Marktwachstums-Portfolio

Zu Beginn der siebziger Jahre wurde auf Basis des Erfahrungskurven-Konzeptes das Marktanteils-Marktwachstums-Portfolio entwickelt. Es besagt: Je höher die Wachstumsrate eines Marktes und je höher der eigene relative Marktanteil ist, desto höher ist der kumulierte Gesamtabsatz im Vergleich zu den Konkurrenten und umso besser ist die Rentabilität des eingesetzten Kapitals. Dies bedeutet nichts anderes, als dass Unternehmen besonders in Wachstumsmärkten ein dominanter Marktanteil anstreben sollten.

Es ist darauf hinzuweisen, dass zwar immer wieder vom Marktanteils-Marktwachstums-Portfolio die Rede ist, die Abszisse der Matrix tatsächlich aber den relativen Marktanteil, der als Faktor aus eigenem zum Marktanteil des stärksten Konkurrenten errechnet wird, und nicht den absoluten Marktanteil beschreibt. Die relative Marktanteilsposition wird auf einer logarithmischen Skala abgetragen, um damit einen direkten Zusammenhang zur relativen Kostenposition im Vergleich zum stärksten Wettbewerber herzustellen. Man unterstellt, dass der relative

Marktanteil einer Geschäftseinheit der Schlüssel zur Profitabilität ist. Demnach generieren Geschäftseinheiten mit hohem relativen Marktanteil überproportional Cash-Flow, der wiederum reinvestiert oder zur Finanzierung neuer Geschäftseinheiten herangezogen werden kann. Das Marktwachstum auf der vertikalen Achse steht repräsentativ für die Umwelt und wird in der Regel auf einem linearen Maßstab abgetragen (siehe Abbildung 6). Die Höhe des Marktwachstums bestimmt in der Folge auch das eigene Wachstum, wenn ein Unternehmen seine Marktanteile halten will.

Die in der Matrix dargestellten Kreise symbolisieren zum einen die Position der Geschäftseinheiten, und zum anderen entspricht die Größe der Kreise dem in den einzelnen Geschäftseinheiten gebundenen Kapital. In der Praxis wird häufig in Ermangelung konkreter Zahlen über die Höhe des gebundenen Kapitals der Umsatz oder der Deckungsbeitrag der jeweiligen Geschäftseinheit als Ersatzgröße herangezogen, um deren Bedeutung hervorzuheben.

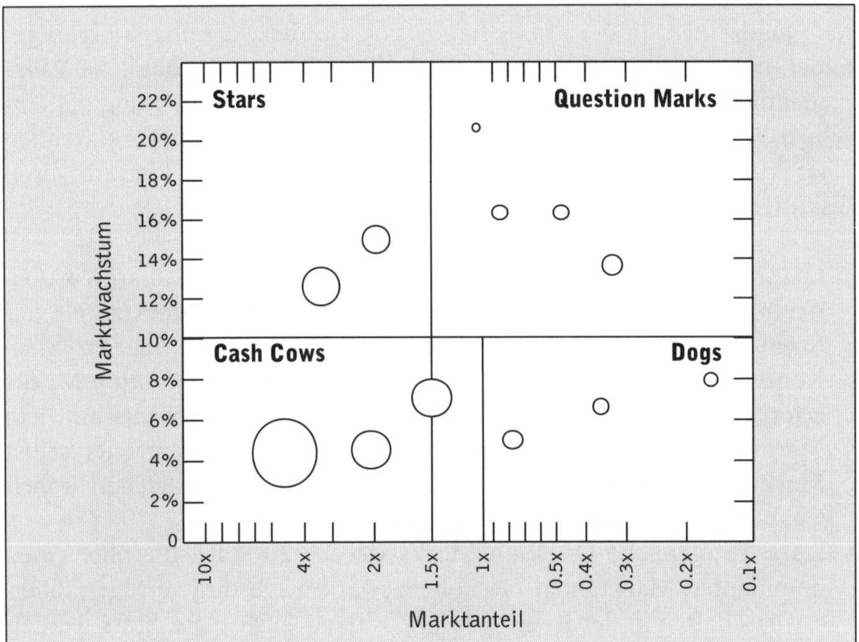

Abbildung 6: Marktanteils-Marktwachstums-Portfolio

Die Einteilung der vier Quadranten im Marktanteils-Marktwachstums-Portfolio stützt sich auf Erfahrungswerte. Dabei erfolgt eine Unterteilung des Marktwachstums bei 10 Prozent. Ein Wachstum von über 10 Prozent im Jahr stellt demnach ein hohes Wachstum und vice versa dar. Die horizontale Achse wird bei einem relativen Marktanteil von 1,5 geteilt. Man unterstellt hier, dass hohe und sichere Erträge sich erst dann einstellen, wenn die Geschäftseinheit mindestens 50 Prozent größer ist als der zweitgrößte Konkurrent. Beträgt der relative Marktanteil einer Strategischen Geschäftseinheit beispielsweise 0,3, so bedeutet dies, dass der Marktanteil der Geschäftseinheit nur 30 Prozent des Marktführers ausmacht. Im konkreten Einzelfall kann in Abhängigkeit vom betrachteten Geschäftszweig eine andere Achseneinteilung gewählt werden.

Sind alle Geschäftseinheiten in einem der vier Felder eingeordnet, kann mit der Interpretation der Bedeutung dieser Geschäftseinheiten begonnen werden, wobei es zunächst festzustellen gilt, ob es sich um ein ausgeglichenes Portfolio handelt. Das wäre nicht der Fall, existierten überproportional viele Geschäftseinheiten im rechten oberen und unteren Quadranten. In der Praxis haben sich vier Bezeichnungen herausgebildet, mit denen die Bedeutung dieser Bereiche auf anschauliche Weise verdeutlicht wird. In diesem Beitrag soll nur kurz die Bedeutung der einzelnen Positionen erläutert werden, da sie zum einen selbsterklärenden Charakter haben und zum anderen in der einschlägigen Literatur breit diskutiert werden:

- Question Marks: Geschäftseinheiten, die in Wachstumsmärkten operieren, selbst aber nur über einen geringen relativen Marktanteil verfügen. Sie befinden sich in Anlehnung an das Produktlebenszyklus-Konzept in der Einführungs- bzw. Wachstumsphase. Question Marks erfordern laufenden Zuschuss von Barmitteln, um einerseits mit dem Marktwachstum Schritt halten zu können und andererseits selbst Marktführer werden zu können. In dieser Kategorie stehen hohen Chancen ebenso hohe Risiken gegenüber.
- Stars: Erfolgreiche Question Marks werden zu Stars, die über einen dominanten Marktanteil bei hohem Marktwachstum verfügen. Stars erwirtschaften in der Regel bereits positiven Cash-Flow. Stars werden aufgrund ihres überdurchschnittlichen Beitrages zum Unternehmenswachstum auch als die Wachstumsmotoren eines Unternehmens bezeichnet.

- Cash Cows: Sinkt die jährliche Wachstumsrate eines Marktes unter die 10-Prozent-Marke und tritt das Geschäft schließlich in die Reife- und Sättigungsphase ein, dann spricht man von Cash Cows, sofern die Marktführerschaft erhalten bleibt. Hohe Cash-Flows dienen zum Ausbau neuer, vielversprechender Geschäftseinheiten.
- Dogs: Geschäftseinheiten, die bereits in die Degenerationsphase eingetreten sind, werden durch einen geringen relativen Marktanteil in langsam wachsenden oder stagnierenden Märkten charakterisiert. Meist wird in diesen Geschäftseinheiten kein angemessener Cash-Flow erzielt.

Erst durch die Positionierung aller Strategischer Geschäftseinheiten eines Unternehmens im Portfolio wird eine Betrachtung künftiger strategischer Erfordernisse möglich. Im Anschluss daran muss entschieden werden, welches Ziel das Unternehmen mit jeder Geschäftseinheit weiter anstrebt, d.h. welche Strategie es dafür einsetzen möchte und welche Budgeterfordernisse notwendig sind.

Die Normstrategien für die einzelnen Geschäftseinheiten leiten sich aus der Position in der Matrix ab. Sehr verkürzt werden oft die folgenden Normstrategien genannt: Erfolgsversprechende Question Marks werden ausgebaut, Stars werden gefördert, Cash Cows werden abgeschöpft und Dogs stehen kurz vor ihrem Ende. Dahinter verbergen sich die folgenden vier Strategien:

- Investitionsstrategie: Diese Strategie eignet sich für vielversprechende Question Marks. Erklärtes Ziel ist es, in angemessener Zeit die Marktanteilsposition signifikant zu verbessern, um aus dem Question Mark einen Star zu machen. Gelingt dies nicht, so empfiehlt sich eine schnelle Desinvestition und eine Investition der frei gewordenen Ressourcen in andere Produkte und Märkte.
- Wachstumsstrategie: Die Früh- und Anfangsphase des Markteintritts hinter sich lassend, geht es nun darum, die gewonnene Marktposition auszubauen und den Markt gegenüber Konkurrenten abzuschotten, d.h. Verteidigung der Marktführerschaft und Erhalt der relativen Kostenvorteile.
- Abschöpfungsstrategie: In diesem Fall wird das Ziel verfolgt, Einnahmenüberschüsse anderen, emporkommenden Geschäftseinheiten zuzuführen. Ziel bleibt jedoch, den Marktanteil zu halten. Es werden in der Regel keine weiteren finanziellen Anstrengungen zum weiteren Ausbau des Marktanteils unternommen.

- Desinvestitionsstrategie: In stagnierenden bzw. langsam wachsenden Märkten und bei niedrigem relativen Marktanteil ist mittelfristig ein Rückzug sinnvoll. Insbesondere dann, wenn die Cash-Flow-Situation angespannt ist und ein gewinnbringenderer Einsatz der gebundenen Ressourcen in anderen Geschäftsbereichen sinnvoll erscheint. Mögliche Verbundeffekte einer Elimination müssen jedoch bei einer Entscheidung mit berücksichtigt werden.

Mithilfe der Normstrategien wird der Versuch unternommen, langfristig eine Balance der Zahlungsströme und eine ausgewogene Investitionspolitik zu gewährleisten. Aber die Normstrategien verdeutlichen auch, dass sie nicht isoliert, sondern nur aus dem Gesamtzusammenhang des Unternehmens heraus abzuleiten sind. Ziel jeglicher Anstrengungen ist stets ein ausgewogenes Portfolio. In der Praxis werden regelmäßig nach der Erstellung der Ist-Portfolios so genannte Ziel-Portfolios (siehe Abbildung 7) gemeinsam mit dem Management erarbeitet. Darin wird die angestrebte Positionsänderung aller Strategischer Geschäftsfelder der Unternehmung aufgezeigt. Die von Ziel-Portfolios ausgehende normative Kraft sollte nicht unterschätzt werden, doch muss auch hier eingeworfen werden, dass die aus dem Portfolio abgeleiteten strategischen Empfehlungen allein meist zu vereinfachend und zu verallgemeinernd sind. Die Realität stellt sich komplexer dar, um sie nur über relative Marktanteile und Marktwachstum abzubilden. Ein Portfolio stellt vielmehr einen Rahmen dar, innerhalb dessen kritische Fragen an die Strategie gestellt werden sollen: Das Portfolio will Fragen an die Strategie stellen und damit die Strategie weitertreiben. Das Portfolio selbst will und kann keine einfachen Antworten auf die Strategie geben. Es ist Diagnose- und nicht Therapieinstrument.

Besonderes Augenmerk bei der Anwendung und Interpretation von Portfolios sollte auch den Vorentscheidungen gewidmet werden. Es geht hier im Konkreten um die Definition der Geschäftsfelder bzw. -einheiten und deren möglichst trennscharfe Abgrenzung voneinander sowie um die Bestimmung des Marktwachstums und des relativen Marktanteils.

Eigenständige Leitung und weitgehend strategische Unabhängigkeit gelten im Allgemeinen als Kriterien zur Abgrenzung von Geschäftseinheiten. Abhängig von der jeweiligen Geschäftsfelddefinition ergeben sich unterschiedliche Positionen in der Portfolio-Matrix. Das mag auf den ersten Blick den Eindruck erwecken, dass abhängig von der jeweiligen Definition einer willkürlichen Interpretation des Portfolios Tür und Tor geöffnet sind, doch gerade diese vermeintliche Schwäche sollte genutzt

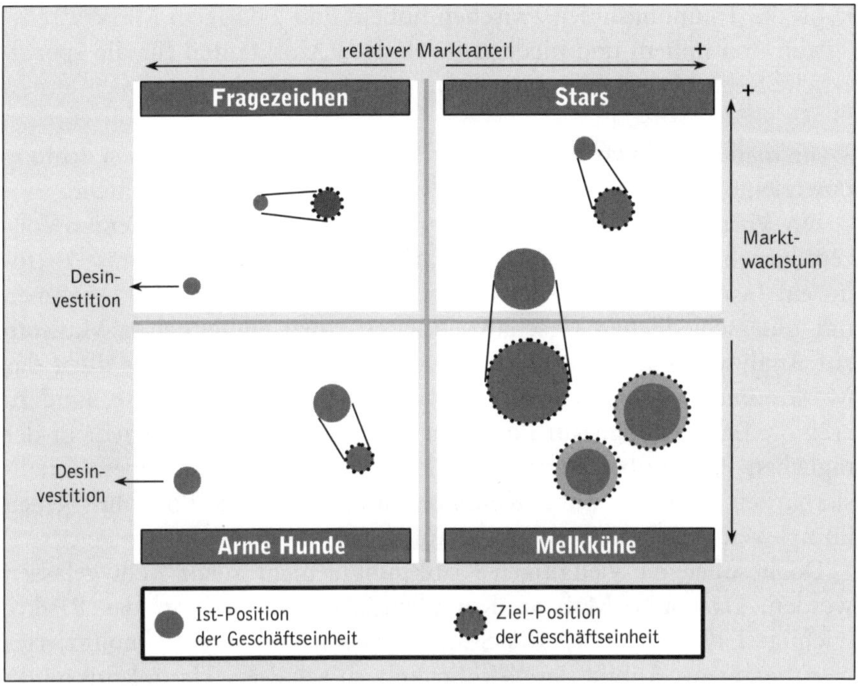

Abbildung 7: Ziel-Portfolio eines Unternehmens

werden, um im Prozess der Entscheidung zwischen verschiedenen Geschäftsfelddefinitionen mögliche Strategie-Alternativen im Zuge der Bestimmung der Wettbewerbsposition zu erörtern.

Darüber hinaus muss im Vorfeld die Feststellung des eigenen Marktanteils und des prognostizierten Marktwachstums erfolgen. Oft vermisst man in der Praxis eine genaue Klärung der nachstehenden Aspekte, die aber häufig, nachdem eine Studie erstellt wurde und im Kreise des Managements präsentiert wurde, sehr berechtigte Kritik hervorruft. Deshalb muss im Vorfeld der Untersuchung geklärt werden,

- ob sich das Marktwachstum und der relative Marktanteil auf Absatz (Mengeneinheiten) oder Umsatz (Wert) beziehen sollen,
- ob Marktwachstum und relativer Marktanteil zum Stichtag oder als Durchschnittswert eines längeren Beobachtungszeitraums erhoben werden sollen und

- ob die Trennungslinien zwischen hohem und niedrigem Marktwachstum und hohem und niedrigem relativen Marktanteil für die spezifische Situation auch Sinn machen.

Wenn man nun den vorgestellten Portfolio-Ansatz einer kritischen Prüfung unterzieht, so ergeben sich zweifelsohne mehrere Vor- und Nachteile.

Ein Vorteil gegenüber dem eingangs angeführten Profit-Center-Konzept besteht darin, dass mit dem Marktanteils-Marktwachstums-Portfolio ein Instrument geschaffen wurde, das diversifizierten Unternehmen mit unterschiedlichen Geschäftseinheiten einen einheitlichen Maßstab zur Analyse des Gesamtunternehmens bietet. Darüber hinaus dient das Marktanteils-Marktwachstums-Portfolio nicht nur der Analyse, sondern erlaubt, Empfehlungen in Form der Normstrategien abzuleiten. In der täglichen Praxis überzeugen vor allem die relativ leichte Operationalisierbarkeit und der hohe Kommunikationswert, da Portfolios einen komplexen Zusammenhang anschaulich visualisieren.

Doch sollen die vielfältigen Kritikpunkte nicht außer Acht gelassen werden. Das hohe Maß an Komplexitätsreduktion birgt das Risiko, wichtige Faktoren unberücksichtigt zu lassen und so ein simplifiziertes bzw. verzerrtes Abbild der Wirklichkeit zu schaffen. Hauptkritikpunkt sind die Variablen Marktwachstum und relativer Marktanteil als allumfassende und erklärende Repräsentanten der Umwelt- bzw. Unternehmenskomponente. Überhaupt stellt sich die Frage der Relevanz dieser Faktoren: Es bleibt offen, inwieweit durch die Höhe des relativen Marktanteils Unterschiede in der Rentabilität von Geschäftseinheiten erklärt werden können, denn die Praxis zeigt, dass auch Unternehmen mit geringem Marktanteil eine hohe Rentabilität erreichen. Die Abhängigkeit zwischen den einzelnen Geschäftseinheiten und die damit einhergehenden Verbundeffekte werden im Portfolioansatz nicht berücksichtigt. Wird beispielsweise eine Geschäftseinheit liquidiert, kann dies negative Auswirkungen auf andere Geschäftseinheiten haben und vice versa. Ein weiterer Kritikpunkt richtet sich gegen die Normstrategien, denn inwieweit strategische Empfehlungen genereller Art in der Lage sind, den strategischen Entscheidungsprozess sinnvoll zu unterstützen, bleibt offen.

Die hier angeführte Kritik ist sicherlich berechtigt, wenn dieses Analyse-Konzept und sein Ergebnis vom Anwender unreflektiert übernommen und im Sinne genereller Katechismen anstelle von Denkanstößen für anstehende strategische Entscheidungen interpretiert wird. Das Marktanteils-Marktwachstums-Portfolio zeigt vielmehr Optionen auf, die keinesfalls als deterministische Normstrategien dazu bestimmt sind, über das künftige Geschick der Unternehmung zu bestimmen.

Marktattraktivitäts-Wettbewerbsstärken-Portfolio

An den Kritikpunkten des Marktanteils-Marktwachstums-Portfolios setzt das Marktattraktivitäts-Wettbewerbsstärken-Portfolio an. Es unterscheidet sich von dem oben besprochenen Konzept durch eine stärkere Berücksichtigung der Komplexität der Realität. Die Achsenbezeichnungen stellen die Verdichtung einer durch den Anwender selbst zu bestimmenden Menge quantitativer und qualitativer Variablen dar. Entsprechend diesem Multifaktorenkonzept ist es Kern des Konzeptes, eine umfangreiche Faktorenliste anzulegen, anhand derer die Umweltachse (Marktattraktivität) und die Unternehmensachse (relative Wettbewerbsstärken) operationalisiert werden. Die Marktattraktivität setzt sich dabei aus den vier Hauptkriterien

- Marktwachstum und Marktgröße,
- Marktqualität,
- Energie- und Rohstoffversorgung und
- Umweltsituation

zusammen.
Hinter diesen vier Kriterien verbirgt sich eine Reihe von Variablen, die zu deren Operationalisierung herangezogen werden. Das Marktwachstum für sich gilt noch nicht als hinreichendes Kriterium für das künftige Potenzial eines Marktes. Es wird immer im Zusammenhang mit der Marktgröße gesehen. Unter dem Begriff der Marktqualität subsumiert man die Ergebnisstabilität einer Branche. Die Versorgungssituation wird umso besser beurteilt, je mehr Versorgungsalternativen der Markt anbietet. Die Umweltsituation nimmt auf Einflüsse durch den Staat sowie auf die Allgemeine wirtschaftliche Lage Bezug. Die Marktattraktivität wird im allgemeinen als extern gegeben und als nicht beeinflussbar gesehen.

Die Bestimmung der Wettbewerbsstärke erfolgt analog zur Marktattraktivität anhand einer Vielzahl von Kriterien, die wiederum zu vier Oberkriterien zusammengefasst werden. Es sind dies:

- relative Marktposition,
- relatives Produktionspotenzial,

- relatives Forschungs- und Entwicklungspotenzial und
- relative Mitarbeiterqualität.

Zur Ermittlung der relativen Marktposition werden neben dem Marktanteil unter anderem auch die Entwicklung des eigenen Marktanteils, die Etablierung im Markt und das Image des Unternehmens (Marketingpotenzial) berücksichtigt. Das relative Produktionspotenzial wird über Prozesswirtschaftlichkeit, Umweltbelastung und Standortvorteile ermittelt. Das relative Forschungs- und Entwicklungspotenzial gibt Auskunft über das Innovationspotenzial und den Stand der Forschung. Als weiteres Kriterium wird die relative Mitarbeiterqualität herangezogen. Alle Kriterien werden relativ zum stärksten Wettbewerber ermittelt.

Nachdem die maßgeblichen Einflussfaktoren auf diese Oberkriterien ermittelt wurden, müssen sie im Rahmen einer Nutzwertanalyse gewichtet und zu einem Gesamtwert zusammengefasst werden. Die für die beiden Dimensionen ermittelten Koordinaten werden schließlich in die Matrix eingetragen und ergeben sodann die Positionierung innerhalb des Marktattraktivitäts-Wettbewerbsstärken-Portfolios. Die Bedeutung der Strategischen Geschäftseinheiten wird durch die Größe der Kreise symbolisiert. Es sind allerdings zahlreiche Varianten in der Darstellungsform der einzelnen Punkte in der Matrix üblich. So ist z. B. die symbolische

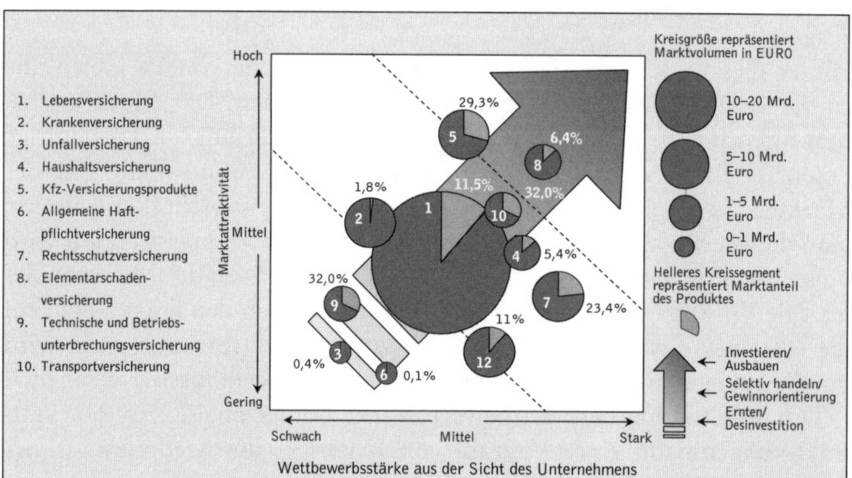

Abbildung 8: Marktattraktivitäts-Wettbewerbsstärken-Portfolio eines Versicherungsunternehmens

Darstellung des Kreises als Gesamtmarkt und darin die graue Kennzeichnung des eigenen Marktanteils sehr anschaulich (siehe Abbildung 8).

Die Ableitung der Normstrategien erfolgt auf Basis von drei Kategorien, um so maßgeschneiderte strategische Empfehlungen für die jeweilige Geschäftseinheit ableiten zu können. Man unterscheidet vereinfacht drei Zonen:

- rechts oben die Zone der Kapitalbindung,
- in der Diagonalen die Zone der selektiven Strategien und
- links unten die Zone der Kapitalfreisetzung.

Daraus lassen sich die drei Normstrategien ableiten:

- Investitions- und Wachstumsstrategien sind für Strategische Geschäftseinheiten zu verfolgen, die im oberen rechten Dreieck eingestuft werden. Künftige Erfolgspotenziale sind zu fördern und auszubauen. Tendenziell verschlingen diese Bereiche mehr finanzielle Ressourcen, als sie aus eigener Kraft heraus erwirtschaften können.
- Eine selektive Strategie erfordern jene Strategischen Geschäftseinheiten, die in den Feldern der Diagonalen von links oben nach rechts unten positioniert sind. Hier wird entsprechend der Höhe der Marktattraktivität entweder eine Offensivstrategie bzw. eine Defensivstrategie empfohlen. Als taktische Maßnahme einer Offensivstrategie kommt beispielsweise der Aufbau von Wettbewerbsvorteilen gegenüber Konkurrenten zur Steigerung des relativen Marktanteils in Frage. Defensivstrategien zielen in der Regel darauf ab, durch Kostensenkungsprogramme oder Produktdifferenzierung Konkurrenten auf Distanz zu halten.
- Abschöpfungs- und Desinvestitionsstrategien sind für Strategische Geschäftseinheiten vorgesehen, die links unten in der Matrix positioniert sind. Diese wenig attraktiven Strategischen Geschäftseinheiten werden entsprechend ihres Cash-Flows eliminiert oder ohne zusätzlichen Ressourceneinsatz abgeerntet.

Die Ähnlichkeit der Normstrategien der beiden vorgestellten Portfolios zeigt, dass eine Erweiterung der Matrix nicht zwangsweise zu zielgerichteteren und präziseren strategischen Empfehlungen führen muss.

Ein weiteres Problem ergibt sich aus dem multidimensionalen Charakter der Achsen. Indem man mehrere Faktoren einbezieht und sie subjektiv auswählt sowie bewertet, stellt man die Ergebnisqualität infrage. Der Anwender steht vor dem Dilemma, einerseits alle entscheidungsrelevanten Kriterien zu erfassen und andererseits ein handhabbares und nachvollziehbares Instrument zu entwickeln. Die Erfahrung zeigt, dass die Auswahl der Kriterien meist rein heuristisch auf der Basis von Plausibilitätsüberlegungen erfolgt. Als praktische Vorgehensweise hat sich zur Auswahl der Kriterien ein zweistufiger Prozess in zahlreichen Projekten als sinnvoll erwiesen. Dabei wird in einem ersten Schritt eine Liste von möglichen Kriterien erstellt und in einem weiteren Schritt eine Verdichtung auf die wesentlichen Kriterien vorgenommen. Dieses Vorgehen wurde zuletzt auch deshalb gewählt, da eine Menge an relativ unbedeutenden Kriterien im Zuge der Gewichtung meist ein derart geringes Gewicht erhalten, dass deren Einfluss ohnehin marginal ist. Darüber hinaus kann dadurch das Problem der eindeutigen Abgrenzung der Kriterien voneinander minimiert werden, da etwaige Abhängigkeiten der Kriterien auch zu systematischen Bewertungsfehlern führen.

Viel mehr noch als bei der Marktanteils-Marktwachstums-Matrix wird beim Marktattraktivitäts-Wettbewerbsstärken-Portfolio deutlich, dass Auswahl, Gewichtung und Bewertung viel Raum für Subjektivität lassen. Wie schon im Zusammenhang mit den Ausführungen zum Marktanteils-Marktwachstums-Portfolio erwähnt, muss das Portfolio als Instrument verstanden werden, das einen Denkprozess über die Strategie fördert, aber durchaus nicht nur eine auf rein subjektiv empfundenen Gefühlseindrücken basierende Diskussion über Strategie erlaubt.

Weitere Portfolio-Modelle

Im Gefolge der beschriebenen Portfolio-Konzepte entwickelten sich die unterschiedlichsten Varianten. Hierzu zählen vor allem die folgenden Konzepte:

- Lebenszyklus-Wettbewerbspositions-Portfolio,
- Geschäftsfeld-Ressourcen-Portfolio,
- Gewinn-Lebenszyklus-Portfolio,
- Technologie-Portfolio,
- Kunden-Portfolio,
- Branchen-Portfolio-Matrix,
- Betriebstypen-Portfolio (handelsspezifisch).

Die Liste könnte noch beliebig fortgeführt werden, doch zeigt dies lediglich, dass durch die Vielzahl der entwickelten Portfolio-Konzepte Unternehmen die Qual der Wahl haben, das für sie geeignetste Portfolio-Modell auszuwählen.

Die Gründe für die Beliebtheit der Portfolio-Analyse müssen nicht lange gesucht werden. Als formales Instrument zur Strukturierung des strategischen Planungsprozesses vermag es insbesondere durch seine kommunikative Kraft Fragen an die Strategie der einzelnen Geschäftseinheiten zu richten. Dabei hängt die Aussagekraft des Portfolios entscheidend von der Segmentierung der Geschäfte ab. Sich ändernde Rahmenbedingungen, sei es nun die Liberalisierung von Telefon- und Strommärkten oder aber auch der e-Hype, sind eine Herausforderung für jede Unternehmensstrategie. Die Frage nach den Werttreibern bzw. Wertvernichtern hat nichts von ihrer Aktualität verloren. Als richtig verstandenes Diagnoseinstrument kann die Portfolio-Analyse bei der Beantwortung derlei Fragen nutzbringend eingesetzt werden. Doch mag hier nochmals die Einschränkung angebracht sein, dass es sich beim Portfolio lediglich um einen Denkrahmen handelt, der kein Ersatz für unternehmerisches Urteilsvermögen ist.

Spätestens dann, wenn althergebrachte Marktstrukturen erodieren und die neuen Orientierungspunkte noch nicht eindeutig erkennbar sind, wird die Bedeutung einer fundierten Portfolio-Analyse sichtbar. Worauf legen die Kunden wert, wo sind die neuen Branchengrenzen, wer sind die neuen Mitbewerber? Zur Beantwortung dieser Fragen ist ein permanentes Hinterfragen des Portfolios unerlässlich, denn ein gut gemanagtes Portfolio reflektiert diese Abweichungen.

Kompetenz-Mapping

Die in den siebziger Jahren entwickelten Portfolio-Techniken hatten ihren Ursprung darin, dass man Wettbewerbsvorteile als wesentlichen Einflussfaktor auf die Entwicklung eines Unternehmens entdeckt hatte. Portfolioansätze wie die Wettbewerbsvorteils-/Marktanteilsmatrix dienten dazu, in systematischer Weise die Wettbewerbssituation und mögliche Wettbewerbsvorteile zu analysieren. Dort, wo solche Wettbewerbsvorteile auf attraktiven Märkten erzielbar waren, sollte investiert werden. Im Rahmen des so genannten »Resourced based view« wurde die Bedeutung der Fähigkeiten eines Unternehmens für dessen Entwicklung »wiederentdeckt«. Selbst vermeintlich attraktive Märkte hatten sich als Risiko herausgestellt, wenn man das Geschäft nicht wirklich beherrschte. Als Pendant zu den Portfolio-Techniken wurde dadurch ein Bedarf an Instrumenten zur Analyse dieser internen Fähigkeiten geweckt. Aus dieser Notwendigkeit heraus wurden eine Reihe von Techniken entwickelt, die unter dem Sammelbegriff »Kompetenz-Mapping« firmieren.

Definition und Zielsetzung

Mit *Kompetenz-Mapping* ist die systematische Erfassung der in einem Unternehmen verfügbaren Fähigkeiten gemeint. Diese wiederum ergeben sich aus dem Wissen und den Fertigkeiten der Mitarbeiter sowie dem jederzeit abruf- und verfügbaren (»gespeicherten«) Know-how. Das Wort *Kompetenz* wird in diesem Zusammenhang deshalb bewusst verwendet, weil es die verschiedenen Dimensionen der Fähigkeit, der Geschicklichkeit, der Fertigkeit und des Wissens in sich vereinigt. Kompetenzen haben grundsätzlich immer eine Mengen- und eine Qualitätsdimension.

Ähnlich geografischen Landkarten kann auch das Kompetenz-Map unterschiedliche Maßstäbe haben, es können für verschiedene Zwecke unterschiedliche Gegenstände in diesen Karten abgebildet werden.

- Die Grundform eines Kompetenz-Map ist dabei eine bloße Auflistung, die vor allem durch die beiden Fragestellungen: »Wer kann was?« und »Wo ist welches Wissen gespeichert?« geprägt ist.
- In einer zweiten Stufe kann das Kompetenz-Map dadurch verfeinert werden, dass diese Fähigkeiten hinsichtlich ihrer Bedeutung für die Unternehmensentwicklung qualifiziert werden. Die entscheidenden Fragen sind hierbei: »Wie wichtig sind die einzelnen Fähigkeiten für das Unternehmen und seine weitere Entwicklung?«, »Welche wichtigen Fähigkeiten sind im Unternehmen unterrepräsentiert?«
- Auf einer dritten Ebene schließlich kann der Wert der einzelnen Fähigkeiten quantifiziert werden. In einer Kosten- und Leistungsrechnung für die Kompetenzen wird dabei gefragt, ob die Kosten zur Erhaltung bestimmter Kompetenzen in einem akzeptablen Verhältnis zu den mit diesen Kompetenzen erzielbaren Erlösen stehen.

Da trotz der gestiegenen Bedeutung der ressourcenbasierenden Unternehmensführung deren Operationalisierung in einem systematischen Kompetenz-Management immer noch unterentwickelt ist, hat sich anders als z. B. bei den Portfolio-Techniken noch kein geschlossener Ansatz herausgebildet. Der im Folgenden präsentierte Ansatz versucht, verschiedene Aspekte eines umfassenden Kompetenz-Mapping zu einem durchgängigen Ansatz zu vereinen. Ziel ist es dabei, Kompetenzen effizient und effektiv weiterzuentwickeln, da sie letztlich die Quelle von Wettbewerbsvorteilen des Unternehmens sind.

Des Weiteren ermöglicht dieser Ansatz Kompetenz-Mapping für verschiedene Zwecke: Strategisches Kompetenz-Mapping eignet sich für den langfristigen Aufbau von Kompetenzen, die als Erfolgsquellen gesehen werden. Operatives Kompetenz-Mapping kann als Planungs- und Steuerungsinstrument für konkrete Projekte, Dienstleistungs- oder Produktionsprozesse eingesetzt werden. Ein durchgängiger Ansatz erlaubt also ein durchgängiges Vorgehen sowohl auf der strategischen als auch auf der operativen Ebene.

Darstellung

Kompetenz-Mapping erfolgt in folgenden vier Schritten:

Auflistung der verfügbaren Kompetenzen

Das Wesen der Kompetenzen ist, dass sie latent bei einzelnen Mitarbeitern oder in Systemen vorhanden sind und im Leistungserstellungsprozess aktiviert werden. Dabei setzen sie sich aus zwei Komponenten zusammen: Wissen über Zusammenhänge, Fachkenntnis und das Beherrschen von Techniken auf der einen Seite und Erfahrung in der Anwendung dieses Know-how auf der anderen. Die Auflistung der Kompetenzen sollte deshalb folgende Informationen enthalten:

- Welche Kompetenzen sind vorhanden?
- Bei wem?
- In welchem Umfang?
- Werden sie aktiv eingesetzt, oder müssen sie reaktiviert werden?
- Wie gut ist die Qualität dieser Kompetenzen, die »Kompetenzstärke«?

Idealerweise erfolgt diese Zusammenstellung in Form eines Kompetenzsteckbriefes. Ein solcher Steckbrief kann je nach Zweck auf unterschiedlichen Aggregationsniveaus geführt werden. Je nachdem, ob es um die allgemeine Entwicklung des Unternehmens oder konkrete operative Entscheidungen geht, werden die Kompetenzen unterschiedlich detailliert erfasst.

Eine mögliche erste grobe Unterteilung könnte danach erfolgen, ob es sich bei den Kompetenzen um allgemeine oder um spezifische Kompetenzen handelt:

Allgemeine Kompetenzen befähigen einen Mitarbeiter dazu, überhaupt in Prozessen tätig zu werden. Hier sind beispielsweise Persönlichkeitsmerkmale, Führungsverhalten und Ausbildung einzuordnen. Spezifische Kompetenzen dienen einem bestimmten Zweck, für den sie extra aufgebaut werden. Es kann sich hierbei um Branchen-Know-how, spezielle technische Kenntnisse oder um besondere Fähigkeiten in der Prozessdurchführung handeln.

Auf einer zweiten Untersuchungsebene kann man danach unterscheiden, in welcher Form die Kompetenzen verfügbar sind. Sind sie speicher- und abrufbar, etwa wenn es sich um Wissen handelt, das in Form einer

Datenbank verfügbar ist, oder ist es an Personen gebunden und muss jeweils individuell neu erlernt werden?

Auf einer dritten Ebene wird danach unterschieden, in welcher Form die Kompetenzen benötigt werden. Sind es einzelne Experten, die eingesetzt werden können? (beispielsweise bei der Vermittlung einer Brandschutzversicherung, bei der der Versicherungsagent einen Spezialisten hinzuzieht, der über die notwendigen technischen Kenntnisse verfügt) Oder handelt es sich um Kompetenzen, die jeder an der Leistungserstellung Beteiligte verfügbar haben muss? (Alle Mitglieder eines Beratungsteams brauchen bestimmte Branchenkenntnisse)

Schließlich kann danach unterschieden werden, ob es sich um Fertigkeiten oder um Wissen handelt. Zwecks besserer Übersichtlichkeit lassen sich dann weitere Untergruppen bilden.

Spezifische Kompetenzen können darüber hinaus hinsichtlich weiterer Dimensionen unterschieden werden, die je nach Untersuchungszweck ebenfalls sinnvoll sein können:

- *Bezug zu einzelnen Produkten oder Dienstleistungen.* Ein Unternehmen aus dem Bereich Engineering und Projektmanagement, das u. a. darauf spezialisiert ist, Einrichtung und Ingangsetzung von Flughäfen zu organisieren, muss für diese Aufgabe ganz spezifische Kompetenzen bei ihren Mitarbeitern vorhalten. Es gilt bei einem solchen Projekt z. B. daran zu denken, dass die Passagiere, die am alten Flughafen der Stadt abgeflogen sind und am neuen ankommen, zum Ausgangspunkt transportiert werden müssen.
- *Regelmäßigkeit der Nutzung.* Auch wenn die Abstände normalerweise nicht derart groß und die Zahl möglicher Einsätze der Kompetenzen nicht so gering sind wie Flughafenumzüge, so gibt es doch erhebliche Unterschiede in der Inanspruchnahme.
- *Bezug zu einzelnen Marktsegmenten.* Welche Kompetenzen werden für die Erstellung von Produkten und Dienstleistungen für eine bestimmte Kundengruppe benötigt? Ein Steuerberater oder Wirtschaftsprüfer weiß zwar generell, wie eine Beratung respektive eine Prüfung durchzuführen ist, doch kann die Herkunft der Klienten Besonderheiten bergen. Spezielles Branchen-Know-how etwa kann in diesem Fall sehr hilfreich sein, gibt es doch Besonderheiten bei der Bilanzierung und Bewertung in einzelnen Branchen.
- *Bezug zu einzelnen Kunden.* Auch für die Bedienung bestimmter Nachfrager können spezielle Kompetenzen notwendig sein. Die Pflege

dieses Wissens um besondere Anforderungen einzelner Nachfrager und der Möglichkeiten, ihnen gerecht zu werden, ist ebenfalls eine Aufgabe des Kompetenz-Managements. Der Unternehmensberater, der seinen Kunden über einen längeren Zeitraum immer wieder betreut, hat einen vertieften Einblick in dessen Strukturen und kann ihn deshalb individueller beraten.

Bewertung der Qualität verfügbarer Kompetenzen

Nach der systematischen Erfassung der Kompetenzen geht es im nächsten Schritt darum, deren Qualität zu ermitteln. Dabei gilt, dass diese Kompetenzstärke mit der Intensität der Kompetenznutzung korreliert: Im Prozess der Leistungserstellung ist zunächst eine Phase der Erarbeitung von Kompetenzen identifizierbar. Sie wird bei der ersten Leistungserstellung entsprechend lang ausfallen und später vielleicht sogar auf wenige Sekunden, z. B. der Konzentration auf einen neuen Kunden, zusammenschmelzen. Im Verlauf der Leistungserstellung erreichen die Kompetenzen einen gewissen Höhepunkt, der Mitarbeiter ist in dieser Phase mit der Materie ständig befasst und kann sein Wissen vertiefen. Solange das Produkt noch nicht fertig, die Dienstleistung noch nicht abgeschlossen ist, der Mitarbeiter sich aber schon wieder einem neuen Leistungserstellungsprozess zuwendet, nimmt die Stärke dieser spezifischen Kompetenzen hingegen ab. Ist er längere Zeit nicht gefordert, diese Art von Kompetenzen einzusetzen, kann es zu einem gewissen Effekt des »Verlernens« kommen. Die Kompetenzstärke geht dann wieder zurück. Mit jedem gleichartigen oder ähnlichen Leistungserstellungsprozess wachsen die Kompetenzen an. Speziell die Anwendungserfahrung nimmt zu, sodass sich die Kompetenzstärke auf höherem Niveau weiter nach oben entwickeln kann. Der Mitarbeiter fängt nicht bei Null an, sondern kann auf der Basis bestehenden Wissens aufbauen.

Da das Ausmaß der Kompetenzkosten die Wirtschaftlichkeit eines Leistungserstellungsprozesses entscheidend beeinflussen kann, wäre es fahrlässig, sie nicht zu berücksichtigen. Wegen der Probleme bei der Messbarkeit – man sieht einem Menschen seine Kompetenzstärke nicht an – entstehen hier Probleme, die bei weniger personalintensiven Leistungen in weit geringerem Maße auftreten.

Bedeutung der Kompetenzen für das eigene Unternehmen

Die bisher dargestellte Auflistung und Bewertung der vorhandenen Kompetenzen hat lediglich einen Überblick darüber gebracht, welche Kompetenzen in welcher Form vorhanden sind. Es ist noch nicht klar, ob diese vorhandenen Kompetenzen überhaupt von Bedeutung sind für das Unternehmen.

Die Bedeutung für das Unternehmen hat dabei zwei Komponenten:

- die quantitative Bedeutung, d.h. Angaben darüber, wie häufig diese Kompetenzen im Unternehmen genutzt werden, und
- die marktstrategische Bedeutung der Kompetenzen.

Die quantitative Bedeutung der Kompetenzen lässt sich mit der so genannten Kompetenz-Cluster-Analyse ermitteln (siehe Abbildung 9).

	Skill 1	Skill 2	Skill 3	Skill 4	Skill 5
Skill 1	**60**				
Skill 2	**10**	**40**			
Skill 3	**60**	**10**	**70**		
Skill 4	**10**	**30**	**10**	**30**	
Skill 5	**50**	**20**	**60**	**10**	**80**

	Skill 4	Skill 2	Skill 5	Skill 3	Skill 1
Skill 4	**30**				
Skill 2	**30**	**40**			
Skill 5	**10**	**20**	**80**		
Skill 3	**10**	**20**	**60**	**70**	
Skill 1	**10**	**10**	**50**	**60**	**60**

Skill Cluster Index I_{ij} $= \frac{\text{Anzahl der Produkte, bei denen auf die Skills i und j zurückgegriffen wird}}{\text{Gesamtzahl aller Produkte}}$

Abbildung 9: Kompetenz-Cluster-Analyse

Hier wird systematisch aufgelistet, wie oft die einzelnen Kompetenzen miteinander kombiniert werden, um Produkte oder Dienstleistungen herzustellen. In einem fiktiven Beispiel ist dies im oberen Teil der Grafik dargestellt. Kompetenz 1 wird in 60 Prozent aller Produkte bzw. Dienstleistungen einfließen. Kompetenz 1 und Kompetenz 2 werden in 10 Prozent aller Fälle miteinander kombiniert, Kompetenz 3 und Kompetenz 1 in 60 Prozent der Fälle usw. Ordnet man diese Aufstellung nun nach der Häufigkeit des Einsatzes der Kompetenzen in einzelnen Produktionsprozessen, so erhält man den unteren Teil der Abbildung. Es zeigt sich, dass es vor allem die Kompetenzen 1, 3 und 5 sind, die von besonderer Relevanz sind und häufig miteinander kombiniert werden. Offensichtlich sind sie von enormer Bedeutung für das Unternehmen und bilden in ihrer Kombination eine echte Kernkompetenz. Sowohl diese Beziehung einzelner Kompetenzen untereinander als auch die Bedeutung der so entstehenden Kernkompetenz für das Unternehmen gilt es nun weiter zu untersuchen.

Die quantitative Analyse kann sowohl für bestehende Produkte und Dienstleistungen durchgeführt werden als auch für neue Produkte und Dienstleistungen. Dabei wird im Vorfeld der strategischen Neuproduktplanung eine Analyse vorgenommen, welche Kompetenzen hier von besonderer Bedeutung sind. Die Ergebnisse dieser Kompetenz-Cluster-Analyse können dann an dem Ist-Zustand im Unternehmen gespiegelt werden, um einen ersten Überblick über das Fehlen bzw. auch die zu starke Ausprägung einzelner Kompetenzen zu erhalten.

Diese quantitative Analyse ist auf jeden Fall durch eine qualitative Betrachtung zu ergänzen. Für die in der quantitativen Analyse als wesentlich erkannten Kompetenzen sollte deshalb zunächst einmal die Marktrelevanz dieser Kompetenzen überprüft werden. Dazu bietet es sich an, auf das so genannte VRIO-Schema zurückzugreifen. Das Kunstwort *VRIO* setzt sich zusammen aus den vier Anfangsbuchstaben der wesentlichen Items, hinsichtlich derer die Kompetenzen analysiert werden:

- *Value*: Hier geht es vor allem darum, ob sich für das Unternehmen aus dem Vorhandensein der Kompetenzen ein zusätzlicher Wert im Sinne eines Wettbewerbsvorteils ergibt.
- *Rareness*: Wie sind die Kompetenzen zwischen den einzelnen Wettbewerbern in einem Markt verteilt? Sind sie »rar«? Kann aus der Tatsache, dass man der Einzige ist, der über bestimmte Kompetenzen verfügt, ein Vorsprung gegenüber dem Wettbewerb erzielt werden?

- *Imitability*: Wie aufwändig ist es für Wettbewerber, die Kompetenzen nachzubilden oder ebenfalls zu erwerben? Dies ist vor allem ein Indikator dafür, wie schnell es dem Wettbewerb gelingen kann, bestimmte Fähigkeiten nachzuahmen oder nachzuvollziehen.
- *Organization*: Inwiefern ist die Organisation in der Lage, die entsprechenden Kompetenzen weiterzuentwickeln und zu erhalten? Hier geht es vor allem darum zu hinterfragen, inwiefern man selbst in der Lage ist, die Kompetenzen dauerhaft an sich zu binden.

Weist man den Ausprägungen dieser vier Merkmale jeweils einen Punktwert zu, so kommt man zu einer Einschätzung, ob die Marktrelevanz der einzelnen Kompetenzen niedrig, mittel oder hoch ist. Kombiniert man eine solche Skalierung mit dem Entwicklungsstand der Kompetenzen im Unternehmen, so gelangt man zu der in der Abbildung 10 gezeigten Matrix.

Entwicklungs-niveau Marktrelevanz	**Stufe 1:** Fähigkeit nur in Ansätzen erkennbar	**Stufe 2:** Fähigkeit unter Marktstandard	**Stufe 3:** Fähigkeit auf Marktstandard	**Stufe 4:** Überlegenheit im Wettbewerb	**Stufe 5:** Weithin überragende Fähigkeit
niedrig					
mittel					
hoch					

Abbildung 10: Kompetenz-Mapping

Beim Management der Kompetenzen kommt es nun darauf an, sie innerhalb dieser Matrix in die durch die Diagonale markierte Konsistenzzone zu lenken. Bei Kompetenzen, die nur eine geringe Marktrelevanz aufweisen, mag es ausreichen, dass Fähigkeiten nur in Ansätzen erkennbar sind. Bei Kompetenzen von hoher Marktrelevanz sollte man zumindest eine Überlegenheit gegenüber dem Wettbewerb, wenn nicht sogar eine weithin überragende Fähigkeit besitzen.

Aus dieser Art der Analyse ergibt sich eine Prioritätenliste, die deutlich werden lässt, in welche Kompetenzen verstärkt investiert werden soll und welche Kompetenzen nicht unbedingt weiter ausgebaut werden müssen. Um hier eine endgültige Entscheidung über das Vorgehen treffen zu können, ist es allerdings notwendig, auch eine wertmäßige Bewertung der Kompetenzen vorzunehmen. Diese Betrachtung ist also durch eine Kompetenzkostenrechnung zu flankieren.

Ermittlung des Wertes der Kompetenzen

Aufgabe einer Kompetenzkostenrechnung ist es aufzudecken, welche Kosten durch den Aufbau bzw. das Halten einer bestimmten Kompetenzstärke entstehen. Dabei spielt auch eine Rolle, was an Kompetenzen vorhanden ist und was durch eine intensive Einarbeitungsphase neu geschaffen werden muss. Aufgabe des Kompetenzkostenmanagements ist es, ein sinnvolles Niveau der Kompetenzstärke herzustellen. Werden Kompetenzen häufiger benötigt, so sind sie dauerhaft zu erhalten. Insbesondere die temporäre Aufgabe von Kompetenzen erscheint dann als ineffizient. Geprüft werden muss in diesem Zusammenhang allerdings auch, was der Erhalt der Kompetenzen in der Phase zwischen zwei Leistungserstellungsprozessen kostet.

Die Kompetenzkostenrechnung kann dabei in mehrerlei Hinsicht Kompetenz-Mappings unterstützen:

- Strategische Kompetenzkostenrechnungen können die langfristigen Effekte des Aufbaus/Erhalts von Kompetenz aufzeigen. Kompetenz-Portfolios können somit um eine weitere Dimension erweitert werden.
- Operative Kompetenzkostenrechnungen dienen zunächst der Ermittlung der Standardkosten und damit spezifischen Kompetenz-Mappings (z.B. für bestimmte Projekte/Produktionsprozesse). In einem Vergleich mit den Ist-Kosten ermöglichen sie ein Controlling des Kompetenzeinsatzes.

Bei der Ermittlung von Kompetenzkosten ist zunächst das erforderliche Kompetenzprofil zu bestimmen. Es ergibt sich aus dem Prozessablauf und den Charakteristika des Kunden. Insofern baut dieser Schritt direkt auf der Prozessanalyse auf. Aus diesen Anforderungen folgt zunächst, welche allgemeinen Qualifikationen (allgemeine Kompetenzen) die Prozessbeteiligten aufseiten des Anbieters haben müssen. Hier hat sich häufig eine Eingruppierung anhand festgelegter Typen etabliert, die in vielen Fällen auch mit dem Gehalt der entsprechenden Mitarbeiter korrespondiert (Kompetenzklassen). Bei Beratern haben sich z. B. die – wenig aussagekräftigen – Bezeichnungen »Senior-/Junior-Consultant« eingebürgert.

Damit ist aber in vielen Fällen nicht das gesamte Spektrum benötigter Kompetenzen abgedeckt, gerade wenn spezifische Kenntnisse und Fähigkeiten aufgebaut werden müssen. Diese speziellen Kompetenzen sind u. U. nicht vorhanden, sondern müssen erst beschafft werden. Hier ist zu unterscheiden, ob sie nur für einzelne oder für mehrere Produkte benötigt werden. Sind sie wahrscheinlich nur einmal einsetzbar, so muss der Aufbau dieser Kompetenzen durch Zielkosten dieses einzelnen Angebots gedeckt werden. Ist von einer mehrmaligen Nutzung auszugehen, so liegen geschäftsbeziehungs- oder marktsegmentspezifische Kompetenzen vor. Ihre Beschaffung ist als Investition zu sehen, eine Prognose über die Amortisation dieser Investition kann nur auf der Grundlage einer Prognose über die Einsatzmöglichkeiten im Laufe der Geschäftsbeziehung fallen.

Sollten die Kosten für den Aufbau der Kompetenzen durch die einmalige Leistungserstellung nicht zu decken sein oder sollte eine Amortisation der Investition in Kompetenzen nicht erreichbar scheinen, muss entweder das Angebot als solches infrage gestellt werden oder aber über andere Wege der Beschaffung der Kompetenzen nachgedacht werden – z. B. darüber, ob projektbezogen Fachwissen von außen zugekauft wird.

Sind es Experten, die die Kompetenzen innerhalb des Unternehmens repräsentieren, handelt es sich also nicht um Fähigkeiten, über die jeder Mitarbeiter verfügt, so lassen sich die Kosten dieser Kompetenzen relativ leicht ermitteln: Es sind im weitesten Sinne die Personalkosten, die von ihnen verursacht werden. Dazu gehören auch die Kosten für Schulungen. Bei Kompetenzen, die auf mehrere Mitarbeiter verteilt sind, wird eine Identifizierung der Kompetenzkosten schon schwieriger. Lediglich Gehaltsbestandteile, die direkt auf das Vorhandensein von speziellen Fähigkeiten bei dem einzelnen Mitarbeiter zurückzuführen sind, können als Kompetenzkosten angesetzt werden. Darüber hinaus sind noch die direkt auf den Aufbau und die Erhaltung von Kompetenzen entfallenden Kosten (etwa Weiterbildung oder Trainings) ansetzbar.

Zur besseren Identifikation der Kompetenzkosten muss die Kostenstellenrechnung beitragen. Hier muss sichtbar werden, wo Kompetenzen vorhanden sind und wofür sie verwendet werden. Dabei unterstützt sie eine Kompetenzdatenbank, die die Kompetenzprofile der Mitarbeiter speichert und somit für die Prozessdurchführung die jeweils passenden Mitarbeiter bereitstellt. Ein ähnliches Vorgehen wie bei den Kompetenzen bietet sich auch für andere wichtige Potenziale (beispielsweise für technische Spezialmaschinen) an.

Umsetzung

In der Praxis ist Kompetenz-Mapping noch sehr stark unterrepräsentiert. Gerade die erste Stufe – die Erfassung von Kompetenzen – findet sich noch in einer Reihe von Unternehmen. Eine strategische oder erfolgsmäßige Bewertung fehlt in den meisten Unternehmen völlig.

Eine Ausnahme bilden einige Industrieunternehmen, die in den vergangenen Jahren ihre internen »Dienstleistungsbereiche« zusammengefasst und in »Dienstleistungs-GmbHs« eingebracht haben. Von diesen beschaffen die Konzernunternehmen, aber auch externe Dritte Dienstleistungen. Im Zuge der Ausgliederungen wurde meist sehr bewusst überlegt, welche Kompetenzen es gibt und wie sie zu verwenden sind.

In der Praxis zeigen sich dann auch häufig Probleme eines nicht durchgängigen Kompetenz-Mapping: In einem speziellen Fall war eine der Leistungen, die die neue Dienstleistungs-GmbH erbringen sollte, der Werkschutz. Da die neue Schwestergesellschaft wesentlich teurer war als vergleichbare, nicht zum Konzern gehörende Unternehmen, beschafften viele Konzerngesellschaften den Werkschutz bei Dritten. Dabei wurde der Leistungsumfang quantitativ relativ genau spezifiziert: Eingänge zu Verwaltungsgebäuden sollten z. B. mit einer bestimmten Anzahl von Mitarbeitern beaufsichtigt werden; es wurde beispielsweise fixiert, wo diese sitzen und wie viele Rundgänge sie machen sollten etc. In vielen Konzernunternehmen kam es dennoch nach kurzer Zeit zu Beschwerden über die Qualität der Leistung in den Verwaltungsgebäuden: Mitarbeiter beschwerten sich über unfreundliche Befragungen beim Betreten des Gebäudes am Wochenende, man vermisste den freundlichen Gruß am Morgen, und Vorstandsmitglieder beklagten, dass ihre Besucher am Empfang nicht in entsprechender Weise behandelt worden seien. Weniger Klagen kamen aus dem Bereich der Produktion. Die dort im Werkschutz eingesetzten Kräfte arbeiteten zur Zufriedenheit dieser Konzernunternehmen.

Der externe »Dienstleister«, der die Überwachungsleistung angeboten hatte, übersah bei dem Kostenvergleich offenbar die Qualitätskomponente. Er erkannte, dass er einen unter den bisherigen Kosten des internen Werkschutzes liegenden Preis anbieten musste, und betrieb daraufhin ein Kostenmanagement, das darin bestand, zwar die Zahl der Mitarbeiter konstant zu halten (was dem Wunsch der Nachfrager entsprach, die nach wie vor an jeder Pforte einen Wachmann wünschten), aber dafür billigere Kräfte einzustellen (Veränderung der Wertkomponente). Diesen Mitarbeitern fehlten aber entsprechende Fähigkeiten und Eigenschaften: Sie waren unfreundlich, hatten keinen Einblick in das Unternehmen, um wichtige Besucher entsprechend zu behandeln, und waren inflexibel in der Handhabung der Vorschriften. Umgekehrt waren für den Produktionsbereich, wo Zufriedenheit mit den neuen Kräften herrschte, mit hoher Wahrscheinlichkeit jahrelang zu gut ausgebildete und zu teure Kräfte beschäftigt worden, da auch billigere Lösungen ausreichten.

Beide Anbieter der Wachleistung haben sich demnach zu wenig um die Kompetenzen ihrer Mitarbeiter gekümmert. Beide haben sich durch einen undifferenzierten Einsatz der Mitarbeiter aus jeweils einem Segment herausmanövriert. Der Nettonutzen der Nachfrager ist nicht allein durch die Anzahl der Personen begründet, die die Leistung erbringen, sondern durch deren Kompetenzen. Diese sind damit eine entscheidende Einflussgröße für deren Preisbereitschaft. Allerdings nur, wenn der Nachfrager solche Kompetenzunterschiede wahrnimmt (also nicht beim Werkschutz für die Produktionsanlagen). Es werden folglich nicht »Mann-Stunden«, sondern qualitativ angemessene Problemlösungen nachgefragt.

Nachdem diese Probleme mehrfach auftraten, führte die Dienstleistungs-GmbH einen Kompetenz-Mapping-Prozess durch, der die vorhandenen Kompetenzen an den Notwendigkeiten der internen Konzernkunden spiegelte.

Wertkettenanalyse

Die externe Positionierung steht am Beginn des Strategieprozesses des Unternehmens. Sie wird in ihrem Ergebnis entscheidend von den Ressourcen und ihrer spezifischen Organisation im Unternehmen bestimmt. Um neue Geschäftsfelder zu erschließen oder in traditionellen Geschäftsfeldern Wettbewerbsvorteile zu schaffen bzw. zu erhalten, ist es allerdings notwendig, den aktuellen Bestand an Ressourcen, Arten, Mengen und Strukturen kritisch zu prüfen. Fragen, die sich in diesem Zusammenhang stellen, sind z.B., welche Ressourcen das Unternehmen einsetzt, welche Prozesse dabei genutzt werden, wie im Rahmen dieser Prozesse Ressourcen zusammenwirken und welchen Ertrag der Einsatz einzelner Ressourcen bringt. In der strategischen Analyse der Ressourcen des Unternehmens müssen zwei miteinander in enger Beziehung stehende Problemfelder berücksichtigt werden: die Organisation der Wertschöpfung einerseits und der potenzielle Beitrag von Ressourcen zur Wettbewerbsfähigkeit des Unternehmens andererseits. Wir wollen uns in der Folge speziell mit Strukturen beschäftigen, in denen Wertschöpfung erfolgt. In diesem Zusammenhang rücken Wertschöpfungssysteme in den Mittelpunkt der Analyse.

Definition und Zielsetzung

Was verbirgt sich hinter dem Begriff *Wertschöpfungssystem*? *Wertschöpfungssysteme* stellen Strukturen dar, in denen untereinander vernetzte Wertschöpfungsprozesse ablaufen. Das kann eine einzelne Geschäftseinheit, ein Unternehmen oder ein unternehmensübergreifendes Produktionsnetzwerk sein, wie z.B. im Fall von Automobil-Clustern, die sich aus Endmontage und Zulieferfirmen zusammensetzen. Um nun Wertschöpfungssysteme einer Analyse zugänglich zu machen, muss die dahinter liegende Konzeption bzw. Struktur in geeigneter Form beschrieben und sichtbar gemacht werden. Dies erfolgt über so genannte Wertschöpfungsmodelle, die den Zweck haben darzustellen, wo wie welcher Wert geschaffen wird. In diesem Zusammenhang hilft die Aufbauorganisation des betrachteten Wertschöpfungssystems (z.B. des Unternehmens), die die hierarchische Gliederung wertschöpfender Organisationseinheiten abbildet, nicht weiter. Um einen ersten Eindruck von den Verschränkungen innerhalb eines Systems zu erhalten und eine für die Analyse zielführende Zuordnung von Ressourcen und ihres Beitrags zur Wertschöpfung des Systems vornehmen zu können, müssen deshalb Wertschöpfungsmodelle auf der Ebene von Prozessen entworfen werden. Eine der prominentesten Entwicklungen in diesem Zusammenhang ist das Modell der Wertkette, das in der Folge als Analyseinstrument im Rahmen der strategischen Ressourcenentwicklung vorgestellt wird.

Darstellung

Einfache Wertkettenmodelle gehen von den zentralen Wertschöpfungsprozessen der betrachteten Organisationsebene (Geschäftseinheit, Unternehmen, Netzwerk) aus. Sie stellen diese als logische Abfolge gut abgrenzbarer Abläufe im Rahmen eines linearen Systems dar. Abbildung 11 zeigt als Beispiel für eine solche (einfache) Wertkette das Geschäftssystem eines Stromversorgungsunternehmens.

Ansatzpunkt im Rahmen der Analyse sind dabei die Glieder der Wertkette (abgegrenzte Prozesse) bzw. die ihnen zugeordneten Ressourcen. Dies gilt grundsätzlich auch für alle Weiterentwicklungen des Wertkettenkonzepts, wenn sich auch mit den verschiedenen Modifikationen des Konzepts die Betrachtungsweise der Wertkette mit verändert hat. So führte Michael Porter eine Unterscheidung in primäre und unterstützende Aktivitäten in das Wertkettenmodell ein (Abbildung 12). Damit verlässt er die hohe Aggregationsebene des ursprünglichen Ansatzes und bricht mit der pragmatischen Modellbedingung, dass die Beiträge der einzelnen Prozesse im Rahmen der Wertkette eindeutig zuordenbar sind. Die Bewertung der Ressourcen auf den einzelnen Stufen der Wertkette – Endzweck der Analyse – wird damit schwieriger und verlangt nach einer weiteren Differenzierung.

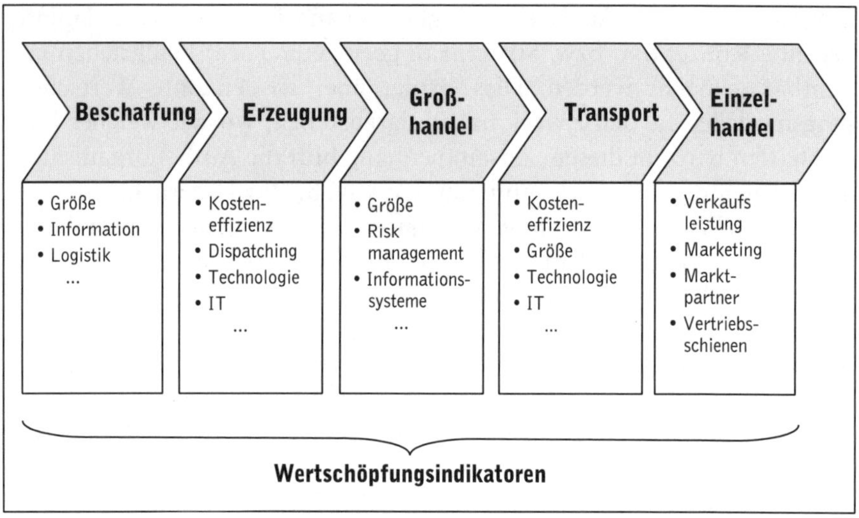

Abbildung 11: Wertkette eines Stromversorgungsunternehmens

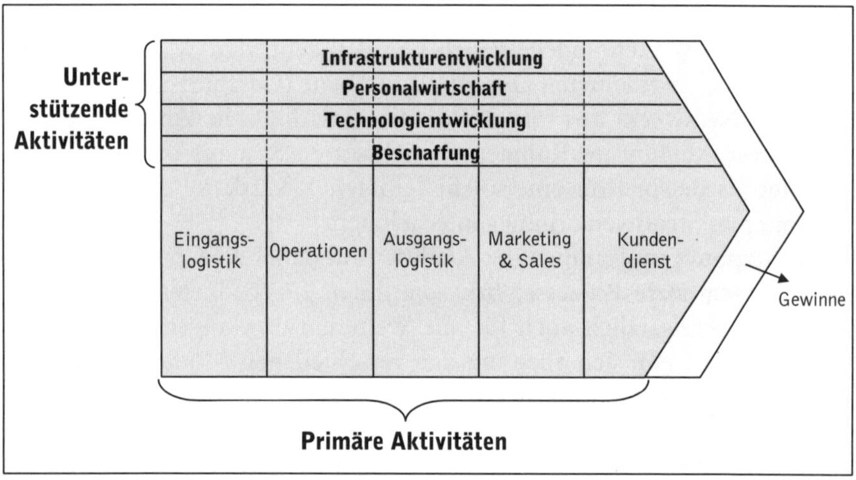

Abbildung 12: Wertkette nach Porter

Diese Differenzierung ermöglichen etwa Aktivitätensysteme. Sie bilden die Mikrosicht auf das System ab, indem sie auf die einzelnen Aktivitäten im Rahmen der Leistungserstellung abstellen. Sie gehen in diesem Zusammenhang von der Vorstellung einer linearen Abfolge von Aktivitäten (die den Kern des klassischen Wertkettenmodells ausmacht) ab und versuchen die Wertschöpfungspotentiale zu bewerten, die durch das systemische Zusammenwirken von Aktivitäten entstehen.

Wertkettenanalyse

Wertkettenanalysen sollen Aufschluss über die Kompetenz eines Unternehmens geben. Kompetenz ist dabei direkter Ausdruck der spezifischen Kombination von materiellen und immateriellen Ressourcen auf den einzelnen Stufen bzw. des Zusammenwirkens spezifischer Ressourcenkonstellationen auf verschiedenen Stufen der Wertkette. Entscheidend für das Unternehmen ist in diesem Zusammenhang die Frage, ob die vorhandenen Ressourcen zielorientiert eingesetzt werden. Dies gilt einmal nach innen, hinsichtlich der Optimierung ihres Beitrags zur Wertschöpfung des Unternehmens, und andererseits nach außen, in Bezug auf die Entwicklung und den Erhalt von relativen Wettbewerbsvorteilen und den damit verbundenen Erlöspotenzialen. In der Praxis zieht man in diese Analyse nicht alle Ressourcen mit ein, da der potenzielle Ertrag (Erkenntnisgewinn) viel zu gering in Relation zum notwendigen Aufwand wäre. Es muss also vorweg eine Auswahl getroffen werden, welche Ressourcen einer näheren Analyse unterzogen werden sollen. In diesem Zusammenhang wird man sich auf die zentralen Ressourcen konzentrieren, d. h. auf jene, die vom Anteil her einen großen Teil des Ressourceneinsatzes ausmachen und die gleichzeitig bedeutende Beiträge zur Wertschöpfung und zur Sicherung der Wettbewerbsposition bringen. Ein Ansatzpunkt wäre dabei das Konzept der zentralen Erfolgsfaktoren (»key factors of success«). Zentrale Erfolgsfaktoren sind dabei definiert als jene Ressourcen, Fähigkeiten und Merkmale von Unternehmen einer Branche, die die Voraussetzung für den Markterfolg darstellen. So stellen z. B. der Standort, die Größe und Ausstattung der Häuser mit Zimmern, Restaurants und Pools die Tangible Assets (materielle Vermögensgegenstände) einer Hotelkette dar, während die Marke und die Mitarbeiter in den einzelnen Unternehmensbereichen die wichtigsten Intangible Assets (Immaterielle Vermögensgegenstände) bilden. Der spezifische Bestand (Menge und Qualität) der für die eigene Branche zentralen Ressourcen im Unternehmen gibt dabei Aufschluss über die Wettbewerbsfähigkeit des Unternehmens. Um allerdings nachhaltige Wettbewerbsvorteile zu schaffen, müssen darüber hinaus unternehmensspezifische Erfolgsfaktoren entwickelt bzw. die damit in Verbindung stehenden Ressourcen aufgebaut werden.

In der Regel wird es jedoch nicht ausreichen, die unternehmenseigene Wertkette bzw. die dahinter liegenden Ressourcen zu analysieren, um potenzielle Wertbewerbsvorteile auszumachen. In einer hoch arbeitsteiligen und kompetitiven Wirtschaft muss das Gesamtsystem gesehen werden, mit dem die eigene Wertkette vernetzt ist (Abbildung 13). Innerhalb dieses Wert(ketten)systems gibt es eine hohe Anzahl an möglichen Leistungsbeziehungen, die mit bestehenden Lösungen im Unternehmen verglichen werden müssen. Auch hier können die zentralen Erfolgsfaktoren einer Branche als erste Orientierung dazu dienen, welche Konstellationen primär zu analysieren sind. Im Falle eines Mischkonzerns wäre es z. B. denkbar, dass einzelne Produktionen dieselben Vorleistungen beziehen und die potenziell realisierbaren Verbundeffekte Wettbewerbsvor-

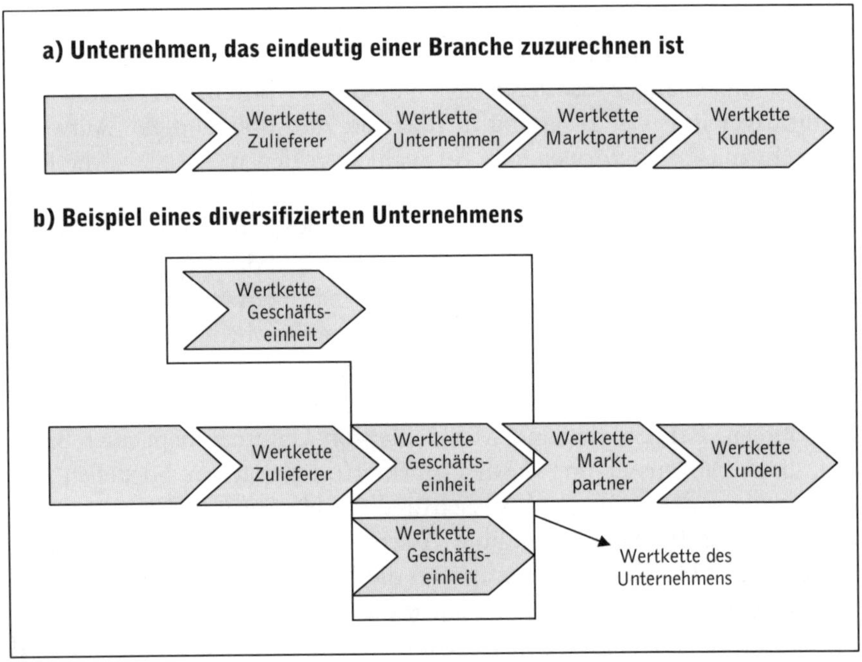

Abbildung 13: Wertkettensystem

teile begründen. Beziehungen dieser Art können – wenn sie auch in der Realität wesentlich komplexer sind – einzigartig für jedes Unternehmen sein und müssen deshalb in der Strategieentwicklung besondere Berücksichtigung finden.

Konzeption von Wertketten

Wertkettenanalysen dienen der Vorbereitung der strategischen Entwicklung von Wertschöpfungssystemen. Die Konzeption der Modelle kann dabei anhand der Ausgestaltung des Modells und des zugrunde liegenden ökonomischen Kalküls beschrieben und beurteilt werden.

Grundsätzlich bieten sich im Rahmen der Konzeption von Wertschöpfungsmodellen zwei Alternativen an. Einfache, im Regelfall lineare Modelle, die zwischen den differenzierten Aktivitäten kaum Verschränkungen aufweisen, stehen dabei komplexen Strukturen gegenüber, die den Netzwerkcharakter der einzelnen Prozesse betonen. An welcher der beiden Alternativen soll sich nun die Architektur von Wertschöpfungsmodellen orientieren? Um hierzu eine Aussage treffen zu können, ist es notwendig, sich näher mit den Vor- und Nachteilen beider Ansätze auseinander zu setzen. Während ein einfacher Aufbau übersichtlich und transparent ist und so die Fokussierung auf einige wichtige Aktivitäten erleichtert, hilft ein komplexerer Aufbau, anspruchsvollen Kundenanforderungen gerecht zu werden, und bietet durch die stärkere Ausdifferenzierung des Prozesses die Möglichkeit, Spezialisierungsvorteile zu generieren. Welcher Ansatz gewählt werden sollte, hängt von der spezifischen Situation des Unternehmens und seinem Umfeld (insbesondere von der Wettbewerbslandschaft) ab. Grundsätzlich kann jedoch gelten, dass im Zusammenhang mit einem hohen Standardisierungsgrad der Leistung bzw. der dahinter liegenden Prozesse vieles für einfachere Strukturen spricht. Demgegenüber verlangt insbesondere eine hohe Wettbewerbsintensität nach einer Modellarchitektur, die Differenzierung und damit die Realisierung nachhaltiger Wettbewerbsvorteile möglich macht, also komplexere Strukturen mit einem hohen Grad an Vernetzung zwischen den einzelnen Aktivitäten. Das Design des Wertschöpfungsmodells sollte dabei in jedem Fall mit der Marktrealität korrespondieren. Zwänge, die durch industriellen Wandel bzw. durch die Veränderung der Wettbewerbslandschaft von außen an das Unternehmen herangetragen werden, müssen früh genug antizipiert werden und in der Struktur des Wertschöpfungsmodells ihren Niederschlag finden. Der Umbau von traditionellen Abläufen kann dabei radikale Formen annehmen, wie z.B. im Fall eines Textilunternehmens, das Färbevorgänge vom Anfang der Wertkette an das Ende verlegte, um auf Schwankungen in der Struktur der Nachfrage schneller reagieren zu können und gegenüber Konkurrenten Wettbewerbsvorteile zu etablieren. Ein weiterer Aspekt im Rahmen der Ausgestaltung des Wertschöpfungsmodells ist der Grad der vertikalen Integration des Unternehmens. In diesem Zusammenhang können mit der Outsourcing-Entscheidung und der Vorwärts- und Rückwärtsintegration des Unternehmens zwei strategische Optionen unterschieden werden, die die Struktur des Wertschöpfungsmodells nachhaltig beeinflussen. Die Wertkettenanalyse kann hier aus der Bewertung der Ressourcen heraus wertvolle Orientierung geben, in welche Richtung das Modell zu verändern ist.

Als strategische Richtung von Wertschöpfungsmodellen kommen grundsätzlich Kostenminimierung oder Erlösmaximierung infrage. Wird Kostenminimierung als Zielsetzung gewählt, werden im Rahmen der Wertkettenanalyse Rationalisierungspotenziale gesucht und als Konsequenz Prozesse bzw. Wertschöpfungsstufen eliminiert. Ist die Wertkettenanalyse wiederum eher Erlöszielen verpflichtet, so werden insbesondere jene Aktivitäten im Mittelpunkt stehen, die potenziell positiv auf das Erlöswachstum wirken.

Umsetzung

Abschließend wollen wir noch einen kurzen Blick auf das Instrumentarium werfen, das dem Unternehmen im Rahmen der Analyse von Wertschöpfungssystemen zur Verfügung steht. Wie oben beschrieben, geht es in diesem Zusammenhang in erster Linie um die Abschätzung des Beitrags einzelner Ressourcen bzw. Ressourcenkombinationen zur gesamten Wertschöpfung des Unternehmens oder eines bestimmten Prozesses. Dies umfasst in der Regel eine qualitative und quantitative Evaluierung, wobei Letzteres mit großen Schwierigkeiten verbunden sein kann, insbesondere dann, wenn wir Ressourcen und Prozesse betrachten, die im Rahmen der Wertkette des Unternehmens unterstützende Aktivitäten darstellen und damit auf verschiedenen Stufen der Kette in unterschiedlichem Ausmaß wirken. Hat man nun dieses Zurechnungsproblem (pragmatisch) gelöst, stellt sich die Frage, wie ein Bewertungsergebnis erzielt werden kann, das dem Unternehmen hinsichtlich seiner Strategieformulierung weiterhilft.

Um den Beitrag von Ressourcen bzw. Ressourcenkombinationen im Rahmen des Wertschöpfungsprozesses und damit die Effizienz von einzelnen Prozessen richtig einschätzen zu können, müssen Vergleiche herangezogen werden. In diesem Zusammenhang bedient man sich des Instruments des Benchmarking. Es muss dabei allerdings stets sichergestellt werden, dass die herangezogenen Vergleichsbeispiele tatsächlich die »best practice« hinsichtlich der betrachteten Geschäftsprozesse darstellen. Dies kann über ein laufendes Marktmonitoring erreicht werden, das im Einzelfall jedoch mit einem relativ hohen Aufwand verbunden sein kann. Im Rahmen des Benchmarking können neben externen auch interne Bezugspunkte verwendet werden.

Benchmarking ist ein integrales Element im Prozess der Geschäftsentwicklung, indem es dem Management kontinuierlich Ansätze für die »Verbesserung« des eigenen Unternehmens liefert. Im Rahmen der Analyse von Wertschöpfungssystemen werden somit über Bewertungsprozesse Handlungsoptionen für die Unternehmensführung ableitbar. Hiermit ist allerdings auch ihr Aufgabengebiet eindeutig abgegrenzt. Wertkettenanalysen bzw. die Analysen von Wertschöpfungsmodellen dienen allein der Entscheidungsvorbereitung des Managements. Ihre Ergebnisse müssen interpretiert werden.

Szenario-Analyse

Typische strategische Problemsituationen sind durch einen hohen Komplexitätsgrad gekennzeichnet. Kennzeichen der *Komplexität* von Entscheidungstatbeständen sind die hochgradige Vernetztheit und das Vorliegen von starken Interdependenzen zwischen den zu beachtenden Faktoren, gepaart mit der Möglichkeit, dass diese im Zeitablauf einer Veränderung unterliegen können.

Komplexität führt unter anderem dazu, dass die wie auch immer wahrgenommene Problemsituation nicht ohne weiteres vollständig definierbar ist und damit auch nicht unmittelbar einer eindeutigen Problemlösung zugeführt werden kann. Nach Philip Kotler sind strategische Entscheidungen durch folgende Eigenschaften charakterisierbar:

- *Dynamik* (permanente Zustandsänderungen von kontrollierbaren und unkontrollierbaren Einflussgrößen im Zeitablauf),
- *Nicht-Linearität* (Veränderungsraten und Wirkungsrichtungen der Einflussfaktoren sind nicht konstant),
- *Zeitverzögerung* (verzögerte Wirkung von Maßnahmen),
- *Nicht-Determinierbarkeit* (die Prozesse unterliegen stochastischen Schwankungen und nicht vorhersehbaren Zufallseinflüssen),
- *Interdependenz und Interaktion* (Ursache-Wirkungs-Zusammenhänge bedingen und beeinflussen sich gegenseitig).

Trotz dieser Eigenschaften und unzureichender Informationen über die zugrunde liegenden Prozesse müssen jedoch ständig strategische Entscheidungen über die Beeinflussung dieser Prozesse gefällt werden. Um dies vor dem Hintergrund einer zielorientierten Vorgehensweise zu bewerkstelligen, ist zwangsläufig eine Reduktion dieser Komplexität erforderlich.

Es wurde eine Vielzahl so genannter heuristischer Prinzipien entwickelt, die eine *Komplexitätsreduktion* anstreben. Eine der bekanntesten und zugleich wirksamsten Heuristiken zur Bewältigung und nachhaltigen Überwindung von Komplexität ist die *Problemzerlegung*. So einfach sie lauten mag, so schwierig ist deren Anwendung im Detail: Anstatt eine strategische Fragestellung als Ganzes bewältigen zu wollen, werden eine Zerlegung in einzelne Teile und die sukzessive Lösung der abgeleiteten Einzelproblemstellungen empfohlen. Ohne eine Anwendung dieses Prinzips wäre praktisches Handeln kaum möglich. Schon die Aufteilung der Problemanalyse in strategische und taktisch-operative Fragen stellt eine derartige Problemzerlegung dar. *Strategische Teilentscheidungen* werden vor diesem Hintergrund als zielgerichtete, strukturbildende Entscheidungen verstanden, die als Handlungsrahmen mittel- bis langfristig wirksame Prädispositionen festlegen, aufgrund derer dann die nachfolgenden konkreten und ablaufbestimmenden (taktisch-operativen) Maßnahmen ableitbar sind. Im Rahmen solcher strategischer Festlegungen sind die Hauptorientierungsgrundlagen unternehmerischen Handelns zu fixieren, die beispielsweise mit der Wahl einer bestimmten Positionierungs- und Segmentierungsstrategie manifestiert werden. Im Sinne einer letztlich angestrebten Problemlösung sind Strategien daher auf deren Konsistenz mit übergeordneten Unternehmenszielen zu überprüfen (»doing the right things«), während sich die primär ablaufbestimmende, kurzfristig orientierte und daher leichter zu steuernde taktisch-operative Maßnahmen- und Realisierungsplanung an den zuvor festgelegten strategischen Grundsatzentscheidungen zu orientieren hat (»doing things right«).

Definition und Zielsetzung

Strategische Planung ist demnach durch eine explizite Ziel- und Zukunftsorientierung gekennzeichnet, und die strategische Problemanalyse benötigt zur Identifikation strategischer Erfordernisse neben der Analyse der organisationsinternen und -externen Ist-Situation eine Ergänzung um die Prognose. *Prognosen* sind hier als Zukunftsaussagen mit einem gewissen Objektivierungsgrad zu verstehen, die Vorhersagen wahrscheinlicher oder möglicher Ereignisse erlauben.

Für die strategische Unternehmensplanung steht eine schier unüberschaubare Anzahl von *Prognosetechniken* zur Verfügung, die sich teilweise ergänzen, kombiniert einsetzbar sind oder aber miteinander konkurrieren. Die einzelnen zur Disposition stehenden Prognosemethoden unterscheiden sich nicht nur hinsichtlich des Objektivierungsgrads der getroffenen Zukunftsaussagen, sondern auch in deren Fähigkeit zur Berücksichtigung der eingangs erwähnten Komplexität von betriebswirtschaftlichen Entscheidungstatbeständen.

In weiterer Folge werden einige der bekanntesten für die Zwecke der strategischen Planung einsetzbaren Prognosemethoden gegenübergestellt und darauf basierend ausgewählte Verfahren mit entsprechender praktischer Relevanz kurz illustriert. Eine erste Einteilung richtet sich dabei nach dem Objektivierungsgrad der abgeleiteten Prognosen in quantitative und qualitative Verfahren. Erstere basieren auf numerisch quantifizierbaren Daten und versuchen, auf Basis von Vergangenheitsdaten auf die Zukunft zu schließen. Qualitative Prognosemethoden integrieren demgegenüber für die Ableitung einer Prognose auch nicht-quantifizierbare Informationen, die zumeist auf der subjektiv begründeten Beurteilung einer Prognosesituation beruhen.

Darstellung

Quantitative Prognosetechniken und Gap-Analyse

Im Rahmen der strategischen Planung gelangen quantitative Prognosemethoden vor allem zur Vorhersage von Nachfragegrößen, die meist mit einer zentralen Zielgröße der Unternehmung in Beziehung gesetzt werden können, zum Einsatz. Als typische Beispiele können etwa Aussagen über die zu erwartende Entwicklung von (segmentspezifischen) Markt- und Absatzpotenzialen bzw. -volumina oder über den Marktanteil von Produkten eines Unternehmens genannt werden.

Dabei sind zunächst Entwicklungs- und Wirkungsprognosen voneinander zu trennen: Erstere untersuchen die zu prognostizierende Größe (also etwa Absatz oder Marktanteil) in Abhängigkeit von vom Management nicht direkt kontrollierbaren Variablen, wie beispielsweise als Funktion der Zeit oder von gesamtwirtschaftlichen Einflussfaktoren (z. B. Wirtschafts-, Bevölkerungswachstum, Kaufkraft oder Konsumausgabenneigung). Wirkungsprognosen basieren auf der Analyse von kausalen Effekten, die von direkt kontrollierbaren (beispielsweise eigenen

Methode	Kurzbeschreibung	Typische Anwendungsbereiche
(1) Trendextrapolation	Zerlegung einer Zeitreihe in Komponenten; Fortschreibung des sich ergebenden Trends in die Zukunft	Prognose von Absatz- bzw. Marktvolumina bei relativ stabiler Umwelt
(2) Methoden der gleitenden Durchschnitte	Jedes Element einer Reihe gleitender Durchschnitte ist das (gewichtete) Mittel einer Anzahl von Elementen einer einfachen Zeitreihe	Analog zur einfachen Trendextrapolation, jedoch bei zunehmend instabiler Umwelt
(3) Methoden der exponentiellen Glättung	Basierend auf gleitenden Durchschnitten, aber stärkere Gewichtung von Daten der »jüngeren Vergangenheit«; Berücksichtigung von saisonalen Effekten möglich	Wie Methoden der gleitenden Durchschnitte, jedoch auch bei relativ starken Schwankungen, d.h. sehr instabiler Umwelt, einsetzbar
(4) Einfache und multiple Regression	Die zu prognostizierende Größe wird kausal von einer oder mehreren Einflussfaktoren beeinflusst; Schätzung des funktionalen Zusammenhangs über Streuungszerlegung	Prognose von Marktentwicklungen (Absatz-, Marktvolumen) als Effekte von kausalen Indikatoren; Ableitung von Marktwirkungsfunktionen für ausgewählte Marketing- und/oder gesamtökonomische Variablen
(5) Ökonometrische und Marketing-Modelle	System von (teilweise) miteinander interdependenten Regressionsgleichungen, welche die zu prognostizierende Größe gemeinsam bestimmen	Prognose von Marktentwicklungen unter Berücksichtigung von miteinander zusammenhängenden kausalen Einflussfaktoren
(6) Ökonomische Input-Output-Analyse	Analyse und Prognose des »Flusses« von Gütern und Dienstleistungen zwischen verschiedenen Wirtschaftszweigen oder zwischen einzelnen Unternehmen und Märkten	Absatzprognose für verschiedene industrielle Sektoren (z.B. Branchen) und deren Subsektoren und Berücksichtigung von Vorleistungen

Abbildung 14: Grundlegende quantitative Prognosemethoden im Überblick

marketingpolitischen Maßnahmen wie Preis oder Werbeausgaben) wie auch von vom Management direkt nicht beeinflussbaren Größen (z.B. Maßnahmen der Konkurrenz) auf die untersuchte Zielgröße ausgehen.

Abbildung 14 gibt einen Überblick über einige quantitative Prognosemethoden. Die Methoden (1) bis (3) fallen in die Gruppe der Zeitreihenanalysen. Implizit wird hier die sehr restriktive Annahme getroffen, dass aufgrund der beobachteten Vergangenheitsentwicklung auch auf die künftige Entwicklung der Prognosegröße geschlossen werden kann. Die Zeit als einziger Einflussfaktor auf die zu prognostizierende Größe soll dabei jenen Komplex von Wirkungsfaktoren ersetzen, der schon eingangs im Zusammenhang mit der Komplexität von unternehmerischen Entscheidungstatbeständen thematisiert wurde. Zeitreihenanalysen sind somit ungeeignet, Diskontinuitäten und Strukturbrüche (wie etwa Wirtschaftskrisen und branchenspezifische Absatzeinbrüche oder Markteintritt neuer Mitbewerber) zu berücksichtigen. Die Annahme, dass aufgrund von Vergangenheitsdaten auf zukünftige Entwicklungen geschlossen werden kann, trifft die Methoden der Zeitreihenanalyse daher in besonders starkem Ausmaß.

Die in Abbildung 14 als Methoden (4) bis (6) gekennzeichneten Verfahren liefern *Wirkungsprognosen* und können daher auch als kausale Methoden bezeichnet werden. Diese erweisen sich als robuster gegenüber unerwarteten Strukturbrüchen, sofern sich diese als endogene Variable im Modell manifestieren, oder anders ausgedrückt: Schlägt sich eine strukturelle Veränderung (z.B. durch das Eintreten eines neuen preisaggressiven Mitbewerbers) in einer der die Prognosegröße beeinflussenden Variablen nieder und wird daher im Modell erfasst, sind die zu erwartenden Auswirkungen auf die Prognosegröße (z.B. die eigene Absatzmenge) abschätzbar. Exogene Strukturbrüche – also solche, die im funktionalen Zusammenhang nicht berücksichtigt sind – bleiben auch von kausalen Prognosemethoden unerkannt. Der an dieser Stelle naheliegende Versuch, alle denkbaren Einflussgrößen in das Prognosemodell mit einzubeziehen, scheitert zumeist an der dadurch ausgelösten Modellkomplexität und den damit verbundenen Schwierigkeiten, das Modell mit einem vertretbaren Aufwand zu schätzen.

Eine spezifische Prognosemethode, die zumeist auf einem Verfahren der Trendextrapolation aufbaut und sich in der strategischen Planung besonderer Beliebtheit erfreut, ist die so genannte *Gap-Analyse*. Diese im deutschsprachigen Raum auch als Lückenanalyse bezeichnete Methode zählt zur ersten Generation einer Folge von weiteren Entwicklungsstufen der *strategischen Früherkennung*. Im Rahmen einer strategischen Frühaufklärung sollen ähnlich einem Seismografen strukturelle Veränderungen bzw. Diskontinuitäten in den Entwicklungspfaden von Zeitreihen vor ihrem Eintreten geortet werden. H. Igor Ansoff nennt als eine der wesentlichen Anforderungen an solche Früherkennungssysteme deren Fähigkeit, »schwache Signale«, die Diskontinuitäten und Strukturbrüche bereits in ihren Frühstadien anzuzeigen imstande sind, zu identifizieren, zu verstärken und einer weiteren Analyse und Verfolgung zugänglich zu machen. Bekannte Beispiele solcher Frühwarnindikatoren, die sich zur Verstärkung solcher schwacher Signale als geeignet erwiesen haben, sind die aus der Konjunkturforschung bekannten »leading indicators«, wie sie beispielsweise als konsumenten- und unternehmensbezogene Stimmungsbarometer oder Auftragseingangsstatistiken für gesamtwirtschaftliche Schlüsselbranchen auftreten.

Die *Lückenanalyse* stellt zwar nicht ausdrücklich auf die Abbildung derartiger Frühwarnindikatoren ab, kann aber insofern auch als Instrument zur Früherkennung von strategischen Problemen aufgefasst werden, als sie eine Abweichungs- und Ursachenanalyse von Differenzen (Lücken) zwischen Plan- und Ist-Werten nicht erst nach deren Realisierung vornimmt, sondern einen permanenten Vergleich zwischen Plan- und hochgerechneten bzw. voraussichtlichen Ist-Zahlen vorschaltet. Wie in Abbildung 15 dargestellt, basiert die Gap-Analyse auf der Gegenüberstellung von zwei Zeitreihenprojektionen über einen je nach Branche variierenden typischen strategischen Planungshorizont (meist ca. fünf Jahre). Die *Zielprojektion* stellt dabei den zeitlichen Verlauf der angestrebten Ausprägungen einer quantitativen Zielgröße (z. B. mengen- oder wertmäßiger Umsatz) dar. Dieser wird die Prognose der unter Fortschreibung bisheriger Marktbearbeitungsintensitäten zu erwartenden Entwicklung dieser Zielgröße (*Zielerreichungsgrad*) gegenübergestellt. Liegt die erwartete Zielerreichung unter der geplanten Zielgröße, spricht man von einer Ziellücke (Gap). Diese Lücke gilt es dann zu schließen, indem bereits im Voraus Maßnahmen zu deren Vermeidung ergriffen werden.

Da die Prognose des erwarteten Zielerreichungsgrades auf der Annahme basiert, dass das gegenwärtige Basisgeschäft, das mit den bestehenden Produkten auf bestehenden Märkten in Zukunft realisiert werden kann, ohne grundlegende Änderungen weiterbetrieben wird, impliziert jede Ziellücke eine Anregung zu notwendigen Strategieanpassungen. Wie in Abbildung 15 illustriert, kann aufgrund fortschreitender Produktlebenszyklen der zum Planungszeitpunkt am Markt befindlichen

Produkte in der Regel von einem Schrumpfen des Basisgeschäftes ausgegangen werden. Eine dann aufklaffende Lücke lässt sich meist in eine operative und eine strategische Lücke zerlegen. Die operative Lücke wird dabei als jener Teil der Zielabweichung aufgefasst, das durch kurzfristig wirksame Maßnahmen beseitigt werden kann. Solche Maßnahmen schließen beispielsweise sämtliche Marketingaktionen mit ein, die prinzipiell für eine intensivere Penetration der bearbeiteten Märkte geeignet sind (wie z.B. preisliche und nicht preisliche Promotions oder erhöhter Werbedruck), aber auch Rationalisierungsmaßnahmen, intensitätsmäßige Anpassungen in Fertigung oder Absatzpolitik sowie Mitarbeitermotivation.

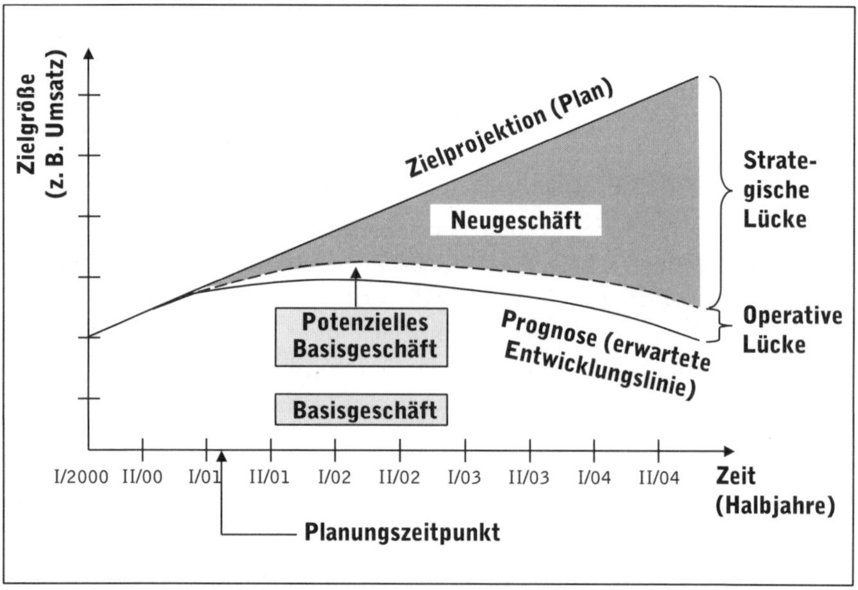

Abbildung 15: Gegenüberstellung von Zielprojektion und Entwicklungslinie im Rahmen der Gap-Analyse

Die mit der Schließung der operativen Lücke realisierbare Geschäftstätigkeit bestimmt das potenziell mögliche Basisgeschäft. Jede darüber hinausreichende Geschäftsausweitung bedingt eine Suche nach Strategien, die zur Generierung von zusätzlichem Neugeschäft geeignet erscheinen.

Als Entscheidungshilfe für die Abfolge von Strategien zur Schließung *einer strategischen Lücke* wird gelegentlich auch die Anwendung der *Ansoffschen Produkt-Markt-Matrix* nach Maßgabe abnehmender Synergieerträge empfohlen. Demnach erfolgt das Schließen der strategischen Ziellücke in folgender Reihenfolge:

1. *Marktdurchdringungsstrategie*: Das höchste Synergiepotenzial kann durch die verstärkte Penetration von gegenwärtig bearbeiteten Märkten mit den auf diesen aktuell angebotenen Produkten genutzt werden.
2. *Marktentwicklungsstrategie:* Im Anschluss daran empfiehlt sich die Übertragung der vorhandenen Produkte oder Technologien bzw. einer Auswahl derselben auf neue Märkte oder bislang nicht bearbeitete Marktsegmente.
3. *Produktentwicklungsstrategie:* Mit zunehmender Marktreife eines Produktes bzw. einer Technologie ist noch vor Erreichen der Stagnationsphase dafür Sorge zu tragen, dass neue Produkte für die Erschließung weiterer Umsatzpotenziale in den angestammten Märkten verfügbar sind.
4. *Diversifikation:* Kann selbst nach Anwendung der Strategien (1) bis (3) die strategische Lücke nicht komplett geschlossen werden, stellen Diversifikationsstrategien in völlig neue Märkte eine überlegenswerte Alternative dar.

Schließlich ist eine eher im passiven bzw. reagierenden Sinne verstandene Beseitigung der Ziellücke selbstverständlich auch über *Zielkorrekturen* (d.h. Zielrevisionen nach unten) möglich. Die damit verbundene Senkung des Anspruchsniveaus an Zielgrößen ist vor allem dann überlegenswert, wenn gewisse strukturelle Umweltentwicklungen und Trendbrüche (wie substanzielle Richtungsänderungen in Technik, Markt und Gesellschaft), auf die das Management nicht oder kaum Einfluss nehmen kann, völlig unerwartet eingetroffen sind oder deren Auswirkungen zu Beginn der Zielprojektion deutlich unterschätzt wurden.

Der spezifische Nutzen der Gap-Analyse im Rahmen der strategischen Planung kann vor allem in ihrer Funktion als *erstes grobes Analyseraster* gesehen werden, das mit der Antizipation von zu erwartenden Ziel-Ist-Abweichungen Anregungen für die weitere Strategieselektion aufwirft. Sowohl Bewertungsfragen als auch konkrete Handlungs- bzw. normstrategische Empfehlungen bleiben dabei ausgeklammert. Als ein weiterer Kritikpunkt kann auch die von der Lückenanalyse nicht aufgedeckte

Transparenz von marketingpolitischen und finanzwirtschaftlichen Verbundeffekten – wie dies beispielsweise von den meisten Portfolio-Techniken angezeigt wird – genannt werden. Da die Lückenanalyse auf quantitativen Prognosetechniken aufbaut, hat sie schließlich auch mit den bereits angedeuteten Zweifeln an der Zeitstabilitätshypothese zu kämpfen.

Qualitative Prognosetechniken und Szenario-Analyse

Qualitative Prognosemethoden versuchen, die den quantitativen Prognoseverfahren anhaftenden Probleme (insbesondere die Vergangenheitsorientierung der Voraussagen) dadurch zu vermeiden, dass eine subjektiv begründete und nicht immer quantifizierbare Beurteilung der jeweiligen Prognosesituation in die Vorhersage von Zukunftsereignissen mit einbezogen wird. Zentrales Wesensmerkmal von qualitativen Prognoseverfahren ist die Erfassung von *subjektiven Meinungen und Einstellungen*, die meist über geeignete (geschlossene, offene oder unstrukturierte) Befragungstechniken erhoben werden. Einige typische Formen qualitativer Prognosen sind in Abbildung 16 skizziert.

Methode	Kurzbeschreibung	Typische Anwendungsbereiche
(1) Befragungen	Umfragen unter Einbeziehung von Kunden, Außendienstmitarbeitern, Händlern, Führungskräften und unabhängigen Fachexperten über künftige qualitative und quantitative Entwicklungen	Zusammenfassung vorliegender Marktinformationen über Struktur und Entwicklung des Marktes; insbes. unter Berücksichtigung qualitativer Informationen
(2) Brainstorming	Spezielle Form der Gruppensitzung mit Experten aus unterschiedlichen Funktionalbereichen und Hierarchien des Unternehmens, die jeweils eine relevante Problemkenntnis mitbringen	Diskussion möglicher quantitativer und qualitativer Entwicklungen des Marktes als Grundlage von Prognosen

(3) Delphi-Technik	Mehrstufige schriftliche Befragung von meist ausgewiesenen Experten über künftige qualitative und quantitative Entwicklungen; gewöhnlich vier Durchgänge. Ab der zweiten Delphi-Runde werden Durchschnittswerte vorangegangener Stufen bekannt gegeben mit der Möglichkeit zur Korrektur (inkl. Begründung). Dadurch möglichst »gleichmäßige« Verteilung vorhandener Informationen auf alle Experten und Angleichung der Aussagen	Langfristige Prognose von Absatzmöglichkeiten und Marktpotenzialen, aber auch allgemeine Umweltentwicklungen; meist jedoch quantitativ
(4) Experimentelle Verfahren	Testmärkte und kontrollierte Markttests als Feldexperimente zur Unterstützung der Absatzprognose. Laborexperimente zur Prognose des Kaufverhaltens	Akzeptanz und Absatzprognose vor allem von neuen oder veränderten Produkten (Store-Tests, Pretest-Märkte; z.B. ASSESSOR)
(5) Historische Analogie	Vergleichende Analyse und Prognose einer zukünftigen Entwicklung anhand von Analogieschlüssen zu vergangenen Entwicklungen bei ähnlich strukturierten Problemen	Langfristige Prognose von Umsatzentwicklungen für Produkte oder Vorhersagen von Gewinnentwicklungen für Neuprodukte (z.B. Bass-Modell zur Prognose von Marktpotenzialen)

Abbildung 16: Grundlegende qualitative Prognoseverfahren im Überblick

Unter den *Befragungen* dominieren meist Umfragen unter Experten, die als stärker formalisierte Formen auch dem Brainstorming und der Delphi-Technik zugrunde liegen. Die *Brainstorming-Methode* wurde ursprünglich als Kreativitätstechnik entwickelt und gelangt unter anderem auch zur systematisierten Generierung von Neuproduktideen zum Einsatz. Die

Delphi-Technik wurde hingegen zur Prognose von technologischen Entwicklungen konzipiert. Im Rahmen einer Delphi-Studie steht nicht nur die Ableitung einer Prognoseaussage im Mittelpunkt der Untersuchung. Es wird darüber hinaus auch die Abbildung des Prozesses angestrebt, nach dem sich die befragten Experten aus der Kombination einer Vielzahl von Ausgangsinformationen, bisherigen eigenen Erfahrungen und Erfahrungsberichten von anderen Delphi-Teilnehmern ihr Urteil bilden.

Die Simulation alternativer Umweltszenarien stellt einen nicht unwesentlichen Bestandteil vieler Prognoseinstrumente dar. Ganz allgemein kann unter einem *Szenario* eine hypothetische Folge von Ereignissen verstanden werden. Im Rahmen der Simulation solcher Szenarien interessieren vor allen Dingen die Auswirkungen auf die zu prognostizierende Zielgröße, aber auch dadurch verursachte Veränderungen des Prozesses selbst.

In diesem Zusammenhang hat sich die *Szenario-Analyse* als eine eigenständige Methode der strategischen Frühaufklärung etabliert, die sowohl quantitative als auch qualitative Informationen verarbeitet. Bei Anwendung der Szenario-Technik wird eine Reihe alternativer Szenarien als mögliche bzw. denkbare Zukunftsbeschreibungen eines meist komplexen Prognosegegenstandes (z. B. bestimmte Charakteristika einer Wettbewerbssituation) entworfen. Jedes dieser Szenarien zeigt dabei eine spezifische alternative Entwicklungsmöglichkeit (also eine denkbare Zukunft) in bestimmten Stufen auf, und die Konsequenzen dieser Alternativen werden dann möglichst detailliert analysiert.

Das gedankliche Grundschema einer Menge solcher alternativ vorstellbarer Szenarien (der so genannte *Szenariotrichter*) wird in Abbildung 17 veranschaulicht. Als Beispiel für die Erläuterung der grundlegenden Überlegungen bei der Durchführung einer Szenario-Studie nehmen wir an, es stehe die Prognose der Wettbewerbsstruktur für eine ausgewählte Branche zur Diskussion. Die Gegenwart kann dann zunächst durch die vorherrschenden Ausprägungen der Triebkräfte des Branchenwettbewerbs beschrieben werden. In Anlehnung an das von Porter vorgeschlagene Analyseschema wird die Gegenwart also durch einen bestimmten Grad an Rivalität zwischen den aktuellen Mitbewerbern, der Verhandlungsmacht von Abnehmern und Lieferanten, der Bedrohung durch neu eintretende Konkurrenten und durch alternative Technologien beschrieben.

Die Entwicklungen der nahen Zukunft sind dann durch die gegenwärtigen Kräfteverhältnisse weitestgehend festgelegt. Je ferner man nun aber

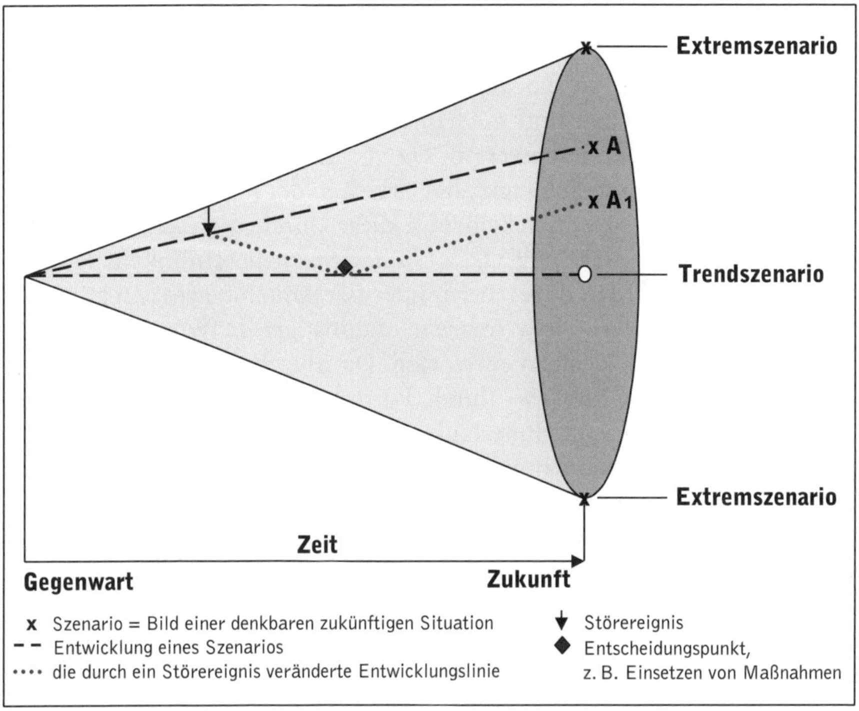

Abbildung 17: Gedankenschema zur Darstellung alternativer Szenarien

in die Zukunft (z. B. fünf bis zehn Jahre oder mehr) prognostizieren will, desto geringer wird der Einfluss der gegenwärtigen Gegebenheiten sein, und das Möglichkeitsspektrum der künftigen Wettbewerbskonstellationen wird sich ähnlich einem Trichter öffnen. Die Menge aller möglichen Zukunftsbilder oder Szenarien befinden sich dann auf der Schnittfläche dieses Trichters. Folgt man nun einer bestimmten trendmäßigen Entwicklungsrichtung der gegenwärtigen Kräfteverteilung, dann wird ein bestimmtes Zukunftsbild erzeugt. In Abbildung 17 repräsentiert beispielsweise Szenario A eine solche mögliche Zukunft. Szenario A1 stellt eine andere mögliche Wettbewerbsstruktur in der Zukunft dar, die etwa durch das Auftreten eines Störereignisses (z. B. die unerwartete Einführung einer völlig neuen konkurrierenden Technologie) entstehen kann.

Die Auffächerung des Szenariotrichters verdeutlicht, dass aus heutiger Perspektive nicht von der Existenz einer einzigen Zukunftsprognose ausgegangen werden kann, sondern eine Reihe unterschiedlicher Zukunftskonstellationen denkbar sind. Zentrale Aufgabenstellung der Szenario-Technik ist es nun, solche *alternativen Zukunftsbilder* zu erarbeiten, transparent zu machen und mit Hinblick auf deren jeweilige Eintrittswahrscheinlichkeiten zu bewerten. Da vor allem Letzteres ein schwieriges Unterfangen darstellen kann, hat es sich in der Praxis bewährt, einige wenige Szenarien zu entwickeln und diese durch die Randpunkte des Trichters mit so genannte *Extrem-Szenarien* zu beschränken. Die Extrem-Szenarien werden dabei meist unter der Annahme extrem günstiger (»*Best-Case-Szenario*«) bzw. extrem ungünstiger (»*Worst-Case-Szenario*«) Umweltentwicklungen entworfen. Darüber hinaus wird in der Regel auch ein *Trend-Szenario* durch Fortschreibung der gegenwärtigen Ausgangslage aufgezeigt. Innerhalb des auf diese Art und Weise abgesteckten Spektrums von möglichen Zukunftsszenarien wird sich dann die reale Zukunft abspielen.

Mit dieser Einschränkung des Zukunftsspektrums kann die Szenario-Technik einen beträchtlichen Beitrag zur *Komplexitätsreduktion* der Ausgangsproblemstellung leisten. Darüber hinaus wird der Szenario-Technik eine Reihe weiterer Vorteile zugeschrieben, von denen die Wesentlichen wie folgt lauten:

- Als Planungswerkzeug konsequent angewendet, zwingt die Szenario-Technik die Entscheidungsträger, sich permanent mit unbekannten und dynamischen Elementen der Gegenwart und Zukunft auseinander zu setzen.
- Im Vergleich zu trivialeren Methoden (wie beispielsweise der Lückenanalyse) wird die Aufmerksamkeit auf eine größere Vielfalt von Optionen gelenkt, die bei einer Analyse der Zukunft in Betracht gezogen werden müssen. Insofern kann die Szenario-Technik auch einen Beitrag dazu leisten, die Planungsmethodik ständig zu verfeinern und zu verbessern.
- Das Szenario hebt bestimmte Prinzipien, Probleme und Grundsätze hervor, die allzu häufig als gegeben hingenommen und daher auch leicht übersehen werden können. Der Blick auf ein anderes Extrem-Szenario fördert dies meist eindrucksvoll zutage.

Für die Erarbeitung von Szenarien müssen die Entscheidungsträger in jedem Fall mit eingebunden werden. Ein entscheidender Lerneffekt liegt in diesem Zusammenhang wohl auch darin, dass sich die Planer mit der Abwägung einzelner Umweltfaktoren und deren Entwicklungsmöglichkeiten auseinander zu setzen haben und so ein »Gefühl« für deren relative Bedeutung entwickeln können.

Die Diskussion in diesem Beitrag hat gezeigt, dass die verschiedensten zur Verfügung stehenden Prognosemethoden jeweils ihre Vor- und Nachteile aufweisen, aber auch für spezifische Anwendungsbereiche entwickelt wurden. Letztlich hat sich die Auswahl eines geeigneten Verfahrens daher in erster Linie an der Zwecksetzung der Methodenalternative und deren Eignung für die jeweils beabsichtigte Art der Prognose zu orientieren. Wie in diesem Beitrag auch mehrfach betont wurde, hat sich in der Vergangenheit eine sinnvolle Kombination von Methoden unterschiedlicher (meist qualitativer und quantitativer) Herkunft als besonders erfolgversprechend erwiesen.

Organisatorische Fit-Analyse

Die Organisationsstruktur eines Unternehmens ist ein grundlegendes Instrument zur Strategieimplementierung. Sie dient dazu, das Verhalten der Mitarbeiter auf die Erfüllung der im Rahmen der Strategieformulierung festgesetzten strategischen Ziele und Maßnahmen hin auszurichten. Dementsprechend ist die Organisationsstruktur unter Orientierung an den strategischen Vorgaben zu gestalten (»Structure follows Strategy«). Im Rahmen einer strategiekonformen Organisationsgestaltung ist die Ermittlung des organisatorischen Fit von zentraler Bedeutung. Die organisatorische Fit-Analyse untersucht, inwieweit die gegenwärtige Organisationsstruktur eines Unternehmens die verfolgte Strategie hinreichend unterstützt. Wird eine Lücke zwischen der aus strategischer Sicht erforderlichen organisatorischen Lösung und der gegenwärtig realisierten Struktur festgestellt, so werden Maßnahmen zur Überbrückung dieser Lücke eingeleitet.

Definition und Zielsetzung

Die *organisatorische Fit-Analyse* dient der strategieorientierten Optimierung der Organisationsstruktur. Es handelt sich hierbei um ein Mittel zur Identifizierung und Überwindung einer eventuellen Kluft zwischen der aus strategischer Sicht erforderlichen Soll-Organisation und dem organisatorischen Status quo. Dementsprechend ist dieses Instrument immer dann von Bedeutung, wenn die Konsistenz von Strategie und Organisation überprüft werden soll. Typischerweise wird die Fit-Analyse bei einer Veränderung der strategischen Rahmenbedingungen genutzt – z. B. in der Folge einer strategischen Repositionierung oder aufgrund einer Fusion. Dabei kann sich der Einsatz der Fit-Analyse sowohl auf die Untersuchung einzelner Unternehmensbereiche wie Beschaffung, Produktion oder Absatz als auch auf das Gesamtunternehmen beziehen.

Die organisatorische Fit-Analyse umfasst fünf Module

Ausgehend von der verfolgten Wettbewerbsstrategie wird in einem ersten Schritt das organisatorische Anforderungsprofil abgeleitet. Hierzu werden die organisatorisch relevanten Ziele identifiziert und gewichtet. In einem zweiten Schritt wird die gegenwärtige Organisationsstruktur mit Blick auf die strategisch relevanten Zielkategorien analysiert. Durch den Vergleich der organisatorischen Soll-Konzeption mit dem organisatorischen Status quo wird in einem dritten Schritt ein eventueller Veränderungsbedarf identifiziert. In einem vierten Schritt werden Maßnahmen zur Überbrückung der Soll-Ist-Differenz konzipiert. In einem fünften Schritt werden schließlich die strategiekonformen Maßnahmen ausgewählt und implementiert.

Darstellung

Im Rahmen der organisatorischen Fit-Analyse wird folgendermaßen vorgegangen:

Ermittlung des organisatorischen Anforderungsprofils

Zur Bestimmung einer strategiekonformen Organisationsstruktur sind zunächst die organisatorischen Implikationen der Strategie zu identifizieren. Hierzu sind aus den strategischen Grundsatzentscheidungen die erfolgsrelevanten Anforderungen an die Organisationsstruktur abzuleiten. Derartige organisatorische Ziele können sich auf verschiedene Aspekte der Organisationsstruktur beziehen (z. B. Auftreten am Markt, Bewältigung von Leistungsprozessen, Ressourcenbedarf, Steuerbarkeit des Unternehmens).

Zur Systematisierung der unterschiedlichen Zielgrößen ist die Unterscheidung verschiedener Effizienzkriterien zweckmäßig. Die Markteffizienz betrifft das Auftreten des Unternehmens auf dem Beschaffungs- und dem Absatzmarkt. Relevant ist hier, inwiefern ein Unternehmen durch ein abgestimmtes Verhalten Poolungsvorteile nutzen bzw. das vorhandene Marktpotenzial durch ein produktübergreifend konsistentes Auftreten ausschöpfen kann (beispielsweise Realisierung von Mengenrabatten, Erleichterung von Cross-Selling-Erlösen bzw. Vermeidung von Substitutionseffekten). Die Prozesseffizienz untersucht, inwiefern mit einer bestimmten Organisationsstruktur vorgegebene Prozessziele erreicht werden können (z. B. definierte Durchlaufzeiten). Gegenstand der Ressourceneffizienz ist der Ressourcenbedarf einer organisatorischen Lösung. Beleuchtet werden etwa der Auslastungsgrad des Personals und der Sachmittel sowie die Möglichkeit, Doppelarbeiten zu vermeiden. Die Führungseffizienz thematisiert die Steuerbarkeit des Unternehmens aus der Perspektive der Unternehmens-/Bereichsleitung. Zu betrachten ist hier, wie intensiv Leitungseinheiten in das Tagesgeschäft eingebunden sind und wie einfach und schnell strategische Entscheidungen im Unternehmen umgesetzt werden können.

Einen Überblick über die Effizienzkriterien sowie besonders relevante Effizienzindikatoren gibt Abbildung 18.

Nicht alle Effizienzkriterien und -indikatoren sind in jeder Situation von gleicher Bedeutung; vielmehr variiert ihre Relevanz in Abhängigkeit

	Effizienzkriterien			
	Markt	**Prozesse**	**Ressourcen**	**Führung**
	• Ist die Organisation auf die erfolgswirksamen Kundenbedürfnisse angemessen ausgerichtet? • Wird das vorhandene Marktpotenzial ausgeschöpft?	• Laufen die strategisch kritischen Prozesse reibungslos?	• Werden die Aufgaben mit optimalem Ressourceneinsatz erfüllt?	• Erleichtert die Struktur die Steuerung des Unternehmens? • Werden Aufgaben eindeutig zugeordnet? • Stimmen Kompetenz und organisatorische Verantwortung überein?
	Kundennähe	**Zeit**	**Kosten**	**Steuerbarkeit**
Effizienzindikatoren	• Bedarfsgerechte Kundenberatung • Abgestimmter Marktauftritt – produktübergreifend (Cross-Selling) – zielgruppenübergreifend – regionenübergreifend • Personal Fit: Entsprechung Kunden-/Mitarbeitereigenschaften	• Schnelligkeit • Flexibilität • Einfachheit • Transparenz	• Infrastrukturkosten • Personalkosten • Doppelarbeiten	• Anzahl Hierarchieebenen • Leitungsspanne • Engpässe bei der Strategieumsetzung

Abbildung 18: Effizienzkriterien und -indikatoren

von dem konkreten Analyse-Anlass (Fit-Analyse für das Gesamtunternehmen oder einzelne Teilbereiche) sowie von den strategischen Rahmenbedingungen. Zur Bestimmung eines tragfähigen organisatorischen Anforderungsprofils müssen daher drei Festlegungen getroffen werden:

- Gewichtung der Effizienzkriterien: Es ist offensichtlich, dass erfolgreiche Unternehmen in allen vier Effizienzkriterien gute Ergebnisse erzielen wollen. Dies ist jedoch problematisch, da zwischen den Effizienzkriterien konfliktäre Beziehungen bestehen können, die im Vorfeld der Organisationsgestaltung aufgelöst werden müssen. So kann beispielsweise im Maschinenbau eine am After-Sales-Service orientierte Differenzierungsstrategie erfordern, dass ein Unternehmen zur Erzielung einer hohen Markteffizienz in verschiedenen Regionen mit jeweils eigenen Servicetechnikern präsent ist. Sind diese Servicetechniker nicht dauerhaft ausgelastet, so wirkt die mit Blick auf die Markteffizienz ggf. zweckmäßige Maßnahme hinsichtlich der Ressourceneffizienz negativ. Während im Falle der Differenzierungsstrategie ein solcher Ressourcenaufwand gerechtfertigt sein kann, wird man sich im Falle einer Strategie der Kostenführerschaft eher zugunsten einer hohen Ressourceneffizienz entscheiden und Abstriche bei der Markteffizienz in Kauf nehmen. Derartige Wechselbeziehungen zwischen den Effizienzkriterien sind zu beachten, um sicherzustellen, dass realistische und nicht utopische Anforderungsprofile generiert werden.
- Ermittlung der relevanten Effizienzindikatoren: Zur Bestimmung eines Anforderungsprofils sind innerhalb der Effizienzkriterien die im Einzelfall relevanten Effizienzindikatoren zu ermitteln und zu gewichten. Dies erfolgt unter Rückgriff auf die verfolgte Strategie: So misst etwa ein Mehrprodukt-Unternehmen, das eine Cross-Selling-Strategie verfolgt, bei der Organisation des Vertriebsbereichs dem Effizienzindikator »produktübergreifend abgestimmtes Auftreten der Mitarbeiter« (Markteffizienz) eine besonders hohe Bedeutung bei; es muss zur Umsetzung dieser Strategie sichergestellt sein, dass die verschiedenen Mitarbeiter mit Kundenkontakt (Vertriebsaußendienst, -innendienst, technischer Service) im Rahmen der Kundenberatung konsistente Aussagen treffen, die dem Kunden einen Ergänzungs- bzw. Erweiterungskauf nahe legen. Ein Mehrprodukt-Unternehmen, das eine einzelproduktbezogene Profilierungsstrategie verfolgt, wird hingegen auf eine strikte Trennung der produktbezogenen Marktbearbeitungsaktivitäten achten.

- Festlegung des erforderlichen Zielerreichungsgrads: Mit Blick auf die als relevant angesehenen Effizienzindikatoren ist schließlich der aus strategischer Sicht notwendige Zielerreichungsgrad zu bestimmen. Die Vorgehensweise kann anhand des Indikators »bedarfsgerechte Kundenberatung« (Markteffizienz) verdeutlicht werden: Bei diesem Kriterium äußern sich unterschiedliche Zielerreichungsgrade in verschiedenen Anforderungen, die an die Breite und die Tiefe der Kunden- und Produktinformationen gestellt werden, die ein einzelner Außendienstmitarbeiter im Rahmen der Kundenberatung beherrschen muss. Es liegt auf der Hand, dass ein Unternehmen, das eine Cross-Selling-Strategie verfolgt, mit Blick auf die Breite des erforderlichen Produkt-Know-how einen höheren Zielerreichungsgrad anstrebt als das Unternehmen mit einer einzelproduktbezogenen Profilierungsstrategie. Im Falle der Cross-Selling-Strategie müssen die Mitarbeiter in der Lage sein, Systeme, die sich aus mehreren Produkten zusammensetzen, zu erläutern; eine einzelproduktbezogene Profilierungsstrategie macht für den Außendienst hingegen nur innerhalb einer Produktgruppe umfangreiches Produkt-Know-how notwendig. Die Bewertung des Zielerreichungsgrades mündet in die Vergabe eines Punktwertes, der das Anforderungsniveau je Zielgröße verkörpert. Hierbei wird je Effizienzindikator sowohl ein Muss- als auch ein Wunsch-Zielerreichungsgrad festgelegt. Ein organisatorischer Handlungsbedarf besteht, sofern eine organisatorische Lösung den Muss-Zielerreichungsgrad unterschreitet.

Als Ergebnis der Ableitung des organisatorischen Soll-Profils existiert ein detaillierter Zielkatalog, aus dem die aus strategischer Sicht relevanten Effizienzindikatoren sowie der jeweils anzustrebende Zielerreichungsgrad hervorgehen. Hieran ist die gegenwärtig implementierte Organisationsstruktur zu messen.

Analyse des Status quo

Dem organisatorischen Soll-Profil ist das organisatorische Ist-Profil gegenüberzustellen. Hierzu wird die gegenwärtige Organisationsstruktur erfasst und bewertet.

Über die Analyse vorhandener Organigramme und Stellenbeschreibungen kann die bestehende Organisationsstruktur mit der offiziellen

Aufgaben- und Kompetenzverteilung abgebildet werden. Daneben dienen Interviews, Fragebogenerhebungen, Prozessanalysen und Multimomentstudien (Beobachtung in zeitlichen Intervallen) dazu, neben der offiziellen auch die »tatsächliche« Organisationsstruktur des Unternehmens zu ermitteln. Auf diese Weise wird ein umfassendes Bild von der Funktionsweise der aktuellen Struktur gezeichnet.

Nach der Erhebung der gegenwärtigen Organisationsstruktur ist diese hinsichtlich der strategisch relevanten Effizienzindikatoren zu bewerten. Diese Beurteilung erfolgt unter Rückgriff auf verschiedene Informationsquellen. Neben unternehmensinternen Gesprächen und Fragebogenerhebungen können auch Kundenbefragungen einen Input zur Beurteilung des Status quo darstellen. Externe Befragungen sind besonders aufschlussreich, da Kunden Aussagen über die relevanten Anforderungen an die Organisationsstrukturen formulieren und die Leistungsfähigkeit der gegenwärtigen Organisation im Vergleich zur Konkurrenz beurteilen können. Die Ergebnisse der verschiedenen Informationsquellen werden zu einer Kennzahl zusammengefasst, die den Zielerreichungsgrad der gegenwärtigen Organisationsstruktur ausdrückt.

Im Rahmen der Bewertung sind zwei Problemkreise zu beachten: Letztlich bestimmen in Unternehmen immer mehrere Faktoren gleichzeitig (etwa Organisationsstruktur, Unternehmenskultur, Anreizsystem und IT-System), inwiefern ein angestrebtes Ziel erreicht werden kann. Um zu einer tragfähigen Beurteilung zu kommen, muss daher zum einen sichergestellt werden, dass alle Bewertenden von den gleichen Rahmenbedingungen ausgehen und unter den gleichen Annahmen die Struktur bewerten. Zum anderen ist zu berücksichtigen, dass es keinen quasi naturwissenschaftlichen Zusammenhang zwischen bestimmten Organisationsstrukturen und der Erreichung relevanter strategischer Ziele gibt. Vielmehr existiert in Theorie und Praxis hinsichtlich der Wirkungen von Organisationsstrukturen auf das Mitarbeiterverhalten ein Informationsdefizit. Aus diesem Grund besteht bei der Bewertung von Organisationsstrukturen die Gefahr, dass weniger Sachargumente als vielmehr persönliche Interessen die Beurteilung der Struktur dominieren. Dieser Gefahr ist zur Erzielung einer qualitativ hochwertigen Effizienzbewertung zu begegnen. Sichergestellt werden muss, dass alle Beteiligten von den gleichen Vorstellungen über die wesentlichen Rahmenbedingungen ausgehen und ihre Einschätzungen über die Wirkung der Organisationsstruktur auf das Mitarbeiterverhalten offen legen. Auf diese Weise wird die Effizienzbeurteilung transparent, nachvollziehbar und objektiviert.

Fit-Bewertung

Bei der organisatorischen Fit-Bewertung wird durch den Vergleich des strategiekonformen Soll-Profils mit dem festgestellten organisatorischen Ist-Profil ein möglicher Handlungsbedarf identifiziert.

Abbildung 19 zeigt beispielhaft das Ergebnis einer organisatorischen Fit-Bewertung. Dabei wird von einem Mehrproduktunternehmen ausgegangen, das in der Vergangenheit eine einzelproduktorientierte Profilierungsstrategie verfolgt hat. Im Rahmen einer strategischen Repositionierung wurde diese Strategie zugunsten einer Cross-Selling-Strategie aufgegeben. In organisatorischer Hinsicht ist das Unternehmen durch einen produktorientiert gegliederten Vertrieb und einen separaten technischen Servicebereich gekennzeichnet.

Die Bedeutung, die die Organisatoren in Abhängigkeit von der verfolgten Strategie den verschiedenen Effizienzindikatoren beigemessen haben, ist in der linken Spalte zu erkennen. Zur Umsetzung der einzelproduktbezogenen Profilierungsstrategie wurden in der Vergangenheit eine kompetente, produktbezogen ausgerichtete Kundenberatung (Markteffizienz), kurze Reaktionszeiten, eine hohe Flexibilität bei geänderten Kundenwünschen sowie kurze Durchlaufzeiten (Prozesseffizienz) als besonders relevante Effizienzindikatoren angesehen. Als Folge der strategischen Repositionierung ergab sich ein geändertes organisatorisches Anforderungsprofil: Zur Umsetzung der neuen Strategie wird einer umfassenden, produktübergreifenden Kundenberatung eine große Bedeutung beigemessen, die von Außendienstmitarbeitern ein breiteres und auch tieferes Produkt- und Kunden-Know-how fordert. Daneben soll sichergestellt werden, dass alle Einheiten mit Kundenkontakt geschlossen beim Kunden auftreten und den Kunden einheitlich zugunsten eines Erweiterungs- bzw. Ergänzungskaufes beraten. Im Bereich der Markteffizienz wird damit nun den Indikatoren »breites und tiefes Produkt- und Kunden-Know-how« sowie »produktübergreifend abgestimmte Marktbearbeitung« eine größere Bedeutung beigemessen als in der Vergangenheit. Als Reaktion auf die gestiegene Leistungsfähigkeit der Wettbewerber erhalten im Rahmen der neuen Strategie daneben auch die Effizienzindikatoren »kurze Reaktionszeit«, »hohe Flexibilität«, »kurze Durchlaufzeiten« sowie die Indikatoren der Ressourceneffizienz (Infrastruktur- und Personalkosten sowie Vermeidung von Doppelarbeit) eine noch größere Relevanz.

Der aus strategischer Sicht notwendige sowie der tatsächliche Zielerreichungsgrad sind der rechten Spalte zu entnehmen. In den als strate-

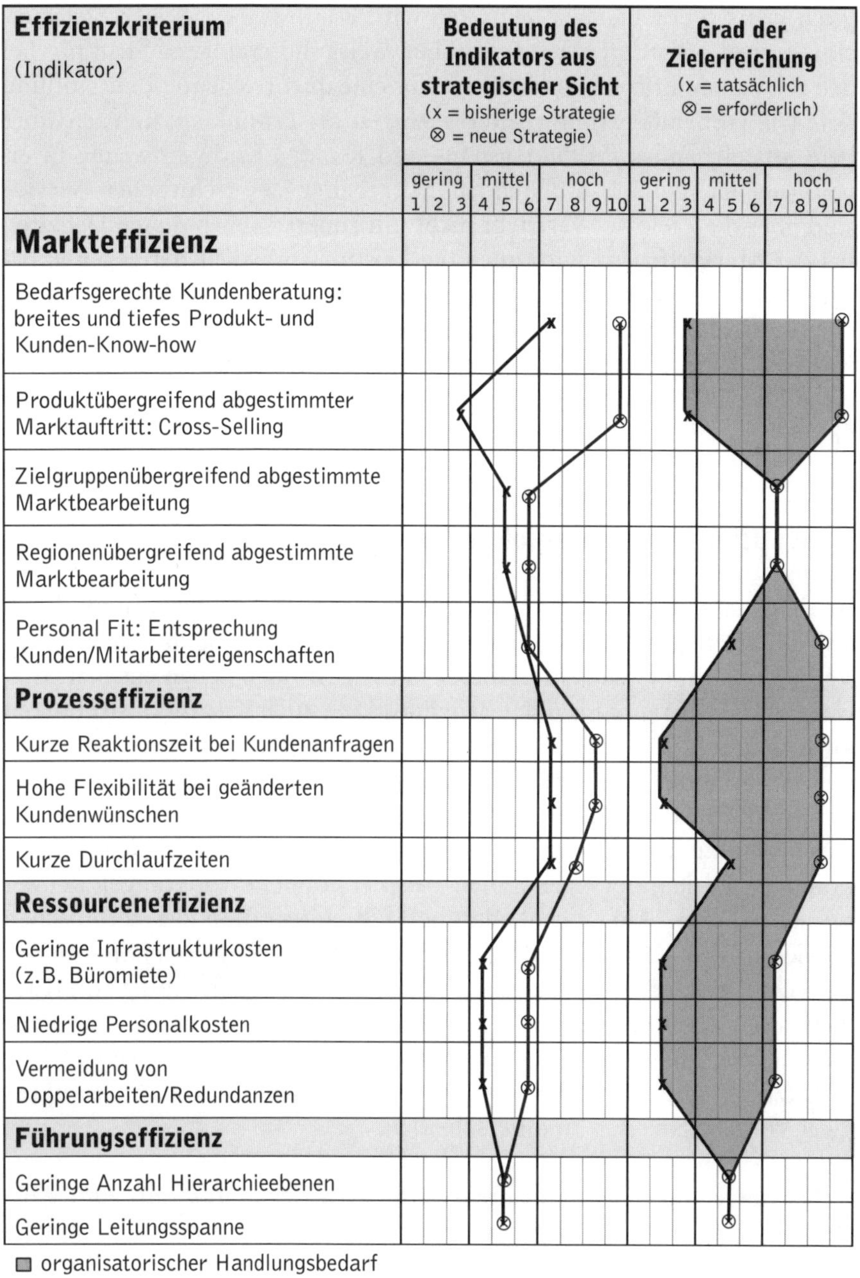

Abbildung 19: Organisatorisches Anforderungsprofil

gisch kritisch erachteten Zielgrößen wird durchweg ein hoher Zielerreichungsgrad gefordert. Demgegenüber weist die etablierte Struktur bei den relevanten Effizienzindikatoren nur eine unzureichende Zielerfüllung auf. Die Außendienstmitarbeiter verfügen als Produktspezialisten über kein ausreichendes Produktsystem- und Kunden-Know-how; die in einem eigenen Bereich arbeitenden Mitarbeiter des technischen Service sind über die Ziele des Vertriebs nicht informiert. Neben diesen Defiziten bei der Markteffizienz wird auch die Leistungsfähigkeit der gegenwärtigen Struktur hinsichtlich der Prozess- und Ressourceneffizienz als gering eingestuft, da die erstrebenswert angesehenen Zeit- und Kostenziele im Rahmen der etablierten Struktur nicht realisiert werden können. Über diese Defizite bestimmt sich ein Reorganisationsbedarf, der grafisch in Gestalt einer Fläche visualisiert wird.

Konzeption der strategiekonformen Struktur

Ist ein organisatorischer Änderungsbedarf identifiziert, beginnt mit Blick auf die als kritisch identifizierten Effizienzindikatoren die Suche nach Verbesserungspotenzialen. In dieser Phase gewinnen neben eigenen Analysen und den Ergebnissen des Benchmarking auch Kreativitätstechniken an Bedeutung. Ausgehend von den Zielvorstellungen werden Möglichkeiten zusammengetragen, die aus Erfahrung, logischer Einsicht und aufgrund von Ergebnissen der empirischen Organisationsforschung als Ansatzpunkte zur Lösung der identifizierten Schwachstellen infrage kommen. In dem oben genannten Beispiel könnten Änderungen bei der grundsätzlichen Aufgabengliederung (z. B. Integration des technischen Service in den Vertrieb und Bildung kunden- oder regionenorientierter Bereiche), bei der Querschnittskoordination (etwa Einrichtung von Kundenteams) oder bei den eingesetzten Informationssystemen (beispielsweise Einrichtung eines CRM-Systems) in Betracht gezogen werden.

Letztlich sind bei der Konzeption der strategiekonformen Struktur zwei Vorgehensweisen zu unterscheiden:

- Bei der empirischen Vorgehensweise wird der Status quo zum Ausgangspunkt der Überlegungen gewählt: Es wird untersucht, mittels welcher Veränderungen die gegenwärtig implementierte Struktur so gestaltet werden kann, dass bei den strategisch relevanten Effizienzindikatoren ein höherer Zielerreichungsgrad erzielt wird. Diese Vorge-

hensweise wird immer dann gewählt, wenn im Rahmen der Fit-Analyse ein Veränderungsbedarf begrenzten Ausmaßes identifiziert wurde.
- Bei einer konzeptionellen Vorgehensweise wird die strategiekonforme Organisationsstruktur unter vollständiger Abstraktion von der etablierten Lösung entworfen. Ein derartiger Ansatz wird immer dann gewählt, wenn zur Bewältigung der strategischen Anforderungen eine partielle Überarbeitung der bisherigen Lösung nicht ausreicht und die Entwicklung innovativer Ideen frei von bisherigen Strukturen, Abläufen und Personen erfolgen soll.

Beide Vorgehensweisen haben jeweils spezifische Vor- und Nachteile: Der empirische Ansatz erlaubt eher die Identifikation reibungslos implementierbarer Lösungen; er ist außerdem mit einem geringeren Risiko und einem geringeren Zeitbedarf verbunden. Die konzeptionelle Vorgehensweise bietet hingegen günstige Voraussetzungen für die Generierung wirklich innovativer organisatorischer Lösungen – allerdings treten bei diesem Vorgehen im Zuge der Umsetzung vielfach zusätzliche, zuvor nicht bedachte Implementierungsschwierigkeiten auf, die regelmäßig das Risiko und die Dauer der Reorganisation erhöhen.

Der Prozess der Entwicklung von geeigneten Maßnahmen zur strategiekonformen Restrukturierung ist durch Rückkopplungen gekennzeichnet: Lösungsansätze werden entwickelt; sie werden hinsichtlich der in den strategisch relevanten Dimensionen zu erwartenden Zielerreichungsgrade bewertet, verworfen, mit anderen Ideen kombiniert, erneut bewertet, bis letztlich mehrere strategiekonforme organisatorische Maßnahmen konzipiert sind. Da es sich bei der Neuentwicklung organisatorischer Lösungen um eine innovative Aufgabe handelt, ist ein systematisches Vorgehen entscheidend. So sind die verschiedenen Ansatzpunkte zur Effizienzsteigerung detailliert mit Blick auf ihre Stärken und Schwächen zu beurteilen und (schriftlich) zu dokumentieren. Auf diese Weise wird sichergestellt, dass der organisatorische Möglichkeitsraum zielorientiert ausgeleuchtet wird und mehrere, grundsätzlich geeignete Maßnahmenbündel zur Effizienzsteigerung ermittelt werden.

Auswahlentscheidung

Die als grundsätzlich geeignet eingestuften Maßnahmen werden schließlich einer detaillierten Bewertung unterzogen. Hierzu werden zweckmäßigerweise Scoring-Modelle herangezogen, mit deren Hilfe die Alternativen hinsichtlich ihrer Leistungsfähigkeit bei den relevanten Effizienzindikatoren beurteilt werden. Letztlich wird die organisatorische Lösung ausgewählt, die mit Blick auf die als strategisch relevant angesehenen Zielgrößen den höchsten Zielerreichungsgrad aufweist. Durch die Umsetzung dieser Auswahlentscheidung wird die Konsistenz zwischen Strategie und Struktur hergestellt.

Umsetzung

Bei der Durchführung der organisatorischen Fit-Analyse sieht man sich in der Praxis einigen Problemen gegenüber, die manche Unternehmen von dem Einsatz dieses Instrumentes abhalten.

Vielfach stellt schon die Ableitung eines organisatorischen Anforderungsprofils aus der verfolgten Strategie ein nicht zu unterschätzendes Problem dar. Dies überrascht nicht, müssen doch hier sowohl die relevanten Effizienzindikatoren ermittelt und gewichtet als auch die jeweils erforderlichen Zielerreichungsgrade festgelegt werden. Insbesondere bei der Bestimmung der angestrebten Zielerreichungsgrade besteht die Herausforderung darin, Ziele zu bestimmen, die zugleich fordernd und auch realistisch sind. Die in diesem Zusammenhang notwendigen Informationen liegen in der Praxis jedoch häufig nicht in der erforderlichen Breite und Tiefe vor. Dies ist darauf zurückzuführen, dass Unternehmen, die gerade eine Reorganisation umgesetzt haben, entweder zur Sicherung eines Wettbewerbsvorteils ihre mit der Organisationsstruktur verfolgten Ziele nicht veröffentlichen oder in Zeitschriftenbeiträgen und Geschäftsberichten mit Blick auf die Entscheider am Aktienmarkt ihre organisatorischen Überlegungen bewusst ehrgeizig darstellen. Derartige Informationen über anzustrebende organisatorische Ziele sollten nicht unreflektiert übernommen werden, vielmehr sind sie unter Berücksichtigung der Besonderheiten des eigenen Unternehmens zu bewerten.

Im Rahmen der Analyse des Status quo, bei der Identifizierung eines eventuellen organisatorischen Handlungsbedarfs und schließlich auch bei der Auswahlentscheidung besteht die Gefahr, dass politische Erwägungen oder persönliche Karriereinteressen die Beurteilung dominieren. Dieser Gefahr kann letztlich nur durch die Forderung nach Transparenz und Nachvollziehbarkeit im Bewertungsprozess begegnet werden.

Zur Vermeidung politischer Entscheidungsprozesse ist daneben auch der Einsatz bereichs- oder unternehmensexterner Personen zweckmäßig, die nicht nur zusätzliche Erfahrung und methodisches Know-how im Umgang mit organisatorischen Fragestellungen, sondern auch eine neutrale Perspektive in den Prozess der organisatorischen Fit-Analyse einbringen können.

Schließlich stellt die Klarheit des Zielsystems im Zeitablauf einen wesentlichen Erfolgsfaktor der organisatorischen Fit-Analyse in der Praxis dar. Insbesondere zu Beginn umfassender Reorganisationsprojekte erstreckt sich auch die organisatorische Fit-Analyse über einen längeren Zeitraum, während dessen sich regelmäßig Änderungen hinsichtlich der relevanten organisatorischen Ziele ergeben. Bei derartigen Veränderungen im Zielsystem muss sichergestellt sein, dass die bis zu diesem Zeitpunkt durchlaufene Analyse unter Berücksichtigung des geänderten Zielsystems erneut durchgeführt wird. Ansonsten besteht das Risiko, dass letztlich eine nicht optimale Maßnahme ausgewählt wird, da eine leistungsfähigere Alternative zu einem früheren Zeitpunkt – unter anderen Prämissen – aus der Betrachtung ausgeblendet wurde.

Widmet man bei der praktischen Anwendung der organisatorischen Fit-Analyse den angesprochenen Aspekten genügend Aufmerksamkeit, so kann das erläuterte systematische Vorgehen dazu beitragen, dass auf der Grundlage eines rationalen Prozesses eine leistungsfähige Organisationsstruktur gewählt wird, die die Erreichung der strategischen Ziele unterstützt.

Konkurrenzaufklärung

Erfolg im Wettbewerb setzt eine möglichst profunde Kenntnis der Konkurrenten voraus. Neben die klassische Marktforschung müssen deshalb die Sammlung und Verdichtung von Informationen über die Konkurrenten treten. Diese Aufgabe nennen wir Konkurrenzaufklärung. Zwischen Wichtigkeit und Stand diesbezüglicher Informationen klafft heute eine große Lücke. Nur eine Minderheit von Unternehmen hat die Konkurrenzaufklärung professionell organisiert. Die Konkurrenzaufklärung muss systematisch organisiert werden. Als Optionen kommen eine spezielle Stabsstelle, eine Spiegelorganisation oder ein »Schatten« infrage. Hierbei muss man zwischen Gesamtsicht und Spezialisierung abwägen. Die Quellen zur Konkurrenzaufklärung erweisen sich als vielfältig. Die Mitarbeiter stehen dabei an vorderer Stelle. Das Internet schafft Zugang zu generellen und spezialisierten Informationsdiensten. Kunden, Lieferanten und Produkte erweisen sich als reichhaltige Quellen. Die Abgrenzung zur »Industriespionage« beinhaltet eine Gratwanderung.

Die Kenntnis der Wettbewerber ist unbedingt erforderlich, um beurteilen zu können, ob im Vergleich zu ihnen das eigene Unternehmen Vorteile im Wettbewerb aufweist. Um im Wettbewerb bestehen zu können, braucht ein Unternehmen strategische Wettbewerbsvorteile. Ein Wettbewerbsvorteil muss bei einem für den Kunden wichtigen Merkmal bestehen, von ihm wahrgenommen werden und dauerhaft, d.h. von der Konkurrenz nicht leicht einzuholen, sein. In der Konkurrenzanalyse wird untersucht, ob strategische Wettbewerbsvorteile bestehen und welche Maßnahmen man zu ihrer Erreichung und/oder Verteidigung ergreifen muss.

Definition und Zielsetzung

Um *strategische Wettbewerbsvorteile* gezielt schaffen und verteidigen zu können, muss man seine Konkurrenten möglichst gut kennen. Nur wenn die Stärken und Schwächen der Gegner ausgelotet sind, lassen sich die Chancen und Gefährdungen von Wettbewerbsvorteilen realistisch abschätzen. Im Rahmen des Strategischen Dreiecks »Wir – Kunde – Konkurrenz« bedeutet dies, dass *Konkurrenzaufklärung* einen ähnlichen Stellenwert gewinnt wie die klassische Marktforschung, die sich im Wesentlichen mit »Kundenerforschung« befasst.

Der chinesische Stratege Sun Tzu beschrieb diese Aufgabe im vierten Jahrhundert v. Chr. wie folgt: »Kenne deinen Gegner und kenne dich selbst, dann wirst du in hundert Schlachten nicht in Gefahr sein. Wenn du den Gegner nicht, dich selbst jedoch kennst, sind deine Chancen, zu gewinnen oder zu verlieren, gleich. Kennst du weder deinen Gegner noch dich selbst, so wirst du in jedem Kampf in Gefahr schweben.«

Darstellung

Generell sollten Konkurrenzanalysen zum Standardrepertoire jedes Unternehmens gehören und kontinuierlich durchgeführt werden. Dies ist in den wenigsten Unternehmen der Fall. Wenn ein Unternehmen aber selbst dann, wenn es feststellt, durch Aktionen der Wettbewerber gefährdet zu sein, die Gründe nicht analysiert und gegensteuert, handelt es fahrlässig. In einer Umfrage bei 156 Unternehmen stellten wir fest, dass 46 Prozent der Unternehmen Konkurrenzaufklärung permanent und systematisch betreiben. Ein etwa gleicher Anteil von 45 Prozent tut dies allerdings nur ad hoc bei spezifischem Bedarf, 9 Prozent haben keinerlei Aktivitäten dieser Art. Hierbei zeigen sich allerdings große Abweichungen. Bei Konsumgütern, Autos und Pharmazeutika ist die Konkurrenzinformation hoch entwickelt, hier stellen die Institute umfassende Daten vielerlei Art über die eigenen und die Wettbewerbsaktivitäten bereit (zum Beispiel über Marktanteile, Distribution, Werbung, Präferenzen). Sehr viel schlechter sieht es beispielsweise im Maschinenbau aus, wo solche Daten meist gesondert erhoben werden müssen.

Doch die Konkurrenzaufklärung sollte sich nicht auf die am Markt sichtbaren Faktoren beschränken. Im Hinblick auf die Zukunft sind solche Fakten von besonderer Relevanz, die sich im Unternehmen abspielen, also etwa Forschung und Entwicklung, Kostenposition oder Strategie. Eine detaillierte Untersuchung der Wichtigkeit und des Informationsstandes ergab das in Abbildung 20 dargestellte Bild. Die Abfrageskala reichte jeweils von 1 (= weniger wichtig bzw. sehr schlecht informiert) bis zu 5 (= extrem wichtig bzw. sehr gut informiert).

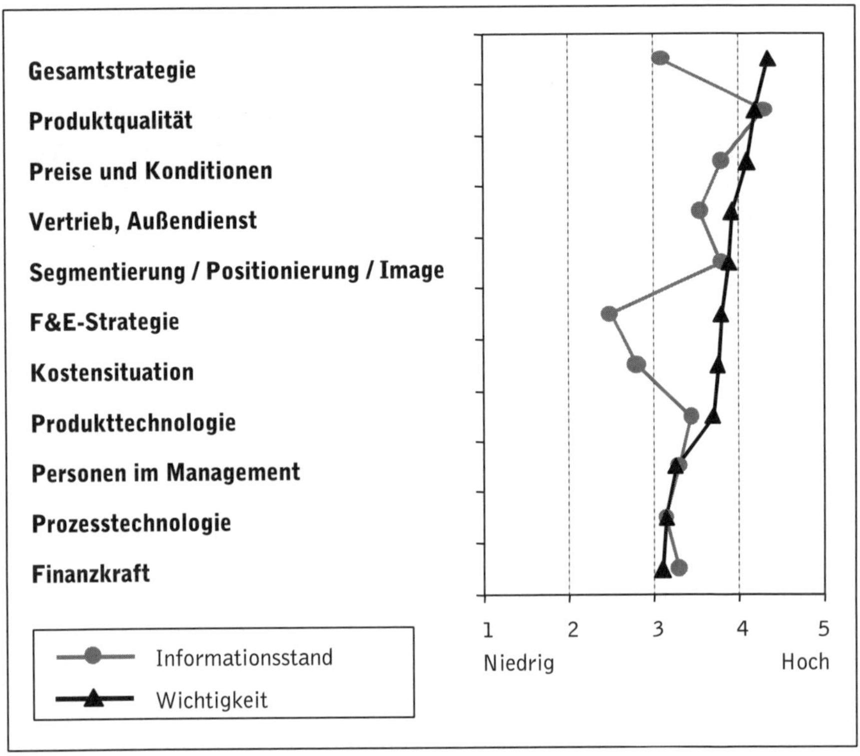

Abbildung 20: Wichtigkeit und Stand von Informationen bezüglich einzelner Konkurrenzmerkmale

Die Bereiche sind nach Wichtigkeit geordnet. Mit einer Bewertung von höher als 4 stehen Gesamtstrategie (strategische Ziele, Prioritäten, Geschäftsfelder), Produktqualität und Preise/Konditionen an der Spitze. Demgegenüber besitzen – aus Sicht der befragten Manager – Informationen über Finanzkraft, Prozesstechnologie und Personen im Management eine deutlich geringere Wichtigkeit (Bewertung kleiner als 3,5).

Wünschenswert wäre, wenn die Profile für »Wichtigkeit« und »Informationsstand« etwa gleich verlaufen, man also bei den wichtigeren Merkmalen relativ besser informiert ist. Doch dem ist nicht so. Ausgeprägte Informationslücken treten bei den Merkmalen Gesamtstrategie, Strategie für Forschung und Entwicklung sowie Kostensituation auf. Dieser Befund überrascht nicht, da es besonders schwierig ist, zu diesen Bereichen fundierte und zuverlässige Erkenntnisse zu gewinnen. Konkurrenzaufklärung ist zwar als Konzept sehr populär, die konkrete Ausfüllung erweist sich in der Praxis allerdings oft als schwierig oder gar unmöglich.

Jedoch ist dies keineswegs immer so. Nach unseren Erfahrungen besteht das Hauptproblem der Konkurrenzaufklärung weniger in der grundsätzlichen Nichtverfügbarkeit oder Unzugänglichkeit relevanter Informationen, sondern viel häufiger im Fehlen einer systematischen Sammlung und Verdichtung. Die Informationen und Daten sind über viele Stellen verstreut, werden nicht gezielt gesammelt oder weitergereicht bzw. aufbereitet. Nur eine Minderheit von Unternehmen hat organisatorische Vorkehrungen getroffen, das vorhandene Wissen in diesem Sinne optimal auszuschöpfen und zugänglich zu machen.

Die Vorgehensweise bei der Konkurrenzanalyse lässt sich in sechs Schritte aufteilen:

Teambildung

Der erste Schritt der Konkurrenzanalyse ist die Bildung eines Teams, das die Konkurrenzanalyse durchführen soll. Im Unternehmen können bereits Stellen geschaffen worden sein, denen diese Aufgabe überantwortet worden ist: Stabsstellen (evtl. in Verbindung mit der Marktforschung) oder Ressortspezialisten, die für die Sammlung von Konkurrenzinformationen bezüglich ihres speziellen Ressorts (Marketing, Finanzen etc.) zuständig sind. Eine andere Organisationsform sind die so genannten »Schatten«, die für die Beobachtung jeweils eines (oder mehrerer) Wettbewerber bezüglich aller diese(n) betreffende(n) Aspekte eingesetzt werden. Des weiteren können Arbeitsgruppen für spezifische Aufgaben gebildet werden. Diese sollten im Bedarfsfall durch Spezialisten ergänzt werden. Vor allem große Konzerne in forschungsintensiven Branchen haben für die Vollzeitbeobachtung der Wettbewerber und die Analyse der Informationen interne Teams mit einem Dutzend und mehr Mitgliedern gebildet. Unabhängig von der Organisationsform muss das Team festlegen, wer welche Aufgaben übernimmt und wer welche Kompetenzen hat, wie die Kommunikationsflüsse gestaltet und wie die Ergebnisse dokumentiert werden.

Projektdefinition

Als Nächstes steht die Frage an, welche Unternehmen analysiert werden sollen. Dazu gehören offensichtlich alle bedeutenden, im Markt schon vertretenen direkten Wettbewerber. Aber auch solche Unternehmen, die einen Eintritt in den eigenen Markt vorhaben könnten, dürfen in der Analyse nicht fehlen. Aus ihnen können die Konkurrenten von morgen erwachsen. Solche Unternehmen zu identifizieren ist keine leichte Aufgabe, was aber nicht dazu führen darf, sie außen vor zu lassen. Andererseits sollte eine Konzentration auf die wesentlichen Unternehmen erfolgen, denn der Aufwand steigt mit jedem zusätzlichen Unternehmen.

Eine weitere Möglichkeit besteht darin, externe Unternehmen mit Teilaufgaben zu beauftragen oder aber die gesamte Konkurrenzbeobachtung auszugliedern. Viele Unternehmen haben sich mittlerweile hierauf spezialisiert.

Gegenstand der Konkurrenzanalyse können beispielsweise Marktanteile, Vertriebswege, Produktspezifikationen, Kommunikation oder Preis sein. In diesen Bereichen sind viele Unternehmen über die Daten von Wettbewerbern recht gut informiert. Hingegen sind Informationen im Bereich Forschung und Entwicklung, Kosten oder generelle und produktbezogene Strategien wesentlich seltener vorhanden, weil sie auch deutlich schwieriger zu beschaffen sind.

Informationsanforderungen

Der nächste Schritt betrifft die Informationsanforderungen mit den Teilaspekten Informationsziele, -bedarf und -quellen. Da dies normalerweise der schwierigste und aufwändigste Teil der Konkurrenzanalyse ist und zudem häufig als Grund aufgeführt wird, solche Analysen gar nicht durchzuführen, soll ausführlich darauf eingegangen werden. Zu der Frage nach den Informationen gehören Aspekte wie:

- Welche Fragestellungen sollen mit den Informationen beantwortet werden?
- Welche Informationen werden benötigt?
- Wie detailliert müssen die Informationen sein?
- Liegen die Informationen vor, oder sind sie zumindest beschaffbar?
- Welche Informationsquellen existieren?
- Welche Quelle liefert welche Informationen?
- Wie zuverlässig sind die Quellen?

Zwei Extremfälle können unterschieden werden: Alle Informationen sind schon in geeigneter, aufbereiteter Weise im Haus vorhanden, bzw. es besteht die Notwendigkeit, alle Informationen extern zu beschaffen. In der Regel liegen Mischfälle vor: Viele Informationen sind vorhanden, aber nicht in aufbereiteter Form, sodass diese durch weiteres Material ergänzt und auch strukturiert werden müssen. Für fehlendes Material ist zu klären, ob die Informationen beschafft werden können und wie hoch der damit verbundene Aufwand ist.

Datenbeschaffung ist möglich über interne oder externe Quellen. Beispielsweise können die Vertriebsmitarbeiter aus ihren Gesprächen mit den Kunden genaue Kenntnisse über die Wettbewerber erworben, diese aber nicht in geordneter Weise oder gar nicht dokumentiert und abgelegt haben. Reichen die internen Informationen nicht aus, kommen die externen Datenbeschaffungsquellen aus Abbildung 21 in Betracht.

Digitale Vertriebsinformationssysteme stellen prinzipiell eine hervorragende Informationsquelle dar. Aufgrund mangelnder Nutzung enthalten diese Systeme, soweit überhaupt vorhanden, jedoch leider ausgesprochen selten die entsprechenden Informationen. Im Sinne einer Institutionalisierung der Konkurrenzanalyse sollte eine systematische Informationserfassung aber schon im Vorfeld stattfinden, da dann keine wichtigen »Informationsfetzen« verloren gehen und die Erfassung schneller vonstatten geht.

Tageszeitungen, vor allem deren lokale Ausgaben, bieten eine Fülle von Informationen, die nicht nur auf die Gegenwart ausgerichtet sind, sondern über Absichten der Unternehmen berichten, wie Standorterweiterungen oder -schließungen, Personalaufstockungen oder -freisetzungen, geänderte Strategien. Häufige Anwendung findet der Test von Konkurrenzprodukten oder -dienstleistungen, um hierauf aufbauend die eigenen Produkte einzuordnen (etwa Kauf von Automobilen oder Waschmaschinen, Übernachtung in Hotels der Konkurrenz, Flüge mit Wettbewerbsfluglinien). Insbesondere Firmenverlautbarungen, sei es

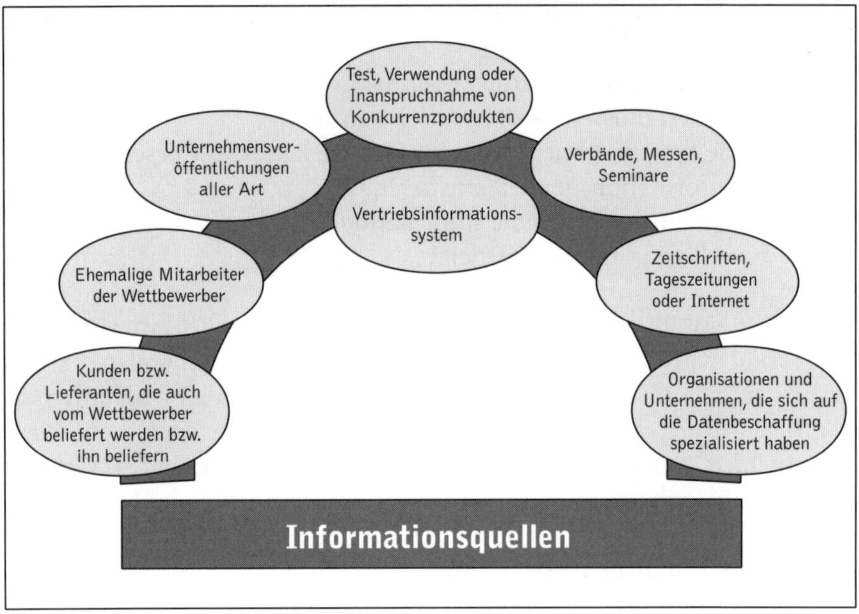

Abbildung 21: Externe Datenbeschaffungsquellen

schriftlich oder mündlich, geben Aufschluss über geplante Aktionen. Dies gilt auch für Stellenanzeigen, aus denen unschwer auf zukünftige Vorhaben, beispielsweise über Personalverstärkungen in ausgewählten Bereichen oder Neuaufbau bestimmter Unternehmensbereiche, geschlossen werden kann. Bei allen Informationen muss aber in Betracht gezogen werden, dass es sich auch um planmäßige Irreführung durch die Wettbewerber handeln kann.

Das Internet stellt eine immer wichtiger werdende Informationsquelle dar. Es gibt heute professionelle Software, die anhand von Suchbegriffen das Internet nach den gewünschten Informationen absucht, z.B. in Patentdatenbanken. Teilweise geschieht dies sogar automatisiert, d.h. mit automatisch wiederholter Zusendung der neuesten Meldungen. Besonders in forschungsintensiven Bereichen werden in den Datenbanken unschätzbare Informationen über künftige Vorhaben veröffentlicht. In Zeiten immer schnellerer Innovationszyklen werden aus Patenten auch tatsächlich zügig Produkte, sodass man hier zeitnah Informationen über aktuelle Vorhaben der Wettbewerber finden kann.

Bei einigen dieser externen Quellen bewegt man sich auf einem schmalen Grat, z. B. bei der Mitarbeiterabwerbung. Es muss gewährleistet sein, dass man die Fairness wahrt und nicht in den Bereich der Industriespionage abdriftet. Einige Unternehmen gehen dazu über, sogar die Server der Wettbewerber nach Informationen abzusuchen. Dieser Bereich ist sicherlich der Spionage zuzuordnen, rechtlich weit mehr als fragwürdig und hat schon zu vielen Strafprozessen geführt. Sehr viele Informationen sind erstaunlicherweise frei verfügbar; fragwürdige Bereiche kann man daher gut außer Acht lassen.

Informationssammlung und -verdichtung

Wenn die Frage nach der (prinzipiellen) Verfügbarkeit der Informationen bejaht ist, müssen die einzusetzenden Methoden der Datengewinnung bestimmt, die Daten gesammelt und verdichtet werden. An der Tagesordnung sind Fälle, in denen eine unspezifische Informationsanforderung dazu führt, dass der Anfragende einen unübersehbaren Berg an Informationen erhält. Dies macht vor der eigentlichen Analyse eine zeitraubende Vorsortierung notwendig.

Analyse der Information

Sobald die Daten in aufbereiteter Form vorliegen, beginnt die Analyse. Die zielgerichtet gesammelten Informationsbestandteile werden strukturiert und analysiert. Auch bei der Verwendung der oben beschriebenen, automatisiert suchenden Software kommt diesem Schritt große Bedeutung zu. Die gewonnenen Ergebnisse müssen von Menschen kompetent ausgewertet und analysiert werden; hierfür gibt es noch keinen anderen Weg.

Schlussfolgerungen

Aus den Analyseergebnissen können Schlussfolgerungen darüber gezogen werden, wo das Unternehmen im Vergleich zur Konkurrenz steht und wie sich seine Situation in der nächsten Zeit ändern könnte. Eventuell stehen daraufhin Neuausrichtung, Produktmodifikationen, Änderungen der Vertriebswege, der Kommunikationskanäle oder der Strategie an. Nur wenn die Ergebnisse auch in umgesetzten Maßnahmen münden, kann sich der mit der Konkurrenzanalyse verbundene beträchtliche Aufwand rentieren. Besonders gute Verwirklichungschancen haben die Maßnahmen, wenn das Management von Anfang an voll hinter dem Projekt steht. Kommunikation der Ergebnisse und Feedback gegenüber allen Beteiligten sind wichtige Bestandteile einer erfolgreichen Konkurrenzanalyse.

Umsetzung

Aufbauend auf den Erfahrungen, die wir in zahlreichen Projekten gewonnen haben, wollen wir abschließend die wesentlichen Erfolgs- und Misserfolgsfaktoren der Konkurrenzanalyse übersichtsartig zusammenstellen.

1. *Teambildung*: Alle Personen, die wertvolle Beiträge leisten können, sollten hinzugezogen werden. Dies betrifft auch diejenigen, die bei der Umsetzung möglicher Schlussfolgerungen eine Schlüsselfunktion innehaben – soweit dies vorab schon abschätzbar ist. Die Gruppengröße für die einzelnen Themen sollte fünf bis acht Personen nicht überschreiten, da sonst Diskussionen und Abstimmungen einen zu großen Raum beanspruchen. Diejenigen, die nicht im Kernteam sind, aber Beiträge geleistet haben, müssen nach Projektabschluss ein Feedback erhalten. Dies sichert ihre erneute Teilnahme an weiteren Projekten.
2. *Gegenstand*: Der Gegenstand der Analyse muss genügend stark eingegrenzt werden, damit er fassbar wird, aber nicht auf Kosten der Aussagekraft des Ergebnisses. Er muss genau definiert werden, damit bei nachfolgenden Schritten keine Fragen offen bleiben.
3. *Informationsanforderungen*: Die benötigten Informationen sind bezüglich Form, Struktur und Detailliertheit klar zu beschreiben und auf das Machbare in Bezug auf Zeitaufwand und zur Verfügung stehendes Personal zu beschränken.
4. *Vorhandensein/Beschaffbarkeit von Informationen*: Die jeweiligen Spezialisten, die den besten Zugang zu den benötigten Informationen haben, sind hinzuzuziehen. Eine Institutionalisierung der Infor-

mationsdokumentation sollte, sofern nicht schon Bestandteil, eingeführt werden. Dies erleichtert die Durchführung.

5. *Sammlung und Verdichtung der Informationen*: Klare Vorgaben bei den Informationsanforderungen helfen, unnötige Mehrarbeit und zeitraubende Nachfragen und -besserungen zu vermeiden. Zudem erleichtern sie die Verdichtung.
6. *Analyse der Information*: Die Analyse ist zielstrebig mit Blick auf die anfängliche Fragestellung durchzuführen, sonst verliert man sich unter Umständen im Dickicht der Informationen.
7. *Schlussfolgerungen*: Der Projektleiter ist häufig auch der Initiator weiterer Schritte. Er zieht mit dem Team Schlussfolgerungen aus der Analyse, und gemeinsam werden Umsetzungspläne erarbeitet. Sonst kann es passieren, dass nach der Analyse nichts weiter geschieht. Dies kann die Motivation aller Beteiligten stark beeinflussen, sodass der Projekterfolg beim nächsten Mal gefährdet sein könnte.

Die Quellen und Methoden der Informationsbeschaffung über die Konkurrenz sind vielfältig. Wir stellen meist fest, dass intern sehr viel Information vorhanden ist. In einem Fall forderte der Vertriebsvorstand eines Autoherstellers sämtliche Vertriebsgesellschaften in Europa auf, ihm alle Informationen über den jeweiligen Hauptwettbewerber zur Verfügung zu stellen. Nach wenigen Wochen lagen ihm 25 Ordner vor, doch nichts war systematisiert oder verdichtet. Es musste erhebliche, zeitraubende Arbeit geleistet werden, um die wirklich wichtigen Erkenntnisse aus dieser Datenflut herauszudestillieren.

Das Internet erleichtert die Informationsbeschaffung enorm. Man sollte sich allerdings nicht auf allgemein zugängliche Seiten beschränken – die detailliertesten und wertvollsten Informationen finden sich bei eher teuren Spezialanbietern. Das Internet verleitet leicht zu mehr Quantität, die zulasten der Qualität geht. Als äußerst wertvolle Quellen erweisen sich Lieferanten und Kunden. Zwangsläufig muss ein Unternehmen diesen gegenüber Dinge offen legen, die für Konkurrenten sehr interessant sind. Beispiele sind gemeinsame Entwicklungen, strategische Beschaffung für Innovationen oder der Entwicklung vorgelagerte Kundennutzenstudien. Verbände und Presse sind offensichtliche »Goldminen« in diesem Prozess. Als besonders ergiebig erweist sich die lokale Presse an den wichtigen Standorten der Konkurrenz, dort wird oft sehr früh von Maßnahmen wie Betriebserweiterung/-schließung, Aufstockung oder Abbau von Personal oder speziellen Genehmigungsverfahren berichtet, aus denen sich Rückschlüsse auf die Strategie des Wettbewerbers ziehen lassen. Natürlich gehören Tests und Gebrauch von Konkurrenzprodukten genauso zum Repertoire der Konkurrenzaufklärung wie Reverse-Engineering, das Abwerben von Managern und Fachpersonal oder Kooperationen/Strategische Allianzen.

Bei allen Maßnahmen der Konkurrenzaufklärung sollte man sich im Klaren sein, dass die Medaille zwei Seiten hat: Die Konkurrenz kann alle Instrumente in gleicher Weise gegen einen selbst einsetzen. Je besser man das versteht, desto besser kann man sich dagegen schützen. Verständlicherweise ist auch die Gratwanderung zwischen legitimer Konkurrenzaufklärung und illegitimer »Industriespionage« gering. Anständige Strategen spielen in dieser Hinsicht fair gegen ihre Konkurrenten.

1.2 Umsetzungsbezogene Instrumente

Optionenauswahl

Basis für die Entwicklung und Ausgestaltung der Wettbewerbsstrategie eines Unternehmens ist die Existenz einer detaillierten und fundierten Marktstrategie. Im Rahmen der Marktstrategie steht vor allem die Geschäftsdefinition und die Auswahl von strategischen Geschäftsfeldern im Fokus. Die Frage lautet: Wo sind wir als Unternehmen aktiv?

Im Anschluss daran ist es die Aufgabe der Wettbewerbsstrategie, Ansätze zur Bearbeitung für die identifizierten strategischen Geschäftsfelder abzuleiten. Dabei stehen zwei Kernfragen im Vordergrund:

1. Wie wollen wir in den strategischen Geschäftsfeldern konkurrieren?
2. Welche internen Voraussetzungen müssen geschaffen werden, um in den Geschäftsfeldern erfolgreich zu sein?

Definition und Zielsetzung

Die heutigen Probleme von Unternehmen am Markt sind in den seltensten Fällen in der Technologie begründet, sondern hängen vielmehr mit der Transformation des Know-how in Wettbewerbsvorteile im Markt zusammen. Dabei werden oft die Anforderungen der Kunden vernachlässigt und der Wettbewerb unterschätzt. Zudem ergeben sich immer neue Herausforderungen wie z.B. Überkapazitäten bei einem abnehmenden Wachstum in der Branche, die rasche Angleichung von Produkten, Technologien und Know-how und die Differenzierung der Kundenwünsche.

Gerade vor diesem Hintergrund ist die *Entwicklung und Ausgestaltung der Wettbewerbsstrategie* einer der wesentlichen Erfolgsfaktoren, um im Markt langfristig erfolgreich konkurrieren zu können.

Darstellung und Funktionsweise

Für die Entwicklung der Wettbewerbsstrategie bildet das strategische Dreieck »Unternehmen – Kunden – Wettbewerb« (siehe Abbildung 22) den grundlegenden theoretischen gedanklichen Rahmen. Um im Wettbewerbsumfeld langfristig und profitabel bestehen zu können, ist es für ein Unternehmen unerlässlich, neben den eigenen Leistungen seine Kunden mit ihren Anforderungen und Wahrnehmungen, seine Konkurrenten mit ihren Stärken und Schwächen sowie deren Beziehungen untereinander möglichst gut zu kennen.

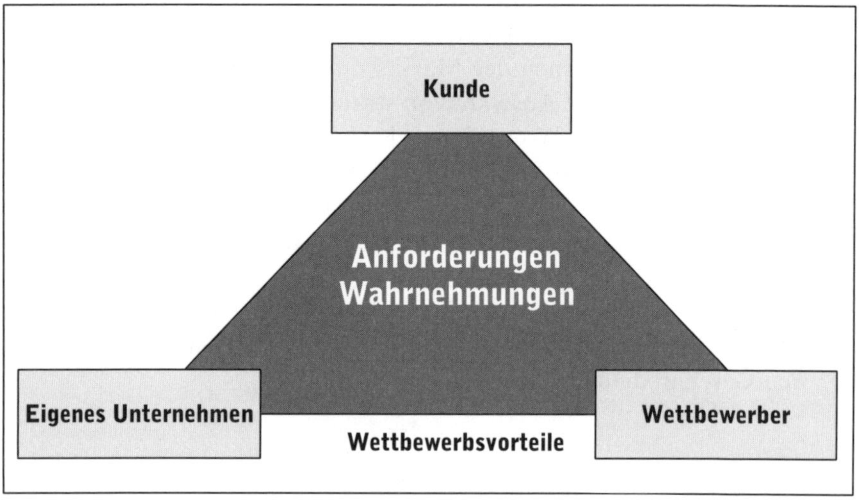

Abbildung 22: Das strategische Dreieck

Nur wenn eine ausreichende Kenntnis über dieses Beziehungsgeflecht vorliegt, können Wettbewerbsstrategien entwickelt und erfolgreich umgesetzt werden.

Die Schaffung von strategischen Wettbewerbsvorteilen spielt bei der Wettbewerbsstrategie eine entscheidende Rolle. Im Sinne Darwins »Survival of the fittest« kann ein Unternehmen nur langfristig und erfolgreich überleben, wenn es mindestens einen strategischen Wettbewerbsvorteil aufweisen kann, d.h. in mindestens einem Aspekt dem Wettbewerb überlegen ist.

Ein strategischer Wettbewerbsvorteil muss dabei drei Kriterien erfüllen:

1. Er muss ein für den Kunden wichtiges Attribut betreffen.
2. Er muss vom Kunden tatsächlich wahrgenommen werden.
3. Er muss dauerhaft sein, d. h. er darf von der Konkurrenz nicht leicht imitierbar sein.

Wenn die drei Kriterien »wichtig«, »wahrgenommen« und »dauerhaft« erfüllt sind, kann von einem strategischen Wettbewerbsvorteil gesprochen werden.

Dies lässt sich an einigen Beispielen verdeutlichen:

Die sehr gute Leistung der deutschen Automobilhersteller in puncto Benzinverbrauch konnte in den USA bis vor kurzem nicht als strategischer Wettbewerbsvorteil gewertet werden. Der Aspekt Verbrauch war bei den amerikanischen Kunden aufgrund des geringen Benzinpreises pro Gallon ein Kriterium von nachrangiger Bedeutung.

Ist ein Unternehmen in rein technischer Hinsicht seinen Wettbewerbern überlegen, kann nicht von einem strategischen Wettbewerbsvorteil gesprochen werden, wenn diese Überlegenheit von den Kunden nicht wahrgenommen bzw. geglaubt wird. So haben die japanischen Automobilhersteller, die bereits vor einigen Jahren in technischer Hinsicht weit vorne lagen, es nicht geschafft, dies in der Wahrnehmung der Kunden zu verankern, sondern galten als unzuverlässig und pannenanfällig.

Ein nur vorübergehender Vorsprung gegenüber dem Wettbewerb, wie z. B. eine Preissenkung, gereicht ebenfalls nicht zu einem Wettbewerbsvorteil, da die Konkurrenz sofort folgen kann. Erst wenn es gelingt, einen dauerhaften Vorsprung aufgrund eines Kostenvorteils zu schaffen, hat das Unternehmen einen strategischen Wettbewerbsvorteil.

Welche Voraussetzungen sind nun zu erfüllen, um strategische Wettbewerbsvorteile zu schaffen und einen Entschluss über die verfolgte Wettbewerbsstrategie zu treffen?

Wie wollen wir in den strategischen Geschäftsfeldern konkurrieren?

Zunächst gilt es, die Kundensegmente zu identifizieren, die die Zielgruppen für die im Rahmen der Marktstrategie erarbeiteten strategischen Geschäftsfelder darstellen. Dabei spielt die Beschreibung der Kunden, d. h. die Erstellung von Kundenprofilen sowie die Kenntnis der Kundenanforderungen an die Leistungen der Unternehmen, eine entscheidende

Rolle. Die Darstellung in Anforderungsprofilen ermöglicht eine gute Übersicht über die für die verschiedenen Kundensegmente wichtigen Kriterien.

Des Weiteren muss man seine Wettbewerber möglichst gut kennen. Nur wenn Stärken und Schwächen der Konkurrenten bekannt und analysiert sind, lassen sich Chancen und Risiken im Markt realistisch einschätzen.

Neben der Kenntnis der tatsächlichen Stärken und Schwächen der Wettbewerber z.B. in puncto Strategie, Produktangebot, Preisstrategie und Kostensituation ist vor allem die von den Kunden wahrgenommene Leistung relevanter Wettbewerber bedeutend. Im Rahmen einer Marktuntersuchung können in Kundengesprächen Informationen zu den Leistungen der Marktteilnehmer hinsichtlich ausgewählter Kriterien erhoben werden. Daraus lassen sich Stärken-/Schwächen-Profile ableiten.

Für die Ermittlung von Wettbewerbsvorteilen spielt neben der absoluten Leistungsbewertung aus Kundensicht vor allem die relative Leistung des Unternehmens im Vergleich zu den wichtigsten Wettbewerbern eine entscheidende Rolle. Eine gute Darstellungsmöglichkeit bietet die Wettbewerbsvorteilsmatrix. Sie kombiniert die relative Wichtigkeit der Kundenanforderungen und die relative Leistung des eigenen Unternehmens im Markt.

Auf der vertikalen Achse ist die relative Wichtigkeit abgetragen, in der oberen Hälfte der Matrix finden sich damit die für die Kunden wichtigsten Kriterien wieder. Auf der horizontalen Achse ist die Leistung des eigenen Unternehmens relativ zum jeweils besten Wettbewerber abgetragen. Rechts der Mittellinie liegen damit Kriterien, in denen das eigene Unternehmen besser als jeder andere Wettbewerber ist, Punkte links der Linie weisen auf eine unterlegene Leistung gegenüber mindestens einem Wettbewerber hin.

Durch die kombinierte Betrachtung von Wichtigkeit und Leistung werden strategische Wettbewerbsvorteile (im rechten oberen Quadranten) und Wettbewerbsnachteile (im linken oberen Quadranten) klar ersichtlich. Bei Punkten, die im unteren rechten Quadranten liegen, kann man sogar von einer zu guten Leistung sprechen (Over-Engineering), da diese von Kunden aufgrund der geringen Wichtigkeit nicht geschätzt wird.

In Abbildung 23 handelt es sich um die Darstellung der Wettbewerbsvorteilsmatrix für Unternehmen, die als »Hidden Champions« gelten. Diese bieten typischerweise bei Kriterien, die aus Kundensicht besonders

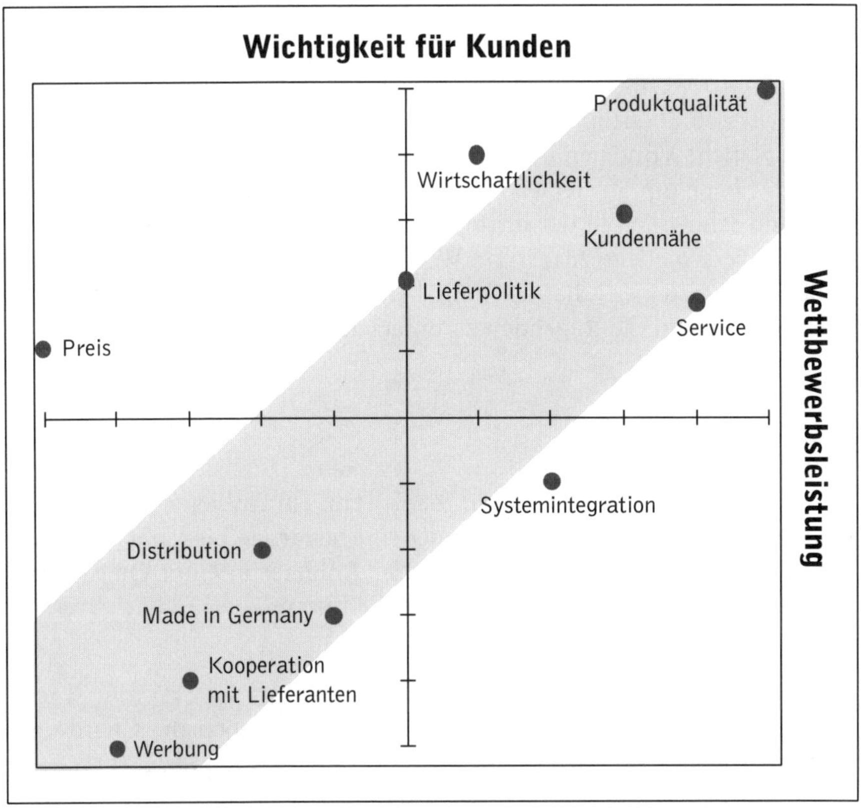

Abbildung 23: Wettbewerbsvorteilsmatrix für die »Hidden Champions«

wichtig sind, eine dem Wettbewerb überlegene Leistung an. Eine Ausnahme bildet hierbei lediglich der Preis. Für solche Kriterien, die in der Kundenwahrnehmung weniger wichtig oder sogar unbedeutend sind, erzielen sie demgegenüber nur durchschnittliche Leistungen. Sie passen ihre Produkte optimal den Kundenbedürfnissen an. Dies ist letztlich die Quelle des Erfolgs der Hidden Champions.

Ein Fehler wäre es, eine Position in allen Aspekten im oberen rechten Quadranten anzustreben. Die Durchsetzung von Wettbewerbsvorteilen erfordert eine Konzentration auf die Kernaspekte, mehr als drei bis fünf strategische Wettbewerbsvorteile sind nicht realistisch. Der Versuch, dies durchzusetzen, würde zu einer mittelmäßigen Leistung in allen Kriterien führen.

Bei der Selektion der strategischen Wettbewerbsvorteile spielt die verfolgte Strategie eine dominierende Rolle.

Die Wettbewerbsstrategien lassen sich auf drei Ebenen untergliedern. Auf der ersten Ebene handelt es sich um eher generelle Strategien, die das grundsätzliche Vorgehen bei der Markterschließung beschreiben, bei der zweiten Ebene um Strategien im Zusammenhang mit der Marktbearbeitung und schließlich in der dritten Ebene um Wettbewerbsvorteilsstrategien, die verschiedene Arten von Wettbewerbsvorteilen berücksichtigen.

Bei den Strategien, die das Vorgehen im Rahmen des Markteintritts beschreiben, sind die folgenden zu unterscheiden:

Pionierstrategie

Von einer Pionierstrategie spricht man, wenn ein Anbieter als Erster ein völlig neuartiges Produktkonzept oder eine neuartige Leistung am Markt anbietet. In diesem Fall befindet sich der Anbieter in einer Quasimonopolstellung, die ihm die folgenden Vorteile bietet:

- kein direkter Konkurrenzeinfluss am Anfang,
- preispolitische Spielräume,
- Vorsprung auf der Erfahrungskurve und damit auch die Chance auf langfristige Kostenvorteile,
- Aufbau von Markt-Know-how,
- Imagevorteil,
- Aufbau von Kundenkontakten.

Jedoch dürfen die Nachteile, wie die Ungewissheit über die weitere Marktentwicklung, die hohen Markterschließungskosten, hohe F&E-Aufwendungen und nicht zuletzt die Überzeugungsarbeit beim Kunden, nicht vernachlässigt werden.

Folger-Strategie

Ziel der Folger-Strategie ist es, an den Marktchancen eines mittlerweile weitestgehend entwickelten Wachstumsmarktes zu partizipieren. Tritt das Unternehmen bereits recht bald nach dem Pionier in den Markt, spricht man von »frühen Folgern«, die den Vorteil haben, dass es bereits einen ersten Überblick über die Marktentwicklung gibt, jedoch noch keine klaren Marktregeln existieren, sodass über einen strategischen Wettbewerbsvorteil ein eigener Standard etabliert werden kann. Treten Unternehmen erst als »späte Folger« in den Markt ein, bestehen grundsätzlich zwei Optionen:

1. Me-too-Strategie:
   Bei der Imitationsstrategie wird versucht, durch Kosteneinsparungen zum Beispiel im F&E-Bereich, Zukauf von Know-how und Standardisierung eine langfristig günstige Kostenposition zu erreichen, um durch einen bewusst niedrigen Preis einen hohen Marktanteil zu erreichen. Problematisch sind bei diesem Ansatz Aspekte wie das Aufbrechen langfristiger Kundenbeziehungen (siehe Angriffsstrategie) und Imagenachteile.
2. Nischenstrategie:
   Die Alternative zur Imitationsstrategie ist die Nischenstrategie. Hier versuchen spät eintretende Unternehmen, über die Schaffung von neuen Wettbewerbsvorteilen ausgewählte Marktsegmente (Nischen) anzusprechen.

Zur Unterstützung dieser Strategien bieten sich die folgenden Optionen für die Marktbearbeitung an:

Verteidigungsstrategie

Ein bereits im Markt etablierter Anbieter muss jederzeit mit einem Angriff von neuen Anbietern rechnen, die entweder hinsichtlich des gleichen Wettbewerbsvorteils versuchen zu konkurrieren oder einen anderen Wettbewerbsvorteil in den Vordergrund stellen. Dem etablierten Anbieter bleiben schließlich zwei Optionen: Einerseits kann er versuchen, den Abstand zur Konkurrenz bei dem gegebenen Wettbewerbsvorteil durch permanente Weiterentwicklung mindestens konstant zu halten. Hierbei muss jedoch die Gefahr einer Sättigung hinsichtlich des ausgewählten Aspektes berücksichtigt werden, die die weitere Verbesserung schwieriger und teurer macht. Wettbewerbsvorteile sind nur bedingt verteidigungsfähig und müssen hinsichtlich Bedeutung und Ausprägung ständig überprüft werden. Andererseits kann der Anbieter versuchen, einen Wettbewerbsvorteil in einem neuen Leistungskriterium aufzubauen, das noch Potenzial zur Differenzierung bietet. Beispielhaft kann hier die deutsche Investitionsgüterindustrie genannt werden, die im Hinblick auf Qualität sicherlich schon sehr dicht an der Sättigungsgrenze ist. Hier wird zunehmend auf neue Wettbewerbsvorteile wie Beratung oder Systemangebot gesetzt.

Angriffsstrategie

Gerade bei der Angriffsstrategie spielen Wettbewerbsvorteile eine wichtige Rolle, denn der bereits im Markt etablierte Anbieter hat sich schon eine gute Position bei den Kunden erarbeitet. Zudem muss berücksichtigt werden, dass Kunden eher träge und zurückhaltend sind, wenn es darum geht, einen Anbieter zu wechseln. Es muss also ein guter Grund geboten werden, damit die Kunden zum Wechseln bewegt werden. Es empfiehlt sich also, mit einem klaren Leistungsvorteil in einem bisher vernachlässigten Aspekt oder einem – durch eine günstige Kostenposition gesicherten – Preisvorteil anzugreifen. Eine reine Imitation der Wettbewerber hinsichtlich der Leistung wird in keinem Fall zum Erfolg führen. Jedoch sollte darauf geachtet werden, dass die Wettbewerbsvorteile der bestehenden Wettbewerber zumindest teilweise neutralisiert werden, denn bestehen in diesen Aspekten deutliche Nachteile, wird der Angriffsversuch scheitern.

Hinsichtlich der Art des Wettbewerbsvorteils ergeben sich verschiedene Strategien. Dabei kann man von zwei Kernstrategien sprechen, die die generelle Richtung vorgeben.

1. Kostenführerstrategie:
   Eine erfolgreiche Wettbewerbsstrategie ist das Angebot einer mit dem Wettbewerb vergleichbaren Leistung zu geringen Kosten. Die geringen Kosten können durch Economies of Scales, Produktionseffizienz oder Lernkurveneffekte realisiert werden. In jedem Fall ist es entscheidend, dass eine langfristig günstige Kostenposition erarbeitet wird, um diesen Wettbewerbsvorteil nutzen zu können.
2. Differenzierungsstrategie:
   Im Rahmen dieser Strategie wird versucht, in den für den Kunden wichtigen Aspekten herausragende Qualität und innovative Ansätze anzubieten. Dabei ist es wichtig, dass diese Aspekte andere sind als diejenigen, auf die sich der Wettbewerb konzentriert. Im Gegensatz zur Kostenführerstrategie gibt es eine Vielzahl von erfolgreichen Differenzierungsstrategien, abhängig von dem im Vordergrund stehenden Aspekt. Einer der wesentlichen Aspekte bei der Differenzierung ist sicherlich das Angebot qualitativ hochwertiger Produkte

(Qualitätsführerschaft). Daneben bieten sich als Differenzierungskriterien Zuverlässigkeit, Marke, Kommunikation, Service oder Distribution an.

Aus dem Zusammenspiel zwischen Kostenführerschaft und Qualitätsführerschaft lässt sich eine Reihe von möglichen Wettbewerbsstrategien ableiten, die in Abbildung 24 dargestellt sind.

Wettbewerbsvorteil »besser«

	teurer	gleicher Preis	billiger
besser	1 Qualitätsmanagement-Strategie	2 Preis/ Leistungsstrategie auf Leistungsbasis	3 Weltmeisterstrategie
gleich gut	4 Problemstrategie: Prinzip Hoffnung	5 Pattstrategie	6 Preis/ Leistungsstrategie auf Preisbasis
schlechter	7 Verliererstrategie	8 Problemstrategie: Prinzip Hoffnung	9 Billiger-Jakob-Strategie

Wettbewerbsvorteil »billiger«

Abbildung 24: Matrix möglicher Wettbewerbsvorteile

Langfristig können nur Unternehmen mit den Strategien 1, 2, 3, 6 und 9 zum Erfolg führen. Die Strategien 4, 5, 7 und 8 erfordern die Schaffung von neuen Wettbewerbsvorteilen, um im Markt erfolgreich zu operieren.

Welche internen Voraussetzungen müssen geschaffen werden, um in den Geschäftsfeldern erfolgreich zu sein?

Als drittes Element des strategischen Dreiecks gilt es, das eigene Unternehmen einer näheren Untersuchung zu unterziehen. Dabei geht es vor allem darum, im Hinblick auf die zu bearbeitenden Märkte und ausgewählten Wettbewerbsstrategien zu überprüfen, welche Fähigkeiten und Kompetenzen intern bereits bestehen und welche zur Erreichung und

Absicherung der strategischen Wettbewerbsvorteile ausgebaut oder sogar neu erarbeitet werden müssen.

Die Notwendigkeit dieser internen Betrachtung im Zusammenhang mit der Wettbewerbsstrategie lässt sich an einem einfachen Beispiel verdeutlichen. Nehmen wir an, Sie sind der weltbeste Hersteller von Dampfmaschinen. Leider sind Sie am Markt überhaupt nicht erfolgreich, weil diese Technologie völlig veraltet ist und Ihnen der Wettbewerb in dieser Hinsicht um Längen voraus ist. Sie stellen nun fest, dass die Raumfahrt eine zukunftsträchtige Branche mit unglaublichen Wachstumsraten ist. Sie beschließen, sich in Zukunft auf diese Industrie zu konzentrieren. Nur leider sind Sie auch hier nicht erfolgreich, weil Ihre internen Kompetenzen und die gesamte Organisation nicht auf diese Herausforderung zugeschnitten sind. Das bedeutet: Wenn Sie hier erfolgreich sein wollen, müssen Sie intern Fähigkeiten aufbauen oder sogar zukaufen, um wettbewerbsfähig zu werden.

Ähnlich wie die Wettbewerbsvorteilsmatrix stellt die Kompetenzmatrix die Bedeutung ausgewählter interner Fähigkeiten sowie deren relatives Leistungsniveau dar. Damit bietet sie eine gute Übersicht und Grundlage, wenn es darum geht, strategische Entscheidungen für die Zukunft zu treffen.

Umsetzung

Im Rahmen der Darstellung des Konzeptes der Wettbewerbsstrategien ist deutlich geworden, dass eine detaillierte Informations- und Datenbasis eine der wesentlichsten Grundlagen für die Ermittlung von Wettbewerbsvorteilen und die Ableitung von Wettbewerbsstrategien ist.

Bevor also Anstrengungen unternommen werden, die geeignete Wettbewerbsstrategie für ein Geschäftsfeld festzulegen, muss sichergestellt sein, dass alle notwendigen Informationen vorliegen. Zunächst einmal gilt es herauszufinden, welche Informationen bereits intern vorhanden sind. Gerade bei international tätigen Unternehmen fehlt häufig eine Übersicht der verfügbaren Informationen. Idealerweise sollte eine zentrale Stelle eingerichtet werden, die sämtliche Markt- und Wettbewerbsinformationen sammelt, auswertet und zur Verfügung stellt. Daneben bietet gerade das Internet im Zusammenhang mit der Konkurrenzanalyse eine Vielzahl von Möglichkeiten zur Informations- und Datenbeschaffung. Neben Tests von Konkurrenzprodukten und -angeboten,

Personalaustausch und strategischen Allianzen sind vor allem Lieferanten und Kunden wertvolle Quellen bei der Informationsbeschaffung.

Zur Ermittlung der Kundenanforderungen sowie der Analyse der Wettbewerbsposition aus Kundensicht empfiehlt es sich, eine Marktstudie in den relevanten Geschäftsfeldern durchzuführen. In Gesprächen mit ausgewählten Kunden und Nichtkunden sollten präzise Kundenanforderungen erhoben sowie die verschiedenen Anbieter aus Kundensicht bewertet werden. Denn letztlich ist für den Markterfolg die subjektive Wahrnehmung durch den Kunden und nicht die technisch-objektive Analyse eines Produktes entscheidend. Welche Wettbewerber in der Analyse berücksichtigt werden sollten, ist von Markt zu Markt unterschiedlich. Grundsätzlich sollte man die größeren Konkurrenten, die heute bereits im Markt aktiv sind, sowie potenzielle künftige Wettbewerber berücksichtigen. Auf Basis dieser Kundeninformationen können dann, wie bereits gezeigt, Anforderungsprofile und Wettbewerbsvorteilsmatrizen erstellt werden.

Parallel zu der Marktuntersuchung sollte auch eine interne Untersuchung im Unternehmen durchgeführt werden, um die Fähigkeiten und Kompetenzen im Hinblick auf das relevante Geschäftsfeld zu ermitteln. Erst wenn die drei Eckpunkte des strategischen Dreiecks »Unternehmen – Kunden – Wettbewerb« bekannt sind, können Aussagen zu bestehenden und aufzubauenden Wettbewerbsvorteilen sowie der damit verbundenen Wettbewerbsstrategie getroffen werden.

Supply Chain Management

Mit der wachsenden Verzahnung arbeitsteiliger Wertschöpfungsprozesse über die Grenzen eines einzelnen Unternehmens hinaus (Unternehmensvernetzung) und bedingt durch die immer weiter voranschreitende Internationalisierung bzw. Globalisierung der Absatz- und Beschaffungsmärkte hat die Bedeutung der Logistik in den vergangenen Jahren signifikant zugenommen. Damit verbunden setzt sich zunehmend die Erkenntnis durch, dass es notwendig ist, Material- und Informationsströme über die Schnittstellen des eigenen Unternehmens umfassend und effizient zu managen. Hierin sind die Ursachen der wachsenden Popularität des Supply-Chain-Management-Konzeptes zu sehen. Neben dem engeren und ursprünglichen Bedeutungskontext der Logistik erfährt der Begriff Supply Chain Management (SCM) in jüngerer Zeit ebenfalls eine starke Prägung durch die Informationstechnologie, mit deren Softwarewerkzeugen eine computerunterstützte Planung und Steuerung der unternehmensübergreifenden Prozesse realisiert werden soll.

Definition und Zielsetzung

Die ersten Ansätze zur Optimierung materialflussbezogener Planungs- und Steuerungsprobleme verfolgten stark bereichsbezogene Lösungen. Durch die Aufteilung der Verantwortung für die Segmente der Logistikkette kam es zu einer isolierten Optimierung etwa der Beschaffungslogistik und der Distributionslogistik. Genau an diesem Schwachpunkt sucht das Supply-Chain-Management-Konzept anzusetzen.

Unter *Supply Chain Management* kann die integrierte Planung, Simulation, Optimierung und Steuerung der Waren-, Informations- und Geldflüsse entlang der gesamten Wertschöpfungskette vom Rohstofflieferanten bis zum Endkunden verstanden werden. SCM ist damit explizit nicht auf den Kontext nur eines einzelnen Unternehmens beschränkt.

Die Definition verdeutlicht die Tragweite dessen, was durch den Begriff erfasst werden soll. SCM hat demnach sowohl *strategische* als auch unmittelbar *operative* Implikationen und betrifft Informations-, Güter- und Finanzströme in und zwischen Unternehmen.

Prozesse werden im SCM nicht wie bislang durch die Unternehmensgrenzen determiniert, sondern ausschließlich anhand sachlogischer Kriterien geplant und gestaltet.

Die *strategische* Ebene fokussiert dabei auf Fragen der langfristigen Gestaltung von Wertschöpfungsnetzen, d.h. der grundsätzlichen Infrastrukturplanung (z.B. Standorte oder Kapazitäten) und des Layouts der Logistikstrukturen und -prinzipien (z.B. Just-in-time-Belieferung, Kanban-Steuerung).

Operative Entscheidungsbereiche betreffen vorrangig die kurzfristige Abwicklung der Leistungsprozesse im Unternehmen und die Auswahl der daran beteiligten Beschaffungs- und Absatzpartner. Konkret sind dies Produktionsentscheidungen oder Entscheidungen über Bestände und Transportmaßnahmen.

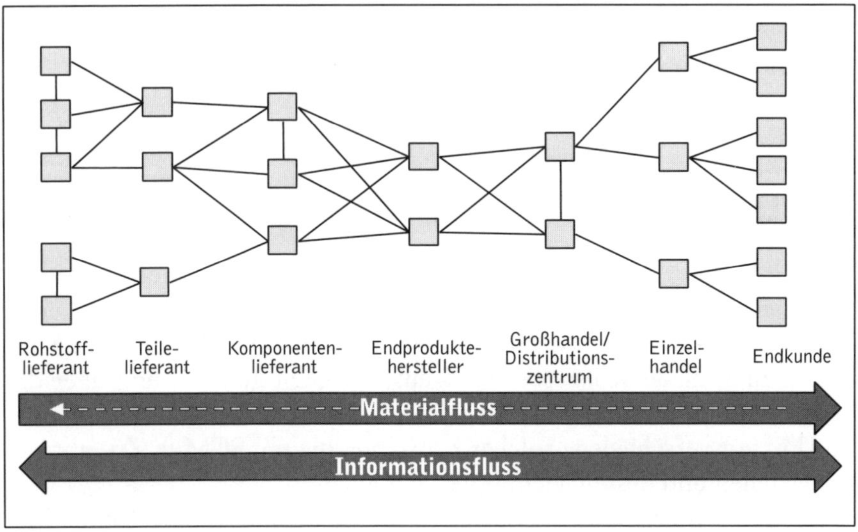

Abbildung 25: Das Supply Network

Ihren Innovationscharakter erlangen die Überlegungen zum Supply Chain Management aus den jüngsten Entwicklungen der Informationstechnologie (IT). Sie schafft durch ihre enormen Kapazitätssprünge die Gestaltungsfreiräume, die aufseiten der Aufbau- und Ablauforganisation für die interorganisationale Optimierung zu nutzen sind. Gegenstand dieser Optimierung sind Prozesse und die sie determinierenden Strukturen. Die Nähe des Supply Chain Management zu allen Konzepten der Prozessoptimierung ist daher zwangsläufig. Die Bezeichnung »Chain« betont jedoch die Ausrichtung über Unternehmensgrenzen hinweg. Die Darstellung der Entscheidungsebenen und deren Felder zeigt gleichwohl, dass SCM nicht nur eine Reihe verketteter Unternehmen betrifft. Vielmehr steht ein komplexes Netzwerk heterogener Unternehmen und Unternehmensteilbereiche im Mittelpunkt, sodass man richtigerweise von einem Supply Network sprechen müsste.

Die IT schafft in diesem Netz die Infrastruktur für den intensiven Informationsaustausch. Statt wie bisher jegliche Informationen in einem Auftrag zu aggregieren, erweitert sich das Spektrum der auszutauschenden Informationen, womit in Zukunft signifikante Verbesserungen in den folgenden Dimensionen erzielt werden sollen:

- Reduzierung der Lagerbestände und -kosten,
- Reduzierung von Durchlaufzeiten,
- Steigerung der Flexibilität,
- Reduzierung von Transportkosten.

Darstellung

Die mit Supply Chain Management verbundenen konzeptionellen Ideen und Ziele sind keineswegs einzigartig und nur durch SCM zu realisieren. Vielmehr bildet das SCM einen integrierenden Rahmen, der durch die Verbindung dieser Konzepte an Eigenständigkeit gewinnt und über das Optimierungspotenzial von Einzelmaßnahmen hinausgeht. Abbildung 26 skizziert verschiedene solcher Konzepte, die mit SCM in Zusammenhang stehen und dessen Vielfalt verdeutlichen.

So einleuchtend und überzeugend die Idee eines Supply Chain Management ist, so komplex stellt sich seine Realisierung dar. Für die strategischen und operativen Dimensionen des SCM wurden daher verschie-

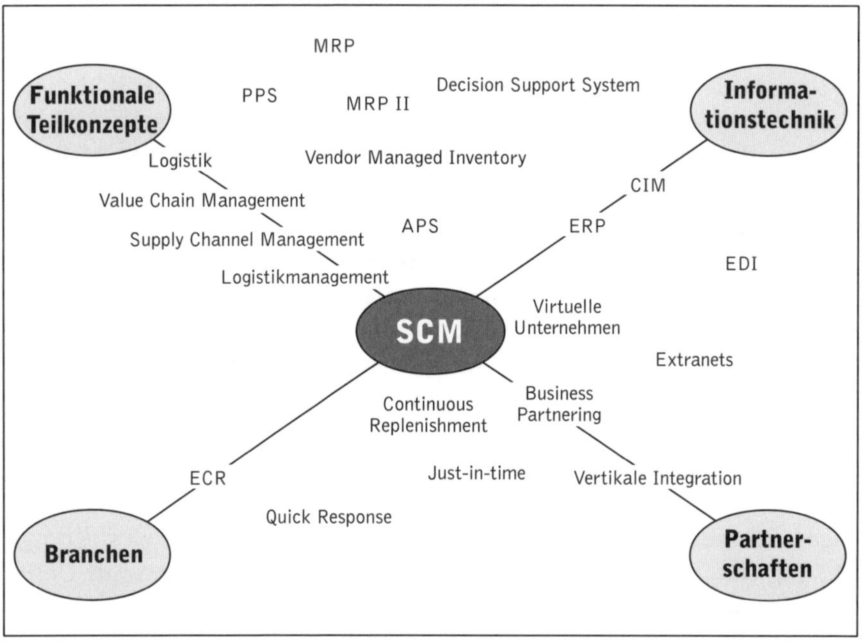

Abbildung 26: Konzepte im Umfeld des Supply Chain Management

dene Instrumente entwickelt, die den Prozess eines erfolgreichen Prozesskettenmanagements unterstützen. Für die Schritte von der Dokumentation des Ist-Zustands über die Formulierung des zukünftigen Solls bis hin zur Festlegung der einzelnen Optimierungsmaßnahmen und der Kontrolle des Projektergebnisses werden im Folgenden vier Aspekte vorgestellt:

- Prozessmodellierungssprachen,
- Referenzmodelle,
- Controllingtools,
- IT-Systeme.

Eine Orientierung an den Prozessen in und zwischen Unternehmen stellt bereits die erste zentrale Hürde dar. Fatal wäre es, Prozesse wieder entsprechend der klassischen Funktionsgrenzen (z. B. Beschaffung – Produktion – Absatz) voneinander zu trennen. Funktionsbereichsgrenzen sind keine zwingenden Grenzen für Prozesse. Umgekehrt dürfen Prozesse auch nicht überlang und damit zu komplex werden.

Als Instrument zur Abbildung des Ist-Zustands bzw. zur Modellierung von künftigen Leistungsprozessen steht eine Reihe von IT-unterstützten *Prozessmodellierungssprachen* zur Verfügung. Ihr Einsatz bildet das Fundament des SCM, da sie eine Reihe wichtiger Aufgaben erfüllen. Sie sind zuallererst Kommunikationsmedium zwischen den am SCM Beteiligten. Da dies definitionsgemäß Parteien aus verschiedenen Unternehmen sind, ist es wichtig, auf eine standardisierte und einfache Sprache zurückzugreifen. Die Auswahl einer solchen Sprache richtet sich darüber hinaus nach den Elementen eines Prozesses, die erfasst werden sollen. Dies können die Leistungsfunktionen in einem Prozess sein, aber auch die Daten oder die jeweils beteiligten Leistungseinheiten. Eine verbreitete Darstellungsform verschiedener Sichten auf einen Prozess ist die so genannte Ereignisgesteuerte Prozesskette (EPK), die je nach Verwendungszweck um Darstellungselemente, z. B. Organisationseinheiten, erweitert werden kann. Sie ist daher nicht nur für Zwecke der Anwendungssystementwicklung einsetzbar, sondern auch für das Business Process Reengineering. Ereignisgesteuerte Prozessketten bilden die Prozesse in Unternehmensnetzen durch eine Abfolge von Ereignissen und der durch sie induzierten Funktionen ab. Sie nehmen auf diese Weise die Forderung des SCM auf, Prozessreaktionen durch das aktuelle Geschehen zu bestimmen und nicht – wie in der Vergangenheit üblich – durch fixierte Planungs- und Durchführungszyklen die Flexibilität zu mindern.

SCM umfasst ein weites Spektrum des Prozessmanagements. Das Feld reicht von der Optimierung innerhalb bestehender Strukturen bis hin zum völligen Neuentwurf. Gerade für einen solchen Neuentwurf stellen so genannte *Referenzmodelle* eine wichtige Hilfestellung dar. Es handelt sich dabei um Zusammenstellungen möglicher Prozessabläufe, die als Vorbild und Grundlage eines Soll-Prozesses dienen können. Prozessreferenzmodelle bilden die für eine Branche üblichen Leistungsprozesse und die darin erfassten Funktionen ab. Auf diese Weise stellt ihre Verwendung sicher, dass die relevanten Aspekte erfasst und das branchenübliche Vokabular verwendet werden. Gerade Letzteres stellt eine Grundvoraussetzung für die Akzeptanz von Modellierungsergebnissen als Grundlage aller weiteren Schritte des SCM dar.

Sowohl die Analyse des Ist-Zustands als auch die Bewertung der Konsequenzen, die die Implementierung eines Soll-Konzepts nach sich zieht, bedürfen des Einsatzes von *Kennzahlen* als einem zentralen Instrument des Controlling. Keine Schwachstellenanalyse, keine Simulation von Entscheidungen und auch keine operative Steuerung einer Prozessstruktur kann ohne den Einsatz von Kennzahlen erfolgen. Bei der Kennzahlenentwicklung im Supply Chain Controlling ist eine sinnvolle Zusammenstellung solcher Kennzahlen vorzunehmen, deren Informationsgehalt gerade die schnittstellenübergreifenden Aspekte und Wechselwirkungen von Entscheidungen in anderen Bereichen betrifft. Die Kennzahlenanalyse bildet die Grundlage sowohl für strategische SCM-Entscheidungen wie beispielsweise die Festlegung einer Standortstruktur und die langfristige Kapazitätsdimensionierung als auch für die mittel- und kurzfristige operative Kontrolle. Mit der Auswahl eines Lieferanten, der Festlegung von Bestellmengen und Produktionsplänen, der Auswahl von Produktionsstandorten sowie Distributionsmengen und -kanälen müssen die gesamte Leistungserstellung eines Unternehmens und die daran beteiligten externen Partner im Supply Chain Controlling erfasst werden.

Die Steuerung der operativen Prozesse erfordert zwingend die Einbindung der Informationstechnologie als einem zentralen Instrument für SCM. Die oben zusammengefassten Entscheidungsbereiche werden traditionell mittels der so genannten Enterprise-Resource-Planning (ERP)-Systeme abgewickelt. Dies sind integrierte Pakete von Softwareanwendungen, deren Applikationen auf einem zentralen Datenbestand den Anwendern gemeinsam zur Verfügung stehen. Ihrer Planungskonzeption liegt zumeist das MRP II-System zugrunde, das allerdings wesentliche Forderungen des SCM ignoriert. Dies betrifft vor allem die Flexibilität der Planung, die durch Komplexitätsreduktion deutlich eingeschränkt wird. So bilden aggregierte Produktionspläne den Ausgangspunkt für eine Detaillierung, innerhalb derer die Interdependenzen zwischen den eingesetzten Ressourcen keine Berücksichtigung finden. Der streng hierarchische Planungsaufbau hat zur Folge, dass Änderungen einen kompletten Neuentwurf eines Planes erfordern. Die Dauer eines solchen Planungslaufs führt zu einer Abwicklung im Rahmen einer Stapelverarbeitung. Die von SCM geforderte Ereignisorientierung für alle Prozesse der Leistungserstellung lässt sich so nicht realisieren. Des Weiteren arbeiten ERP-Systeme im Allgemeinen mit Durchschnittswerten für Durchlaufzeiten aus der Vergangenheit. Durchlaufzeiten sind jedoch ein Planungsergebnis, nicht ein Planungs-Input. Ignoriert man diesen Aspekt in der Planungskonzeption, sind zuverlässige Informationen für den Kunden unmöglich.

Um diese Defizite zu überwinden, wurden in der jüngsten Vergangenheit so genannte Advanced-Planning-Systems (APS) entwickelt, die die Anforderungen der Supply-Chain-Management-Konzeption aufnehmen und sie somit operativ zugänglich machen. AP-Systeme unterstützen auf der Grundlage der Daten der ERP-Systeme den Anwender in der Definition von Prozessen und ihres unternehmensübergreifenden operativen Betriebs. Sie ergänzen so die ERP-Systeme. Während das eigentliche Transaktionsmanagement bei den ERP-Systemen (z.B. SAP R/3) verbleibt, werden die komplexen Planungen an das AP-System delegiert. In ihnen werden Absatz-, Kapazitäts- und Beschaffungsanforderungen simultan und engpassorientiert berücksichtigt. Wechselwirkungen werden erfasst und Ressourcenkonflikte, die in der Vergangenheit manuell aufgelöst werden mussten, entsprechend des Gesamtoptimums entschieden. Das kann so weit gehen, dass alternative Beschaffungsquellen, Ressourcen und Materialien in den Planungsprozess integriert werden. Beispiele hierfür sind die Nutzung von Mietkapazitäten für die Produktion bzw. den Transport oder höherwertige Substanzen in der Produktion von Prozessindustrien als Ergebnis des Planungsprozesses. Da dieser Prozess nicht mehr in Form einer Stapelverarbeitung abläuft, können nun Liefertermine dem Kunden entsprechend der tatsächlichen Lieferfähigkeit genannt werden statt wie bislang auf der Grundlage von Durchschnittswerten der Vergangenheit. Diese »Available to Promise (ATP)«-Funktionalität ist ein zentraler Faktor zur Steigerung der Kundenzufriedenheit. Auch dadurch wird der Integration von Unternehmen in ein Netz von Beschaffungs- und Lieferprozessen in der Lieferkette Rechnung getragen. Insofern entsprechen APS-Lösungen eher den konzeptionellen Grundforderungen des SCM.

Die hier skizzierten aufeinander aufbauenden Instrumente des Supply Chain Management sind durch ein kontinuierliches »Projektmanagement« miteinander zu verknüpfen. Der scheinbare Widerspruch des kontinuierlichen und eines Projektmanagements löst sich vor dem Hintergrund auf, dass Maßnahmen der Anpassung von Prozessketten Gegenstand eines Projekts sind, SCM gleichwohl eine Denkhaltung impliziert, die sich in allen Entscheidungen täglichen Handelns manifestieren muss. Werden die Zielsetzungen des SCM unternehmensübergreifend definiert, so muss dies natürlich auch für die organisatorische Verankerung gelten.

Umsetzung

Auch wenn die Grundidee einer integrierten Betrachtung von betrieblichen Abläufen über Bereichs- und Unternehmensgrenzen hinweg große

Potenziale birgt, ist ihre Umsetzung in der betrieblichen Praxis keineswegs bereits sehr weit vorangeschritten. Drei Phasen lassen sich unterscheiden, will man den Entwicklungsstand von SCM in den Unternehmen klassifizieren.

Die erste Phase in einer solchen Einteilung ist geprägt durch ein isoliertes Verhalten aller Entscheidungsträger in Unternehmensnetzwerken. Mit Isolation kann natürlich nicht der völlige Verzicht auf Kommunikation verstanden werden, jedoch ist eine Beschränkung auf Aufträge als einziger Information – seien sie intern oder extern – nicht geeignet, den jeweiligen Auftragnehmer in die Lage zu versetzen, auf geänderte Marktanforderungen schnell zu reagieren. Die Konsequenz für die Zielkategorien sind überhöhte Lagerbestände, hohe Durchlaufzeiten und geringe Flexibilität auf Kundenwünsche. Viele Branchen und Unternehmen sind über diesen ersten Status bislang nicht hinausgekommen.

Einige Unternehmen sind in der Zwischenzeit in eine zweite SCM-Phase eingetreten. Angestoßen durch Erfolgsmeldungen von Pionieren oder durch eigene interne Probleme im Bereich des Bestandsmanagements und der Lieferflexibilität sind diese Unternehmen zunehmend damit beschäftigt, den internen Fokus des Handelns zu überwinden. In Abhängigkeit von den Möglichkeiten, den Unternehmen mit unmittelbaren Lieferbeziehungen eigene Ziele zu diktieren, werden Aufgaben delegiert und Lagerbestände auf Partner abgewälzt, die in der Supply Chain vorgelagert sind. Zwar werden auf diese Weise interorganisationale Aspekte tangiert, den Anforderungen des Supply Chain Management wird man durch solches Handeln jedoch nicht gerecht. Insbesondere einige große Handelsorganisationen sind in der Vergangenheit dadurch aufgefallen, einseitig die eigenen Anforderungen und Vorgaben an materialfluss- und finanzflussbezogene Standardisierungen mit aller Macht in die Supply Chains hineinzudiktieren. Eine solche machtabhängige Aufgabenteilung – und damit einseitige Vereinnahmung der erschlossenen Kostensenkungspotenziale – folgt noch nicht dem Ziel, das Gesamtoptimum einer Supply Chain zu finden.

Dies ist erst in der dritten Phase der Fall, die zurzeit für fast alle Unternehmen noch ein Zukunftsszenario darstellt. Auf der Grundlage eines umfassenden Informationsaustauschs und globaler Zielsetzungen, denen die Formulierung kompatibler Bereichsziele folgt, wird eine kompetenzbasierende Arbeitsteilung angestrebt. Das gesamte Logistikkonzept ist konzeptionell und strukturell optimiert; so werden z. B. Güterbestände nur an den Stellen im Logistiknetz vorgehalten, an denen sie ihre Funktion des Sicherstellens eines Lieferservices kostenoptimal erfüllen können. Informationsaustausch findet unternehmensübergreifend mit vereinheitlichten Systemen und in höchstem Maße automatisiert statt.

Warum befinden sich nur so wenige Unternehmen in der dritten Phase, wenn diese doch so große Potenziale verspricht? Die Gründe variieren je nach Einzelfall, einzelne Gruppen von Problemen sind jedoch weit verbreitet.

Basis jeder Entscheidung im Supply Chain Management ist ein problemadäquates *Controlling-Instrumentarium.* Die vorhandenen Kennzahlensysteme bzw. Kosten- und Leistungsrechnungen sind hierfür kaum geeignet. Um die Leistungsprozesse möglichst effizient zu strukturieren, müssen entsprechende Prozesskosten- und -leistungsrechnungen vorliegen. Darüber hinaus sind diese Instrumente unternehmensübergreifend zu standardisieren. Uneinheitliche Nummernsysteme an verschiedenen Standorten für einheitliche Artikel oder auch Fehleingaben im Zuge manueller Datenerfassung sorgen dafür, dass die Grundlage des SCM oftmals fehlt. Damit ist auch der erfolgreiche Einsatz der Advanced-Planning-Systeme unmöglich bzw. deren Planungsergebnisse zweifelhaft. Für eine verlässliche Datengrundlage und Fortschritte im Controlling investieren Unternehmen weiterhin in integrierte ERP-Systeme. Erst nach Abschluss solcher Projekte kann man sich intensiv dem SCM zuwenden. Der gleichzeitige Aufbau der IT-Grundlagen und eine völlige Neuausrichtung der ablauforganisatorischen Gegebenheiten sind in kaum einem Unternehmen denkbar, ohne die Organisationsstruktur und deren Mitglieder zu überfordern.

Die skizzierte Problematik, die ihre Wurzeln im Controlling hat, wird von Problemen auf der Ebene der handelnden Akteure ergänzt. So ist ein plötzlicher Übergang von einem konkurrenzorientierten zu einem vertrauensvollen kooperativen Handeln nicht zu erwarten, wenn bisher völlig andere individuelle Anreizsysteme und Machtüberlegungen im Vordergrund standen. Die Konsequenzen einer Änderung des Anreizsystems reichen bis in aufbauorganisatorische Fragestellungen hinein. Beispielsweise führt die Integration von logistischen Zielen in Fragen des Einkaufs zur Bildung von multifunktionalen Einkaufsteams, die die Position des ursprünglichen Einkaufsleiters unmittelbar tangieren. Damit ergibt sich als zentrales Erfolgskriterium für eine erfolgreiche Umsetzung die Einbindung der obersten Managementebene. Ihr kommt die Aufgabe zu, Interessenkonflikte, die sich aus tiefgreifenden Änderungen ergeben, aufzulösen. Dass für Interessengegensätze zwischen dem Topmanagement verschiedener Unternehmen eine solche Instanz nicht existiert, erklärt die oftmals zögerliche Umsetzung einer umfangreichen Kooperation im Rahmen des SCM.

Auch die Vielfalt der Optimierungsansätze und Implementierungsinstrumente, die mit SCM in Verbindung stehen, kann zu Fokussierungsproblemen und damit zur Ressourcenverschwendung führen. In Abhängigkeit von den spezifischen Problemen eines Unternehmensnetzes sind diese Ansätze zu priorisieren und zu implementieren. Im Umkehrschluss heißt dies jedoch auch, dass es *das* Supply Chain Management nicht gibt. Länder-, Branchen- und Unternehmenseigenheiten sind in der Konzeption des Instrumenteneinsatzes zu berücksichtigen.

Schließlich ist in aller Deutlichkeit darauf hinzuweisen, dass Versuche, durch den Kauf eines SCM-Softwarepaketes auch gleich die konzeptionelle Ebene des SCM zu verwirklichen, von vornherein zum Scheitern verurteilt sind. Die Software ist ein unterstützendes Element, ersetzt aber nicht die umfangreiche konzeptionelle Arbeit und auch die notwendige mentale Umorientierung, die zur erfolgreichen Umsetzung des SCM erforderlich ist.

Instrumente des Qualitätsmanagements

Die Qualität eines Produktes oder einer Serviceleistung ist neben dem Preis das wichtigste Kaufkriterium. Die Ansätze, Qualität steuerbar zu machen – Qualität zu managen –, haben ihre Wurzeln bereits in der frühen industriellen Massenfertigung und bezogen sich primär auf die Einhaltung von vorgegebenen Fehlertoleranzmaßen (»Qualität durch Inspektion«). Bis zum heutigen Tag hat sich jedoch das Verständnis über Aufgaben und Wesen des Qualitätsmanagements erheblich ausgeweitet. Total Quality Management (TQM) stellt den vorläufigen Kulminationspunkt der verschiedenen Strömungen im Qualitätswesen dar.

Definition und Zielsetzung

Um die Zielsetzung und Konzeption des TQM besser zu verstehen, ist es hilfreich, die verschiedenen Entwicklungsstufen von der ursprünglichen Qualitätskontrolle hin zum umfassenden *Qualitätsmanagement* nachzuvollziehen.

Bis in die fünfziger Jahre hinein herrschte die Auffassung vor, Qualität ergebe sich durch eine hinreichend strenge nachträgliche Kontrolle der Produkte. Die Verantwortung für die Qualität der Erzeugnisse lag nicht etwa beim einzelnen, in den Produktionsprozess eingebundenen Mitarbeiter, sondern bei einer rein technisch orientierten Abteilung von Qualitätsspezialisten. Aufgabe dieser organisatorischen Abteilung Qualitätssicherung war die Endkontrolle der Produkte. Sofern einzuhaltende Prüfspezifikationen nicht erfüllt waren, wurde nachgearbeitet oder verschrottet – ungeachtet der Ursache der Mängel. Qualitätsverbesserungen, so die Auffassung, konnten damit durch Einengung der Prüfspezifikationen erreicht werden. Dieses erste Qualitätssicherungssystem weist allerdings zahlreiche Schwächen auf. Da es keinerlei Rückkopplung zwischen Verursacher und Prüfinstanz kennt, ergeben sich erhebliche Defizite in der Motivation des Einzelnen, verbessernd in den Produktionsprozess einzugreifen. Auch vollständige Kontrollen erhöhen die Qualität der Gesamtfertigung nicht, vielmehr indizieren sie, dass die Produktionsprozesse die Spezifikationen teilweise nicht erfüllen können und dass Fehler sogar erwartet werden.

Die offensichtlichen Mängel der Qualitätssicherung durch Endkontrolle führten zu Überlegungen, den Fokus der Qualitätssicherung auszuweiten und Entwicklungs- und Herstellprozesse, die für Qualitätsmängel verantwortlich sein könnten, in die Betrachtung mit einzubeziehen. Zunehmend setzte sich das Verständnis dafür durch, dass Fehler dort am kostengünstigsten zu beseitigen sind, wo sie entstehen. Entsprechend verlagerte sich der Schwerpunkt der Qualitätssicherung von der Inspektion zur Prävention. Hieraus ergab sich in organisatorischer Hinsicht eine stärkere Betrachtung der Leistungserstellungsprozesse. Dem einzelnen Mitarbeiter wurde mehr Verantwortung für die Qualität seiner Produkte übertragen. Entsprechend wuchs die Motivation zu einer durch den Bearbeiter selbst durchgeführten Qualitätskontrolle bereits während der Produkterstellung. Die umfassende Prozessanalyse brachte einen deutlichen Ausbau der statistischen Prozessregelung (SPC, Statistical Process Control) mit sich. Letztlich greift jedoch auch diese Phase des Qualitätsmanagements noch zu kurz, da der Betrachtungsfokus auf den unmittelbaren Herstellungsprozess beschränkt bleibt. Eine Ausweitung auf indirekte Wertschöpfungsbereiche und die systematische Förderung des Qualitätsbewusstseins aller Mitarbeiter blieb jedoch aus. Genau hierin liegen erste Ansatzpunkte für Total Quality Management.

»Total Quality« bringt zum Ausdruck, dass alle Angehörigen einer Organisation, alle Prozesse der Leistungserstellung, alle indirekten Unterstützungsprozesse und sämtliche Beziehungen zur Unternehmensumwelt als Objektbereich verstanden werden. Es geht demnach nicht mehr nur um die Qualität der Produkte eines Unternehmens. Diese ist vielmehr zwangsläufiges Ergebnis der hohen Qualität der Arbeitsbedingungen, der eingesetzten Ressourcen und Zulieferwaren, des Know-how der Mitarbeiter, der Unternehmensführung und der Organisation aller Prozesse.

Der Wortbestandteil »Management« macht zudem deutlich, dass TQM als weitreichendster Qualitätsansatz den Anspruch erhebt, eine eigenständige Managementphilosophie, also eine normative Steuerungsgröße für Organisationen darzustellen. Vor diesem Hintergrund wird die folgende Definition vorgeschlagen: TQM ist eine auf der Mitwirkung aller Mitarbeiter beruhende integrierte Führungsmethode einer Organisation, die die Qualität der Produkte und Dienstleistungen durch kontinuierliche Prozessverbesserung in allen Unternehmensbereichen (Entwicklung, Konstruktion, Beschaffung, Fertigung, Distribution, Kundendienst, Verwaltung, Personal) in den Mittelpunkt des unternehmerischen Handelns stellt. Das Management der Qualität, verstanden als die kosten- und termingerechte Erfüllung der internen und externen Kundenwünsche, wird langfristig zur strategischen Erfolgsposition des Unternehmens.

Darstellung

TQM fasst begrifflich eine Reihe von umfassenden Qualitätsmanagementansätzen zusammen. Bezeichnungen wie Total Quality Control (Feigenbaum) oder Company-wide Quality Control (Ishikawa) verdeutlichen, dass Qualität nicht mehr eine technisch orientierte Fachabteilung betrifft, sondern, angefangen beim Topmanagement, alle Unternehmensbereiche durchdringt und als Wettbewerbsfaktor verstanden wird.

Die bisherigen Ausführungen machen deutlich, dass TQM kein isoliert einsetzbares Instrument der strategischen Unternehmensführung ist. Vielmehr »entsteht« TQM quasi durch die Berücksichtigung einer Reihe von *Fundamentalprinzipien* und durch die Anwendung unterstützender *Instrumentarien.* Im Folgenden wird auf diese Prinzipien bzw. Instrumente näher eingegangen.

Prävention statt Nachbesserung

Im TQM ist nicht etwa die Aufdeckung von Fehlern durch umfangreiche Endkontrollen, sondern deren Vermeidung bereits am Entstehungsort und damit die dauerhafte Beseitigung der Fehlerursachen das vorrangige Ziel. Eine präventiv orientierte Qualitätssicherung erschließt neben der Verbesserung des Outputs zusätzlich auch Kostensenkungspotenziale. Die in den meisten TQM-Konzepten enthaltene Forderung nach »Null

Fehler als Zielvorgabe« basiert auf der Erkenntnis, dass die Summe der Qualitätskosten umso geringer ist, je deutlicher der Anteil der präventiv aufgewendeten Fehlerverhütungskosten ist. Hier wird die im traditionellen Qualitätswesen vorherrschende Auffassung, Qualität erhöhe die Produktionskosten, durch das Gegenteil ersetzt: »Qualität kostet weniger«.

Kontinuierliche Verbesserung (Kaizen) und Prozessorientierung

Prozessorientierung und *Kaizen* sind weitere elementare Prinzipien des TQM. Prozessorientierung heißt, dass das gesamte betriebliche Handeln als Kombination von Prozessen (Prozessketten) verstanden wird. Dies stellt eine deutliche Abkehr von der ergebniszentrierten Betrachtung dar, die vorwiegend auf die finalen Erzeugnisse bzw. Produkte abstellt. Eine stärkere Hinwendung zu einer prozessorientierten Sichtweise der Unternehmensabläufe impliziert jedoch den Vorteil, dass die Zusammenhänge zwischen den verschiedenen Wertschöpfungsstufen viel stärker in den Vordergrund rücken. Durch die kontinuierliche Analyse einzelner Prozessschritte werden Schwachstellen identifiziert und in einem nächsten Schritt eliminiert. Diese Prozessorientierung stellt einen langfristigen, inkrementalen Verbesserungsansatz in Einklang mit der TQM-Ausrichtung auf »Continuous Improvement« bzw. im japanischen Sprachraum »Kaizen« dar. Das kontinuierliche Verbesserungsmanagement ist im so genannten Plan-do-check-act-Zyklus verdeutlicht worden (vgl. Abbildung 27).

Für die Verbesserung der Qualität bereichs- und funktionsübergreifender Prozesse hat es sich als förderlich erwiesen, Prozessverantwortliche (Process Owner) zu benennen. Diese Ausweitung des persönlichen Verantwortungsbereichs wirkt sich auch aufgrund der motivatorischen Komponente positiv auf die Qualität und Effizienz der Prozesse aus.

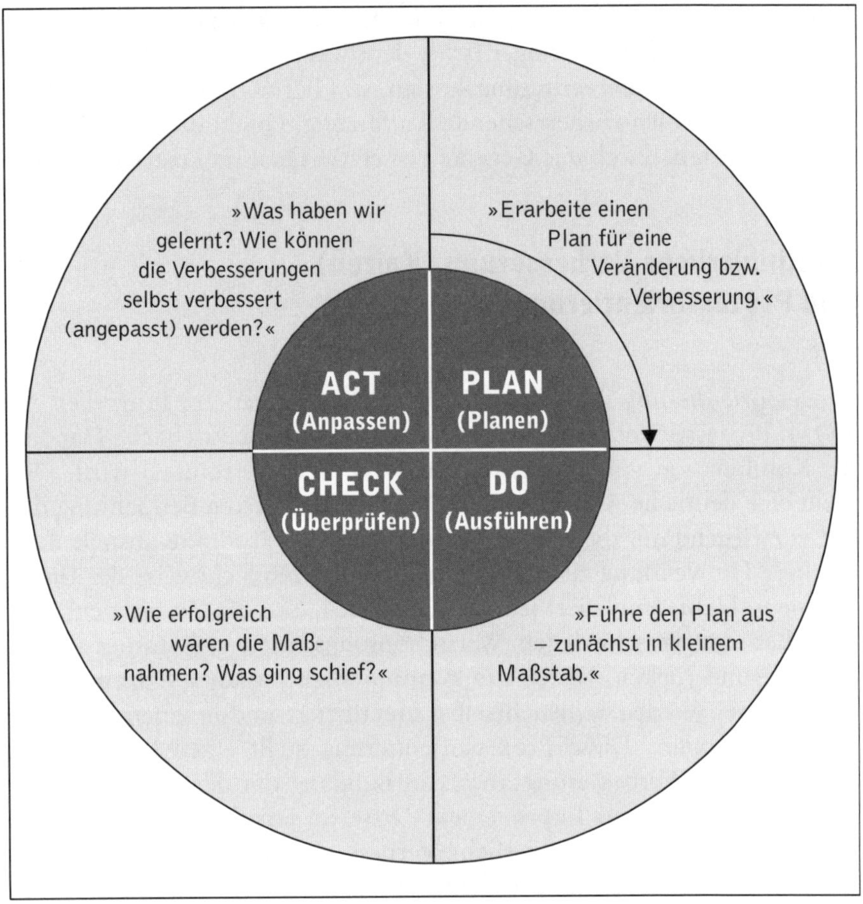

Abbildung 27: Plan-do-check-act-Zyklus, kontinuierliche Verbesserung

Interne und externe Kundenorientierung

Es hat lange Zeit gebraucht, bis sich die Auffassung durchsetzte, dass nicht etwa Ingenieure, Betriebswirte oder Normen, sondern einzig und allein der Kunde bestimmt, was unter »guter Qualität« zu verstehen ist. Die Zufriedenheit des Kunden ist der einzig zulässige Qualitätsmaßstab im TQM. Entsprechend intensiv ist die Orientierung an den Bedürfnissen der Kunden hervorzuheben, um TQM umsetzen zu können. Auch hierbei handelt es sich, ähnlich wie bei der Prozessorientierung, um eine

Sichtweise auf das Unternehmen, wonach der mehrstufige betriebliche Leistungserstellungsprozess als System von Kunden-Lieferanten-Beziehungen gesehen werden kann. Der Kundenbegriff hat demnach nicht nur eine externe Dimension (der klassische Letztabnehmer bzw. Konsument), sondern auch und vor allem eine interne Dimension.

Ziel ist die Etablierung einer Einstellung, die mit »Der nächste Prozessschritt ist dein Kunde« umschrieben werden kann. Jeder Mitarbeiter wird damit gleichzeitig »Lieferant« für den nächstfolgenden Prozess und »Kunde« für die Leistung, die auf vorgelagerten Stufen erbracht wird. Die Verwirklichung des Prinzips der Kundenorientierung hat in mehrfacher Hinsicht qualitätssteigernde Auswirkungen. So kommuniziert der Abnehmer einer Leistung kontinuierlich seine Anforderungen, benötigte Mengen und Termine. Der Lieferant wird dadurch angehalten, »bedarfsgerecht« zu liefern. Voraussetzung hierfür ist, dass in regelmäßigen Besprechungen ein persönlicher Informationsaustausch stattfindet. Da dem »Lieferanten« die Anforderungen des »Kunden« persönlich mitgeteilt werden, wird er in höherem Maße motiviert, den Kundenwünschen zu entsprechen, als wenn der Abnehmer seiner Leistung anonym bliebe. Anforderungen des Kunden werden somit personifiziert. Die Einrichtung geeigneter Feedback-Schleifen zwischen liefernder und empfangender Stelle wiederum unterstützt den Prozess der kontinuierlichen Verbesserung. An dieser Stelle wird offensichtlich, dass das Prinzip der Kundenorientierung eng verwoben ist mit Kanban und den Gedanken des Lean Management.

TQM ist in erster Linie ein Führungskonzept, dessen Erfolg wesentlich davon beeinflusst wird, inwieweit sich alle Mitarbeiter mit diesen Fundamentalprinzipien identifizieren und entsprechend agieren. Darüber hinaus steht ein *Instrumentarium* zur Verfügung, das die Umsetzung der TQM-Leitgedanken sinnvoll unterstützen kann. Als ideal zur Unterstützung der TQM-Philosophie erweisen sich solche Instrumente, die verstärkt der Fehlerprävention dienen. In diesem Zusammenhang werden vor allem die Instrumente

- Design of Experiments (DoE),
- Poka Yoke,
- Quality Function Deployment (QFD),
- Failure Mode and Effects Analysis (FMEA),

genannt. Zu umfassenderer Verbreitung haben dabei vor allem QFD und FMEA gefunden, die im Folgenden skizziert werden.

Quality Function Deployment (QFD)

QFD ist ein Verfahren zur systematischen und stufenweisen Umsetzung der Kundenerwartungen (Voice of the Customer) in entsprechende Vorgaben für Produkt und Prozess (Voice of the Company). Charakteristisch ist die Verwendung einer Planungsmatrix, die die Kundenanforderungen den technischen Spezifikationen gegenüberstellt und zusammen mit weiteren Elementen grafisch zu einem »House of Quality« (vgl. Abbildung 28) zusammengefügt wird.

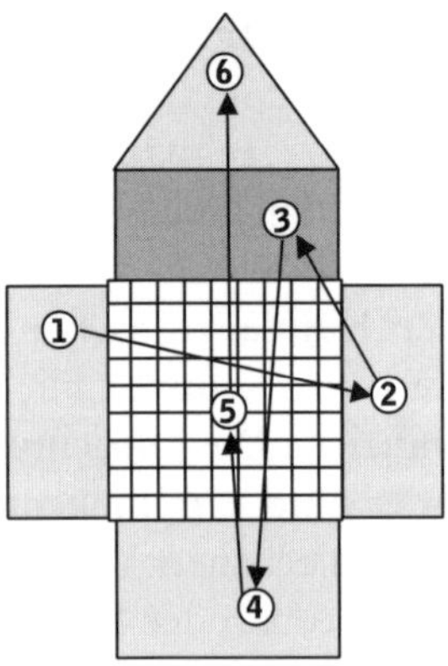

① Was wünschen die Kunden? (Leistungsanforderungen)

② Wie sieht unsere Leistung im Vergleich zur Konkurrenz aus?

③ Wie können wir die Kundenanforderungen erfüllen (Ableiten technischer Soll-Spezifikationen)

④ Entwicklung einer technischen Messgröße zur Überprüfung des Zielerfüllungsgrades

⑤ Expertendiskussion: Zusammenhang zwischen technischer Spezifikation und tatsächlicher Erfüllung der Kundenerwartung

⑥ Korrelationsmatrix bzw. »Dach« des House of Quality, hier werden Wechselbeziehungen bzw. Zielkonflikte zwischen einzelnen Produktspezifikationen erfasst

Abbildung 28: House of Quality des QFD

Failure Mode and Effects Analysis (FMEA)

FMEA ist eine Methode, Fehler, deren Konsequenzen und mögliche Fehlerursachen bereits bei der Produktkonzeptionierung zu identifizieren und hinsichtlich der Wahrscheinlichkeit der Entdeckung und ihres Auftretens sowie ihrer Bedeutung nach zu bewerten mit dem Ziel, noch vor Produktionsaufnahme Korrektivmaßnahmen zur Vermeidung dieser möglichen Fehler entwickeln zu können. Die FMEA bedient sich einer weitgehend formalisierten Methodik und verwendet standardisierte Aufzeichnungsformulare, die im Rahmen von Workshops (z. B. mit Mitarbeitern aus der Produktentwicklung und der Konstruktion) erarbeitet werden.

Poka Yoke, DoE, QFD und FMEA unterstützen in vielerlei Hinsicht die Management-Philosophie des TQM:

- starke Betonung der Fehlervermeidung im Vorfeld (Prävention),
- Förderung von Teamarbeit, Qualitätsbewusstsein und bereichsübergreifendem Austausch von Know-how,
- insgesamt eine Verbesserung des Informationsflusses zwischen verschiedenen Funktionsbereichen bzw. Abteilungen,
- Reduktion der durch Ex-Post-Fehler verursachten Qualitätskosten des Unternehmens,
- verkürzte Entwicklungszeit, weniger notwendige Änderungen nach Serienbeginn.

Es wäre allerdings falsch, aus dem Einsatz des einen oder anderen Instruments auf ein vollständig entwickeltes TQM in einem Unternehmen zu schließen. Letztlich entscheidend ist die in allen Unternehmensbereichen konsequent umgesetzte Philosophie, die die Qualität aller wertschöpfenden und unterstützenden Aktivitäten, der Mitarbeiter und des Unternehmensumfeldes in den Mittelpunkt stellt. Die genannten Fundamentalprinzipien und Instrumente sind insofern Wegbereiter für die erfolgreiche Umsetzung des TQM – nicht mehr und nicht weniger.

Umsetzung

Mit der enormen Popularität des TQM-Ansatzes spätestens seit Mitte der neunziger Jahre ist für viele Unternehmen aus Wettbewerbssicht der faktische Zwang entstanden, sich mit einem umfassenden Qualitätsmanagementansatz auseinander zu setzen. Vor diesem Hintergrund wurden nach außen sichtbare Kriterien benötigt, die dokumentieren können, dass ein Unternehmen in der Lage ist, die »neuen« Qualitätsmaßstäbe auch tatsächlich einzuhalten. In diesem Zuge entstand eine Reihe von Qualitätspreisen bzw. Zertifikaten.

Bekannte Qualitätspreise, die weitreichende Anforderungen hinsichtlich eines ganzheitlichen Qualitätsmanagements stellen, sind vor allem der in den USA verliehene Malcolm Baldrige Quality Award und der European Quality Award (EQA).

Der EQA ist letztlich ein Bewertungsraster, das über die in neun verschiedenen Dimensionen erzielten und prozentual gewichteten Scoring-Werte einen Index ermittelt, der ausdrückt, wie weit es dem Unternehmen gelungen ist, einen umfassenden Qualitätsmanagementansatz umzusetzen.

Gerade in Deutschland, aber auch in vielen weiteren europäischen Ländern hat die Zertifizierung nach der Normenreihe ISO 9000 ff. zu herausragender Bedeutung gefunden. Das nach erfolgreicher Auditierung verliehene Siegel »Zertifiziert nach DIN/ISO« hat seit Mitte der neunziger Jahre einen relativ hohen Stellenwert – und eine entsprechend prosperierende Branche von Zertifizierern ins Leben gerufen. Dennoch darf nicht übersehen werden, dass weder Qualitätspreise noch Zertifikate alleine geeignet sind, quasi automatisch TQM im Unternehmen zu implementieren. Eine einmalige Zertifizierung greift definitiv zu kurz. Der Anspruch des TQM ist zeitraumbezogen und dauerhaft – eine Zertifizierung kann jedoch immer nur eine Momentaufnahme sein. Insofern sind sowohl Qualitätspreise als auch Zertifikate nur von begrenzter Aussagekraft, was die Fähigkeit des Unternehmens angeht, kontinuierlich Qualität sicherzustellen und Qualität über den sichtbaren Output – Produkte bzw. Dienstleistungen – hinaus umfassend zu managen. Umgekehrt stellt ein zertifiziertes Qualitätsmanagementsystem eine hervorragende *Basis* für die dauerhafte Implementierung von TQM im Unternehmen dar.

Die Einführung von TQM ist ein äußerst komplexes und vielschichtiges Vorhaben für eine Organisation. Die strukturellen Veränderungen, vor allem auch die notwendigen mentalen Umorientierungen aller Mitarbeiter, machen die TQM-Implementierung zu einem der anspruchsvollsten Organisationsentwicklungsprozesse – sowohl Führungskräfte als auch Mitarbeiter können den anstehenden Veränderungsprozessen ablehnend gegenüberstehen. Bei der Umsetzung in der Praxis haben sich immer wieder die folgenden Hindernisse ergeben:

Mangelndes Topmanagement-Commitment

TQM ist kein Partialkonzept, sondern erfasst das gesamte Unternehmen. Umso wichtiger ist es, dass die Geschäftsführung ein Höchstmaß an Engagement bei der Umsetzung der notwendigen Maßnahmen zeigt. TQM kann nicht delegiert, sondern nur vorgelebt werden. Auf die Unternehmensleitung kommt zudem die Aufgabe zu, Qualität in die Unternehmensvision und generelle Zielsetzung zu integrieren – »TQM ist Chefsache«.

Schaffung der Rahmenvoraussetzung unterbleibt

Das Kernproblem bei organisationalen Veränderungsprozessen ist zumeist, dass deren Notwendigkeit überhaupt von allen Organisationsmitgliedern erkannt wird. Die Bereitschaft, Routinen, Abläufe und Denkhaltungen zu ändern, setzt immer ein entsprechendes Problembewusstsein voraus. Um TQM erfolgreich umzusetzen, ist eine umfassende Kommunikationsarbeit bereits im Vorfeld erforderlich. Als unerlässlich erweist sich der Aufbau eines Fach- und Machtpromotorennetzwerks, das einerseits die aktive Verbreitung und konkrete Realisierung der Veränderungsschritte vorantreiben und andererseits auch die notwendige strukturelle Absicherung bei den Führungskräften sichern muss. Der aktuelle Ist-Zustand und die sich ergebenden Defizite sind zu verdeutlichen. Insofern erlangen Trainings- und Schulungsmaßnahmen, aber auch neue Perspektiven für die Mitarbeiterförderung und -entwicklung im TQM-Prozess einen hohen Stellenwert.

TQM wird fälschlich als Projekt verstanden

Es gibt nur sehr wenige »quick wins« im TQM – vielmehr sind ein »langer Atem« und das Festhalten am Prinzip der kleinen, jedoch kontinuierlichen Verbesserungen erforderlich. Schwer einzulösende Zielvorgaben mit zu kurz dimensioniertem Zeitrahmen hingegen erzeugen bereits in frühen Phasen einer TQM-Einführung Frustrationen und hemmen die weitere Motivation der Beteiligten. Wird TQM von vornherein lediglich als Projekt verstanden und ein bestimmter Anfangs- und Endzeitpunkt vorgegeben, verstärkt sich bei den Mitarbeitern womöglich die Auffassung, es handele sich um eine weitere »Stabsübung«.

Fortschritte messen und dokumentieren

Als wichtige Maßnahme zu Beginn der TQM-Umsetzung wurde bereits die Dokumentation des Ist-Zustandes und der sich daraus ergebenden Schwachstellen genannt. Genauso wichtig ist es, alle erzielten Fortschritte festzuhalten und auf diese Weise unter den Mitarbeitern ein positives Veränderungsklima zu schaffen. Dies gilt umso mehr, als TQM nicht ein »great leap forward«, sondern ein inkrementeller Verbesserungsansatz ist, der unter Umständen eine geringere motivationale Kraftentfaltung aufweisen kann.

Die Popularität des TQM-Konzeptes in den neunziger Jahren ist zwischenzeitlich ein wenig verblasst. Diejenigen, die TQM vorschnell als »just another idea« oder Managementmode kritisiert hatten, lagen jedoch falsch. Die Ideen und Prinzipien, die aus der intensiv geführten Qualitätsdiskussion erwuchsen, haben zwischenzeitlich zu einer hohen Verbreitung gefunden, sind quasi Selbstverständlichkeiten im betriebswirtschaftlichen Wertschöpfungsprozess geworden. Damit hat TQM ein wesentliches Ziel erreicht: einen umfassenden Wandel im Bewusstsein und in den Unternehmenskulturen zu erzielen.

Instrumente des Wissensmanagements

Wissensmanagement oder Knowledge Management war zweifelsohne eines der bedeutendsten Managementschlagworte um die Jahrtausendwende. Aber auch schon früher spiegelte sich die Wichtigkeit von Wissensmanagement in Aussagen wie »Wissen ist Macht«, »Wenn das Unternehmen wüsste, was es weiß« oder »Die Halbwertszeit von Wissen wird immer kürzer« wider. Die hohe Bedeutung von Wissensmanagement resultiert aus folgenden Entwicklungen:

- *Zunehmende Anzahl an Techniken und Medien der Kommunikation und Informationsbereitstellung*: Neben das ansteigende Volumen von Printmedien treten E-Mail, Telefax, Internet und Datenbanken. Die Herausforderung besteht in der Selektion der relevanten Informationen. Die Aufgabe der Selektion gestaltet sich aufgrund der zunehmenden Vielfalt immer schwieriger.
- *Größer werdender Serviceanteil in der Wertschöpfung*: Aufgrund der Entwicklung hin zur Dienstleistungsgesellschaft wird der Faktor Wissen immer wichtiger. In serviceintensiven Branchen kann ein Unternehmen nur einen Wettbewerbsvorteil erzielen, wenn es über einen Wissensvorsprung verfügt. Wissensmanagement kann damit überlebenswichtig sein.
- *Ansteigende Geschwindigkeit des technischen Fortschritts*: Die hohe Geschwindigkeit des technischen Fortschritts erfordert permanentes Lernen und Weiterbilden. Vorhandenes Wissen ist schnell überholt. Wissensmanagement muss die kontinuierliche Weiterentwicklung sicherstellen. Andernfalls können gefährliche Wissenslücken entstehen.
- *Neue Dimensionen des relevanten Wissens*: Der erfolgreiche Manager muss je nach Position über immer mehr Wissen verfügen. Dabei geht es nicht nur um die Weiterentwicklung des vorhandenen Wissens, son-

dern insbesondere auch um neue Wissensbereiche. In der Forschung und Entwicklung gilt es, neben technischem Know-how zusätzlich Wissen über Entwicklungstrends in den Kundenmärkten zu berücksichtigen. Der Marketingmanager oder Vertriebsmitarbeiter muss zunehmend technisch geschult sein, um komplexe Produkte vermarkten zu können.

Definition und Zielsetzung

Die Anforderungen an Wissensmanagement sind vielfältig, und es stellt sich die Frage, was *Wissensmanagement* ist. Die Suche nach einer klaren Definition gestaltet sich schwierig. Viele Definitionsversuche schaffen keine Klarheit und folglich wird zuweilen die These vertreten, dass eigentlich nicht bekannt ist, was Wissensmanagement überhaupt ist. Es sei eher abgrenzbar, was Wissensmanagement nicht ist. In einer weiten Definition bedeutet Wissen – bezogen auf Unternehmen – die fundierte Kenntnis über Kunden, Produkte, Prozesse, Erfolgsfaktoren und Risiken. Wissensmanagement nutzt diese Kenntnis zur Erfüllung der Unternehmensziele. Wesentliches Merkmal ist der zielgerichtete Einsatz des Faktors Wissen. Es geht um die Erzeugung, das Speichern, die Verteilung und die Anwendung von Wissen.

Darstellung

Bei der Implementierung von Wissensmanagement muss man sich zunächst vergegenwärtigen, dass diese Aufgabe einen anderen Charakter hat als beispielsweise die Einführung einer neuen Vertriebsorganisation, eines neuen Konditionensystems oder eines neuen Pricing-Prozesses. Dies liegt an den Besonderheiten des Faktors Wissen. Die Vertriebsorganisation, das Konditionensystem oder der Pricing-Prozess lassen sich eindeutig und klar beschreiben. Die Implementierung solcher Organisationen, Systeme oder Prozesse ist vielen Mitarbeitern gut bekannt. Im Gegensatz dazu werfen Manager bei der Implementierung von Wissensmanagement häufig die Frage auf, was nun eigentlich getan werden muss. Es ist unklar, ob die interne Kommunikation verbessert, Datenbanksysteme installiert oder Weiterbildungsprogramme initiiert werden sollen. Häufig unterläuft Unternehmen der Fehler, Wissensmanagement mit nur einem Maßnahmentyp abzudecken. So werden zum Beispiel neue Datenbanken angeschafft, was dann als Synonym für gelebtes Wissensmanagement steht.

Verschiedene Charakteristika von Wissen sind bei der Implementierung von Wissensmanagement zu berücksichtigen. Im Vergleich zu anderen Gütern oder Produktionsfaktoren fallen folgende Besonderheiten auf:

- *Kein Verbrauch während der Benutzung*: Klassische Produktionsfaktoren wie Rohstoffe werden typischerweise während der Benutzung verbraucht oder abgenutzt. Anders ist dies beim Produktionsfaktor Wissen. Es wird nicht verbraucht, sondern es vermehrt sich bei Benutzung.
- *Wissen ist personenbezogen*: Ein Unternehmen kann Wissen nicht einfach erwerben wie zum Beispiel Gebäude oder Produktionsanlagen. Der Wissensaufbau bzw. die Wissens(weiter)entwicklung erfolgt vielmehr kontinuierlich in den Köpfen der Mitarbeiter. Nicht selten nehmen Mitarbeiter, die ein Unternehmen verlassen, Wissen mit, das so danach nicht mehr verfügbar ist.
- *Exklusivität determiniert den Wert*: Unternehmen haben Wettbewerbsvorteile unter anderem aufgrund von Wissensvorsprüngen. Dieses Wissen bezieht sich zum Beispiel auf technologisches Know-how, effiziente Produktionsverfahren oder auf fundiertes Wissen über Kundenanforderungen. Dieses Wissen besitzt einen hohen Wert, wenn es exklusiv vorhanden ist und zu einem Wettbewerbsvorteil führt. Gelingt es Wettbewerbern, dieses Wissen zu erlangen, sinkt der Wert dieses Wissens aufgrund der geringer werdenden Exklusivität. Wissen kann sich als Standard etablieren. Erfolgreiche Unternehmen überprüfen daher permanent ihre Wissensbasis und sorgen für deren kontinuierliche Auffrischung.
- *Wissen ist ein funktionsübergreifendes Thema*: Wissen ist nicht auf einzelne Unternehmensbereiche beschränkt, sondern betrifft sämtliche Bereiche und Funktionen.
- *Win-Win-Situationen beim Wissens-Sharing*: Der klassische Güteraustausch erfolgt nach folgendem Muster: Ein Marktpartner besitzt Geld, der andere hat ein Produkt. Nach dem Austausch sind die Besitzverhältnisse umgekehrt. Im Regelfall hat sich jeder Marktpartner nach dem Austausch besser gestellt, da der individuelle Nutzen des erwor-

benen Gutes größer ist als der Nutzen dessen, was man dafür bezahlt hat. Gilt dies nicht, dann würde es nicht zum Austausch kommen. Im Falle des Wissens ist dies anders. Ein Marktpartner verfügt über Wissen A, ein anderer über Wissen B. Tauschen beide ihr Wissen aus, so besitzen beide nach wie vor ihr Ausgangswissen, aber haben das Wissen des anderen hinzugewonnen. Für jeden der beiden bedeutet dies einen beträchtlichen Wissensgewinn, opportunistisches Verhalten ausgenommen. Wissensaustausch führt also zu Win-Win-Situationen.

- *Wissen hat verschiedene Dimensionen*: Wir unterscheiden explizites und »stilles« Wissen. Explizites Wissen bezeichnet solches Wissen, das in Dokumenten oder Datenbanken gespeichert werden kann. Demgegenüber drückt sich stilles Wissen in der Erfahrung der Mitarbeiter aus; es schlägt sich beispielsweise in deren Intuition, Verhaltensweisen in bestimmten Situationen und Entscheidungsverhalten nieder. Während explizites Wissen über Medien gespeichert und an neue Mitarbeiter weitergegeben werden kann, erfolgt der Transfer von stillem Wissen fast ausschließlich persönlich. Ca. 80 Prozent des Wissens einer Organisation liegen im Bereich des stillen Wissens. Allein dieser Aspekt verdeutlicht, dass Wissensmanagement wesentlich mehr sein muss als die Installation von Datenbanken.

Umsetzung

Die Implementierung von Wissensmanagement erfolgt in einem mehrstufigen Prozess (vgl. Abbildung 29).

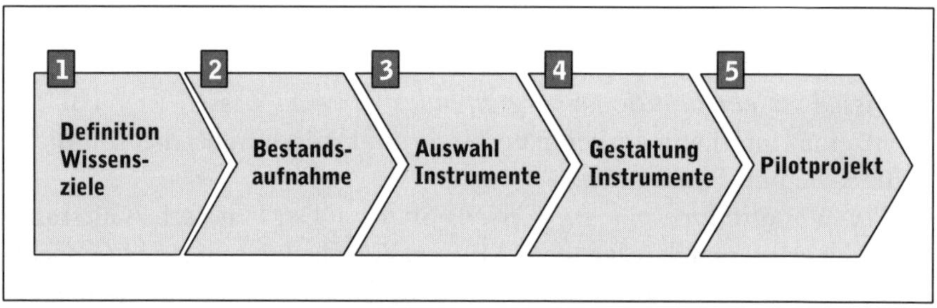

Abbildung 29: Prozess zur Implementierung von Wissensmanagement

Zunächst müssen die Ziele von Wissensmanagement festgelegt werden. Diese leiten sich aus den Unternehmenszielen ab. Es geht um die Beantwortung der Frage, welches Wissen benötigt wird, um die Unternehmensziele zu erreichen. Je nach Unternehmen ergeben sich verschiedene Ziele bzw. Schwerpunkte für Wissensmanagement. In Dienstleistungsunternehmen wie etwa Unternehmens- oder Steuerberatungen ist die effiziente Nutzung von Wissen die Grundlage des Geschäftes. Insofern liegt hier das Wissensziel in einer optimalen Verteilung des relevanten Wissens über Kunden, Märkte, Methoden, Prozesse oder Gesetze bei den Mitarbeitern. Demgegenüber sollten Wissensziele in forschungsorientierten Unternehmen in der Entwicklung neuer Produkte und deren Vermarktung liegen. Die Beispiele zeigen, dass die Wissensziele an denjenigen Stellen im Unternehmen angesetzt werden müssen, die die Wertschöpfung bestimmen und die für die Wettbewerbsfähigkeit und Weiterentwicklung des Unternehmens kritisch sind. Auf dieser Ebene sind die Wissensziele noch recht grob definiert. Es ist somit eine Detaillierung erforderlich. Vielfach wird hierzu am Wertschöpfungsprozess angesetzt. Die wichtigsten Stellen im Wertschöpfungsprozess werden als Unterziele des Wissensmanagements abgeleitet. Die genaue Beschreibung des jeweils erforderlichen Wissens rundet diesen Prozess ab.

Tatsächlich beginnt eine Vielzahl von Unternehmen den Einsatz des Wissensmanagements in wertschöpfenden Bereichen. Eine Studie des Fraunhofer Instituts belegt, dass Wissensmanagement hauptsächlich an folgenden Bereichen ansetzt: Entwicklung von Produkten und Dienstleistungen, Funktionen zum Verständnis von Kunden und Märkten sowie Produktion und Lieferung von Produkten oder Dienstleistungen.

Aufbauend auf den Wissenszielen erfolgt eine Bestandsaufnahme. Es muss transparent gemacht werden, welche Maßnahmen bereits durchgeführt werden. Häufig kann auf bereits Vorhandenes zurückgegriffen werden. Damit einhergehend erfolgt die Definition, wie die Wissensziele erreicht werden. Hierfür stehen verschiedene Instrumente zur Verfügung.

Wichtigstes Instrument ist die Unternehmenskultur. Viel mehr als die Informationstechnologie oder Weiterbildungsveranstaltungen beeinflusst die Unternehmenskultur die Wissensverteilung und -weiterentwicklung unter den Mitarbeitern. Wichtig ist eine offene und intensive Kommunikation in vertikaler und horizontaler Richtung. Dabei sollte es auch »erlaubt sein«, negatives Wissen zu kommunizieren. Mit »negativ« wird Wissen aus Fehlschlägen, Irrtümern und Flops bezeichnet. Vielfach gewinnen Mitarbeiter daraus wertvolles Wissen, was sie aber nur ungern teilen. Es besteht die Tendenz, eher wenig über eigene Fehlschläge zu berichten. Dieses Wissen und die daraus gewonnene Erfahrung stehen dann aber anderen nicht zur Verfügung.

An zweiter Stelle stehen Strukturen und Prozesse, womit die Einbindung von Wissensprozessen in die Geschäftsabläufe gemeint ist. Weiterhin stellt die Informationstechnologie ein wichtiges Element im Wissensmanagement dar. Sie ist – isoliert betrachtet –zwar nicht hinreichend für ein effizientes Wissensmanagement, aber eine grundlegende, notwendige Bedingung. Ein geeigneter Einsatz der Informationstechnologie ermöglicht ein systematisches Erfassen von explizitem Wissen. So sammeln zum Beispiel Unternehmensberatungen sämtliche abgelaufenen Projekte in Datenbanken. Startet ein neues Projekt mit vergleichbarer Problemstellung, können direkt Erfahrungswerte aus vergangenen Projekten einfließen. Bei richtiger Installation und Verwendung können Mitarbeiter auf verschiedene Datenbasen zugreifen und schnell das relevante Wissen abrufen. Eine Verwaltung von stillem Wissen ist jedoch nicht oder nur sehr eingeschränkt mittels der Informationstechnologie möglich.

Weitere Instrumente des Wissensmanagements sind dem Personalmanagement zuzuordnen: Mitarbeitermotivation und -qualifikation, Training und Weiterbildung oder Belohnungen. Kleine oder mittlere Unternehmen haben die besondere Chance, eine offene Kultur zu etablieren, die zum Wissensaustausch anregt; damit sind sie den Großunternehmen voraus. Geschäftsführung und Führungskräfte müssen Wissensmanagement vorleben. Dadurch lässt sich ein Klima des Vertrauens und der Akzeptanz aufbauen, was letztlich dem Wissensmanagement förderlich ist und gegebenenfalls in sogenannten T-shaped-Manager mündet. Ein T-shaped-Manager ist ein Mitarbeiter, der ohne Bereichs- oder Abteilungsbarrieren sein Wissen im Unternehmen teilt (horizontaler Teil des T), aber gleichzeitig einem Bereich zugeordnet bleibt (vertikaler Teil).

Je nach Wissensziel kommen bestimmte Instrumente zum Einsatz. Die Ausgestaltung der Instrumente ist vielfältig und unternehmensspezifisch. Dies ist ein aufwändiger Prozess, allerdings sind verschiedene Verbesserungen erreichbar, die den Aufwand rechtfertigen:

- Kosten-/Zeiteinsparungen und damit Produktivitätsverbesserung,
- Prozessverbesserung,
- bessere Kundenorientierung und Kundenzufriedenheit,

- Verbesserungen von Entscheidungen und Prognosen,
- besserer Informationstausch,
- Qualitätsverbesserung,
- höhere Mitarbeiterqualifikation und -zufriedenheit.

In abschließenden Pilotprojekten kann die Funktionsfähigkeit der Instrumente getestet werden. Verlaufen die Tests erfolgreich, steht einer Einführung dieser Instrumente nichts mehr im Wege. Wir stellen immer wieder fest, dass erfolgreiches Wissensmanagement erst durch die Kombination der verschiedenen Instrumente erreicht wird. Unternehmen mit einer offenen Kultur, guter Informationstechnologie, intelligenten Incentive-Strukturen und motivierten Mitarbeitern können den hier beschriebenen Prozess zur Implementierung von Wissensmanagement leicht beschreiten.

Instrumente für das Outsourcing

Wenn es darum geht, das eigene Unternehmen schlanker zu machen, Kosten zu senken und knappe Ressourcen optimal einzusetzen, bietet sich das Instrument des Outsourcing an. Dieses Konzept zur Umsetzung von Strategien wie Kostenführerschaft und Konzentration auf Kernkompetenzen erfreut sich wechselnder Beliebtheit. Im Zuge der Lean-Management-Welle wurde die Auslagerung von Leistungen oft als Allheilmittel gegen Kostenprobleme gehandelt. Auch wenn gelegentlich eine Gegenbewegung hin zum In- oder Backsourcing zu beobachten ist, erlebt dieser ursprünglich aus dem Automobilbereich stammende Trend in wirtschaftlich schwierigen Zeiten regelmäßig eine Renaissance. So hat die Outsourcing-Diskussion bis heute kaum an Intensität verloren.

Definition und Zielsetzung

Der Begriff *Outsourcing* bezeichnet die Vergabe bislang unternehmensintern erbrachter Leistungen an unternehmensexterne Partner. Der Terminus stammt aus dem Amerikanischen und steht für »outside resource using«. Outsourcing ist damit das Ergebnis einer zugunsten der Option »buy« ausgefallenen Make-or-Buy-Entscheidung, bei der die betreffende Leistung zuvor im Unternehmen erstellt wurde. Bei dieser Frage geht es darum, ob eine Leistung im eigenen Unternehmen zu erbringen ist (make) oder ein Leistungsangebot externer Unternehmen genutzt werden soll (buy).

Häufig beschränkt man sich beim Outsourcing auf die Auslagerung von Aktivitäten, die nicht unmittelbar zum Kerngeschäft des Unternehmens gehören. So haben viele Firmen periphere Funktionen wie die

Rechtsabteilung, Kantine oder den Fuhrpark aufgegeben und beziehen die entsprechenden Leistungen von Fremdfirmen. Vor dem Hintergrund der Kostenexplosion und des raschen Technologiewandels hat zudem die Auslagerung von IT-Leistungen erheblich an Bedeutung gewonnen. Auch die produktionsbezogene Form des Outsourcing, die Komponentenfertigung durch fremde Unternehmen, ist weit verbreitet. In zunehmendem Maße finden sich auch Beispiele von Firmen, die über die Auslagerung von nicht zum Kerngeschäft gehörenden Leistungen hinausgehen. So vergeben die Handyproduzenten Ericsson und Alcatel die komplette Herstellung der Endgeräte an Fremdfirmen und konzentrieren sich auf die Entwicklung und das Design der Mobiltelefone. Dass es sich hierbei um eine nicht ungefährliche Entscheidung mit erheblichen Auswirkungen auf das gesamte Unternehmen handelt, liegt auf der Hand.

In jüngster Zeit ist die Entwicklung zu beobachten, dass Unternehmen ihr gesamtes Personalwesen an eine so genannte Professional Employer Organization (PEO) abgeben. Diese übernimmt alle Aufgaben des Recruiting, der Einstellung und der Personalentwicklung. Der gesamte Verwaltungsaufwand einer Personalabteilung wird auf diese Weise ausgelagert.

Mit dem Outsourcing werden in erster Linie die Ziele Kostenreduktion und Umschichtung von fixen zu variablen Kosten verfolgt. Durch die Spezialisierung des Fremdunternehmens auf die betreffende Leistung sollte es in der Lage sein, diese günstiger zu erbringen als das auslagernde Unternehmen. Außerdem sind variable Kosten für die Vergütung der nach außen vergebenen Leistungen in Krisenzeiten leichter abbaubar als Fixkosten in Form von Löhnen und Gehältern für Mitarbeiter. Der geringere Bindungsgrad gegenüber Fremdunternehmen im Vergleich zur Eigeninvestition erhöht zudem die Flexibilität beim Lieferantenwechsel und erlaubt es, den jeweils günstigsten Anbieter zu wählen.

Der Spezialisierungseffekt sollte darüber hinaus dazu beitragen, dass das Fremdunternehmen die Leistung qualitativ besser zu erbringen vermag als die eigenen Mitarbeiter. Diese Motivation steht beispielsweise bei der Auslagerung von IT-Leistungen im Vordergrund. Es ist zu erwarten, dass ein auf die Übernahme von Unternehmensdatenverarbeitung spezialisiertes IT-Unternehmen effizienter arbeitet und daher bessere Leistungen abliefern kann als ein Betrieb, dessen Hauptaufgabe in der Produktion von Gütern besteht. Der Zugang zu speziellem Know-how, das für das Unternehmen selber nur schwer zu akquirieren bzw. zu halten ist, und die Nutzung neuester Technologien ohne eigene Investitionen tun ein Übriges. Vor diesem Hintergrund versprechen sich manche auslagernde Unternehmen vom Outsourcing eine Qualitätssteigerung.

Zudem lassen sich durch die Vergabe von Leistungen Kapazitätsengpässe beseitigen. Durch die Entlastung von Routinetätigkeiten werden beim Unternehmen Ressourcen frei, die unter Umständen gewinnbringender genutzt werden können. Des Weiteren wird das Risiko der Leistungserstellung auf das externe Unternehmen verlagert. Schließlich erlaubt das Outsourcing eine Konzentration auf das Kerngeschäft und eine Verschlankung der Organisation. Durch die Komplexitätsreduktion werden interne Abläufe vereinfacht und reduziert, womit eine größere Flexibilität einhergeht.

Darstellung und Funktionsweise

Outsourcing manifestiert sich in unterschiedlichen Formen. So können Leistungen an ein rechtlich und wirtschaftlich selbstständiges Unternehmen ausgelagert werden, das schon vor der Entscheidung zugunsten des Outsourcing existiert hat (externes Outsourcing). Die Zusammenarbeit kann dabei mehr oder weniger langfristiger Natur sein. Beim internen Outsourcing hingegen wird eine Kapitalbeteiligung eingegangen, eine

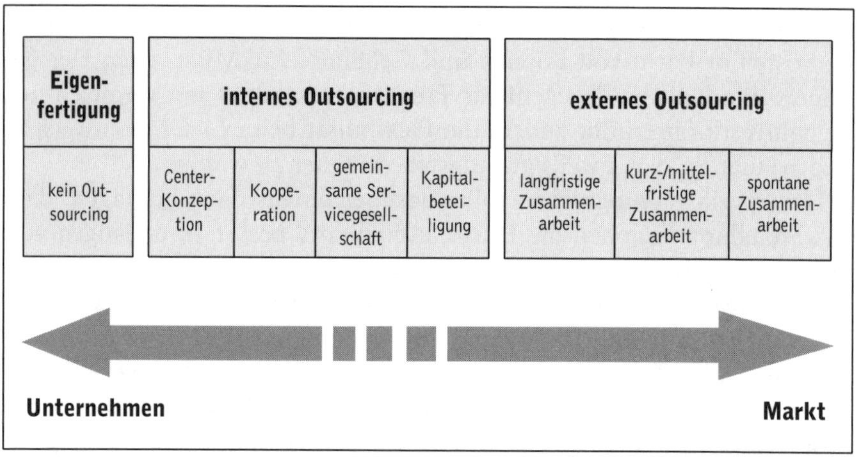

Abbildung 30: Formen des Outsourcing

Kooperation vereinbart oder eine Abteilung des Unternehmens als eigene Tochtergesellschaft bzw. Profit Center ausgelagert. Abbildung 30 vermittelt einen Überblick über das Spektrum der Erscheinungsformen des Outsourcing.

Die verschiedenen Spielarten des Outsourcing lassen sich unter Bezugnahme auf das Markt-Hierarchie-Paradigma von Oliver E. Williamson voneinander abgrenzen. Diese Sichtweise differenziert zwischen unterschiedlichen Koordinationsformen wirtschaftlicher Aktivitäten, wobei die Abstimmung über den Markt einerseits und jene innerhalb eines Unternehmens andererseits die Eckpunkte bilden. Beim Outsourcing reicht das Spektrum von der spontanen Zusammenarbeit bis zur langfristigen Kooperation mit Kapitalbeteiligung an Fremdunternehmen.

Im Rahmen des Outsourcing-Prozesses sind verschiedene Schritte zu durchlaufen. Idealtypisch werden folgende fünf Schritte unterschieden:

- 1. Schritt: Ist-Analyse: Bei der Ist-Analyse werden die Prozesse der Wertschöpfungskette im Unternehmen untersucht, um darauf aufbauend für das Outsourcing geeignete Funktionen zu identifizieren. Hierzu ist jede einzelne Stufe der Wertschöpfungskette daraufhin zu analysieren, ob die dort erbrachten Leistungen auslagerungsfähig sind.

  Hierzu bedarf es zunächst der Ermittlung der für die Erbringung der jeweiligen Leistung notwendigen Kompetenzen. Anschließend wird geprüft, ob diese im Unternehmen in ausreichendem Maße vorhanden sind. Wenn nicht, dann bietet sich eine Auslagerung an. Wenn ja, so ist in einem zweiten Schritt zu analysieren, ob diese Kompetenzen zum Aufbau bzw. Halten von Konkurrenzvorteilen beitragen und somit zu den Kernkompetenzen gehören. Dabei muss allerdings zunächst geklärt werden, worin die Kernkompetenzen des Unternehmens bestehen. In diesem Zusammenhang leistet die Stärken-Schwächen-Analyse gute Dienste. Nebeneffekte der Kompetenzanalyse sind die Aufdeckung von Wettbewerbsvorsprüngen und -nachteilen gegenüber der Konkurrenz sowie die Identifikation von deren unternehmensinternen Quellen.

  Outsourcing sollte nur dort Anwendung finden, wo kein maßgeblicher Kundenwert geschaffen wird und die eigenen Fähigkeiten jenen anderer Unternehmen unterlegen sind. Es ist darauf zu achten, dass nur solche Prozesse ausgelagert werden, die strategisch wenig bedeutsam sind – nur so lässt sich der Verlust von Kernkompetenzen vermeiden. Insbesondere bieten sich solche Aktivitäten an, die mit hohen

Kosten verbunden sind, bei denen aber aufgrund fehlender Kompetenz die Qualität jener anderer Unternehmen unterlegen ist.

Neben der Kompetenzanalyse sind zur Bestimmung auslagerungsfähiger Wertschöpfungsaktivitäten in dieser Phase die Beziehungen und Abhängigkeiten zu bzw. von anderen Bereichen zu analysieren, um zu verhindern, dass durch die Auslagerung von Funktionen wichtige Sektoren in Mitleidenschaft gezogen werden. Die isolierte Betrachtung der einzelnen Stufen der Wertschöpfungskette darf nicht darüber hinwegtäuschen, dass Kernkompetenzen häufig nicht aus einzelnen Funktionen erwachsen, sondern sich erst durch das Zusammenspiel verschiedener Bereiche ergeben. Nach Abschluss dieser Phase liegt dann eine Unterscheidung zwischen Unternehmensleistungen vor, die prinzipiell vergabefähig sind, und solchen, die unbedingt selbst erstellt werden müssen.

- 2. Schritt: Make-or-Buy-Entscheidung: Hat man jene Leistungen identifiziert, bei denen eine Auslagerung ohne Gefährdung der Kernkompetenzen des Unternehmens möglich erscheint, so folgt im zweiten Schritt die eigentliche Entscheidung für oder gegen das Outsourcing. Dabei sollte man sich nicht auf eine rein kostenrechnerische Beurteilung der beiden Alternativen Eigenerstellung sowie Outsourcing beschränken, da dabei qualitative, sich nicht unmittelbar in Kostengrößen niederschlagende Faktoren unberücksichtigt bleiben. Hilfreich ist in diesem Zusammenhang eine Nutzwertanalyse, die Kosten und Nutzen dieses Vorhabens gegenüberstellt und auch die Berücksichtigung von nicht unmittelbar monetär erfassbaren Größen erlaubt. Sofern nicht der gesamte Prozess der Erbringung der jeweiligen Leistung ausgelagert werden soll, bedarf es in dieser Phase zudem der Bestimmung des Outsourcing-Umfangs, d.h. des Verhältnisses von Eigen- zu Fremdfertigung.
- 3. Schritt: Erstellung eines Anforderungsprofils und Kontaktaufnahme mit möglichen Partnerunternehmen: Ist die Entscheidung zugunsten des Outsourcing gefallen, so schließt sich die Phase der Kontaktaufnahme mit möglichen externen Leistungsanbietern auf der Basis eines zuvor spezifizierten Anforderungsprofils an. Die Erstellung solch eines Profils ist von besonderer Bedeutung, um die Qualität der ausgelagerten Leistung zu gewährleisten und Missverständnisse über die zu erfüllenden Aufgaben zu vermeiden.
- 4. Schritt: Auswahl des Partnerunternehmens: In dieser Phase werden die Leistungen der Anbieter mit dem Anforderungsprofil abgeglichen

und ein oder mehrere Partnerunternehmen ausgewählt. Ausschlaggebend sind dabei vor allem Leistungsfähigkeit, Verfügbarkeit und Kosten der Anbieter. Bei der Entscheidung zwischen verschiedenen Unternehmen erweist sich ein Scoring-Verfahren als hilfreich, um neben quantitativen (Kosten-)Aspekten auch die Qualität der Leistung und der Zusammenarbeit betreffende Kriterien berücksichtigen zu können. Dabei werden in einem ersten Schritt die Merkmale, anhand derer die Alternativen bewertet werden, festgelegt. Diese müssen in einem zweiten Schritt gewichtet werden, bevor anschließend die Bewertung der Alternativen bezüglich der ausgewählten Kriterien folgt. Das Punktbewertungsverfahren wird durch die Ermittlung des Gesamtpunktwertes abgeschlossen. Dabei werden für jede Alternative die Bewertungen je Merkmal mit den entsprechenden Gewichten multipliziert und diese Produkte anschließend aufaddiert. So gelangt man zu einem Gesamtpunktwert als Indikator für die Vorteilhaftigkeit der Optionen.

- 5. Schritt: Implementierung und Controlling: Im Rahmen der Vertragsgestaltung ist auf eine detaillierte Spezifikation der zu erbringenden Leistung und der entsprechenden Gegenleistung in monetärer Form zu achten. Darüber hinaus spielen spätestens in dieser Phase juristische Aspekte eine Rolle. Hierzu zählen beispielsweise arbeitsrechtliche Regelungen, die bei einer Freisetzung von Mitarbeitern oder im Fall einer Umsetzung von Arbeitnehmern in das ausgegliederte Unternehmen zu berücksichtigen sind. Insbesondere bei der Auslagerung der Datenverarbeitung sind darüber hinaus datenschutzrechtliche Gesichtspunkte von großer Bedeutung. Abgeschlossen wird der Prozess schließlich durch die Implementierung und das Controlling der Outsourcing-Aktivitäten. Im Rahmen der Implementierung empfiehlt es sich, mit Checklisten zu arbeiten, um sicherzustellen, dass alle relevanten Aspekte Beachtung finden.

Umsetzung

Das Outsourcing ist in der Praxis mit einer Reihe von Problemen verbunden, die manche Unternehmen von diesem Schritt abhalten oder sie zu einer Reintegration der ausgelagerten Leistungen ins Unternehmen veranlassen. Hierzu zählt zunächst die Abhängigkeit vom Dienstleistungsunternehmen. Wenn die Leistung der Fremdfirma nachlässt oder sie nicht pünktlich liefert, kann dies zu einer erheblichen Störung der Leistungserstellung beim Unternehmen führen.

Zudem verursacht das Outsourcing erhebliche Kosten. Dazu zählen beispielsweise Anbahnungskosten, etwa für Information, Kontaktaufnahme und Vertragsverhandlungen, Logistikkosten, Kosten für die Kommunikation und Abstimmung mit dem Fremdunternehmen oder die Qualitätskontrolle der erbrachten Leistung. Mögliche Qualitätsprobleme und erhöhter Koordinations- und Logistikaufwand resultieren aus Friktionen an der Schnittstelle zwischen auslagerndem und Zulieferunternehmen. Das Problem kann durch eine Unverträglichkeit der beiden Unternehmenskulturen verstärkt werden. Ein aktives Kooperations- und Schnittstellenmanagement mit den Fremdunternehmen ist daher Voraussetzung für den Erfolg des Outsourcing, um Kommunikations- und Koordinationsprobleme einzudämmen und Schnittstellenfriktionen zu vermindern.

Hinzu kommen Datenschutz- und Geheimhaltungsprobleme. Für die Leistungserstellung benötigt der externe Dienstleister in der Regel unternehmensinterne Informationen. Der damit verbundene Einblick in die Geschäftsabläufe erweist sich vor allem dann als problematisch, wenn das Fremdunternehmen auch Konkurrenten beliefert. Zudem stellt sich die Frage, was mit eventuell frei werdendem Personal geschehen soll. Kann dieses nicht anderweitig eingesetzt werden, so muss über einen sozialverträglichen Personalabbau nachgedacht werden, der erfahrungsgemäß mit hohen Kosten verbunden ist. Hat ein Unternehmen erst einmal die notwendigen Anpassungen im Produktions- und Personalbereich vorgenommen, so ist es darüber hinaus schwierig, den ursprünglichen Zustand wiederherzustellen, wenn die zugekaufte Leistung den Ansprüchen nicht genügt, denn der Wiederaufbau von Know-how und Infrastruktur verursacht erhebliche Kosten.

Outsourcing kann des Weiteren auch zu Widerstand bei den Arbeitnehmern führen. Unter Umständen geht mit der Auslagerung von Aktivitäten ein Identitätsverlust der Mitarbeiter einher. Wenn die verbleibenden Aufgaben die Arbeitnehmer nicht mehr ausreichend motivieren, wird die Fremdvergabe als Entwertung der bisherigen Tätigkeit empfunden und führt zu Unzufriedenheit und fehlender Identifizierung der Mitarbeiter mit ihrer Tätigkeit und der Unternehmung. Besteht die Unternehmensaufgabe im Extremfall nur noch in der Integration zugekaufter Leistungen, so geht das Unternehmen das Risiko ein, sein gewachsenes

Wertsystem und seine Identität zu verlieren. Insofern kann übermäßiges Outsourcing zu einer Gefahr für die Unternehmenskultur werden.

Von besonderer Bedeutung ist schließlich das Risiko eines Know-how-Abflusses beim auslagernden Unternehmen. Wird über mehrere Jahre hinweg aufgebautes Know-how einer Abteilung ausgelagert, so läuft das Unternehmen Gefahr, zentrale Kompetenzen und damit seine Wettbewerbsfähigkeit zu verlieren. Outsourcing findet sich deshalb heute vor allem in Randgebieten wie etwa Reinigungsdienstleistungen, Kantinenbewirtschaftung oder Pförtnerdiensten. Zunehmend werden auch die IT-Abteilung, der Fuhrpark und die Logistik-Abteilung ausgelagert. In vielen Fällen eignen sich hingegen die Bereiche Forschung und Entwicklung, Produktion oder Vertrieb nicht, da die Wettbewerbsvorteile vieler Unternehmen gerade auf diesen Funktionen gründen.

Vor dem Hintergrund der Gefährdung der eigenen Kompetenzen verschließen sich viele erfolgreiche Firmen dem Outsourcing der zuletzt genannten Funktionen. Neben der Qualitätssicherung verfolgen sie damit das Ziel, dauerhafte, nicht von Konkurrenten imitierbare Wettbewerbsvorteile zu schaffen. Denn diese können nur aus dem Unternehmen selbst kommen, nie aus externen Ressourcen, die auch Mitbewerbern zugänglich sind.

Manche Unternehmen gehen sogar so weit, die Maschinen, auf denen sie ihre Endprodukte fertigen, selber herzustellen, da der Wettbewerbsvorsprung gegenüber Konkurrenten nicht allein aus der Endproduktstufe resultiert. Würden Maschinen verwendet, die allen Wettbewerbern zugänglich sind, so wäre dieser Vorsprung rasch dahin. Für Unternehmen, deren Kernkompetenz nicht in der Herstellung, sondern beispielsweise in der Systemintegration liegt, kann das Outsourcing der verschiedenen Stufen des Produktionsprozesses indes durchaus ein probates Mittel darstellen.

Um einen Verlust von unternehmenszentralem Know-how zu vermeiden, ist deshalb darauf zu achten, dass nur solche Leistungen ausgelagert werden, die nicht zum Kerngeschäft zählen. Dieses Tabu brechen indes derzeit viele Produzenten von Mobiltelefonen. Ericsson und Alcatel haben die komplette Handyproduktion an das Unternehmen Flextronics vergeben; Siemens möchte 30 bis 40 Prozent der Geräte von Fremdfirmen produzieren lassen. Auch im Bereich der PC-Herstellung nimmt die Fremdfertigung von Produkten durch Auftragsproduzenten wie Solectron zu. Dabei laufen die auslagernden Unternehmen Gefahr, Know-how zu verlieren, während die Zulieferer entsprechende Kenntnisse aufbauen.

So streben Flextronics und Solectron nach einer Erhöhung ihrer Wertschöpfungstiefe und bieten neben der Fertigung auch die Entwicklung von Prototypen sowie Design- und Vertriebsleistungen an. Dem Unterhaltungselektronikhersteller JVC, der als Zulieferer begonnen hatte, ist es auf diese Weise im Laufe der Zeit gelungen, Konkurrenten aus dem Markt zu verdrängen.

Vor dem Hintergrund negativer Erfahrungen mit dem Outsourcing gehen deshalb manche Unternehmen dazu über, zuvor ausgelagerte Wertschöpfung zu reintegrieren. So lässt sich beispielsweise im Lebensmittelhandel ein Trend zum Backsourcing von Logistikdienstleistungen beobachten. Auch im Bereich Maschinenbau finden sich Beispiele, so z.B. der Automatenhersteller Sielaff, der viele Produktionsschritte wieder an den Stammsitz zurückgeholt hat, um sich dadurch einen Wettbewerbsvorsprung gegenüber Konkurrenten zu verschaffen.

Die alleinige Betrachtung des Themas unter Rationalisierungs- und Kosteneinsparungsaspekten wird damit der Tragweite der Outsourcing-Entscheidung nicht gerecht. Stehen lediglich Kostengründe hinter diesem Schritt und sind zentrale Unternehmensfunktionen davon betroffen, so kann dieses Instrument letztlich mehr Schaden anrichten als Nutzen stiften. Wird Outsourcing hingegen mit Bedacht und mit Blick auf die Konzentration auf Kernkompetenzen eingesetzt, so stellt es eine erfolgversprechende strategische Option dar. Daher sollten Unternehmen statt des »taktischen Outsourcing« auf der Basis eines isolierten Kosten-Leistungs-Vergleichs ein strategisches Outsourcing verfolgen, das auf die Wettbewerbsfähigkeit des Unternehmens insgesamt gerichtet ist.

Balanced Scorecard

Robert S. Kaplan und David P. Norton entwickelten 1990 in Zusammenarbeit mit zwölf Topunternehmen ein neuartiges strategisches Steuerungsinstrument, die so genannte Balanced Scorecard (kurz BSC). Ihr Hauptziel war die Verbesserung existierender Performance-Measurement-Ansätze, bei denen Finanzkennzahlen zu sehr im Mittelpunkt standen. Die zunehmende Komplexität der Unternehmenssteuerung erfordert Instrumente, die neben reinen Finanzkennzahlen auch Messgrößen für andere Erfolgsfaktoren bieten: Perspektiven für Kunden, Märkte, Prozesse und Mitarbeiter müssen stärker berücksichtigt werden. Dieser Forderung kommt die BSC nach.

In Abbildung 31 sind die vier Perspektiven mit den übergeordneten Fragestellungen dargestellt. Insgesamt umfasst die Balanced Scorecard vier Kennzahlenperspektiven, da eine Perspektive allein nicht geeignet ist, eine umfassende Unternehmenssteuerung zu ermöglichen. Diese vier Perspektiven mit den jeweiligen Steuerungsgrößen bilden die wesentlichen Dimensionen eines Unternehmens ab:

- die Beurteilung der Unternehmensleistung aus der Sicht der Kapitalgeber (Finanzperspektive),
- die Beurteilung der Unternehmensleistung aus Kundensicht (Kundenperspektive),
- die Prozessanalyse, d.h. eine Untersuchung, welche Prozesse für das Unternehmen wichtig sind und wie gut sie erbracht werden (Organisations- und Prozessperspektive) und
- Antworten auf die Frage, wie der langfristige Erfolg des Unternehmens sichergestellt wird (Mitarbeiter-, d.h. Wissens- und Entwicklungsperspektive).

Zahlreiche deutsche Unternehmen setzen die Balanced Scorecard ein. Allerdings wird die BSC häufig als erweitertes Kennzahlensystem und

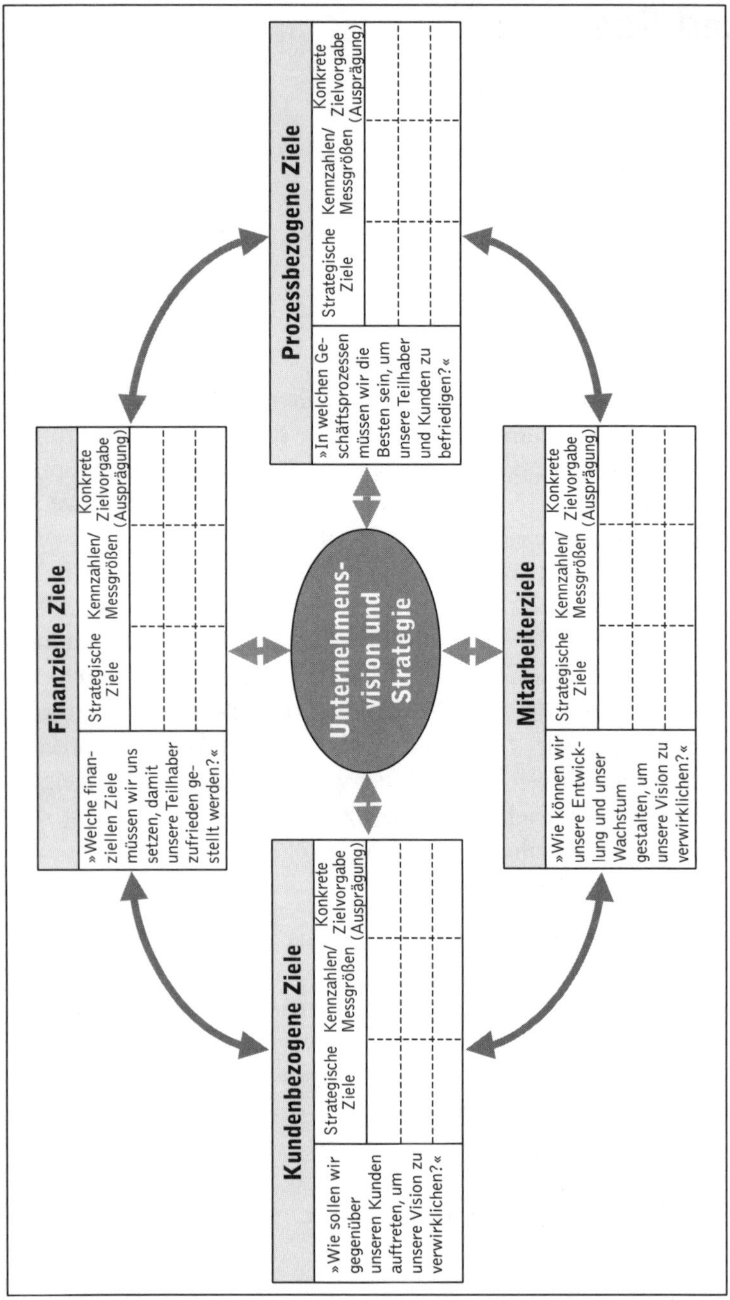

Abbildung 31: Die vier Perspektiven der Balanced Scorecard

Controlling-Tool missverstanden. Die BSC stellt jedoch vielmehr ein Instrument dar, das unter anderem durch die Berücksichtigung von Markt- und Kundensicht die Leistung und Strategie von Unternehmen transparent und den Erfolg der Umsetzung messbar macht. Dabei verbindet die Balanced Scorecard durch die Integration der verschiedenen Perspektiven unterschiedliche Management-Tools (etwa Marktsegmentierung, Prozessanalyse oder Kundenzufriedenheitsmessung), was ihre Bedeutung als strategisches Instrument hervorhebt.

Definition und Zielsetzung

Bei der *Balanced Scorecard* handelt es sich um ein leistungsorientiertes und steuerndes Strategieinstrument, das qualitative und quantitative Kennzahlen aus den vier Perspektiven Finanzen, Kunden/Markt, Prozesse sowie Mitarbeiter zusammenführt. Auf Basis einer klaren Vision werden strategische Ziele aus diesen Perspektiven abgeleitet, in eine kausale Beziehung zueinander gesetzt sowie durch Kennzahlen operationalisiert und messbar gemacht. Der Begriffsbestandteil »Balanced« bezieht sich auf die Ausgewogenheit zwischen kurzfristigen und langfristigen Zielen, monetären und nicht monetären Kennzahlen sowie zwischen externen (z.B. anteilseigner- und kundenbezogenen) und internen (z.B. prozess- und mitarbeiterbezogenen) Messgrößen. Die Ausgewogenheit beruht auf einer ganzheitlichen Betrachtung des Unternehmens, d.h. es werden nicht nur finanzielle, sondern auch nicht-finanzielle Steuerungsgrößen verwendet.

Mithilfe der BSC streben Unternehmen die folgenden Zielsetzungen an:

- Umsetzung der Unternehmensstrategie in messbare Zielgrößen,
- hohe Transparenz und gemeinsames Verständnis der Strategie (Ursache-Wirkungs-Beziehungen) und der strategischen Ziele auf allen Unternehmensebenen,
- hohe Akzeptanz, Motivation und Identifikation bei Mitarbeitern (Förderung der Unternehmenskultur),
- Ermittlung der leistungsorientierten Ergebnis- und Werttreiber,
- verbesserte Kundenbindung,
- Steigerung des Unternehmenswertes,

- effektive und effiziente Marktbearbeitung,
- strategische Investitionssteuerung.

Hauptziel der BSC ist die Umsetzung der Unternehmensstrategie in relevante, messbare Erfolgsfaktoren. Aus den unternehmensspezifischen Zielen werden Steuerungsgrößen und konkrete Maßnahmen abgeleitet. Damit wird auch deutlich, dass die Balanced Scorecard kein Standardtool ist, sondern für jedes Unternehmen individuell entwickelt werden muss.

Darstellung

Zur Entwicklung einer Balanced Scorcard kann wie folgt vorgegangen werden:

1. Entwicklung von Vision und Unternehmensstrategie: Die Vision ist ausschlaggebend für die langfristige Ausrichtung von Unternehmen und sollte vom Topmanagement in Form von langfristigen Zielsetzungen formuliert werden. Folgende Aspekte sind wichtige Bestandteile dieses ersten Schrittes: Analyse vorhandener Visionen und Leitlinien, Berücksichtigung der Historie des Unternehmens, Analyse der aktuellen Geschäftsfelder, der internen Fähigkeiten und zukünftiger Markttrends, Erarbeitung der Anforderungen an die Vision (z.B. klar, einfach, leicht verständlich, herausfordernd) sowie Formulierung und Verabschiedung der Vision durch das Topmanagement.
2. Ableitung und Formulierung der strategischen Ziele für die betrachteten Unternehmenseinheiten: Zunächst sollte das Konzept der BSC erläutert und die zu erreichenden Ziele festgelegt werden. Sinnvollerweise wird die Scorecard für das Gesamtunternehmen erarbeitet und auf dieser Basis die BSCs ausgewählter Unternehmenseinheiten abgeleitet. In einem weiteren Teilschritt werden Vision und Unternehmensstrategie auf messbare Zielgrößen für die betrachtete Organisationseinheit heruntergebrochen. Mithilfe von Workshops und Interviews mit Führungskräften entwickelt man eine Liste von geschäftsspezifischen strategischen Zielen, die dann anhand verschiedener Kriterien bewertet und priorisiert werden. Erfahrungsgemäß sind die intensiven Diskussionen im Management über die Werttreiber im Unternehmen und in den Märkten sowie die sich

daraus ableitenden strategischen Ziele sehr wertvoll. Auch der iterative Prozess bei der Erarbeitung der geschäftsspezifischen Ziele ist von hohem Wert, da er zu einem besseren Verständnis der Strategie führt.

3. Abbildung der Ziele in einem Ursache-Wirkungs-Modell: Die erarbeiteten Ziele gilt es in Ursache-Wirkungs-Ketten abzubilden. Abbildung 32 zeigt exemplarisch ein Ursache-Wirkungs-Modell. Auf diese Weise wird ersichtlich, wie die strategischen Ziele der verschiedenen Perspektiven (Finanzen, Kunde/Markt, Prozesse und Mitarbeiter) aufeinander wirken. Dabei sollte man sich auf eine überschaubare Anzahl an Zielen konzentrieren, um die Komplexität der Strategieentwicklung zu reduzieren.
4. Festlegung der operativen Ziele und Maßnahmen: Nach ihrer Festlegung müssen die strategischen Ziele durch operative Ziele sowie damit verbundene Maßnahmen konkretisiert werden. Ein Beispiel soll dies verdeutlichen: Eine Unternehmenseinheit hat als wichtiges strategisches Ziel die Erhöhung der Kundenbindung (Perspektive Kunde) erarbeitet. Die derzeitige jährliche Wechselrate liegt bei 10 Prozent, d.h. jedes Jahr wechseln 10 Prozent der Kunden zu den Wettbewerbern. Das Management hat das Ziel, die Wechselrate um 20 Prozent zu reduzieren, was einer jährlichen Wechselrate von 8 Prozent entspricht. Dieses Ziel soll durch geeignete Kundenbindungsmaßnahmen erreicht werden. Als eine wichtige Maßnahme hat das Management die Einführung eines Kundenclubs festgelegt, in dem Mitglieder eine Vielzahl an besseren Serviceleistungen erhalten sollen. Hiervon verspricht man sich eine höhere Kundenloyalität und damit Reduktion der Wechselrate.
5. Entwicklung von Kennzahlen zur Messung des Erreichungsgrades dieser Ziele: Große Sorgfalt sollte das Management bei der Definition der einzelnen Kennzahlen zur Messung der operativen Ziele aufwenden. Kennzahlen müssen eindeutig definiert und objektiv messbar sein. Ihre Entwicklung sollte systematisch mithilfe einer Anforderungscheckliste (objektive Messbarkeit, Klarheit der Definition, Erhebungsaufwand) erfolgen. Es muss klar sein, wer die Kennzahl misst. Wichtig ist auch, auf eine einfache Gewinnung der Daten zu achten. Diese sollten ohne großen Aufwand aus den vorhandenen DV-Systemen übernommen werden.
6. Entwicklung eines Umsetzungsplans und Feedback-Prozesses: Diesem letzten Schritt kommt eine entscheidende Bedeutung zu, denn er

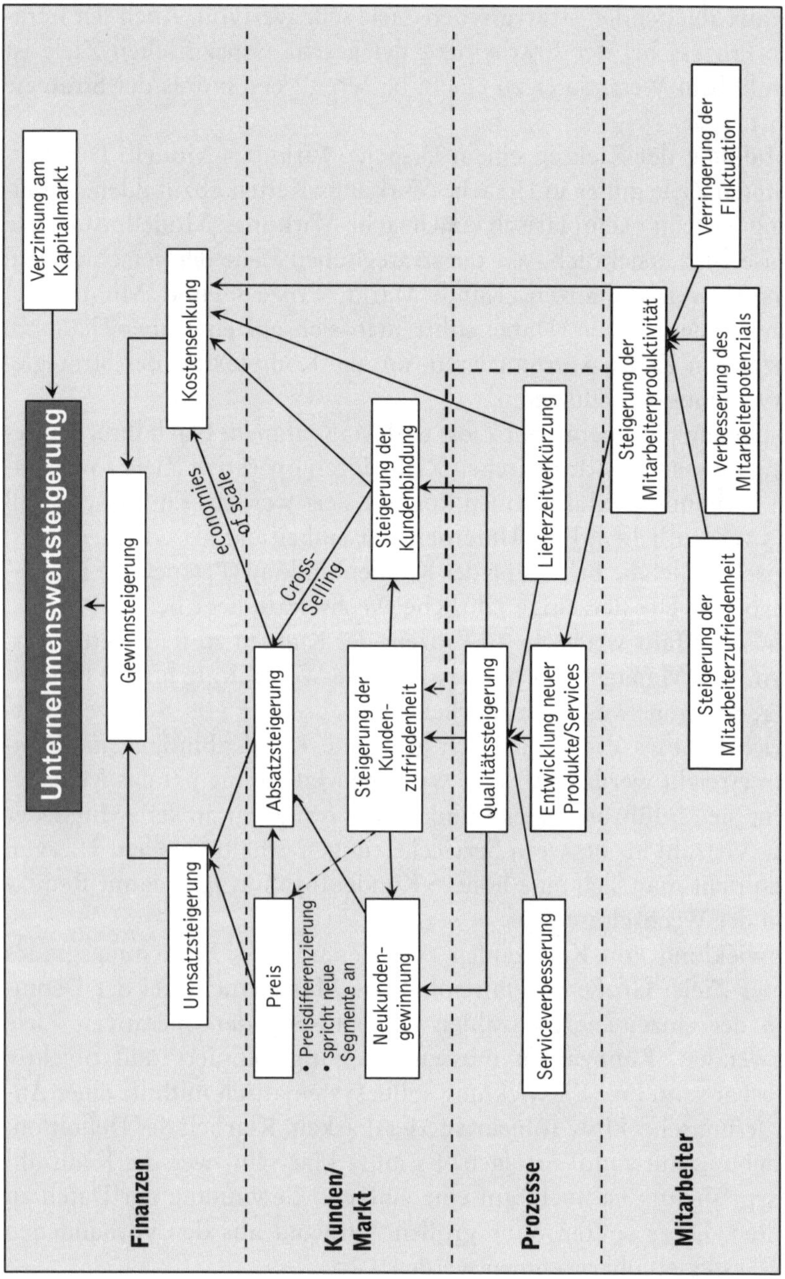

Abbildung 32: Ursache-Wirkungs-Modell

bewirkt die Verzahnung von Strategie und Umsetzung. Die entwickelten Ziele und Messgrößen der verschiedenen Perspektiven sowie die erarbeiteten konkreten Maßnahmen zur Zielerreichung müssen in einem Umsetzungsplan zusammengeführt werden. Folgende Aspekte müssen hierbei berücksichtigt werden: Benennung von Mitarbeitern, die für die Ziele, die Maßnahmen und die Messung der Ziele verantwortlich sind; Festlegung von Zeiten (z.B. bis wann eine bestimmte Maßnahme umzusetzen ist); Erfassung und Analyse der Zielabweichung (Soll-Ist-Vergleich); Erhebung und Analyse der Strategie- und Zielauswirkung. Insbesondere ist darauf zu achten, dass es zu einer Konsensbildung zwischen Mitarbeitern, Scorecard-Verantwortlichen und Topmanagern kommt. Die erarbeitete Scorcard sollte folglich gemeinsam verabschiedet werden. Ist dies erfolgt, gilt es, die Inhalte der Scorecards in die Informationstechnologie zu integrieren. Das Ergebnis ist ein Instrument, das die Führungskräfte zur Steuerung und Umsetzung der wichtigsten strategischen Ziele heranziehen.

Umsetzung

Im Rahmen der von uns betreuten Einführungen der BSC in Unternehmen verschiedener Branchen ergaben sich folgende strategische Verbesserungen:

- Umsetzung von Vision und Strategie in klar messbare Zielgrößen: Das Topmanagement erarbeitete eine Vision, die als Basis für das Ableiten der strategischen Hauptziele des Unternehmens diente. Dabei konzentrierte man sich in der Regel auf insgesamt 16 Ziele – je vier Ziele pro Perspektive – und reduzierte hierdurch die Komplexität der Strategieentwicklung erheblich.
- Balance zwischen finanzwirtschaftlichen, internen und marktbezogenen Kennzahlen: Diese Ausgewogenheit von internen und externen Steuerungsgrößen ist ein Kernaspekt der BSC. Nicht mehr ausschließlich finanzwirtschaftliche Kennzahlen standen fortan im Mittelpunkt der Unternehmenssteuerung.
- Hohe Transparenz und gemeinsames Verständnis der strategischen Ziele: Durch intensive Diskussionen im Management über die Werttreiber in der Branche und im Unternehmen erzielte das Management

einen breiten Konsens über die wichtigsten Ziele und Steuerungsgrößen. Diese Transparenz verbesserte das gemeinsame Verständnis über die Wechselwirkungen zwischen den jeweiligen Zielgrößen – ein sehr wichtiges Ergebnis des BSC-Prozesses.

- Hohe Akzeptanz, Motivation und Identifikation bei Mitarbeitern: Aufgrund der zahlreichen Diskussionen in den verschiedenen Management-Workshops stießen die Scorecards auch auf eine hohe Akzeptanz bei den Mitarbeitern – was letztlich eine offenere Unternehmenskultur förderte.
- Erhöhte Kundenbindung: Ein wichtiges strategisches Ziel (Perspektive Kunde) war die Erhöhung der Kundenbindung. Die Wechselrate konnte durch geeignete Maßnahmen signifikant reduziert werden. Dies führte zu einer Steigerung des Unternehmenswertes.
- Strategische Lerneffekte sowie kontinuierliches Feedback: Stand und Ergebnisse der einzelnen Maßnahmen müssen permanent kommuniziert werden. Das Management kann somit bei Bedarf gegensteuern. Dieser Feedback-Prozess und die damit einhergehenden Lerneffekte sind essentielle Bestandteile für eine erfolgreiche Umsetzung.

Um das Konzept der Balanced Scorecard erfolgreich zu implementieren, müssen neben Finanzanalyse-Tools auch »weiche«, qualitative Methoden eingesetzt werden. Hierzu zählen u. a. Vision-/Strategie-Workshops, Interviews mit Mitarbeitern, Innovation-Circles, Fokusgruppen oder Prozessanalysen. Durch diese Tools wird das Management bei der Ermittlung der wichtigsten Steuerungsgrößen unterstützt. Entscheidend für den Erfolg ist das Commitment aller beteiligten Unternehmenseinheiten, allen voran des Topmanagements. Hier sind anfangs oft »Barrieren in den Köpfen« zu überwinden, andere als die »althergebrachten« Steuerungsgrößen zu verwenden. Der Nutzen der BSC zeigt sich jedoch erst dann, wenn genau dieser Schritt gelingt und ein grundlegend geänderter Prozess der Strategiefindung und -implementierung einsetzt.

Dass die Balanced Scorecard trotz der oben aufgezeigten Vorteile gelegentlich scheitert, liegt unserer Erfahrung nach meist an folgenden Faktoren:

1. Fehlendes Know-how zur Steuerung des komplexen BSC-Prozesses (etwa Vision- und Strategieentwicklung, Auswahl der Ziele, Festlegung der Maßnahmen und Verantwortlichkeiten).
2. Mangelnde Akzeptanz und Commitment bei Mitarbeitern und beim Topmanagement.

3. Fehlen einer validen Datenbasis über Kunden und Märkte (z. B. Preisbereitschaften, Präferenzen, Segmentgrößen). Somit können keine fundierten strategischen kunden- und marktbezogenen Ziele abgeleitet werden.
4. Verabschiedung von Zielen, die unrealistisch sind und nicht erreicht werden können.
5. Ungeklärte Verantwortlichkeit für die erarbeiteten Ziele und Maßnahmen, sodass keine Ziel- und Strategiesteuerung stattfinden kann.
6. Fehlen eines Review-Prozesses, sodass kein Soll-Ist-Vergleich und keine Analyse für ein Scheitern der Ziele vorgenommen werden können.
7. Fehlende oder falsche Incentivierung der Mitarbeiter zum Erreichen der erarbeiteten Ziele.

Nur wenn diese Probleme bei der Umsetzung gelöst werden, realisiert der Anbieter mithilfe der Balanced Scorecard die obigen strategischen Verbesserungen.

Investor Marketing

An den Börsen ist weltweit ein intensiver und ständig steigender Wettbewerb um Investoren und Kapital festzustellen. Auf der einen Seite suchen zwar Investoren weltweit Anlagemöglichkeiten für immer größer werdende Kapitalvolumina. Auf der anderen Seite hat in den letzten Jahren die Nachfrage nach Finanzmitteln an den internationalen Finanzplätzen deutlich zugenommen. Dies äußert sich etwa in der hohen Zahl von Börsengängen und einer steigenden Zahl von Anleihen. Auch die bereits im Markt befindlichen Aktiengesellschaften versuchen, Kapitalerhöhungen zu platzieren und ihren Börsenkurs zu steigern. Sie tragen so zu einer weiteren Verschärfung des Wettbewerbs bei.

Diese Entwicklung macht deutlich, dass es zunehmend wichtiger wird, das Unternehmen in diesem Wettbewerb erfolgreich zu positionieren.

Im internationalen Vergleich sind deutsche Aktien immer noch deutlich unterbewertet. Dies zeigt die Bewertung der größten Unternehmen in verschiedenen Branchen in Deutschland und den USA. So waren im Frühjahr 2002 die DAX-Werte Metro mit insgesamt 12,5 Mrd. Euro, Bayer mit 28,4 Mrd. Euro, Deutsche Bank mit 45,6 Mrd. Euro und Siemens mit insgesamt 66,6 Mrd. Euro börsenkapitalisiert, während die Dow-Jones-Werte Wal-Mart mit 301,6 Mrd. Euro, Merck mit insgesamt 148,6 Mrd. Euro, Citigroup mit 289,6 Mrd. Euro und General Electric mit 421 Mrd. Euro bewertet wurden (Die Werte beziehen sich jeweils auf den 2. April 2002. Quellen: comdirect.de und nyse.com). Aus ausländischer Sicht stellen deutsche Unternehmen daher sehr günstige Angebote dar. Die besonders im Vergleich zu amerikanischen Unternehmen geringere Börsenbewertung gilt übrigens auch, wenn man den Börsenwert auf das Geschäftsvolumen, d.h. den Umsatz bezieht. Investor Marketing ist eine verhältnismäßig junge Disziplin. Noch vor wenigen Jahren löste die Frage nach dem Aktienkurs bzw. der Börsenbewertung eines

Unternehmens eher ein Kopfschütteln oder ein Zeichen von Desinteresse aus – übrigens auch auf Vorstandsebene. Diese Situation hat sich jedoch in den letzten Jahren grundlegend verändert.

Aktien werden zunehmend als Akquisitionswährung bei großen Joint Ventures oder Fusionen eingesetzt. Bei einer niedrigen Börsenbewertung des Unternehmens fehlt in dieser Situation somit die notwendige Akquisitionswährung. Mit einer niedrigen Börsenbewertung steigt auch das Risiko der Übernahme. Verschiedene Übernahmeschlachten in der jüngsten Vergangenheit zeigen das starke Gefährdungspotenzial für deutsche Unternehmen sehr deutlich (z. B. Mannesmann – Vodafone, Klöcknerwerke – WCM, FAG Kugelfischer – Ina Wälzlager). Diese Beispiele zeigen, dass selbst eine kurzfristige Unterbewertung zu einer Gefährdung der eigenständigen Position des Unternehmens und zu Übernahmeversuchen führen kann.

Als weitere Konsequenz einer zu niedrigen Börsenbewertung ist der Ärger mit Führungskräften bzw. Mitarbeitern zu nennen. In vielen Fällen beruhen Incentives oder variable Vergütungen auf dem Unternehmenswert bzw. der Bewertung der Aktie. In Zeiten rückläufiger Börsenbewertungen führt dies zu großer Unzufriedenheit.

Definition und Zielsetzung

Ein professionelles *Investor Marketing* bedeutet, sich systematisch in die Position des Investors im Sinne eines Kunden des Unternehmens zu versetzen. Es ist ein mittel- und langfristiger Ansatz mit dem Ziel, die Attraktivität des Unternehmens bzw. der Aktien aus Sicht der Investoren zu erhöhen. Angesichts der großen Zahl von Unternehmen wird eine hohe Attraktivität aus Sicht des Marktes, d. h. der Investoren, immer wichtiger für das Unternehmen bzw. die Aktie. Während im Produkt- und Dienstleistungsbereich schon vor einigen Jahrzehnten systematisch mit dem Einsatz von Marketingstrategien und -instrumenten begonnen wurde, sind diese Ansätze und Gedanken bezüglich des Unternehmens noch sehr neu. Die bisher in den Unternehmen hauptsächlich eingesetzten Investor-Relations- und Public-Relations-Funktionen und -Kampagnen sind zwar wichtiger Teil des Investor Marketing. Gleichzeitig geht Investor Marketing weit über diese Funktionen hinaus.

Bei der Entwicklung der Investor-Marketing-Strategie handelt es sich um einen komplexen Prozess (siehe Abbildung 33). Ausgangspunkt ist die Unternehmensstrategie. Ein dauerhafter Erfolg an der Börse setzt voraus, dass das Unternehmen hinsichtlich der Produkte, der Marktposition und der Kosten wettbewerbsfähig und profitabel ist. Darüber hinaus ist es erforderlich, das Unternehmen bei den Investoren professionell zu vermarkten und zu positionieren. Hierzu ist eine Strategieentwicklung notwendig, die ähnlich professionell erfolgen muss wie im Produkt- oder Dienstleistungsbereich, dem eigentlichen Kerngeschäft des Unternehmens. Investor Marketing beinhaltet sowohl die Ausrichtung der Strategie auf die langfristigen Interessen der Investoren als auch die effektive Vermarktung dieser Strategie.

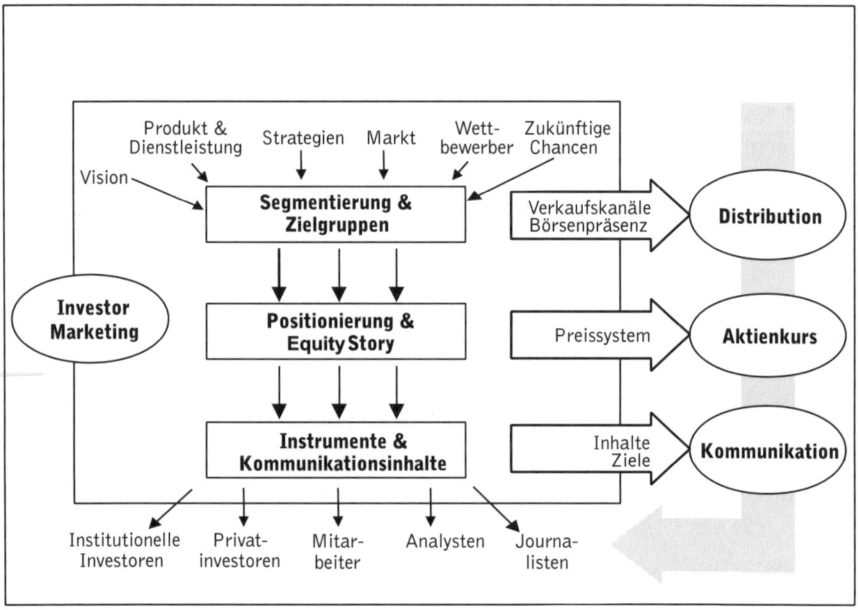

Abbildung 33: Elemente des Investor Marketing

Ziel ist eine faire Bewertung des Unternehmens an der Börse. Dies bedeutet nicht, kurzfristige Erfolge oder Blasen zu generieren, aber doch eine möglichst hohe Bewertung im Vergleich zu anderen Unternehmen zu realisieren. Idealerweise wird für das Unternehmen bzw. die Aktie ein Premium vom Markt bezahlt, ähnlich wie dies bei Markenprodukten realisiert werden kann.

Darstellung

Für die Erarbeitung der Investor-Marketing-Strategie sollten die folgenden Inhalte bzw. Arbeitsbereiche berücksichtigt werden:

- Bestimmung der relevanten Zielgruppen,
- Unternehmensstrategie, Equity Story und Positionierung,
- richtiger Einsatz der Instrumente des Investor Marketing.

In den nachfolgenden Abschnitten werden diese wichtigen Bereiche des Investor Marketing näher erläutert.

Bestimmung der relevanten Zielgruppen

Im Produkt- oder Dienstleistungsmarketing für das Kerngeschäft des Unternehmens gibt es in der Regel eine Vielzahl von Untersuchungen zu den bedienten Marktsegmenten, den Kundenprofilen, den Anforderungen der Kunden etc. Diese Informationen haben sich zu einer wichtigen Basis in Marketing und Vertrieb entwickelt. Im Vergleich zum Kerngeschäft verfügt das Investor Marketing heute über deutlich weniger Informationen zu den Zielgruppen und ihren Anforderungen. Diese Informationen sind allenfalls rudimentär vorhanden und beschränken sich häufig auf grobe prozentuale Angaben über die Verteilung der Aktionärsstruktur. Lediglich zu wichtigen Investoren oder Analysten liegen detailliertere Informationen vor.

Bei den für das Investor Marketing relevanten Zielgruppen werden Finanzanalysten, vorhandene und potenzielle institutionelle Investoren, Vertreter der Wirtschaftspresse, vorhandene und potenzielle private Aktionäre, die eigenen Mitarbeiter, Vermögensverwalter, Geschäftspartner und politische Repräsentanten unterschieden. Diese Segmentierung, die eine relativ gängige Unterscheidung der Zielgruppen darstellt, ist für die Zukunft noch zu ungenau. Als Beispiel sei die Gruppe der potenziellen institutionellen Investoren genannt. Diese setzt sich aus einer Reihe von Investoren mit sehr unterschiedlichen Zielsetzungen zusammen (z.B. Value-Investoren, Wachstumsinvestoren etc.).

In der Vergangenheit haben sich die Investor-Relations-Bemühungen vornehmlich auf die Großinvestoren, Banken und ausgewählte Analysten konzentriert. Die Bearbeitung dieser Zielgruppen im Sinne einer klassischen Push- und Pull-Strategie wird für die Zukunft nicht mehr ausreichend sein. Zukünftig wird vor allem der Pull-Ansatz deutlich an Bedeutung gewinnen. In Abbildung 34 sind diese beiden Ansätze dargestellt.

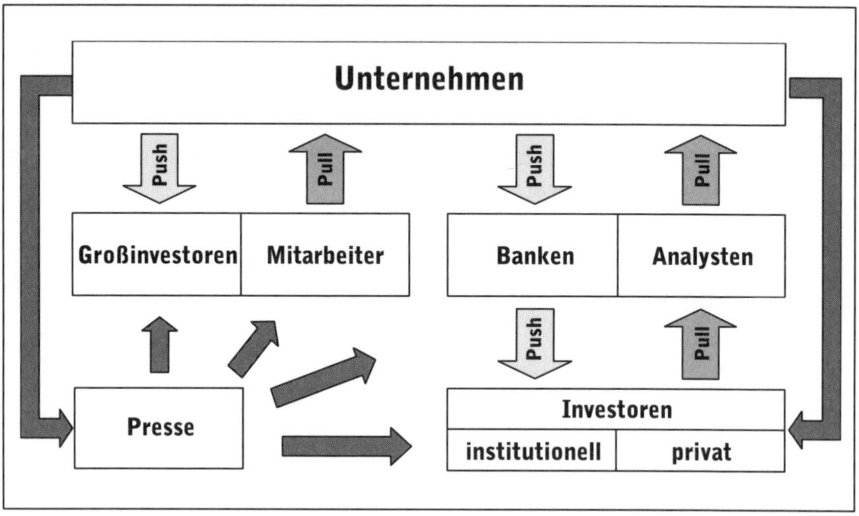

Abbildung 34: Push- und Pull-Strategie des Investor Marketing

Viele börsennotierte Unternehmen möchten in der Zukunft auch den Anteil der Privatinvestoren und Retail-Aktionäre erhöhen, um unabhängiger von den großen institutionellen Investoren zu werden. Besonders im Hinblick auf diese Zielsetzung ist es wichtig, geeignete Pull-Strategien gegenüber Privatinvestoren, Analysten und Mitarbeitern zu entwickeln. Für den Erfolg der Investor-Marketing-Strategie bei den unterschiedlichen Zielgruppen ist es wichtig zu wissen,

- welche Erwartungen die Investoren in den einzelnen Segmenten an das Investment haben;
- wie gut das eigene Unternehmen in Bezug auf diese Erwartungen gesehen wird (hierbei kommt es auf die Wahrnehmung der (potenziellen) Investoren an – nicht nur auf die realen Zahlen);
- wie das Unternehmen in der Wahrnehmung der Investoren absolut gesehen wird, aber auch im Verhältnis zu anderen Unternehmen oder Investmentmöglichkeiten;

- wie Aktionäre bzw. Nichtaktionäre beeinflusst werden können;
- wie heute bereits durchgeführte Maßnahmen wirken und welche weiteren Instrumente darüber hinaus eingesetzt werden sollten.

Um diese Informationen zu erhalten, ist es notwendig, Untersuchungen bei den für das Unternehmen relevanten Zielgruppen vorzunehmen. Hierbei sollte mit ausgewählten Investoren intensiv ihre Erwartungshaltung gegenüber dem Unternehmen und ihre Bewertung der Unternehmensleistungen diskutiert werden.

Auf Basis dieser Informationen kann sehr genau eine Marketingstrategie für den Investormarkt entwickelt werden. Es können Prioritäten für bestimmte Segmente festgelegt und diese Segmente mit besonders wirksamen Instrumenten bearbeitet werden. So wie es in der Vergangenheit erfolgreiche Unternehmen geschafft haben, sich bei bestimmten Kundengruppen eindeutig zu positionieren und für diese Kunden klare Wettbewerbsvorteile zu bieten, wird es auch in der Zukunft erfolgreiche Unternehmen geben, die diese Wettbewerbsvorteile aus Sicht der Investoren am Kapitalmarkt erreichen.

Unternehmensstrategie, Equity Story und Positionierung

Bisher wurde die Positionierung eines Unternehmens im Kapitalmarkt sehr stark durch den Gewinn oder andere Finanz- bzw. Ergebniskennzahlen bestimmt. Dave O. Ulrich beschreibt deutlich den Wandel der vergangenen Jahre. War der Gewinn 1980 noch für 90 Prozent der Börsenbewertung eines Unternehmens verantwortlich, so sind es heute gerade mal noch 50 Prozent. Das bedeutet, dass weitere Faktoren als Werttreiber des Börsenkurses hinzugetreten sind. Damit steigen auch die Möglichkeiten und Chancen zur Positionierung des Unternehmens. Entscheidend ist allerdings immer die Wahrnehmung des Unternehmens aus der Sicht potenzieller Anleger. Aktien müssen sich von anderen differenzieren, als Anlage attraktiv erscheinen und eine hohe Kaufpräferenz erzeugen.

Das zentrale inhaltliche Element der Investor-Marketing-Strategie ist die Equity Story, die auf der Unternehmensstrategie basiert. Deren Hauptaufgabe ist es, die Strategie und die Wettbewerbsvorteile des Unternehmens in die »Sprache« der Investoren, Analysten und Multiplikatoren zu übersetzen. Die Equity Story muss das Unternehmen an die Investoren regelrecht »verkaufen«. Dabei muss sie vor allem die Potenziale des Unternehmens sowie der Aktie klar und nachvollziehbar darstellen. Die Equity Story und die Unternehmensstrategie bilden den Kern jeder Investor-Marketing-Strategie.

Zur Illustration werden einige Beispiele näher beleuchtet. Nokia hat seine klare strategische Neuausrichtung in rasantem Tempo umgesetzt. Hatte das Unternehmen vor zehn Jahren noch eine Vielzahl von Geschäftsfeldern (z.B. Unterhaltungselektronik, Datentechnik, Kabel- und Maschinenbau, etc.), hat es heute seine Kernkompetenzen im Geschäftsfeld Mobiltelefone. Dort gilt Nokia auch als Marktführer. Eine Positionierung, die das Investor Marketing konsequent kommuniziert. Ein weiteres Beispiel für den erfolgreichen Einsatz von Investor Marketing ist die Firma Balda, die als Hersteller von Kunststoffteilen einer weniger attraktiven Branche angehört. Balda hat es jedoch als Produzent von Gehäusen für Mobiltelefone geschafft, sich als Lieferant für die Telekommunikationsindustrie zu positionieren. Diese Positionierung ermöglicht es, eine deutlich höhere Börsenbewertung zu realisieren.

Infineon Technologies hatte, als es noch ein Teil des Siemens-Konzerns war, einen Anteil von 6 Prozent am Umsatz und 2,8 Prozent am Gewinn im Geschäftsjahr 1999. Die Geschäftsfelder und die Ertragskraft dieses Unternehmensteils waren dem breiten Publikum weitgehend unbekannt. Die Börseneinführungskampagne hat jedoch sowohl den Geschäftsfeldern als auch dem bis dato noch nicht geführten Firmennamen Infinion eine ausgesprochen hohe Bekanntheit verschafft. Darüber hinaus ist es gelungen, das Unternehmen als Teil der attraktiven High-Tech-Industrie zu positionieren und so den Wert erheblich zu steigern. Heute erreicht die Tochtergesellschaft Infineon Technologies etwa 20-25 Prozent der Börsenkapitalisierung des Mutterunternehmens Siemens.

Instrumente des Investor Marketing

Aufbauend auf der Positionierung und der Equity Story stehen zahlreiche Instrumente für das Investor Marketing zur Verfügung. Diese lassen sich angelehnt an die klassische Unterteilung der Marketing-Mix-Elemente in Kommunikation-, Produkt-, Preis- und Distributionsinstrumente einteilen, die weit über die heute eingesetzten Investor-Relations- und Finanzmarketing-Instrumente hinausgehen.

Eine systematische zielgruppenorientierte Kommunikation muss auf die gegenwärtige Position im Prozess der Investitionsentscheidung abgestimmt sein. Hierbei werden die Stufen Bekanntheit, Interesse, Besitzwunsch und Kauf der Aktien eines Unternehmens unterschieden. Die Inhalte der Kommunikation definieren sich durch das »Produkt« selbst bzw. das Unternehmen. Preisinstrumente dienen der Gewinnung von Investoren, wie etwa Frühzeichner- oder Privatanlegerrabatte. Durch die eingesetzten Distributionsinstrumente soll eine optimale Platzierung der Aktien in verschiedenen Regionen, Kapitalmärkten und bei unterschiedlichen Zielgruppen erreicht werden. Abbildung 35 gibt einen Überblick und fasst die wichtigsten Investor-Marketing-Instrumente zusammen.

Abbildung 35: Instrumente des Investor Marketing

Umsetzung

Grundsätzlich lässt sich Investor Marketing in zwei Situationen der unternehmerischen Praxis einsetzen. Zum einen handelt es sich dabei um die Einführung des Unternehmens oder einzelner Tochtergesellschaften an der Börse (IPO = Initial Public Offering). Zum anderen spielt Investor Marketing bei der laufenden Kurspflege eine entscheidende Rolle.

Wie das Beispiel der Infineon Technologies zeigt, bieten sich bei einem IPO eine Reihe von Möglichkeiten, Investor-Marketing-Ansätze konsequent umzusetzen, die deutlich über die klassischen Investor-Relations-Aktivitäten hinausgehen. So setzte die Deutsche Post World Net bei ihrem Börsengang neben Frühzeichnerrabatten und Privatanlegernachlässen auch eine Koppelung der Aktie mit einem Produkt der Tochtergesellschaft Postbank ein. Bei der Eröffnung eines Depots bei der Postbank gab es eine Aktie der Deutsche Post AG gratis dazu. Noch heute setzt die Post die Gottschalk-Brüder in Werbekampagnen für ihre Aktie ein, ein Beispiel, das dem erfolgreichen Einsatz von Manfred Krug bei T-Mobil folgt.

Die permanente Herausforderung für jedes börsennotierte Unternehmen ist jedoch die laufende Kurspflege. Das Interesse, die Erwartungen, die Anforderungen und die Bewertungen der Investoren sind ständig zu überprüfen. Adäquate Instrumente sind in Abhängigkeit der verschiedenen Situationen zu bewerten und einzusetzen. Dabei ist vor allem das Angebot an und die Nachfrage nach Aktien gezielt zu steuern.

Die Nachfrage nach Aktien wird allgemein aus drei Quellen gespeist:

- den heutigen Aktionären, die weitere Aktien kaufen,
- den heutigen Nichtaktionären, die erstmals Aktien des Unternehmens kaufen,
- dem Unternehmen selbst mit dem Rückkauf von eigenen Aktien.

Das Angebot von Aktien ergibt sich hingegen nur aus zwei Quellen: Zum einen das Unternehmen, das durch die Neuemission oder den Verkauf gehaltener Aktien das Angebot speist. Zum anderen die heutigen Aktionäre, die ihre Aktien wieder verkaufen. Beim IPO fällt die zweite Angebotsquelle ganz weg.

Hier müssen dynamische Aspekte berücksichtigt werden. Dabei ist es wichtig, sowohl die Erstkaufrate als auch die Wiederkaufrate bzw. die Haltedauer in gleicher Weise zu erhöhen. Die Erfahrungen des »eCrash«, des Zerplatzens der Internetaktien-Blase hat gezeigt, dass allein hohe Erstkaufraten nicht ausreichen, um eine faire Börsenbewertung auf langfristige Sicht zu sichern, wenn nicht auch das langfristige Vertrauen der Anleger erreicht werden kann. Entscheidend für eine dauerhaft gute Börsenbewertung ist es deshalb, beide Aspekte, den Erstkauf und den Wiederkauf bzw. die Haltedauer, gleichermaßen zu berücksichtigen und zu steuern.

Organisatorisch bedeutet dieses Aufgabenspektrum für die Investor-Relations-Abteilung nicht nur eine personelle, sondern auch eine inhaltliche Aufwertung. Die professionell erarbeitete Investor-Marketing-Strategie unterstützt und verbessert so die Investor Relations. Ziel dabei ist es, den Nutzen für die Investoren und damit den Börsenwert auf ein faires Niveau zu steigern.

Dies lässt sich wie folgt zusammenfassen:

1. Investor Marketing ist die strategische Herausforderung der kommenden Jahre für alle börsennotierten Unternehmen. Es folgt einem radikalen Marketingansatz, wobei der Investor quasi als Kunde im Mittelpunkt steht.
2. Die Grundlage für eine erfolgreiche Investor-Marketing-Strategie bilden dabei eine optimierte Informationsbasis sowie die Kenntnis der Anforderungen und Interessen der Investoren. Dabei sind die Identifikation von Zielgruppen und die entsprechende strategische Positionierung entscheidend.
3. Investor Marketing setzt die Konzepte der Positionierung, Equity Story, Segmentierung, Zielgruppen- und Marketing-Mix-Elemente konsequent für die Kapitalmärkte um.
4. Aufgabe des Investor Marketing ist es, sowohl die Nachfrage nach Aktien als auch das Angebot an Aktien zu steuern, da diese beiden Bestimmungsgrößen für den Aktienkurs verantwortlich sind.
5. Heute werden die Instrumente, von denen das Investor Marketing eine ganze Reihe bietet, nur unzureichend und noch nicht effektiv und effizient genug eingesetzt.
6. Der ganzheitliche Prozess des Investor Marketing geht weit über heutige Investor Relations und Finanzkommunikation hinaus und stärkt diese nachhaltig.

Investor Marketing unterstützt auf diese Weise die Investor Relations des Unternehmens erfolgreich bei einem Börsengang und der laufenden Kurspflege. Kurspotenziale lassen sich so optimal ausschöpfen und stellen eine langfristige faire Bewertung des Unternehmens an den Kapitalmärkten sicher.

Polaritätsmanagement

In der Strategie gibt es anders als bei operativen Problemen selten eindeutig optimale Lösungen. Ein wichtiger Aspekt der Strategiekunst des Führens besteht darin, scheinbar Unvereinbares unter einen Hut zu bringen. Permanent müssen in der Strategie Kompromisse zwischen sich widersprechenden Polaritäten gefunden werden. Wird eine Aufgabe besser zentral oder dezentral angesiedelt? Welches Gewicht soll man der Ökologie gegenüber der Ökonomie zumessen? Sollen die Techniker oder die Marketingleute bei der Neuproduktentwicklung das letzte Wort haben? Manager stehen ständig vor solchen Widersprüchen und müssen eine Lösung finden.

Diese wiederkehrenden Dilemmata erklären die Sehnsucht vieler Führungskräfte nach einfachen Rezepten. Die Managementliteratur ist nur zu gerne bereit, diesem Bedürfnis zu entsprechen. Je nachdem, was gerade en vogue ist, werden simplizistisch-einseitige Verhaltensregeln angedient. Je dezentraler, je kundenorientierter, je schneller, je ökologischer, desto besser, heißt es dann. Häufig treten die Rezepte auch in Form des sich ausschließenden »Entweder-oder« auf: entweder Kosten oder Leistungsdifferenzierung, entweder Preis oder Qualität, entweder top-down oder bottom-up. Doch diese einseitigen Lösungen sind selten adäquat, vielmehr muss ein Ausgleich zwischen den sich scheinbar widersprechenden Polen gefunden werden.

Definition und Zielsetzung

Unter *Polaritätsmanagement* verstehen wir den Umgang mit sich widersprechenden strategischen Aspekten. Das können Ziele (z. B. Gewinn vs. Wachstum), Organisationsmerkmale (z. B. zentral vs. dezentral) oder prioritäre Orientierungen (z. B. Technik- vs. Kundenorientierung) sein.

Selten ist die Festlegung auf einen Pol einer solchen Polarität sachgerecht und optimal. Der Grund liegt darin, dass beide Pole Vor- und Nachteile haben. Nehmen wir beispielsweise die Polarität Zentralisierung vs. Dezentralisierung, wie sie in Abbildung 36 dargestellt ist.

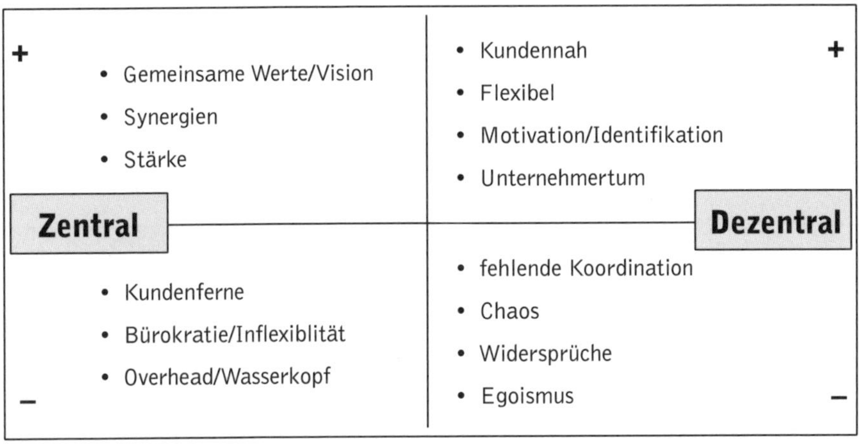

Abbildung 36: Die Polarität zentral – dezentral

Zentralisierung fördert die Durchsetzung einer gemeinsamen Vision, die Realisierung von Synergien, die bessere Nutzung von Ressourcen; treibt man sie allerdings zu weit, erzeugt sie Kundenferne, Inflexibilität und bürokratische Wasserköpfe. Die typische Antwort auf solche Nachteile ist eine massive Dezentralisierung, um deren Vorteile wie Kundennähe, Motivation oder Unternehmertum zu erreichen. Geht man auch hier wieder zu weit, sind Koordinationsmängel, Chaos, Widersprüche und egoistisches Verhalten der dezentralen Einheiten die Folge. Das führt zu erneuter Zentralisierung mit den bekannten Folgen. Die Reorganisationsmaschinerie kommt nie zum Stillstand. Ständig pulsiert sie zwischen den extremen Polen.

Ähnliches gilt für Technik- vs. Kundenorientierung. Diese Polarität und ihre Auswirkungen sind in Abbildung 37 veranschaulicht.

Wiederum haben diese polaren Orientierungen ihre jeweiligen Vorteile, mit deren Realisierung oder Überbetonung man sich jedoch zwangsläufig bestimmte Nachteile einhandelt.

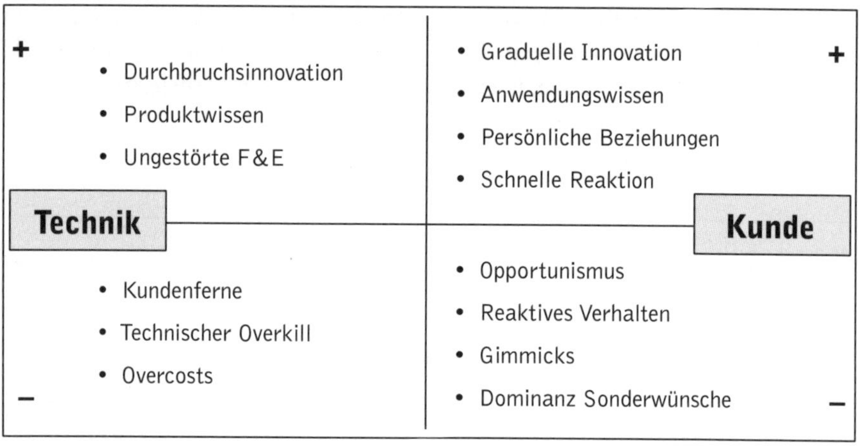

Abbildung 37: Die Polarität Technik – Kunde

Darstellung

Aufgabe des Polaritätsmanagements ist es, einen sinnvollen Ausgleich zwischen den Polen zu finden. Es handelt sich hierbei eher um ein Instrument der Bewusstmachung als der eigentlichen Lösung. Denn bezüglich des Polaritätsdilemmas gibt es keine dauerhaft gültige Lösung, zumindest keine eindeutige oder keine vom »Entweder-oder«-Typ. Es ist eine Illusion, dass sich die Regelung solcher Gegensätze klar, zweifelsfrei und längerfristig stabil bestimmen ließe. Es wird eine Grauzone bleiben. Diese lässt sich nur über ein gemeinsames Verständnis, eine von den jeweiligen Protagonisten akzeptierte Unternehmenskultur managen. Ein Problem, das heute dezentral erledigt wird, muss morgen vielleicht von der Zentrale an sich gezogen werden. Es kann sinnvoll sein, heute der Technik und morgen dem Marketing bei einem neuen Produkt das Übergewicht zu geben, je nach Situation. Das funktioniert nur, wenn Abschied genommen wird von simplizistischem Schwarzweißdenken, von der Illusion, es gäbe eine einzig-ewige Wahrheit. Die Strategie muss mit diesem hohen Grad an Unbestimmtheit leben.

Häufig nützt es, die Gegensätze anders zu interpretieren. Hermann Hesse sagt dazu: »Unsere Bestimmung ist, die Gegensätze richtig zu erkennen, erstens nämlich als Gegensätze, dann aber als Pole einer Einheit.« Ähnlich versuchte der Physiker Niels Bohr das von ihm entdeckte Gesetz der Komplementarität zu beschreiben: »Contraria non contradictoria, sed complementa sunt« (Die Gegensätze widersprechen sich nicht, sondern ergänzen sich gegenseitig). Solche Einsichten können in der Bewältigung der Polaritäten weiterhelfen und bei den Beteiligten Verständnis sowie Kompromissbereitschaft schaffen.

Am Beispiel der Technik- und Marktorientierung sei dies diskutiert. Sind diese Orientierungen, wie gewöhnlich behauptet wird, wirklich Gegensätze? Oder bilden sie zwei sich ergänzende Dimensionen? Ohne Zweifel überwiegt bei den meisten Großunternehmen eine der beiden Ausrichtungen, sie sind entweder technik- oder marktorientiert. Man findet aber auch Firmen, die gleichermaßen technik- wie marktorientiert sind. Hierzu zählt zum Beispiel die Mehrheit der »Hidden Champions«, das sind wenig bekannte mittelständische Weltmarktführer. Diese Weltklassefirmen schaffen es, Technik und Markt gleichgewichtig unter einen Hut zu bringen. Allein diese Leistung erklärt einen Großteil ihrer Erfolge. Großunternehmen sind hingegen zu mehr als 80 Prozent entweder

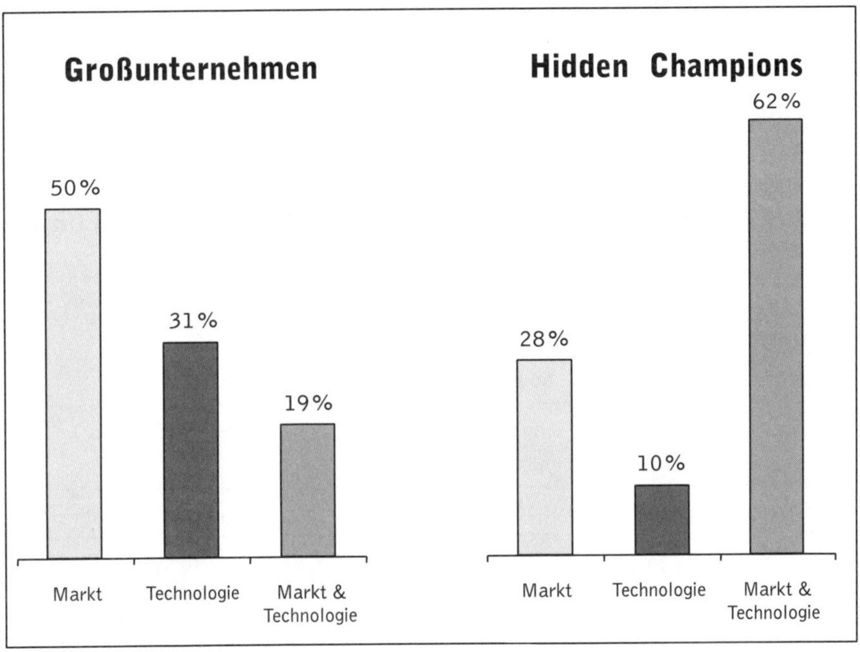

Abbildung 38: Orientierung verschiedener Firmentypen

technik- oder marktorientiert – aber nicht beides gleichzeitig. Abbildung 38 veranschaulicht die diesbezüglichen Ergebnisse.

Ähnliche Überlegungen lassen sich für die Führung anstellen. Soll Führung autoritär/top-down oder partizipativ/bottom-up sein? Folgt man den »Hidden Champions«, so soll beides gelten: autoritäre Führung in den Grundprinzipien, -zielen und -werten des Unternehmens, partizipative Führung in den Details der Umsetzung, den Prozessen, dem alltäglichen Geschäft. Um die Grundwerte kann es keine ständige Diskussion geben, sie lassen sich nicht sinnvollerweise per Konsensusmanagement festlegen, sondern müssen von der Geschäftsleitung autoritär bestimmt werden. Die Entscheidung darüber, wie die Grundwerte gelebt, die Ziele erreicht werden, sollte hingegen möglichst weit nach unten delegiert werden. Autoritäre und partizipative Führung sind in diesem Sinne keine Gegensätze, sondern Komplemente, die sich äußerst sinnvoll ergänzen können.

Nahezu alle Polaritäten, die auf den ersten Blick unvereinbar erscheinen, lassen sich auf diese Weise uminterpretieren. Letztendlich bedeutet dies, dass wir von dem Managementparadigma des »Entweder-oder« zu einem solchen des »Sowohl-als-auch« kommen müssen. Ein Unternehmen sollte sowohl kunden- als auch technikgetrieben sein. Die Strategie sollte sich sowohl an externen Chancen als auch an internen Ressourcen ausrichten. Die Innovation muss sowohl auf das Produkt als auch den Prozess abzielen. Ein Markt kann sowohl eng (Technologie, Kundengruppe) als gleichzeitig auch weit (regional, z.B. Weltmarkt) definiert werden. Man muss sowohl auf Effektivität (langfristig) als auch Effizienz (kurzfristig) achten.

Aspekt	Sowohl ...	... als auch
Markt	eng (Produkt, Technologie)	breit (Welt, Region)
Antriebskraft/Innovation	marktgetrieben	technologiegetrieben
Strategie	externe Chancen	interne Ressourcen/ Kompetenzen
Innovation	Produkt	Prozess
Zeithorizont	kurz (Effizienz)	lang (Effektivität)

Wettbewerbsvorteil	Produktqualität	Service/Beziehung
Ort der Wertschöpfung	Insourcing (Kernaktivitäten)	Outsourcing (Nicht-Kernaktivitäten)
Fluktuation	hoch (in anfänglicher Selektionsphase)	niedrig (Stammpersonal)
Führerschaft	autoritär (Grundwerte, Ziele)	partizipativ (Details, Prozess)

Abbildung 39: Umgang der Hidden Champions mit verschiedenen Polaritäten

Diese »Sowohl-als-auch«-Liste ließe sich beliebig fortsetzen. Sie ist konsistent mit der sich allmählich durchsetzenden Einsicht, dass langfristiger Erfolg selten auf extremer Überlegenheit bei einem einzigen herausragenden Faktor beruht. Vielmehr resultiert der Erfolg oft daraus, dass ein Unternehmen viele kleine Dinge etwas besser tut als seine Konkurrenten. Selbst Aldi ist nicht erfolgreich, nur weil seine Preise niedrig sind. Sein Erfolg beruht vielmehr auf der Kombination von gesicherter Qualität und niedrigen Preisen. Aldi hat sowohl akzeptable Qualität als auch niedrige Preise.

Umsetzung

Die Umsetzung des Polaritätsmanagements in der Strategie stellt hohe Anforderungen.

Die Existenz und das Erkennen derartiger Polaritäten machen das Leben nicht einfacher. »Die Fähigkeit, zwei gegensätzliche Ideen gleichzeitig im Kopf zu haben und dennoch geistig voll funktionsfähig zu bleiben«, bezeichnete schon der amerikanische Schriftsteller Francis Scott Fitzgerald (1896 bis 1940) als Test für einen erstklassigen Geist.

Eine Warnung sei angebracht. In der Strategie darf das »Sowohl-als-auch«-Paradigma nicht zu faulen 50:50-Kompromissen führen. Es geht nicht darum, Lösungen zu finden, die alle Beteiligten ein wenig zufrieden stellen, sondern Ziel muss es sein, bei jedem Pol möglichst viele Vorteile zu realisieren, ohne sich gleichzeitig dessen Nachteile einzuhandeln. Das ist kein politisches, sondern ein sachbezogenes Spiel.

Eine der wichtigsten Ursachen für die Verschärfung des Polaritätsproblems liegt in den grundsätzlich unterschiedlichen Einstellungen von Berufsgruppen, die in der Wertschöpfungskette zusammenarbeiten. Idealzustand wäre, dass alle Mitarbeiter ihre Rolle dahingehend interpretieren, dass sie zur Maximierung des Kundennutzens beitragen. Doch in der Realität beobachten wir häufig ein Phänomen, das man als »Berufskultur« bezeichnet. Jemand sieht sich auf der obersten Ebene seines Wertesystems als Physiker, Ingenieur, Finanzexperte oder Verkäufer, das heißt der Beruf bestimmt seine Werteeinordnung. Demgemäß ist jeder bestrebt, in seiner »Welt« die beste Leistung zu erbringen, unabhängig davon, ob dies auch die beste Leistung für den Kunden ist. Dominieren derartige Berufskulturen – unseres Erachtens ein für Deutschland typischer Zustand –, dann stoßen die Polaritäten mit voller Gewalt aufeinander. Eine Abteilung will möglichst anspruchsvolle Technik, die andere höchste Wirtschaftlichkeit, eine dritte maximalen Kundennutzen. Gelingt es nicht, durch ein geschicktes Polaritätsmanagement diese Gegensätze zu überwinden, dann kann keine in sich geschlossene Strategie daraus resultieren.

Das Polaritätenmodell gestattet im Übrigen eine tröstliche Prognose: Alles, was zu stark in ein Extrem abdriftet, wird wieder zurückkommen. Das gilt für die Börsenkurse genauso wie für Managementpraktiken. Wer allein diese einfache Einsicht behält und beherzigt, der ist gegen manche strategische Fehlentscheidung gefeit. Denn strategische Dummheit besteht meist in einseitiger Übertreibung, in falschem Verständnis der Polarität als reinem Gegensatz und daraus folgendem »Entweder-oder«-Verhalten. Klugheit heißt oft nicht mehr, als hinter dem scheinbaren Gegensatz das Komplementäre zu erkennen und dies in »Sowohl-als-auch«-Verhalten umzusetzen. Für strategische Entscheidungen gelten diese Aufrufe zur Moderation und zum Mittelmaß in ganz besonderem Maße.

2.
Instrumente zur Strategie von Geschäftseinheiten

2.1. Analysebezogene Instrumente

Strategische Geschäftsfeldanalyse

Der langfristige Erfolg von Unternehmen baut im Wesentlichen auf zwei Grundvoraussetzungen auf: einmal auf der Bereitschaft des Managements, über die engen Grenzen des angestammten Geschäfts hinaus zu denken, und zweitens auf seiner Fähigkeit, auf allen Ebenen eindeutige und konsistente Strategien zu entwickeln und zu implementieren. In diesem Zusammenhang ist die Strukturierungs-, Koordinierungs- und Formalisierungsfunktion der strategischen Planung von entscheidender Bedeutung. Ihre Aufgabe ist es, den Strategieprozess im Unternehmen operationalisierbar zu machen, d.h. die notwendige prozessuale »Infrastruktur« bereitzustellen, um ein zeitgerechtes und hochwertiges Ergebnis zu garantieren. Der Strategieprozess kann somit allein durch die Funktionalität der Planung seine Wirkung entfalten. Die Qualität und Leistungsfähigkeit des strategischen Planungsprozesses bestimmt daher nachhaltig die Entwicklung von Unternehmen bzw. den Erfolg des Managements.

Endergebnis des strategischen Planungsprozesses ist die Formulierung von Geschäftsplänen. Der zeitliche Horizont dieser Geschäftspläne bzw. ihre Qualität und Durchsetzbarkeit hängen entscheidend von der Dynamik und Komplexität des Unternehmensumfeldes ab. Je besser im Rahmen des Planungsprozesses die externen Bedingungen analytisch durchdrungen und begriffen werden können, desto geringer ist das Risiko im Rahmen der langfristigen strategischen Ausrichtung des Unternehmens und desto realistischer sind die Vorgaben der Kurz- und Mittelfristplanung. Hier setzt der vorliegende Beitrag an. Im Mittelpunkt steht die Umfeldanalyse und ihre Bedeutung als ein Ausgangspunkt der Strategieentwicklung. Vorgestellt wird ein Konzept, das die Orientierung des Unternehmens in seinem komplexen externen Umfeld potenziell verbessern kann, das Konzept des »Strategischen Geschäftsfeldes«.

Definition und Zielsetzung

Wie der Begriff bereits andeutet, sind Strategische Geschäftsfelder (SGF) das Ergebnis eines Abgrenzungsprozesses (Außensegmentierung), der das Ziel hat, das Unternehmensumfeld zu gliedern bzw. zu strukturieren und damit Ansatzpunkte für die Strategieentwicklung zu schaffen. In diesem Zusammenhang werden Umfeldbereiche (Märkte im weitesten Sinne) definiert, die möglichst ein in sich geschlossenes, funktionsfähiges Subsystem des für das Unternehmen relevanten Umfeldes darstellen. Das relevante Unternehmensumfeld definiert sich dabei als aktueller Tätigkeitsbereich, erweitert durch jene – bisher unbearbeiteten – Bereiche, in denen Wettbewerbsvorteile des Unternehmens (Ressourcen) potenziell verwertet werden können. *Strategische Geschäftsfelder* sind also abgegrenzte überschaubare Ausschnitte des Unternehmensumfeldes, die eigenständige Ertragsaussichten aufweisen und für die unabhängig voneinander Strategien entwickelt und umgesetzt werden können. Abbildung 40 verdeutlicht das Konzept des Strategischen Geschäftsfeldes anhand eines Prozessschemas.

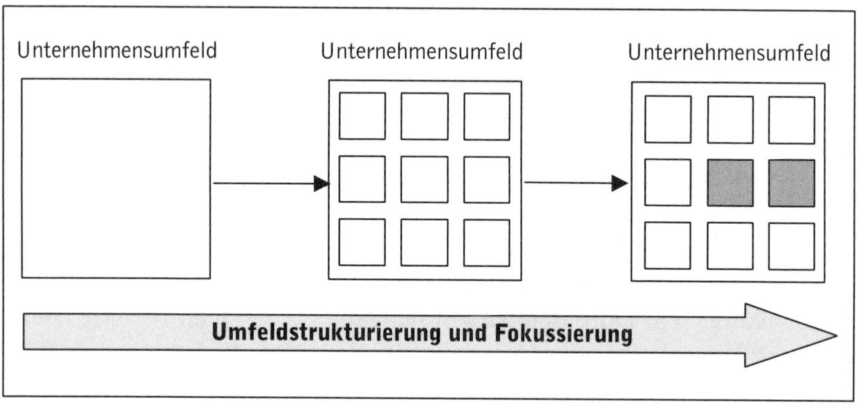

Abbildung 40: Konzept des Strategischen Geschäftsfeldes

Darstellung

Bei der Strategischen Geschäftsfeldanalyse ist Folgendes zu beachten:

Die Bildung Strategischer Geschäftsfelder

Der Stellenwert des Konzeptes der Strategischen Geschäftsfelder wird sichtbar, wenn man sich die Schwierigkeiten vor Augen führt, mit denen Unternehmen im Rahmen der Strategieentwicklung aufgrund der hohen Komplexität der externen Bedingungen konfrontiert sind. Es besteht in diesem Zusammenhang allerdings ein zweifaches Problem. Einerseits muss das Unternehmensumfeld als mehrdimensionales »Spielfeld« begriffen werden, das sich aus einer Reihe von unterschiedlichen Bezugsebenen wie wirtschaftlichem, rechtlichem, technologischem und kulturellem Umfeld zusammensetzt. Andererseits bestehen zwischen einzelnen Teilbereichen des Unternehmensumfelds Interdependenzen, die in der Außensegmentierung berücksichtigt werden müssen.

Vor diesem Hintergrund stellt sich die Frage, wie man in der Abgrenzung von Strategischen Geschäftsfeldern vorgehen kann. Auf der einen Seite verlangt die Vielfalt der externen Bedingungen, die vom Unternehmen vorgefunden werden, eine möglichst weitgehende Segmentierung bzw. Auftrennung des Umfelds. Erst auf Basis kleinerer überschaubarer Planungseinheiten (Geschäftsfelder) können homogene Strategien entwickelt werden. Auf der anderen Seite sprechen die Wechselwirkungen zwischen einzelnen Bereichen des Unternehmensumfelds wiederum für eine möglichst geringe Anzahl an Außensegmenten. In diesem Zusammenhang ist es wichtig, bestehende Interdependenzen durch eine entsprechende Größe der Segmente zu internalisieren und damit zu verhindern, dass die gewählten Strategien durch Faktoren außerhalb des betreffenden Bereichs in ihrer Wirkung bzw. Wirksamkeit beeinflusst werden.

Wie viele Bereiche sollen nun im Rahmen der strategischen Analyse tatsächlich abgegrenzt werden? Auf Basis welcher Kriterien soll diese Abgrenzung erfolgen? Diese Fragen sind vor dem Hintergrund des oben geschilderten Dilemmas in der strategischen Außensegmentierung nicht einfach zu beantworten. Folgende grundsätzliche Aussagen zur Außensegmentierung können jedoch getroffen werden:

1. Um in der strategischen Planung die Übersichtlichkeit zu erhalten und um den Planern in Bezug auf das jeweilige abgegrenzte Geschäftsfeld eine gewisse Autonomie zu gewährleisten, d.h. um zu verhindern, dass die äußeren Einflüsse auf das Segment zu dominant werden (z.B. im Fall von Geschäftsfeldern, die dieselben Ressourcen nutzen oder über Leistungsverflechtungen eng verbunden sind), sollten nicht zu viele Geschäftsfelder definiert werden.
2. Nach »unten« hin wiederum ist die Anzahl der Segmente allein schon durch den Umstand begrenzt, dass Strategien operationalisierbar und daher möglichst konkret sein müssen. Je größer das Geschäftsfeld, d.h. je mehr Bereiche unter einer Planungseinheit subsummiert werden, desto allgemeiner wird der Inhalt der Strategie zwangsläufig gehalten sein.

Zentrale Kriterien für die Abgrenzung von Geschäftsfeldern sind die Dimensionen Kunden, Produkte, Wettbewerber und Ressourcen. Darüber hinaus kann die Verwendung einer Reihe anderer zusätzlicher Kriterien im Rahmen der Abgrenzung sinnvoll und hilfreich sein. Sorgfalt in der Außensegmentierung ist in jedem Fall geboten, ist sie doch die Basis für den weiteren Strategieprozess und damit mitverantwortlich für den Unternehmenserfolg. Eine ganze Reihe an Beispielen zeugt davon, wie schwierig und gleichzeitig entscheidend der Segmentierungsprozess ist. Eines der prominentesten Beispiele der jüngeren Wirtschaftsgeschichte ist jenes der US-amerikanischen Bahnunternehmen, die nach dem Krieg deshalb in wirtschaftliche Schwierigkeiten gerieten, weil sie ihre strategische Außensegmentierung allein entlang der Dimension Technologie (Eisenbahn) und nicht stärker unter Berücksichtigung der Dimension Kundennutzen (Transport) durchführten.

Die effektive Abgrenzung von Strategischen Geschäftsfeldern kann auf zwei Wegen erfolgen: über eine Spiegelung des aktuellen Geschäfts im Unternehmensumfeld (»Inside-out-Prozess«) oder über die Abgrenzung von Strategischen Geschäftsfeldern unter stärkerer Nutzung eines der oben genannten differenzierenden Kriterien (»Outside-in-Prozess«). Im Rahmen des Inside-out-Prozesses wird von der Produkt-Markt-Matrix des Unternehmens ausgegangen. Dabei werden einzelne aktuell bearbeitete Kombinationen unter Zuhilfenahme strategisch differenzierender Kriterien zu Geschäftsfeldern zusammengefasst. Die Vorteile einer solchen Vorgehensweise liegen in erster Linie im unkomplizierten Segmentierungsverfahren und im raschen Sichtbarmachen von Positionen, die im aktuellen Geschäftsbereich noch nicht vom Unternehmen besetzt wurden (vgl. Abbildung 41). Die Nachteile ergeben sich aus dem Umstand, dass der Segmentierungsansatz auf der aktuellen Marktbearbeitungsstrategie aufbaut und dass über ihn neue Geschäftsbereiche nicht erschlossen werden können.

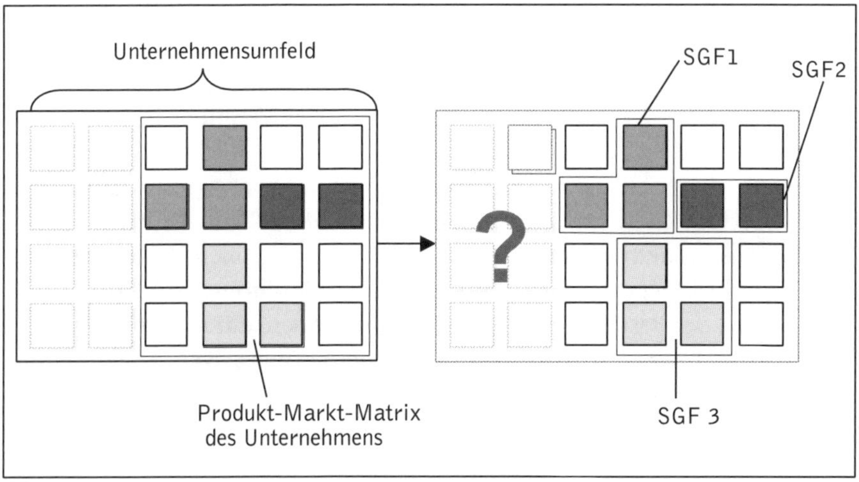

Abbildung 41: Inside-out-Prozess der Außensegmentierung

Der Outside-in-Prozess hingegen geht vom Unternehmensumfeld aus und versucht, es unter Verwendung verschiedener Kriterien zu »organisieren«. Im Fall einer Abgrenzung entlang der Dimension Kundennutzen könnte nach weiteren Aspekten differenziert werden. Der Einteilung von Derek F. Abell folgend können Kundenbedürfnisse (customer functions), Kundengruppen (customer groups) sowie technologische Varianten (alternative technologies) unterschieden werden. Unter Verwendung dieser Kriterien lassen sich Geschäftsfelder recht präzise bestimmen. Im Unterschied zum oben dargestellten Abgrenzungsprozess auf Basis einer Produkt-Markt-Matrix ermöglicht der Outside-in-Prozess einen unvoreingenommenen Blick auf das Unternehmensumfeld und erhöht somit die Chancen auf die Realisierung von Erfolgspotenzialen.

Die Analyse des Umfeldes von Strategischen Geschäftsfeldern

Die erfolgte Außensegmentierung ermöglicht nun den nächsten wichtigen Schritt im Rahmen des Strategieprozesses: die gezielte Analyse jener Umgebung, in die das Strategische Geschäftsfeld eingebettet ist. Im Rahmen dieser Aufgabe kann eine Reihe von Analyseinstrumenten angewandt werden, die unterschiedliche Aspekte des Unternehmensumfelds beleuchten. Im Folgenden sollen die Wichtigsten von ihnen kurz vorgestellt werden.

Die Stabilität des SGF-Umfeldes: Am Beginn der Analyse muss eine Einschätzung darüber stehen, wie stabil der Zustand ist, in dem sich das Umfeld befindet. Ist die Wahrscheinlichkeit einer Veränderung der Strukturen hoch und ist zudem die Geschwindigkeit und Richtung von Veränderungen schwer einzuschätzen, so fehlt eine der wichtigsten Grundlagen für eine erfolgreiche Strategieentwicklung und das Engagement des Unternehmens im betreffenden Geschäftsfeld ist mit großen Risiken verbunden. Die Erfolgspotenziale des Geschäftsfeldes können allerdings die Übernahme der Risiken rechtfertigen, insbesondere dann, wenn Maßnahmen getroffen werden, die den zu erwartenden negativen Effekte entgegenwirken. Dies ist erstens der Aufbau von flexiblen Organisationsstrukturen, die mit geringem Aufwand auf verschiedene Szenarien auszurichten sind, und zweitens die Nutzung von Simulationsmodellen, die helfen können, künftige Anforderungen an das Unternehmen näher einzugrenzen.

Die allgemeinen Rahmenbedingungen: Die allgemeinen Bedingungen, mit denen Unternehmen konfrontiert sind, lassen sich durch verschiedene Techniken strukturieren und bewältigen. Zu diesen zählen die PEST-Analyse und die Szenario-Technik:

- Jede Analyse muss dem Gebot der Relevanz folgen. Das bedeutet: Es sollen nur solche Umfeldfaktoren näher betrachtet werden, die mit einer gewissen Wahrscheinlichkeit die im Geschäftsfeld verfolgte Strategie beeinflussen können. Die PEST-Analyse ist eine Möglichkeit, Umfeldaspekte in diese Richtung zu untersuchen. Sie stellt eine Checkliste dar, die Faktoren aus den Bereichen Politik, Ökonomie, Soziologie und Technologie abbildet und so deren Berücksichtigung im Rahmen der Analyse sicherstellen soll. Beispielsweise können im soziologischen Bereich der Wertewandel, Änderungen im Lebensstil, Trends in den Bereichen Bildung und Gesundheit, demografische Entwicklungen oder Einkommensverteilungen untersucht werden.
- Ein Szenario wiederum ist ein Modell eines möglichen künftigen Un-

ternehmensumfeldes. Zu untersuchen sind in diesem Zusammenhang die strategischen Implikationen, die sich für das Unternehmen daraus ergeben. So könnte z. B. ein Szenario, als Konsequenz aus dem Auftreten neuer Formen der Creutzfeld-Jakob-Erkrankung, einen nachhaltigen Einbruch des Rindfleischmarktes um 40 Prozent bis zum Jahr 2012 beschreiben. Für die betroffenen Unternehmen (im beschriebenen Fall z. B. McDonald's bzw. andere Fast-Food-Ketten) bieten solche Modelle die Chance, unternehmensintern über wichtige Trends und Entwicklungen und die ihnen zur Verfügung stehenden strategischen Optionen nachzudenken. Szenarien sind dabei weniger Prognosen über die künftige Entwicklung, sondern vielmehr ein Instrument zur Prüfung der bestehenden Geschäftslogik. Die Nachteile der Szenario-Technik liegen vor allem im hohen Ressourceneinsatz, mit dem im Rahmen der Entwicklung von Szenarien zu rechnen ist, will man qualitativ hochwertige Szenarien entwickeln bzw. bearbeiten.

Industrie-Lebenszyklus: Das Industrie-Lebenszyklus-Konzept ist ein klassisches Analyseinstrument, das zur Beurteilung des Status einer Branche herangezogen werden kann. Grundlage des Konzepts ist die Vorstellung, dass Branchen bzw. einzelne Märkte einen Vier-Phasen-Zyklus (Einführung – Wachstum – Reife – Niedergang) durchlaufen. Im Rahmen der Einführungsphase z. B. steht der Versuch, im Markt Interesse am Produkt des Unternehmens zu wecken; in den darauffolgenden Entwicklungsstadien rückt die Auseinandersetzung mit Wettbewerbern immer stärker in den Vordergrund. Die Ausschöpfung des Wachstumspotenzials und der hohe Wettbewerbsdruck führen schließlich zur Schrumpfung von Marktanteilen und damit zu rückläufigen Umsätzen. Wesentlich im Zusammenhang mit dem Industrie-Lebenszyklus-Konzepts ist, dass sich die strategischen Optionen des Unternehmens mit den einzelnen Phasen verändern. Die Einschätzung, in welchem Entwicklungsstadium sich die betreffende Branche befindet, wird somit die Strategie in Bezug auf die abgegrenzten Strategischen Geschäftsfelder entscheidend bestimmen.

Schlüsselfaktoren des Erfolgs: Ein Hauptproblem im Rahmen der Umfeldanalyse ist der damit verbundene hohe Aufwand. Es stellt sich die Frage, ob alle potenziell relevanten Problemstellungen durchdrungen werden sollen oder ob es möglich ist, die Analyse nach einem bestimmten Kriterium einzuengen. In diesem Zusammenhang schlägt die Literatur die Konzentration auf einige wenige Einflussfaktoren, die so genannten Schlüsselfaktoren des Erfolgs, vor. Dabei handelt es sich um jene

Ressourcen, Fähigkeiten und Merkmale von Unternehmen, die den größten Beitrag zum Erfolg leisten. Sie sind in der Regel charakteristisch für eine Branche und damit auch nicht zur Differenzierung zwischen Unternehmen ein und derselben Branche geeignet. Allerdings ermöglichen sie eine Priorisierung oder Schwerpunktsetzung unter den abgegrenzten Geschäftsfeldern, indem man die Ausstattung des Unternehmens an den Anforderungen des Unternehmensumfelds spiegelt.

Fünf-Kräfte-Modell: Endzweck jeder strategischen Analyse des Unternehmensumfelds, sei es auf Ebene der Industrie oder auf Ebene des Geschäftsfeldes, ist die Entwicklung von Wettbewerbsvorteilen. Das Wettbewerbsmodell von Michael E. Porter kann die Analyse in diesem Zusammenhang wirksam unterstützen. Es geht davon aus, dass fünf zentrale und potenziell bedrohliche Kräfte auf das Unternehmen wirken. Druck auf das Unternehmen kommt im Rahmen des Porter-Modells von aktuellen und potenziellen Wettbewerbern, Anbietern von Substituten, Vorlieferanten und Kunden. Auf Basis dieser potenziellen Bedrohungen kann das Unternehmen seine Strategie entwickeln.

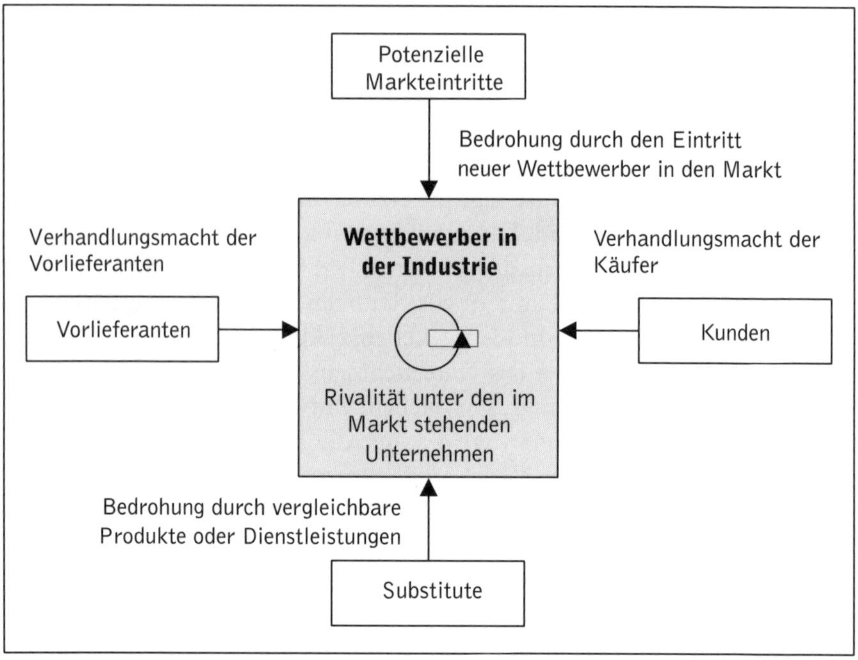

Abbildung 42: Wettbewerbsmodell von Porter

Umsetzung

Die Umfeldanalyse ist mit all ihren Techniken und Methoden ein Teil des strategischen Planungsprozesses, der durch die Abgrenzung der Strategischen Geschäftsfelder angestoßen wird und über die Entwicklung konkreter Geschäftsfeldstrategien bis zur Implementierung im Markt läuft. Bei der Bildung Strategischer Geschäftsfelder haben sich vier Grundsätze als nützlich erwiesen: Strategische Geschäftsfelder sollten

- über eine eigene Marktaufgabe verfügen, nicht nur Vorprodukte für andere Unternehmenseinheiten anbieten,
- klar von anderen Strategischen Geschäftsfeldern getrennt sein,
- in eindeutigen Wettbewerbsbeziehungen stehen,
- unter einer einheitlichen Leitung stehen und
- eine eigene Abrechnungseinheit bilden.

Die vollständige Umsetzung dieser Forderungen in der betrieblichen Praxis ist nur selten möglich. Insbesondere gelingt die eindeutige Trennung der Geschäftsfelder voneinander häufig nicht. Dies liegt zum einen an internen Verbunden, resultierend z. B. aus der Beschaffung oder der Produktion, zum anderen gelingt auch die marktseitige Trennung in vielen Fällen nicht in der theoretisch gewünschten Eindeutigkeit. Für die Umsetzung ist es daher wichtig, sich die möglichen Verbundeffekte bewusst zu machen und bei der Strategieformulierung zu berücksichtigen. Grundlage für eine marktorientierte Aufteilung der Strategischen Geschäftsfelder können die im Rahmen einer Marktsegmentierung identifizierten Segmente bilden.

In diesem Zusammenhang stellt sich die Frage, ob Strategische Geschäftsfelder ihren Niederschlag in der betrieblichen Organisation finden müssen. Man kann sie auf der einen Seite als rein gedankliche Konstrukte auffassen, um das Unternehmensumfeld zu segmentieren und im Rahmen des strategischen Planungsprozesses zu verbesserten Ergebnissen zu gelangen. In diesem Sinne sind Strategische Geschäftsfelder dann Planungsobjekte bzw. Bezugspunkte im Rahmen der Strategieentwicklung. Auf der anderen Seite können Strategische Geschäftsfelder auch als organisatorische Einheiten definiert werden. Häufig werden sie dann als Strategische Geschäftseinheiten (SGE) bezeichnet. Strategische Geschäftseinheiten sind als Innensegmente des Unternehmens definiert, die für die Bearbeitung eines oder mehrerer Geschäftsfelder zuständig sind. Bei ihrer Formierung ist u. a. zu beachten, dass die einzelnen SGE deutlich voneinander abgrenzbar sind und dass die Abgrenzung auf Basis des betreffenden Geschäftsfeldes marktorientiert erfolgt. Strategische Geschäftseinheiten sind im Gegensatz zu Strategischen Geschäftsfeldern Planungssubjekte, d.h. bei ihnen liegt die Kompetenz auf der Planung von Geschäftsfeldstrategien. Dies hat eine Reihe von Vorteilen, nicht zuletzt den Motivationseffekt, der aus einer stärkeren Ergebnisverantwortung resultiert. Aus diesem Grund kann es Sinn machen, die Geschäftseinheiten als Profit-Center zu konzipieren bzw. zu führen. Über diese strategische Dezentralisierung kann am besten eine hohe Qualität des Planungsprozess sichergestellt werden.

Die Abgrenzung Strategischer Geschäftsfelder kann im Wege einer Top-down-Vorgehensweise durch die Unternehmensleitung erfolgen. So wird am ehesten sichergestellt, dass das Gesamtunternehmen nicht aus dem Blickfeld gerät. Nachteilig ist hierbei, dass so eine Inside-out-Perspektive eingenommen wird und die Gefahr besteht, dass sich Bereichsinteressen aufgrund der starken Stellung einzelner Mitglieder der Geschäftsführung zu stark im Ergebnis niederschlagen. Demgegenüber weist eine Bottum-up-Vorgehensweise den Vorteil auf, dass eine echte Marktsicht bei der Abgrenzung eingenommen wird. Die speziellen Bedingungen einzelner Märkte und die Anforderungen der Kunden werden in Experteninterviews oder Fokusgruppen erhoben, deren Ergebnisse anschließend z.B. mithilfe einer Cluster-Analyse verdichtet werden. Die sich ergebenden Strategischen Geschäftsfelder sind dann wesentlich weniger internen und subjektiven Einflüssen unterworfen. Die Qualität der Ergebnisse hängt dabei in starkem Maße von einer strukturierten Vorgehensweise und dem Auffinden entsprechender Experten ab.

Es ist darauf hinzuweisen, dass die Abgrenzung Strategischer Geschäftsfelder keine einmalige Aufgabe darstellt, sondern in regelmäßigen Abständen infrage gestellt werden muss. Da sie sich an Märkten ausrichten, sind Strategische Geschäftsfelder immer der Marktdynamik anzupassen. In regelmäßig stattfindenden Audits müssen daher die Prämissen und Schlussfolgerungen, die zur aktuellen Geschäftsfelddefinition geführt haben, kritisch hinterfragt werden. Bei Bedarf gilt es die Geschäftsfelder entsprechend neu auszurichten.

Comstrat-Analyse

Bei der Darstellung der Portfolio-Analyse wurde darauf hingewiesen, dass eine Vielzahl von entwickelten Konzeptionen existiert – hier haben die Unternehmen die Qual der Wahl. Sie müssen das für sie am geeignetsten erscheinende Modell auswählen. In diesem Beitrag wird das Comstrat-System zur strategischen Analyse von Geschäftseinheiten vorgestellt. Comstrat steht für COMpetitive STRATegy und stellt einen systematischen, gedanklichen Rahmen für die Ist-Analyse und zur Fixierung von möglichen Handlungsspielräumen und -bedürfnissen auf der Ebene von Geschäftseinheiten dar.

Definition und Zielsetzung

Das *Comstrat-System* basiert auf dem Gedanken, durch die Integration externer Chancen und interner Ressourcen eine Systematik für eine ganzheitliche Strategieentwicklung bereitzustellen. Für die Erstellung des Comstrat-Portfolios sind Informationen zu den folgenden drei Bereichen erforderlich (vgl. Abbildung 43):

- Märkte,
- Wettbewerb (Produkte),
- Kompetenzen (Unternehmen).

Die Comstrat-Systematik stellt dabei einen einheitlichen Rahmen zur Verfügung, der es erlaubt, für die Strategieformulierung relevante Informationen in systematischer Art und Weise zu verdichten. Er liefert neben den schon bekannten grafischen Darstellungen der einzelnen SGE bzw. Produktlinien und den daraus abgeleiteten Normstrategien auch Kenn-

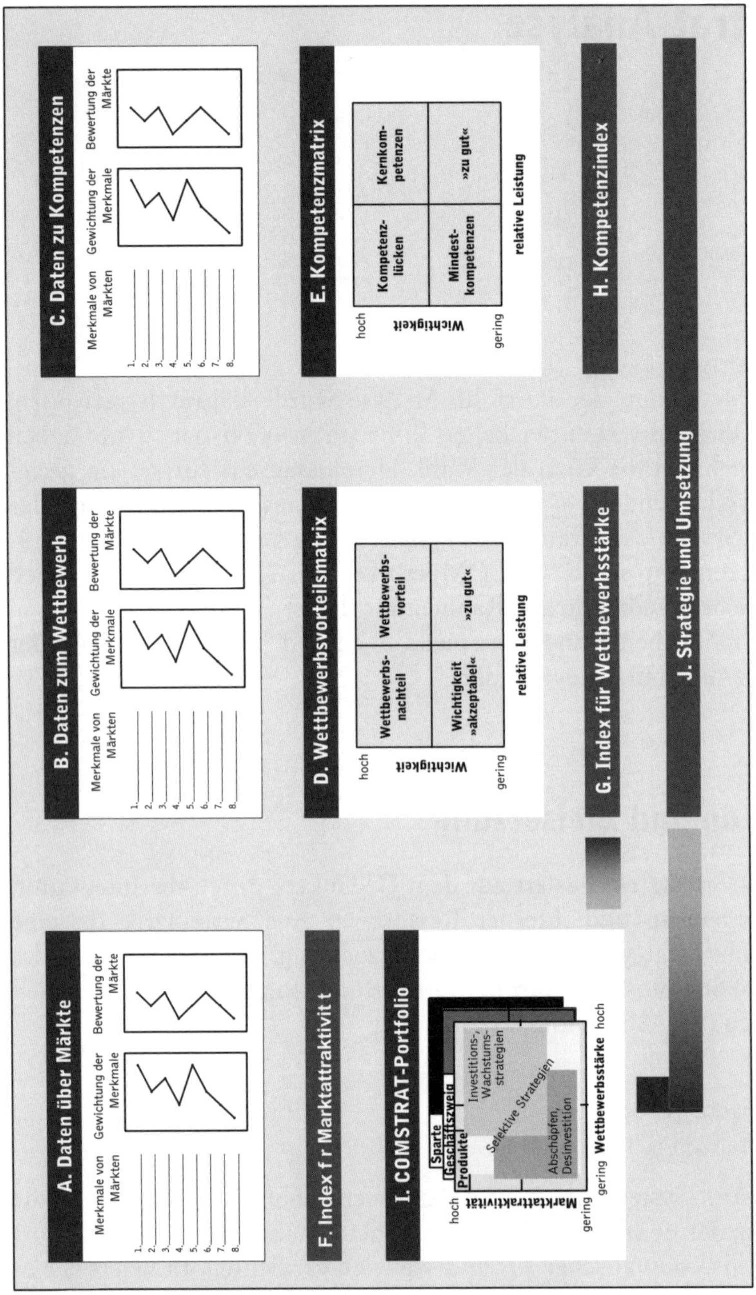

Abbildung 43: Schematische Darstellung des Comstrat-Systems

zahlen in Form von Indizes. Insgesamt werden zwei Matrizen, ein Portfolio und drei Indizes generiert:

- Matrizen und Portfolio:
  1. Kompetenzmatrix
  2. Wettbewerbsvorteilsmatrix
  3. Comstrat-Portfolio
- Indizes:
  1. Kompetenzindex
  2. Wettbewerbsstärkenindex
  3. Marktattraktivitätsindex

Das vorgestellte Portfolio-System berücksichtigt Kritikpunkte an bereits etablierten Portfolio-Konzepten. Insbesondere erhält der Anwender mehr Spielraum bei der Auswahl der kritischen Faktoren bzw. Merkmale für Umwelt und Unternehmung. Es wird dadurch beispielsweise der radikalen Vereinfachung der strategischen Situationsbeschreibung durch Einfaktor-Modelle entgegengewirkt. Besondere Sorgfalt ist jedoch bei der Auswahl und Gewichtung der ins Modell einfließenden Merkmale anzuwenden.

Darstellung

Bestimmung der Marktattraktivität

Die Ermittlung der Attraktivität der Märkte, in denen das Unternehmen mit seinen Geschäftseinheiten tätig ist, wird anhand von mehreren Kriterien vorgenommen, die situationsspezifisch vom Anwender festzulegen sind. Neben so genannten Basiskriterien wie beispielsweise Marktwachstum, Marktgröße, Marktrisiko, Markteintrittskosten und Konkurrenzsituation können noch weitere quantitative sowie qualitative Faktoren berücksichtigt werden. Im Anschluss an die Auswahl relevanter Kriterien zur Ermittlung der Marktattraktivität sind die Kriterien hinsichtlich ihrer Bedeutung zu gewichten. Die situative Bestimmung und Gewichtung der Kriterien erfolgt in der Regel durch Diskussion in einem Team. Hier ist insbesondere darauf zu achten, dass eine möglichst große Einheitlichkeit und Vergleichbarkeit gewahrt bleibt, sodass der Kriterienkatalog und die Gewichtung der Kriterien für die Beurteilung möglichst aller Märkte und Geschäftseinheiten Gültigkeit behält.

Aus den beurteilten Märkten wird in einem weiteren Schritt schließlich ein Index für die Marktattraktivität ermittelt. Der ermittelte Indexwert dient als Input für die Erstellung des Comstrat-Portfolios und repräsentiert dort die Umweltachse in verdichteter Form. Sie kann sich abhängig von der Beurteilung sowohl auf deren gegenwärtigen als auch auf deren zukünftigen Zustand beziehen, womit auch zu erwartende externe Entwicklungen und Ereignisse in die Beurteilung einfließen können.

Mit der Errechnung des Marktattraktivitätsindizes steht die erste Säule des Comstrat-Systems. Die zweite Säule stellt die Erstellung der Wettbewerbsvorteilsmatrix dar.

Bestimmung der Wettbewerbsvorteile

Die Analyse der Stellung des Unternehmens bzw. einer Geschäftseinheit in Bezug auf die relevanten Markt- und Wettbewerbsbedingungen ist integraler Bestandteil des Comstrat-Systems. Im Rahmen der Erstellung der Wettbewerbsvorteilsmatrix wird die jeweilige Position der Produkte und Dienstleistungen im Markt und gegenüber den Wettbewerbern ermittelt. Die Wettbewerbsposition wird dabei aus Sicht der Kunden ermittelt. Entscheidend für den Erfolg im Markt ist nicht, ob ein Wettbewerbsvorteil auf der technisch-objektiven Ebene existiert, sondern ob er von den Kunden subjektiv wahrgenommen wird. Nur subjektiv wahrgenommene Wettbewerbsvorteile zählen. Doch Wettbewerbsvorteile lassen sich nicht verstehen, solange man ein Unternehmen in seiner Gesamtheit betrachtet, deshalb sind einzelne Tätigkeiten bzw. Leistungsmerkmale von Produkten und Dienstleistungen zu hinterfragen.

Die Vorarbeiten zur Erstellung der Wettbewerbsvorteilsmatrix erstrecken sich auf die Definition des relevanten Marktes, die Ermittlung der relevanten Kaufentscheidungskriterien und die Ermittlung des relevanten Konkurrenzumfeldes. Daran anschließend folgt die Phase der Datenerhebung. Im Idealfall werden sowohl interne als auch externe Datenquellen zur Ermittlung der Wichtigkeit der einzelnen Produkteigenschaften sowie der Wahrnehmung der Leistung der einzelnen Produkte herangezogen. Für die externe Datengewinnung eignen sich je nach strategischer Bedeutung des zu untersuchenden Produktes Befunde groß angelegter empirischer Studien. Situationsbezogen kann auch auf Erkenntnisse aus Expertengesprächen ausgewichen werden. Die interne Sicht kann durch Workshops mit Mitarbeitern erhoben und in die Gesamtbetrachtung mit einfließen, doch empfiehlt es sich, die Mehrzahl der benötigten Informationen im Markt zu erheben. Sinn macht die interne und externe Erhebung von Daten insofern, dass aus der Gegenüberstellung von Selbst- und Fremdbild oft aufschlussreiche Erkenntnisse über die Strategie und für die Unternehmenskommunikation ableitbar sind.

Bei der Ermittlung relevanter Produkteigenschaften ist darauf zu achten, dass sie den folgenden Anforderungen genügen:

- Sie müssen wichtig für den Kunden sein.
- Sie müssen aus Sicht des Kunden wahrnehmbar und beurteilbar sein.
- Sie sind idealerweise unabhängig voneinander.
- Sie müssen aus Sicht des Unternehmens dauerhaft und beeinflussbar sein.

Zur Ermittlung des Konkurrenzumfeldes müssen die nachstehenden Aspekte berücksichtigt werden:

- Homogenität des Konkurrenzumfeldes,
- Einbeziehung zukünftiger Konkurrenten und
- Beurteilbarkeit der Konkurrenten aus Sicht der Kunden.

Die Ermittlung der Wichtigkeitsurteile der einzelnen Leistungsmerkmale kann mittels einer Rating-Skala oder einer Konstant-Summen-Skala erfolgen. Analog dazu wird die wahrgenommene Leistung der untersuchten Produkte in den jeweiligen Leistungsmerkmalen beurteilt. Mit den gewonnenen Daten kann die Achse der Wichtigkeit und die Achse der relativen Leistung sowie der Wettbewerbsstärkenindex berechnet werden. Die Wettbewerbsvorteilsmatrix kombiniert die Wichtigkeit eines Entscheidungskriteriums mit der relativen Leistung des beobachteten Produktes. Dabei wird die Leistung des untersuchten Produktes immer als relative Leistung zum stärksten Konkurrenten in diesem Kriterium definiert (vgl. Abbildung 44). Aus der Wettbewerbsvorteilsmatrix können sodann die Normstrategien für die vier Felder bestimmt werden.

- Im rechten oberen Quadranten befinden sich die strategischen Wettbewerbsvorteile. Sie sind aus Sicht der Kunden sehr wichtig und stiften somit einen hohen Kundennutzen. Die Sicherung und der Aufbau bzw. weitere Ausbau der Wettbewerbsvorteile ist Hauptaufgabe des Managements.

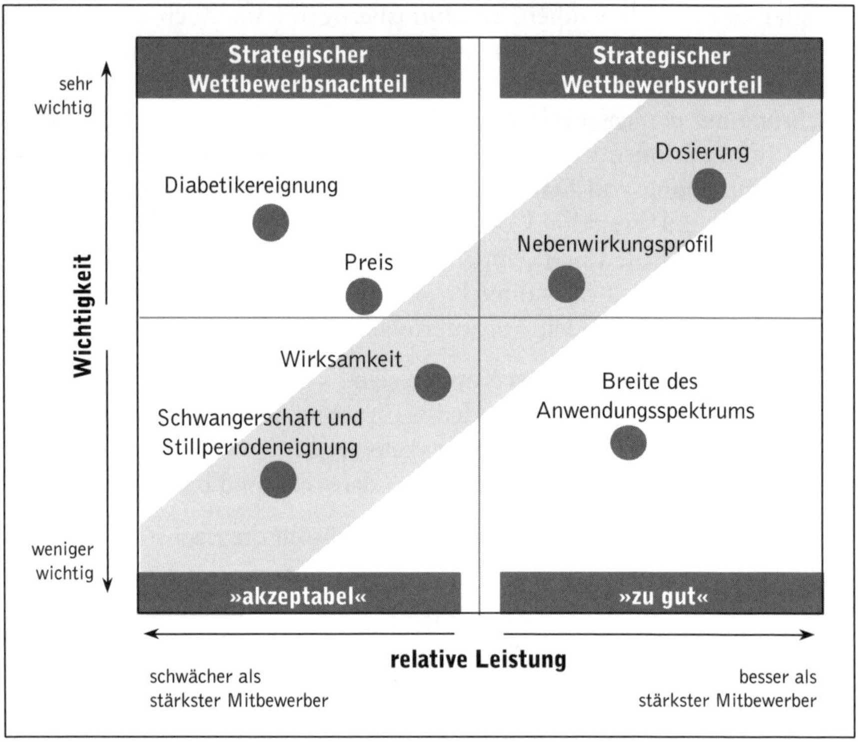

Abbildung 44: Wettbewerbsvorteilsmatrix für ein Medikament

- Der Quadrant rechts unten beinhaltet Leistungsmerkmale, die aus Sicht der Kunden nicht wichtig sind, in deren Erstellung man allerdings »zu gut« ist. Hier können Ressourcen abgebaut und zur Stärkung bzw. zum Ausbau anderer Leistungsmerkmale herangezogen werden.
- »Akzeptabel« sind Leistungsmerkmale, die einerseits aus Sicht der Kunden eine geringe Wichtigkeit im Kaufentscheidungsprozess aufweisen und andererseits auch von den Wettbewerbern beherrscht werden. Da hier keine Wettbewerbsvorteile erzielt werden können, empfiehlt sich eine defensive Strategie.
- Wettbewerbsnachteile, wie sie im linken oberen Quadranten anzutreffen sind, stellen eine ernste Gefahr für die Unternehmung dar. Kunden messen diesen Leistungsmerkmalen eine hohe Bedeutung bei. Die

Merkmale in diesem Quadranten sind von strategischer Bedeutung und erfordern deshalb Strategien des Aufbaus und der Entwicklung.

Die Diagonale der Wettbewerbsvorteilsmatrix beschreibt den so genannten Konsistenzbereich, eine Art »Ideallinie bzw. -korridor«. Er besagt, dass Wettbewerbsvorteile bei den für Kunden wichtigen Leistungsmerkmalen zu schaffen sind und weniger gute Leistungen bei unwichtigen Merkmalen akzeptiert werden können. Ziel ist deshalb, möglichst viele der Leistungsmerkmale im Konsistenzbereich der Matrix zu haben.

In einem weiteren Schritt werden die Vor- und Nachteile, wie sie in der Wettbewerbsvorteilsmatrix abgebildet sind, in einem einzigen Index verdichtet, dem Wettbewerbsstärkenindex. Dabei werden alle relativen Leistungen des betrachteten Produktes in den einzelnen Leistungsmerkmalen gewichtet und aufsummiert. Der Wettbewerbsstärkenindex ist somit eine Messgröße für die relative Wettbewerbsstärke (siehe Abbildung 45).

Berechnung relative Leistung

$RL_{(i,j)}$ = Relative Leistung Attribut i, Produkt j
$W_{(i,j)}$ = Wahrnehmung (Beurteilung)
$Wmax_{(i,j)}$ = Bestes Urteil Attribut i, OHNE Produkt j
a = Skalen-Untergrenze (z.B.: 1)
b = Skalen-Obergrenze (z.B.: 5)

$$RL_{(i,j)} = 100 + \frac{W_{(i,j)} - W_{max(i,j)}}{b - a} * 100$$

Minimal mögliche Leistung: 0
Maximal mögliche Leistung: 200
(Skalenunabhängig)

Berechnung Wettbewerbsstärkenindex

$STI_{(j)}$ = WB-Stärkenindex Produkt j
$W_{(i)}$ = Wichtigkeit Attribut i
$RL_{(i,j)}$ = Relative Leistung Attribut i, Produkt j

$$STI_{(j)} = \frac{\sum_{i}^{I} (W_{(i)} * RL_{(i,j)})}{\sum_{i}^{I} W_{(i)}}$$

Abbildung 45: Berechnungsformeln für relative Leistung und Wettbewerbsstärkenindex

Bestimmung der Kompetenzen

Die dritte Säule in der Erstellung des Comstrat-Systems stellt die Ermittlung der Kompetenzmatrix dar. Dieses Portfolio unterscheidet sich in einem wesentlichen Aspekt von den bislang diskutierten Ansätzen. Im Zentrum des Interesses stehen nicht die Geschäftseinheiten oder Produkte des Unternehmens, sondern die dahinter stehenden Kompetenzen bzw. Ressourcenbündel. Als Basisannahme dient diesem Konzept die Überlegung, dass Wettbewerbsvorteile sich primär aus einem Bündel an Kernkompetenzen bzw. Ressourcen ableiten lassen.

Ziel einer Strategie ist in der Regel die Schaffung von dauerhaften Wettbewerbsvorteilen in Bezug auf den stärksten Wettbewerber. Daraus folgt, dass ein entscheidender Aspekt der Strategieformulierung die Wettbewerbsanalyse darstellt. Bereits im Rahmen der Marktanalyse wurden einige Aspekte angesprochen, die die Struktur des Wettbewerbs und die Entwicklung des Marktes beeinflussen. Bei der Analyse der Kompetenzen gilt es, diese Betrachtung zu differenzieren und insbesondere zu fragen, welche Leistungsmerkmale von Unternehmen für Erfolg oder Misserfolg ausschlaggebend sind. Es geht dabei insbesondere um die Bestimmung der relativen Leistungsfähigkeit im Wettbewerbsvergleich auf Basis der zukünftigen Erfolgsvoraussetzungen und der derzeitigen Fähigkeiten des Unternehmens. Durch die Identifikation der Kompetenzen bzw. der Kompetenzdefizite kann deren gezielte Absicherung bzw. Förderung zur Sicherung und Realisierung strategischer Unternehmensziele vorgenommen werden.

Die zu leistenden Vorarbeiten im Zusammenhang mit der Erstellung der Kompetenzmatrix sind analog zu jenen der Erstellung der Wettbewerbsvorteilsmatrix. Im Konkreten geht es dabei um die Ermittlung von relevanten Unternehmensmerkmalen, anhand derer sich die Kompetenz von Unternehmen manifestiert. Zur Ermittlung ist in der Regel eine Kundenbefragung notwendig, um die zentralen Kundenerwartungen an die Unternehmung abzuleiten. Die von den Kunden genannten Erwartungen geben Hinweise auf konkrete Anforderungen an das Unternehmen.

Ebenso muss das relevante Konkurrenzumfeld sorgfältig ausgewählt werden, auch potenzielle und zukünftige Konkurrenten sind hier bereits zu erfassen. Die Gewinnung von Daten zur Erstellung der Kompetenzmatrix gestaltet sich in diesem Punkt im Vergleich zur Wettbewerbsvorteilsmatrix meist schwieriger, da meist Expertenurteile notwendig sind, um qualifizierte Aussagen treffen zu können. Vielfach geben auch Erkenntnisse aus Benchmarking-Studien hinreichende Auskunft darüber, ob die eigenen Kompetenzen ausreichend sind, um im Konkurrenzumfeld Wettbewerbsvorteile zu sichern.

Das detaillierte Vorgehen zur Berechnung der Kompetenzmatrix und des Kompetenzindex erfolgt analog zur Berechnung der Wettbewerbsvorteilsmatrix bzw. des Wettbewerbsstärkenindex. Im Unterschied zu Produkten werden Unternehmen und anstelle von Produktmerkmalen Unternehmensmerkmale betrachtet.

Die Normstrategien lassen sich aus den vier Feldern der Kompetenzmatrix direkt ableiten:

- Kernkompetenzen: Im rechten oberen Quadranten sind die strategischen Kernkompetenzen des Unternehmens zu finden. Es handelt sich dabei um Kompetenzen mit hoher Kundenwertschöpfung und hohem Differenzierungsgrad. Die langfristige Sicherung des Differenzierungsbeitrages dieser Kompetenzen muss durch geeignete Maßnahmen sichergestellt werden.
- »zu gut«: Dieser Quadrant bildet Kompetenzen ab, die zwar für Wettbewerbsvorteile des Unternehmens sorgen, aber vom Kunden nicht honoriert werden. Hier spiegelt sich gewissermaßen das Phänomen des Overengineerings wider. Die Kompetenzen sind hier an die Markterfordernisse anzupassen.
- Mindestkompetenzen: In diesem Quadranten finden sich Kompetenzen mit einer geringen Kundenwertschöpfung und einer geringen Wettbewerbsdifferenzierung. Von Kunden werden diese Kompetenzen nicht geschätzt, und Konkurrenten sind in diesen Bereichen besser. Es empfiehlt sich eine defensive Strategie, da ein Kompetenzaufbau nichts zur Schaffung eines Wettbewerbsvorteils bringen würde.
- Kompetenzlücken: Sie stellen eine Bedrohung für jede Unternehmung dar. Unternehmen, die aus Sicht der Kunden in wichtigen Kompetenzbereichen Lücken aufweisen, sind gefordert, durch den sukzessiven Aufbau und die Entwicklung fehlender Kompetenzen ihre Wettbewerbssituation zu verbessern.

Erstellung des Comstrat-Portfolios

In einem letzten Schritt kann nun die Verdichtung der bereits gewonnenen Informationen innerhalb des Comstrat-Portfolios erfolgen. Es geht dabei stets um die Bewertung bestehender und neuer Geschäftsaktivitäten anhand der Marktattraktivität und der Wettbewerbsstärke. Dabei wird der Wettbewerbsstärkenindex auf der horizontalen Achse abgetragen. Die Marktattraktivität steht repräsentativ für die Unternehmensumwelt und stellt die vertikale Achse der Matrix dar. Durch die Operationalisierung der beiden Achsen erfolgt die Positionierung der Strategischen Geschäftseinheiten bzw. –bereiche oder auch von Produktlinien im Comstrat-Portfolio.

Im Anschluss an die Positionierung der einzelnen Geschäftseinheiten innerhalb des Comstrat-Portfolios gilt es festzustellen, ob das Portfolio ausgeglichen ist. Aus dem Portfolio können sodann die Normstrategien abgeleitet werden. Investitions- und Wachstumsstrategien sind auf den Aufbau von Wettbewerbsvorteilen gerichtet und werden in aller Regel für Geschäftseinheiten mit hohem Erfolgspotenzial empfohlen. Abschöpfungs- und Desinvestitionsstrategien werden bei jenen Geschäftseinheiten angewandt, die zwar derzeit noch hohe Cash-Flows generieren, deren langfristiges Entwicklungspotenzial allerdings als gering eingestuft wird. Bei Selektionsstrategien ist abzuwägen, ob eine Wachstumsstrategie, eine Abschöpfungsstrategie oder eine Übergangsstrategie (halten des Status quo) empfehlenswert erscheint. Eine Empfehlung wird in der Regel von der jeweiligen Position der Geschäftseinheit abhängig gemacht.

Die im Comstrat-System vorgestellte Integration von Wettbewerbsvorteilen, Kompetenzen und Marktattraktivität führt in der Summe zu einer aussagekräftigeren Unternehmens- und Investitionsbeurteilung, als dies isolierte Portfoliokonzepte zu leisten vermögen. Dabei ist die konsequente Orientierung am Kunden zweifelsohne als eine Weiterentwicklung der beiden zuerst vorgestellten Ansätze zu sehen. Das Comstrat-System stellt somit einen weiteren wichtigen Baustein im Wertmanagement von Unternehmungen dar, denn letztendlich entscheidet die durch Strategie und unternehmerisches Geschick erzielte Wertsteigerung über den Erfolg einer Unternehmung.

Benchmarking

Benchmarking nimmt einen immer wichtigeren Platz unter den Managementtechniken ein. So wie Sportler täglich damit beschäftigt sind, sich mit anderen zu vergleichen, zu messen, und daraus neue Kraft und Motivation schöpfen, so können auch Unternehmen auf die schwieriger werdenden Bedingungen reagieren, indem sie sich mit anderen messen und an ihnen ausrichten. Aber was für den Sportler gilt, gilt auch für Unternehmen: Sie sollten sich nicht nur in der eigenen Disziplin mit anderen vergleichen, sondern über den Tellerrand hinausschauen und daraus Schlüsse ziehen. Ein Fußballer kann sich einen Leichtathleten zum Vorbild nehmen, um dessen Trainingsmethoden zur Verbesserung seiner Sprintqualitäten einzusetzen. Genauso besteht Benchmarking für Unternehmen darin, sich mit den Besten zu vergleichen, dies aber auch branchenübergreifend, um so signifikante Verbesserungen zu erreichen und dem Wettbewerb wirklich davonzueilen. Ein Energieversorger könnte sich im Zuge der erfolgten Liberalisierung etwa die Besten der Hotelbranche anschauen, um zu lernen, wie Kundenorientierung exzellent gelebt werden kann.

Benchmarking steht nicht losgelöst im Raum, sondern bedient sich vorhandener Managementinstrumente bzw. ist in sie integriert, z.B. Konkurrenzanalyse, Wettbewerbsstrategien oder Balanced Scorecard. In seinen ersten Formen lässt sich Benchmarking schon sehr lange beobachten. Im engeren Sinn setzte Xerox dieses Instrument zum ersten Mal im Jahr 1979 ein. Anhand eines Vergleiches mit anderen fertigenden Unternehmen des gleichen Metiers untersuchte Xerox seinen Herstellungsprozess, um ihn zu verbessern. Später nahm Benchmarking auch in den übrigen Unternehmensbereichen Einzug. Xerox entwickelte es planmäßig weiter, andere Unternehmen folgten.

Definition und Zielsetzung

Benchmarking ist keineswegs völlig neuartig. Kennzahlen aus der Branche wurden stets zum Vergleich mit dem eigenen Unternehmen herangezogen. Früher war Benchmarking aber schlicht Konkurrenzbeobachtung mit dem Ziel, unter dem Deckmantel größter Geheimhaltung die Leistungsfähigkeit der Mitbewerber zu beobachten. Gegenstand waren z.B. die Kosten-Erlös-Situation, Mitarbeiter, Positionierung oder künftige Marktstrategien.
Charakteristisch für den Benchmark-Ansatz sind drei Merkmale:

- Nicht der Vergleich mit dem Branchendurchschnitt zählt, sondern der mit den Besten.
- Benchmarking macht häufig nicht bei der eigenen Branche Halt, sondern sucht sich branchenübergreifend gezielt die Besten heraus und analysiert deren Erfolgsfaktoren.
- Sind die Erfolgsfaktoren und -strategien (evtl. modifiziert) übertragbar, werden sie im eigenen Unternehmen implementiert.

Wir definieren Benchmarking als einen kontinuierlichen Prozess, in dem möglichst branchenübergreifend die – bezogen auf das Benchmark-Objekt – besten Unternehmen hinsichtlich ihrer Erfolgsfaktoren untersucht werden, um die gewonnenen Erkenntnisse zur kontinuierlichen Verbesserung des eigenen Unternehmens einzusetzen. Der Beste ist im Idealfall das Unternehmen, das bezogen auf das Benchmark-Objekt sogar weltweit das Beste ist. Mindestens aber muss »der Beste« deutlich leistungsstärker sein als das eigene Unternehmen, um Fortschritt überhaupt zu ermöglichen.

Benchmarking kann unternehmensweit für alle Bereiche eingesetzt werden: Produkte und Dienstleistungen, Verfahren und Prozesse, Methoden und Strategien, Organisation und Personal.

Zielsetzung ist, durch Lernen von den Besten die Wettbewerbsposition zu verbessern – und hier wird a priori kein Unternehmensbereich ausgeklammert – und wie diese ebenso zu Höchstleistungen zu gelangen, sodass gegenüber dem Wettbewerb eindeutige strategische Vorteile generiert werden. Auch Kostensenkung ist ein wichtiger Aspekt. Der Blick aus der eigenen Branche heraus gestattet, nicht nur so gut zu werden wie der Branchenbeste, sondern weit erfolgreicher, wie folgendes Beispiel zeigt. Das Ford-T-Modell konnte in Fließbandproduktion nur gebaut werden und den enormen Erfolg erlangen, weil die Verantwortlichen keinen Scheuklappenblick nur für den Automobilsektor hatten. Sie schauten sich vielmehr bei Schlachtereien die automatisierte Fortbewegung der Schweinehälften ab und wendeten dieses »Fließband«-Verfahren in der Autoproduktion an.

Darstellung und Funktionsweise

Benchmarking ist ein Modewort, das manchmal in unzutreffender Weise eingesetzt wird, wobei eine Flut verschiedener Begriffe verwendet wird. Hier werden internes und externes Benchmarking herausgegriffen. Andere Begriffe, wie strategisches/operatives oder Process-/Functional-Benchmarking, beziehen sich jeweils auf das Benchmark-Objekt. Als Benchmark-Objekt wird der Untersuchungsgegenstand bezeichnet, für den am Ende des Benchmark-Projektes Verbesserungsmöglichkeiten definiert und Umsetzungsmaßnahmen generiert worden sein sollen. Die möglichen Objekte unterliegen keinerlei Beschränkungen: Die gesamte Unternehmensstrategie kann genauso Gegenstand des Benchmarking sein wie nur ein kleiner Teilbereich, beispielsweise die Rechnungslegung für ein bestimmtes Produkt.

Internes Benchmarking bezeichnet eine auf das eigene Unternehmen beschränkte Vorgehensweise, während externes bei Fremdunternehmen ansetzt. Internes Benchmarking vergleicht einzelne Abteilungen des eigenen Unternehmens (z.B. die Kundenorientierungen in Abteilung A und B), einzelne Standorte des Unternehmens (gleiche oder verschiedene Abteilungen) oder unterschiedliche Unternehmen eines Konzerns miteinander. Wenn nicht der Beste gerade an anderer Stelle im eigenen Unternehmen oder Konzern gefunden wird, ist internes Benchmarking nicht mehr als eine Sonderform. Aber als Ausgangspunkt für Unternehmen, die noch weit vom Weltklasseniveau entfernt sind, kann es als erster Schritt ideal sein. Die Chancen, im eigenen Unternehmen auf der Suche nach einem Besseren fündig zu werden, sind gut, und die Beschränkung auf das eigene Unternehmen vereinfacht die Durchführung sehr. Auf der anderen Seite sind die erzielbaren Erfolge begrenzt, da die Wahrscheinlichkeit, im eigenen Unternehmen deutlich Bessere zu finden, recht eingeschränkt ist. Zusammengehörende Einheiten sind den gleichen unternehmensinternen Gegebenheiten unterworfen und daher eher ähnlich als verschieden.

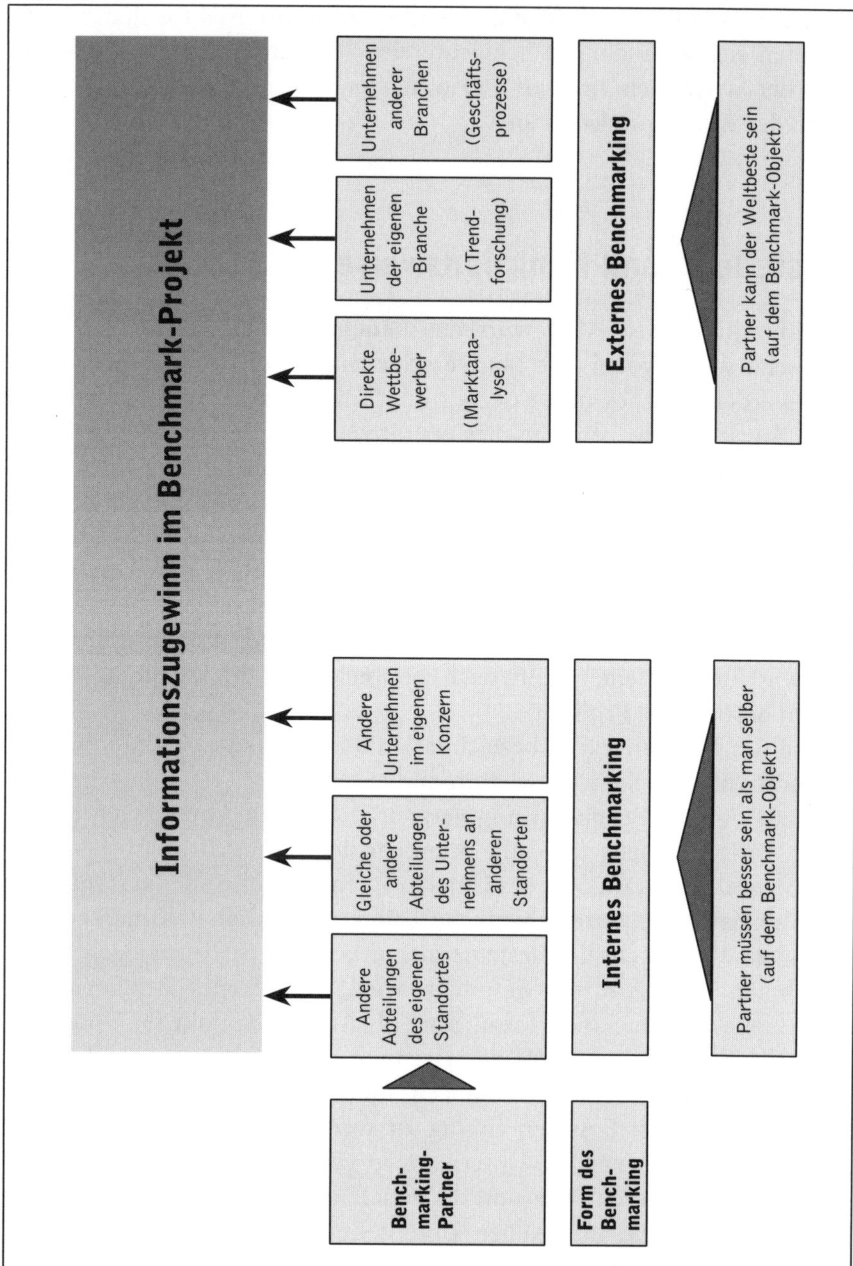

Abbildung 46: Informationszugewinn und Verbesserungspotenzial beim Benchmarking

Externes Benchmarking kann in drei Ausprägungen vorgenommen werden: konkurrenzbezogen, branchenbezogen oder branchenübergreifend. Der Informationszugewinn ist in der letzten Ausprägung der höchste (vgl. Abbildung 46). Konkurrenzbezogenes Benchmarking hat den Nachteil, dass man, bezogen auf das Benchmark-Objekt, nicht besser als der beste Wettbewerber werden kann, man kann nur zu ihm aufschließen. Der reinen Konkurrenzanalyse hat es aber zwei wesentliche Punkte voraus: Die Gründe für den Erfolg des Wettbewerbers werden analysiert, und sie werden für das eigene Unternehmen gewinnbringend umgesetzt – Aspekte, die in der Konkurrenzanalyse nicht betrachtet werden. Das erste Mal schaut das Unternehmen beim brancheninternen Vergleich über den eigenen Tellerrand hinaus. Der erforderliche Benchmark-Partner muss entweder für ein kooperatives Benchmarking gewonnen oder die notwendigen Informationen müssen auf andere Weise erlangt werden. Die höchste Ausprägung des Benchmarking findet sich im Vergleich mit Unternehmen anderer Branchen.

Die von einem Unternehmen ausgewählte Benchmark-Form hängt von vielen Faktoren ab, beispielsweise der Position des Unternehmens, dem verfolgten Ziel, der Verfügbarkeit von Informationen, der Kooperationsbereitschaft der Unternehmen und dem Benchmark-Objekt. Für alle gemeinsam gilt aber: Stets wird von den jeweils Besten gelernt, von den besten Abteilungen des eigenen Unternehmens bis hin zum Weltbesten, bezogen auf das Benchmark-Objekt.

Es gibt viele unterschiedliche Ansätze, ein Benchmark-Projekt durchzuführen. Wir stellen hier eine Methodik dar, die schon in vielen Projekten ihre Praktikabilität bewiesen hat. Die Vorgehensweise ist in vier Schritte unterteilt (vgl. Abbildung 47):

1. Planung und Auswahl,
2. Datengewinnung,
3. Datenanalyse,
4. Umsetzung/Weiterentwicklung.

Die einzelnen Schritte laufen eng miteinander verzahnt ab. Werden z. B. in Schritt 1 Partner ausgesucht, muss gleichzeitig überlegt werden, ob die gewünschten Informationen auch verfügbar gemacht werden können (Schritt 2) und ob gute Chancen bestehen, dass der Partner auch besser ist als man selber (was sich erst in Schritt 3 wirklich erweisen wird).

Planung und Auswahl

Im ersten Schritt liegt das Hauptaugenmerk auf der Bestimmung der Ziele und der Definition des Benchmark-Objektes. Wenn diese Eingangsgrößen nicht oder nur unzureichend bekannt sind, kann die Untersuchung zum einen nicht starten, zum anderen würde sie auch keine Überprüfung der Zielerreichung gestatten. Ziele – und auch Unterziele – sollten so konkret wie möglich formuliert werden, z. B.: Wie muss ich die Rechnungslegungsabläufe abändern, damit nach einer Übergangsfrist von vier Monaten 95 Prozent aller Rechnungen spätestens zwei Werktage nach Warenauslieferung herausgehen? Benchmark-Objekt wären demnach die Abläufe und Prozesse, die hinter der Rechnungslegung liegen. Damit wird auch schon die Benchmark-Form bestimmt: Prozess-Benchmarking. In diesem Schritt muss auch bestimmt werden, wer im Team ist. Alle relevanten Akteure müssen von Beginn an mit einbezogen werden. Das Team sollte ferner so besetzt sein, dass sich für alle erforderlichen Schritte und Teilschritte mindestens eine Person auf dem jeweiligen Gebiet auskennt. Je öfter Benchmark-Projekte durchgeführt werden, desto kleiner kann das Team bzw. umso komplexer können die Projekte werden. Teamgrößen von drei bis acht Personen haben sich bewährt.

Eine wichtige Entscheidung betrifft die Auswahl des Benchmark-Partners. Als Partner wird derjenige bezeichnet, den man im Projekt als Vergleichsmaßstab wählt. Man kann auch mehrere Partner auswählen, um die Ergebnisse auf eine breitere Basis zu stellen und sicherzugehen, dass mindestens ein Unternehmen dabei ist, das wirklich besser ist. Benchmarking kann kooperativ oder nicht-kooperativ betrieben werden. Kooperativ bedeutet, dass das Projekt gemeinsam mit dem Benchmark-Partner durchgeführt wird, nicht-kooperativ heißt, dass man den Partner ohne dessen Zustimmung auswählt. Die Wahl des Partners und der Methode wird beeinflusst von der Zielsetzung, den Erfahrungen und den eigenen Fähigkeiten im Benchmarking sowie vom Objekt. Generell lässt sich sagen: Je weniger Kompetenz auf diesem Gebiet vorhanden ist, desto einfacher sollten das Objekt und die Datengewinnung sowie im Fall des kooperativen Benchmarking die Gewinnung des Partners sein. Im eigenen Unternehmen Partner zu aktivieren und die erforderlichen Informationen zu erhalten ist oft leichter, als externe Partner zu überzeugen. Wesentlich vereinfacht wird die Zustimmung zur Teilnahme, wenn beide Seiten gleichermaßen von dem Projekt profitieren. Das heißt bei-

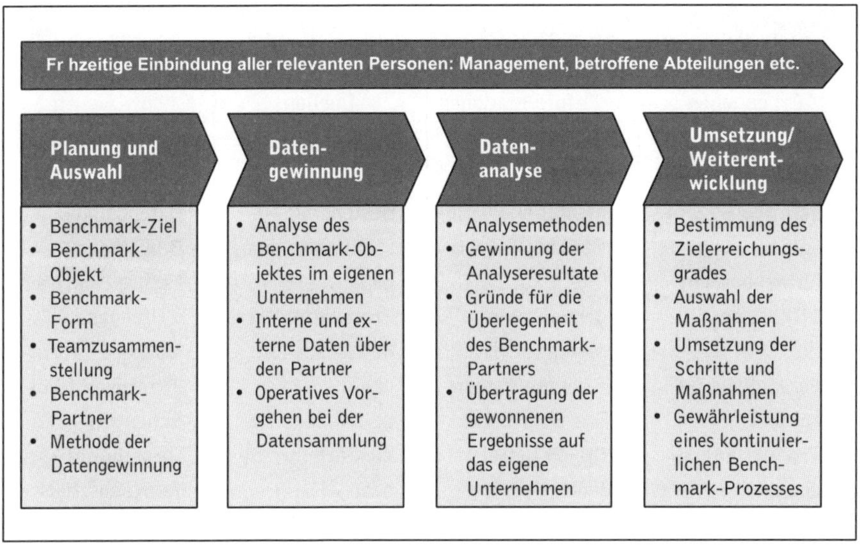

Abbildung 47: Durchführung eines Benchmark-Projektes

spielsweise, dass man im Gegenzug dem Partner auch die Informationen (oder gleichwertige) anbietet, die man von ihm benötigt.

Von der Auswahl des Partners hängt auch die Datengewinnungsmethode ab: Stammt er aus dem eigenen bzw. einem für das Vorhaben gewonnenen fremden Unternehmen (kooperatives Benchmarking), kann man auf sämtliche unten beschriebenen Primär- und Sekundärquellen zurückgreifen vgl. Abbildung 48). Unter Umständen ist ein branchenfremdes Unternehmen eher zur Herausgabe von Daten geneigt. Dies hängt aber, wie bei anderen Partnern auch, stark vom betrachteten Unternehmensbereich ab. Im nicht-kooperativen Fall werden die Informationen nicht »freiwillig« zur Verfügung gestellt, hier kommen nur die Sekundärquellen in Betracht. Aber auch hier finden sich, manchmal unerwartet, vielfältigste Informationen, die eine gute Grundlage bieten.

Primärquellen		Sekundärquellen	
Eigene Erhebungen	Vom Partner gelieferte Informationen	Interne Quellen	Öffentlich zugängliche Quellen
• Fragebögen • Telefoninterviews • Schriftliche Umfragen • Firmenbesuche • Diskussionsrunden • Persönliche Gespräche • Produktuntersuchungen • Workshops	• Intern vorliegende Dokumentationen/ Berichte/Papiere • Intern anzufertigende Dokumentationen/ Berichte/Papiere • Das Benchmark-Objekt betreffende Beschreibungen	• Eigene Mitarbeiter • Bestehende Geschäftsbeziehungen • Produktanalysen • Betriebszeitungen • Vorhandene Sekundärinformationen	• Fach-/Unternehmensverbände • Datenbanken • Bibliotheken • Fachzeitschriften, Zeitungen, Bücher • Firmenveröffentlichungen/ -broschüren • Jahresabschlüsse, Geschäftsberichte • Konferenzen, Seminare, Vorträge • (Fach-)Messen • Kundengespräche • Lieferantengespräche • Berater

Abbildung 48: Identifikation von Informationsquellen

Datengewinnung

Der zweite Schritt besteht darin, dass das gewählte Benchmark-Objekt bezogen auf das eigene Unternehmen analysiert und verstanden wird. Häufig ist dies der zeitraubendste Schritt. Die Fragestellung lautet beispielsweise: »Wie läuft der Prozess der Rechnungslegung in unserem Unternehmen ab?« Hierbei darf man nicht ausschließlich die interne Sichtweise einnehmen, sondern sollte versuchen, das Objekt nach neutralen Gesichtspunkten zu analysieren. Geschieht dies nicht, bleibt die Untersuchung schon im Ansatz stecken. Im vorangehenden Schritt wurde bereits definiert, welche Methode bei der Datengewinnung eingesetzt wird. In diesem Schritt werden die Daten über den Benchmark-Partner nun strukturiert sowohl intern als auch extern erfasst.

Datenanalyse

Sind die Daten im Unternehmen gesammelt, kann im dritten Schritt die Analyse durchgeführt werden. Fokussierung ist hier der wesentliche Erfolgsfaktor: Fehlt diese, verliert man sich schnell in Nebensächlichkeiten. In der Analyse werden

- die Vorgehensweisen des Partners bezüglich des Benchmark-Objektes identifiziert,
- die Gründe herausgearbeitet, warum dieses Unternehmen auf dem Benchmark-Objekt besser ist als das eigene Unternehmen, und
- Überlegungen angestellt, wie die Ergebnisse auf die eigene Situation übertragen werden können.

In diesem Schritt zeigen sich zum ersten Mal explizit die Unterschiede zur Konkurrenzanalyse, da Ursachenforschung und Überlegungen bezüglich der Übertragbarkeit integraler Bestandteil des Benchmarking sind. Gerade die Übertragung auf das eigene Unternehmen ist häufig auch ein schwieriges Unterfangen, vor allem im Prozess-Benchmarking. Dort kann dieser Schritt in der Feststellung münden, dass die analysierten Prozesse nicht übertragbar sind. Es existieren aber vorab einsetzbare Klassifizierungsmethoden, die beim branchenübergreifenden Prozessvergleich vermeiden helfen, in diese Sackgasse zu laufen und mit der Untersuchung neu beginnen zu müssen. Der geübte Anwender sollte zudem nicht zögern, den bei der Analyse gefundenen Erkenntnissen eigene Ideen hinzufügen, sodass das betrachtete Vergleichsunternehmen unter Umständen sogar überholt werden kann.

Weiterentwicklung

Im letzten Schritt geht es um die Ableitung von Maßnahmen aus den Erkenntnissen und um deren konkrete Umsetzung. Die Maßnahmen dienen der Schließung der erkannten Lücke zwischen dem eigenen Unternehmen und dem Benchmark-Partner. Die Maßnahmen sollten allen relevanten Personen vorgestellt und mit ihnen diskutiert werden, um die Akzeptanz zu erhöhen. Maßnahmenkataloge, Aktionspläne und Zeitvorgaben helfen, die Durchführung der beschlossenen Maßnahmen in das Tagesgeschäft zu integrieren und Reibungsverluste zu minimieren. Meilensteine und Verantwortlichkeiten müssen festgelegt werden, um den Fortschritt bei der Umsetzung kontrollierbar zu machen. Nach der Implementierung der Ergebnisse im Unternehmen und im weiteren Verlauf ist in regelmäßigen Abständen zu überprüfen, inwieweit die in Schritt 1 gesetzten Ziele erreicht wurden. Auch wenn durch die Verbesserungen ein Wettbewerbsvorteil geschaffen werden konnte, ist es zwingend notwendig, solche Überprüfungen zu tätigen, um frühzeitig Bedrohungen dieses Vorteils erkennen und gegensteuern zu können.

Benchmarking ist dann am wirkungsvollsten, wenn es als kontinuierlicher Prozess in die Unternehmenskultur integriert wird, um so ständige Veränderungen und Verbesserungen zuzulassen und sogar zu forcieren.

Umsetzung

Um das Instrument Benchmarking erfolgreich im Unternehmen einsetzen zu können, müssen nach unseren Erfahrungen folgende Voraussetzungen erfüllt sein:

1. *Benchmarking als integrativer Bestandteil der Unternehmensstrategie:* Benchmarking darf keinesfalls im Unternehmen eingesetzt werden, nur weil es en vogue ist. Vielmehr muss es auf allen Hierarchieebenen erklärter Wille sein, mit dieser Methode die Position des Unternehmens im Umfeld zu verbessern und schrittweise zu den Weltbesten aufzusteigen.

   Dies wird am besten dadurch erreicht, dass die Unternehmensführung das Unterfangen zur Chefsache erklärt und es während der gesamten Laufzeit intensiv unterstützt, alle Betroffenen in die umfangreiche Kommunikation einbezieht und ihnen Mitspracherecht gewährt.

2. *Unbedingte Bereitschaft zu Veränderungen:* Die Mitarbeiter im Unternehmen müssen bereit sein, notwendige Veränderungen zu akzeptieren und durchzuführen. Idealerweise sollte schon vor dem Beginn der Benchmark-Untersuchung feststehen, dass der Wandel wirklich gewollt ist und die Ergebnisse akzeptiert werden. Stellt sich heraus,

dass bestimmte Bereiche des Unternehmens Probleme aufwerfen, muss bei den Betroffenen schon früh das Bewusstsein erzeugt werden, dass ohne die notwendigen Veränderungen ein gefährlicher Stillstand eintritt. Der Hinweis darauf, dass Lösungen solcher Art anderen Unternehmen auch weitergeholfen haben auf dem Weg zur Weltspitze, kann hier motivierend wirken.

3. *Realistische Einschätzung der eigenen Position:* Die wenigsten Unternehmen sind in der Lage, ohne Zwischenschritte zu den Besten aufzuschließen. Abhängig von der Position des Unternehmens ist es notwendig, sich erst einmal mit kleinen Schritten in Teilbereichen nach vorne zu bringen, anstatt zu versuchen, alle Unternehmensbereiche, in denen Verbesserungspotenzial identifiziert worden ist, gleichzeitig einzubeziehen. Einen solch gewaltigen Schritt würde kaum ein Unternehmen verkraften. Andererseits sollten die Teilschritte zügig durchlaufen werden, sonst wird die optimale Position des Weltbesten nie erreicht werden.
4. *Sicherstellung der Vergleichbarkeit:* Wenn die eigene Position hinreichend genau bekannt ist, können die Benchmarks ausgewählt werden. Da die Umsetzung beim Benchmarking in der Regel tiefgreifende Veränderungen im Unternehmen bewirkt, ist es zur Wahrung der Akzeptanz vor allem in den betroffenen Bereichen erforderlich, die Benchmarks so auszuwählen, dass sie »passen«. Damit ist gemeint, dass nicht schon die kleinsten Einwände gegen die Übertragbarkeit ausreichen dürfen, das Vorhaben zu verhindern. Die Eignung des Partnerunternehmens, nicht der Bekanntheitsgrad muss im Vordergrund stehen. Die adäquate Wahl der Benchmark-Partner garantiert, dass das Projekt bis zum Ende durchgeführt werden kann, die Ergebnisse übertragbar sind und implementiert werden können.
5. *Adäquate Projektdimensionierung:* Das Vorhaben muss den eigenen Fähigkeiten und Ressourcen sowie den Zielen angepasst sein. Eine Überfrachtung mit Anforderungen oder eine unklare Abgrenzung des Objektes erschweren die Durchführung oder machen sie gar unmöglich.

Jedes Unternehmen kann seine Leistungsfähigkeit steigern. Benchmarking ist eine Methode hierfür, die, in die Unternehmensstrategie integriert, signifikante Verbesserungen ermöglicht. Wenn Benchmarking im Unternehmen noch nicht Bestandteil ist, kann ein »kleines« Benchmark-Projekt, das möglichst sicheren Erfolg garantiert, den Weg zur Etablierung eines kontinuierlichen Verbesserungsprozesses im Unternehmen ebnen.

SWOT-Analyse

Voraussetzung für die Entwicklung einer erfolgreichen Strategie ist ein fundierter Überblick über die derzeitige Situation des Unternehmens. Ausgangspunkt der Planung stellt deshalb die Situationsanalyse dar, die auf die Erfassung der momentanen und der künftigen Lage des Unternehmens abzielt. Im Rahmen der Situationsanalyse bedarf es einer Analyse sowohl der unternehmensinternen Gegebenheiten als auch der unternehmensexternen Umweltbedingungen. Die SWOT-Analyse integriert beide Sichtweisen und bildet damit einen wichtigen Bestandteil der Situationsanalyse. Bei der so genannten Designschule der strategischen Planung, die die Strategieentwicklung als konzeptionellen Prozess versteht, stellt die SWOT-Analyse sogar ein zentrales Konzept zur Strategiefindung dar. Das Akronym SWOT steht dabei für die Begriffe Strengths, Weaknesses, Opportunities und Threats. Wie die Buchstabenfolge bereits andeutet, baut die SWOT-Analyse auf den beiden Elementen Stärken-Schwächen-Analyse und Chancen-Risiken-Analyse auf.

Definition und Zielsetzung

Die *SWOT-Analyse* stellt die Stärken und Schwächen eines Unternehmens den Chancen und Risiken, die sich aus der Umweltentwicklung ergeben, gegenüber. Sie verknüpft damit die unternehmensinterne Perspektive (Stärken/Schwächen des Unternehmens im Vergleich zur Konkurrenz) mit der Umweltentwicklung (Chancen-Risiken-Analyse) und liefert so die Informationsgrundlage für die situationsspezifische Ableitung geeigneter strategischer Optionen.

Die Stärken-Schwächen-Analyse als erster Bestandteil der SWOT-Analyse vergleicht die spezifischen Stärken und Schwächen der Unternehmung mit jenen der Wettbewerber. Dabei wird zum einen auf unternehmensinterne Daten zurückgegriffen, die aus der Potenzialanalyse gewonnen werden, und zum anderen auf jene Informationen, die die Konkurrenzanalyse liefert. Bei der Potenzialanalyse geht es darum, derzeit vorhandene und zukünftige Unternehmensressourcen zu identifizieren und im Hinblick auf ihre Eignung zur Bewältigung strategischer Herausforderungen zu analysieren. Diese Unternehmensressourcen können finanzieller, organisatorischer, personeller oder technologischer Natur sein. Die Konkurrenzanalyse hingegen beschäftigt sich mit der Untersuchung der Gegebenheiten bei Wettbewerbern.

Führt man die Ergebnisse der Potenzial- und der Konkurrenzanalyse im Rahmen der Stärken-Schwächen-Analyse zusammen, so können diejenigen Bereiche identifiziert werden, in denen das Unternehmen Wettbewerbsvorteile besitzt. Die Stärken-Schwächen-Analyse dient damit der Identifikation des Handlungsspielraums eines Unternehmens innerhalb seines Wettbewerbsumfelds und bildet eine wesentliche Voraussetzung für die Strategie- und Maßnahmenplanung.

Während sich die Stärken-Schwächen-Analyse auf unternehmensinterne Faktoren bezieht, betrachtet die Chancen-Risiken-Analyse die Unternehmensumwelt. Sie strebt die Identifikation und Antizipation von Umweltentwicklungen an, aus denen dem Unternehmen Chancen und Risiken erwachsen können und die damit für die Unternehmens- und Marketingstrategie von Bedeutung sind. Besondere Relevanz kommt dabei dem Entdecken so genannter strategischer Diskontinuitäten zu, d. h. schwer vorhersehbarer Ereignisse, aus denen sich sowohl Chancen als auch Risiken ergeben. Werden diese rechtzeitig erkannt, so kann man im Rahmen der Planung darauf reagieren. Über die bloße Anpassung hinaus geht es zusätzlich darum, durch rechtzeitiges Eingreifen den Eintritt negativer Ereignisse zu verhindern bzw. positive Entwicklungen zu verstärken.

Die SWOT-Analyse führt die unternehmensinterne und die unternehmensexterne Perspektive zusammen. Sie integriert damit die Stärken-Schwächen-Analyse und die Chancen-Risiken-Analyse, um die Grundlage für eine fundierte Ableitung von Strategien zu schaffen.

Darstellung und Funktionsweise

Bei der Verknüpfung der unternehmensinternen Perspektive mit der Umweltentwicklung sind verschiedene Aspekte zu berücksichtigen.

Stärken-Schwächen-Analyse

Im Einzelnen geht man bei der Stärken-Schwächen-Analyse nach folgenden Schritten vor:

Festlegung der zu bewertenden Kriterien

Der erste Schritt der Stärken-Schwächen-Analyse besteht in der Auswahl der zu beurteilenden Kriterien. Dieser Punkt ist von zentraler Bedeutung, um am Ende ein aussagekräftiges Bild der Unternehmenssituation zu erhalten. Einerseits darf die Liste der selektierten Merkmale aus Gründen der Übersichtlichkeit nicht zu lang sein, andererseits dürfen keine wesentlichen Kriterien unberücksichtigt bleiben. Bei der Auswahl orientiert man sich in der Regel an den verschiedenen Funktionen des Unternehmens (z.B. Absatzmärkte, Finanzsituation, Kostensituation, Standort, F&E, Produktion), um eine bereichsspezifische Erfassung des Unternehmenspotenzials sicherzustellen. Jeder dieser Bereiche wird darauf untersucht, ob dort Stärken oder Schwächen im Vergleich zur Konkurrenz vorliegen.

Auswahl der Beurteiler/Gremien

Im zweiten Schritt gilt es, geeignete Beurteiler auszuwählen. Die Bewertenden müssen über die notwendigen Informationen über das eigene Unternehmen und die Hauptwettbewerber verfügen. Dabei kann man entweder verschiedene Personen um eine Bewertung bitten und die Einzelurteile anschließend über Mittelwertbildung verdichten oder ein Bewertungsgremium zusammenstellen.

Bewertung

Die Bewertung muss immer relativ zu einem Vergleichsmaßstab vorgenommen werden. Hierzu können einzelne Wettbewerber, der Durchschnitt aller Konkurrenten oder eine Auswahl der wichtigsten Wettbewerber dienen. In der Praxis hat es sich bewährt, bei der Beurteilung der einzelnen Aspekte den jeweils stärksten Konkurrenten zum Vergleich heranzuziehen. Grundlage für die Bewertung sollten, soweit möglich, objektive Daten sein. Hierzu zählen neben technischen und ökonomischen Fakten beispielsweise auch die Ergebnisse von Kundenzufriedenheitsbefragungen, Marktstudien oder Imageanalysen. Neben solche objektiven Daten treten bei der Bewertung stets subjektive Einschätzungen, da nicht zu allen Faktoren objektive Größen verfügbar sind und eine Bewertung letztlich immer durch Subjektivität gekennzeichnet ist. In jedem Fall darf die Beurteilung nicht allein die unternehmensinterne Sicht widerspiegeln, sondern ist um die Kunden- und Lieferantenperspektive zu ergänzen. Es versteht sich von selbst, dass es dabei auf eine möglichst realistische Einschätzung der Gegebenheiten ankommt. Übertriebenes Selbstbewusstsein hat hier ebenso wenig zu suchen wie unnötige Bescheidenheit.

Im Rahmen der Bewertung bedient man sich entweder einer Checkliste oder eines Stärken-Schwächen-Profils. Checklisten umfassen die jeweils als relevant erachteten Beurteilungsgrößen. Übersichtlicher ist indes die grafische Darstellung der gewonnenen Informationen mittels eines Stärken-Schwächen-Profils (vgl. Abbildung 49).

Der Vergleich mit der Konkurrenz kann durch Gegenüberstellung des Unternehmensprofils mit dem des stärksten Konkurrenten erfolgen. Eine andere Möglichkeit besteht darin, die Relativität durch die Wahl einer entsprechenden Skala (z. B. von »1 = viel schlechter als der beste Konkurrent« bis »10 = viel besser als der beste Konkurrent«) abzubilden. Allerdings macht die Konfrontation zweier Profile in einer Abbildung die Defizite und Stärken des eigenen Unternehmens anschaulicher als die zweitgenannte Option. Um die Aussagekraft des Profils zu erhöhen, werden die Kriterien in der Regel absteigend nach Wichtigkeit angeordnet. Auf diese Weise lassen sich die wesentlichen Vor- und Nachteile im Vergleich zu den wichtigsten Wettbewerbern des Unternehmens offen legen.

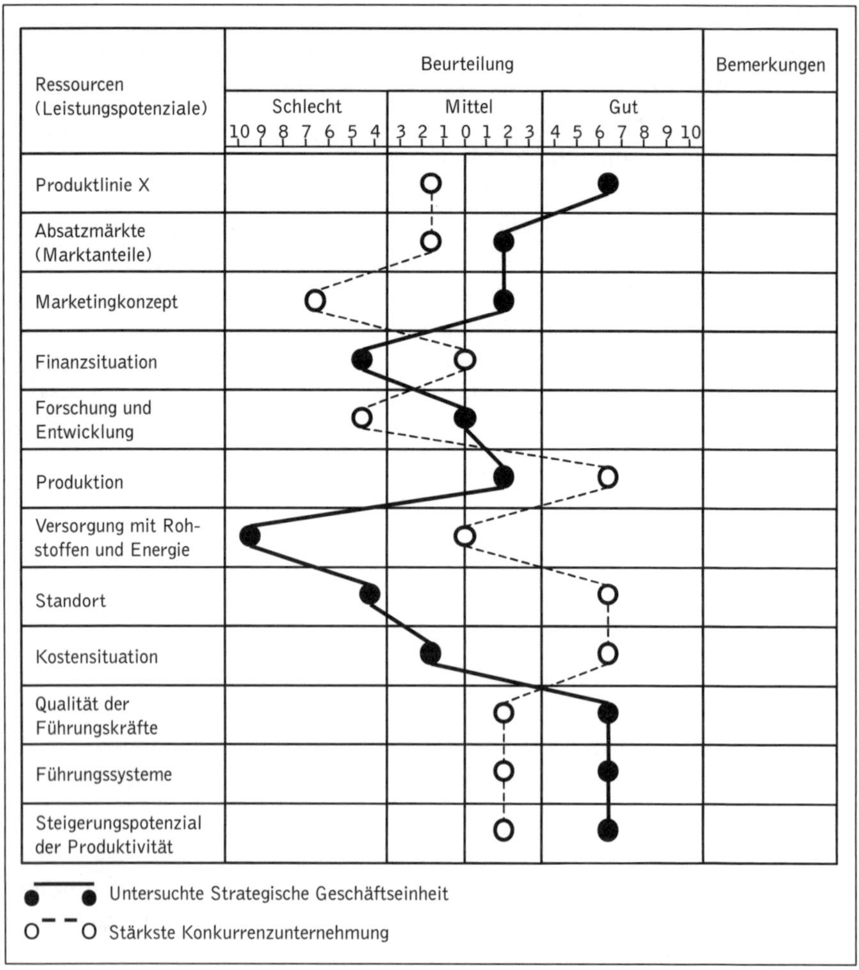

Abbildung 49: Stärken-Schwächen-Profil

Chancen-Risiken-Analyse

Im Rahmen der Chancen-Risiken-Analyse müssen zunächst die für den Unternehmenserfolg relevanten Umweltfaktoren identifiziert werden. Anschließend bedarf es einer Abschätzung der Veränderung bezüglich jedes einzelnen Faktors und der möglichen Auswirkungen dieser Veränderung. Hierzu sind Entwicklungen in der Makro- und der Mikroumwelt des Unternehmens zu analysieren. In Bezug auf die Makroumwelt können sich Chancen und Risiken beispielsweise aus Veränderungen im

- sozio-kulturellen Bereich (z. B. Veränderung der Altersstruktur der Bevölkerung, Änderungen im Lebensstil, Verschiebung von Wertvorstellungen und Normen),
- technischen Bereich (Einführung und Durchsetzung neuer technischer Standards),
- politisch-rechtlichen Bereich (z. B. Aufhebung bestehender oder Erlass neuer Gesetze),
- physischen Bereich (z. B. Knappheit von Rohstoffen, Klimaveränderung) oder
- wirtschaftlichen Bereich (z. B. Einführung des Euro, Entstehen neuer Freihandelszonen)

ergeben. Die Mikroumwelt umfasst jene Unternehmen, Personen oder Institutionen, mit denen das Unternehmen im Rahmen seiner Aufgabenerfüllung interagiert. Hierzu zählen in erster Linie Abnehmer, Lieferanten, Konkurrenten und Absatzmittler. Chancen sind dabei jene Entwicklungen, die ein Unternehmen für sich positiv zu nutzen vermag, Risiken resultieren aus jenen Situationen, die dem Unternehmen schaden können.

Zur Wahrung der Übersichtlichkeit sollten die so identifizierten Chancen und Risiken bezüglich ihrer Eintrittswahrscheinlichkeit und der Bedeutsamkeit der Auswirkungen auf das Unternehmen in eine Rangfolge gebracht werden. Bei der Identifikation der Chancen und Risiken muss in erster Linie auf sekundärstatistisches Material zurückgegriffen werden. Um wichtige künftige Entwicklungen zu erkennen, leisten Prognose- und Szenario-Techniken gute Dienste.

SWOT-Analyse

Die SWOT-Analyse integriert die beiden vorgestellten Komponenten. Die Gegenüberstellung der unternehmensinternen und der umweltbezogenen Perspektive kann man mithilfe einer Matrix veranschaulichen (vgl. Abbildung 50). Dabei werden die Unternehmens- und die Umweltachse in jeweils ein positives (Stärken bzw. Chancen) und ein negatives (Schwächen bzw. Risiken) Feld unterteilt. Daraus ergeben sich vier Felder, denen sich unterschiedliche Strategiearten zuordnen lassen:

	Opportunities 1. 2. 3. ...	Threats 1. 2. 3. ...
Strengths 1. 2. 3. ...	SO-Strategien	ST-Strategien
Weaknesses 1. 2. 3. ...	WO-Strategien	WT-Strategien

Abbildung 50: SWOT-Analyse-Matrix

- SO-Strategien: SO-Strategien dienen zur Nutzung der Chancen des Unternehmens unter Einsatz von dessen Stärken. So kann zum Beispiel die Chance des gesellschaftlichen Trends zu größerem Umweltbewusstsein durch vorhandenes Know-how eines Unternehmens im Bereich umweltfreundlicher Produktion (Stärke) genutzt werden. Zu dieser Kategorie zählen vor allem Strategien, die auf eine Expansion oder Neuentwicklung von Produkten abzielen.
- ST-Strategien: Demgegenüber strebt man bei den ST-Strategien den Ausgleich bzw. die Entschärfung von Umweltrisiken durch Rekurrieren auf eigene Stärken an. Beispielsweise lassen sich gute Kontakte zur Politik (Stärke) über Lobbyismus dazu nutzen, unerwünschte Entwicklungen im gesetzlichen Bereich (Risiko) zu unterbinden.
- WO-Strategien: Mit WO-Strategien will man Chancen nutzen, indem Unternehmensschwächen abgebaut werden. So müsste ein Unterneh-

men die Schwäche einer langen Markteinführungszeit (time-to-market) beseitigen, um von einem wachsenden Markt und der Innovationsfreude von Konsumenten zu profitieren.
- WT-Strategien: WT-Strategien schließlich zielen darauf ab, Schwächen abzubauen und Risiken zu reduzieren. In vielen Fällen manifestieren sich diese in Form von Desinvestitionsstrategien.

Die SWOT-Analyse lässt sich sowohl auf Gesamtunternehmensebene als auch für einzelne strategische Geschäftseinheiten durchführen. Da in der Regel verschiedene Geschäftsbereiche unterschiedliche Stärken und Schwächen aufweisen und mit unterschiedlichen Umweltbedingungen konfrontiert sind, erweist es sich in der Praxis als sinnvoll, für alle wichtigen strategischen Geschäftseinheiten eine eigene SWOT-Analyse vorzunehmen.

Umsetzung

Bei der Durchführung einer SWOT-Analyse sieht man sich in der Praxis einigen Problemen gegenüber, die manche Unternehmen vom Einsatz dieses Instrumentes abhalten bzw. die Validität der gewonnenen Ergebnisse infrage stellen. So erweist sich unserer Erfahrung nach die Informationsbeschaffung als verhältnismäßig schwierig, insbesondere was Informationen über Konkurrenten und künftige Umweltentwicklungen angeht. Zudem stellt sich im Rahmen der Stärken-Schwächen-Analyse das Problem der Messbarkeit der Kriterien. Letztendlich muss dabei zumeist auf subjektive Einschätzungen zurückgegriffen werden, was die intersubjektive Nachprüfbarkeit beeinträchtigt. Da in der Regel verschiedene Personen unternehmensinterne und -externe Gegebenheiten unterschiedlich wahrnehmen, empfiehlt es sich, die Stärken-Schwächen- wie auch die Chancen-Risiken-Analyse im Team durchzuführen.

Hinzu kommt, dass beim Stärken-Schwächen-Vergleich der Gegenwartsbezug im Vordergrund steht und man deshalb Gefahr läuft, künftige Entwicklungen nicht ausreichend zu beachten. Um geeignete Strategien für die Zukunft abzuleiten, sollte man aber stets versuchen, die voraussichtliche Entwicklung von Stärken und Schwächen zu berücksichtigen. Hierbei ist die Szenario-Technik von Nutzen, bei der verschiedene mögliche künftige Zustände beschrieben werden.

Darüber hinaus sind die Stärken und Schwächen eines Unternehmens nicht vollkommen unabhängig voneinander, sondern bedingen sich vielfach gegenseitig. Beispielsweise verfügen kleine und mittelständische Unternehmen in der Regel über eine höhere Flexibilität als Großunternehmen. Dieser Vorteil geht aber oft mit schlechteren Möglichkeiten der Fremdkapitalbeschaffung einher. Schwächen lassen sich daher häufig nicht abbauen, ohne gleichzeitig die vorhandenen Stärken zu gefährden.

Ähnliche Probleme tun sich bei der Chancen-Risiken-Analyse auf. Die Hauptherausforderung besteht darin, die relevanten Umweltentwicklungen vollständig zu erfassen, keine wichtige Entwicklung zu übersehen, sich aber auch nicht zu verzetteln. Die Chancen-Risiken-Analyse muss zudem regelmäßig durchgeführt werden, um positive oder negative Umweltveränderungen frühzeitig zu erkennen und zu verhindern, dass sich Konkurrenten einen Vorsprung vor dem eigenen Unternehmen verschaffen.

Werden die genannten Aspekte berücksichtigt, so bildet die SWOT-Analyse eine wichtige Grundlage der Strategiefindung. Durch die ausführliche Beschäftigung mit Stärken, Schwächen, Chancen und Risiken des Unternehmens wird die Basis für eine an die Unternehmenssituation angepasste Ableitung von Strategien geschaffen.

Erfahrungskurven-Analyse

Innerhalb des strategischen Instrumentenkastens bezieht sich das Erfahrungskurven-Konzept auf die strategische Bedeutung des Marktanteils und des Marktwachstums. Strategische Schlussfolgerung ist es, die Marktführerschaft durch Kostenführerschaft zu übernehmen. Die Kernaussage besteht darin, dass in schnell wachsenden Märkten eine Ausweitung des eigenen Marktanteils zu steigenden Stückzahlen bei gleichzeitig sinkenden Stückkosten führt. Die erzielten Kostenvorteile können für Investitionen in Marketing oder Produktverbesserungen bzw. Preisreduktionen genutzt werden, um weitere Marktanteile zu gewinnen. Dieser Ansatz basiert auf folgender Erfahrung: Je höher die produzierte Menge, desto geringer die Stückkosten. Zum ersten Mal wurde diese Beobachtung in den dreißiger Jahren gemacht; später wurde sie vielfältig empirisch nachgewiesen. Erfahrungskurven-Effekte stellen sich aber nicht automatisch ein, sondern sind das Ergebnis einer zielgerichteten Unternehmensstrategie.

Definition und Zielsetzung

Die *Erfahrungskurve* stellt die Beziehung zwischen der kumulierten Produktionsmenge und den realen (inflationsbereinigten) Stückkosten dar. Das Konzept der Erfahrungskurve besagt, dass bei jeder Verdopplung der kumulierten Produktionsmenge eines Produktes die durchschnittlichen Herstellkosten (Stückkosten) um einen bestimmten Prozentsatz sinken (vgl. Abbildung 51). Für die Erfahrungskurve ergibt sich damit ein exponentiell abnehmender Verlauf, da zur Verdopplung der kumulierten Produktionsmengen immer mehr Produktionseinheiten benötigt werden (2, 4, 8, 16 etc.).

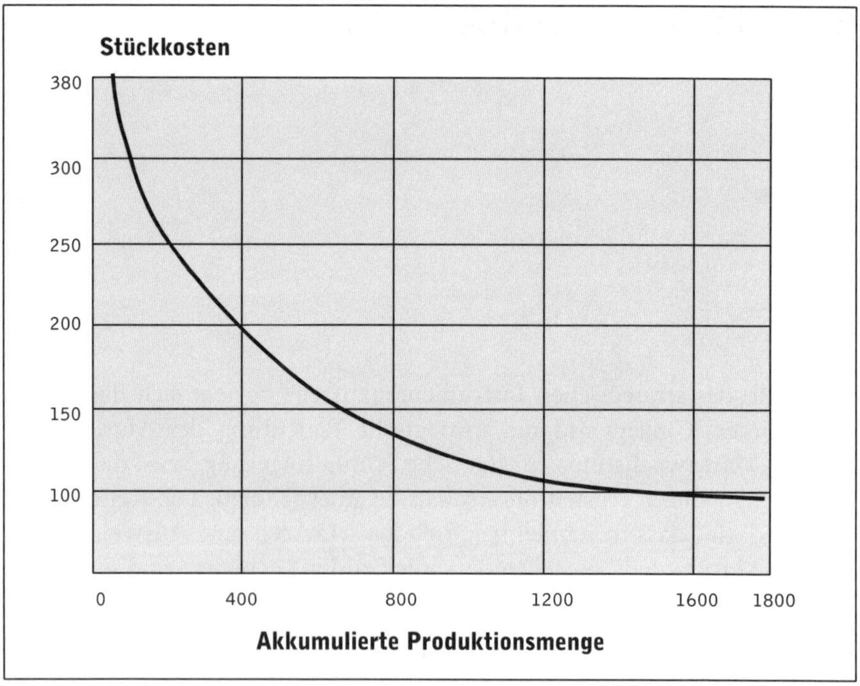

Abbildung 51: Typischer Verlauf der Erfahrungskurve

Die Anwendung des Erfahrungskurven-Konzepts hat sich im Laufe der Zeit erweitert. Bis Mitte der sechziger Jahre blieb die Beschäftigung mit dem Phänomen der Erfahrungskurve auf den Ingenieurbereich beschränkt. Dort wurde das Instrument vorwiegend zur Kostenplanung, -vorgabe und -kontrolle eingesetzt. Im Managementbereich hat die Erfahrungskurve seit Ende der sechziger Jahre große Verbreitung als strategische Planungshilfe gefunden.

Eine Strategie, die sich der Erfahrungskurve bedient, hat zum Ziel, die produzierten Mengen möglichst schnell auszuweiten. Dazu bedarf es in der Regel eines wachsenden Marktes, in dem möglichst die Marktführungsposition zu besetzen ist, oder es muss die Möglichkeit bestehen, seinen Marktanteil zulasten anderer Wettbewerber auszudehnen. Die Produktion großer Stückzahlen erlaubt es, profitabler zu produzieren. Dieser Spielraum kann für Investitionen oder zur Weitergabe von Preisvorteilen genutzt werden, um die Marktführerschaft auszubauen.

Die strategischen Konsequenzen aus der Erfahrungskurve sind die Folgenden:

- Konzentration auf Geschäfte, in denen Mengenvorteile realisierbar sind,
- Wachstumsstrategien, die auf Mengenwachstum und Marktanteilszugewinn zielen (Marktführerposition), denn der Marktführer hat die beste Kostenposition,
- hohe Investitionen in Geschäftsfelder mit dem höchsten Mengenpotenzial,
- Einsatz der Preispolitik, um Kostenvorteile als Mittel des Verdrängungswettbewerbs zu nutzen und Markteintritte zu verhindern.

Darstellung

Die Kostendegression der Erfahrungskurve basiert auf den folgenden Treibern, die je nach Produkt unterschiedlich stark zur Kostensenkung beitragen können:

- Lerneffekte (Lernkurve): Lerneffekte sind auf den Umstand zurückzuführen, dass Menschen Dinge, die sie oft und wiederholt ausüben, immer schneller und besser, d.h. mit weniger Fehlern, durchführen können. Diese Routine macht sich z.B. die Fließbandproduktion zunutze, aber sie gilt auch für andere, z.B. administrative oder Verkaufstätigkeiten.
- Technologische Verbesserung der Produktion: Hiermit sind hauptsächlich Verfahrensinnovationen in der Produktion gemeint. Das können neue Anlagen sein, aber auch verbesserte Abläufe oder Produktionssteuerung. Ferner zählen hierzu auch Produktvereinfachungen. Ein Produkt kann beispielsweise so vereinfacht werden, dass es aus weniger Teilen besteht oder aus anderen, günstigeren Materialien gefertigt wird.
- Skaleneffekte (Economies of Scale): Skaleneffekte treten auf, wenn die gesamten Stückkosten bei zunehmendem Output sinken. Dies ist immer dann der Fall, wenn bei der Produktion noch ungenutzte Kapazitäten ausgelastet werden. Produktionsseitig bedeutet dies: Ein zunehmender Input führt zu einer überproportionalen Erhöhung des Output. Der kostenseitige Aspekt der Skaleneffekte impliziert, dass Gemein-

kosten wie Verwaltungs- oder Marketingkosten auf eine größere Output-Menge verteilt werden können. Skaleneffekte lassen sich allerdings nur in bestimmten Intervallen erzielen. Es gibt bestimmte Größenschwellen, die dazu führen, dass Kapazitätserweiterungen notwendig werden oder der Verwaltungsapparat vergrößert werden muss. Sprungfixe Kosten entstehen, die die Stückkosten zunächst anheben, bevor sie mit zunehmendem Output wieder gesenkt werden können.

Die Treiber und damit die Erfahrungskurve werden allerdings nicht automatisch wirksam, sondern müssen durch gezielte Maßnahmen erreicht werden. Das volle Kostensenkungspotenzial kann nur mithilfe eines konsequenten Kostenmanagements erschlossen werden. Zu den entsprechenden Instrumenten muss die Bereitschaft aller Mitarbeiter im Unternehmen treten, ständig nach Quellen neuer Kostensenkungen Ausschau zu halten. Dazu können folgende Methoden hilfreich sein:

- Investitionen in Forschung und Entwicklung zur Effizienzverbesserung der Produktion,
- Investitionen in die Modernisierung der Anlagen und Ausstattung,
- Weiterbildung der Mitarbeiter,
- Einrichtung von Qualitätszirkeln und betrieblichem Vorschlagswesen,
- verstärkte Bewusstseinsbildung und Motivation auf allen Stufen der Leistungserstellung.

Die berühmteste und längste Erfahrungskurve weist die Preisentwicklung des Ford-T-Modells (Tin Lizzy) von 1909 bis 1923 auf. Da Kosteninformationen nicht verfügbar sind, kann ersatzweise der Verkaufspreis als Indikator herangezogen werden, auch wenn der Preis nicht ausschließlich durch die Kosten bestimmt wird. Der Preis sank im betrachteten Zeitraum kontinuierlich von gut 3000 auf 900 Dollar. Die wichtigsten Entscheidungen, die zur Kostensenkung beigetragen haben, sind:

- der Bau der River-Rouge-Produktionsanlagen,
- die Einführung der Fließbandproduktion,
- Insourcing von Zulieferbetrieben,
- zahlenmäßige Reduktion des Managements.

Auch in stagnierenden Märkten werden Maßnahmen wie Technologieverbesserungen vorgenommen. So wurde seit den achtziger Jahren ein Teil der Prozesse in Banken durch das Aufstellen von Kontoauszugsdruckern und Geldautomaten automatisiert. Im Gegensatz zur Einführung der Fließbandproduktion bei Ford diente dies nicht dazu, Spielraum für mehr Absatz zu schaffen, der preiswerter an die Kunden weitergegeben werden konnte. Vielmehr wurden bei konstantem Absatz betriebliche Abläufe effizienter gestaltet. Bei solchen Rationalisierungsmaßnahmen können in Abhängigkeit von der Wettbewerbsintensität ebenfalls Kostenvorteile in Form von Preisreduktionen an den Kunden weitergegeben werden.

Wie beschrieben, bezieht sich die Erfahrungskurve auf die Kostendegression von Produktstückkosten. Was ist nun das für die Kostensenkung relevante Produkt? Nehmen wir beispielsweise ein Unternehmen, das Autos herstellt und eine Lkw- sowie eine Pkw-Sparte hat. Innerhalb der Pkw-Sparte gibt es Limousinen, Cabriolets, Gelände- und Sportwagen. Von jeder dieser Kategorien werden verschiedene Modelle hergestellt. Ist nun das relevante Produkt die gesamte Pkw-Palette oder alle hergestellten Limousinen oder die einzelnen Modelltypen? Hierfür gibt es keine abschließende Antwort, doch gilt generell: Je mehr Erfahrung zwischen den Modellen geteilt wird, desto höher in der Produkthierarchie lässt sich das Konzept ansetzen. Gleiche Erfahrung liegt vor, wenn eine hohe Übereinstimmung in der Produktion besteht, viele Komponenten gleich sind.

In diesem Zusammenhang ist auch das Shared-Cost-Phänomen zu sehen. In einem Unternehmen, in dem mehrere Produkte mit ähnlichen Bestandteilen hergestellt werden, wie etwa Küchenmesser, Taschenmesser und Essbestecke, kann eine Marktaustrittsentscheidung aus einem der Segmente unter dem Aspekt der Erfahrungskurve nicht unabhängig von den anderen Segmenten erfolgen. Das Verlassen des Taschenmessersegments kann die beiden anderen Produkte in ihrer Erfahrungskurve »nach hinten« werfen, weil damit Mengen aus der Produktion herausgenommen werden, die die Möglichkeit zu weiteren Kostensenkungen bieten könnten. Dies kann in den verbleibenden Segmenten zu Wettbewerbsnachteilen führen.

Im Rahmen der empirischen Validierung der Erfahrungskurve ergaben sich von Anfang an Schwierigkeiten bei der Erfassung der Kostengrößen. Um diesen Problemen aus dem Wege zu gehen, hat man sich des Hilfsmittels der Preise bedient, deren Entwicklung anstelle der Kosten dargestellt wurde. Man unterstellt dabei, dass sich die Preise ebenso wie die Kosten entwickeln. Preise hängen aber nur teilweise von Kosten ab. Sie sind darüber hinaus von der Wettbewerbssituation und der Preisbereitschaft der Kunden beeinflusst. Nur in dem Fall, dass sich mindestens zwei Konkurrenten in einem Kampf um die Marktanteile preislich ständig unterbieten, dabei aber nicht zu Dumping (Preise unter Kosten) greifen, kann von einem engen Preis-Kosten-Zusammenhang ausgegangen werden.

Zielsetzung für ein Unternehmen muss es daher sein, den Verlauf der Preisentwicklung von der (kostenbezogenen) Erfahrungskurve abzukoppeln. In vielen Fällen ist zu beobachten, dass es Unternehmen gelingt, die Preise weniger stark sinken zu lassen als die jeweiligen Herstellungskosten (vgl. Abbildung 52). Ab einer bestimmten Menge fallen die Preise dann zwar relativ schneller als die Kosten, um sich schließlich in einem gewissen gleich bleibenden Abstand parallel zu den sinkenden Stückkosten zu entwickeln, zwischenzeitlich realisierten jedoch die Anbieter, die frühzeitig große Mengen produzieren und absetzen konnten, einen »Preisschirm«. Dieser bildet die Grundlage für außergewöhnlich hohe Erträge, die der Marktführer abschöpfen kann. Mittelfristig wird dieser Vorteil von den nachfolgenden Unternehmen aufgelöst. Der starke Preisrückgang ab einem bestimmten Punkt ist darauf zurückzuführen, dass ein Anbieter es für günstiger hält, die Preise stärker zu senken, als die Kosten fallen. Hier besteht die Gefahr eines Preiskrieges, bei dem zeitweise die Preise sogar unter die Kosten fallen können. Langfristig wird sich jedoch ein stabiles Verhältnis von Preisen und Kosten einpendeln.

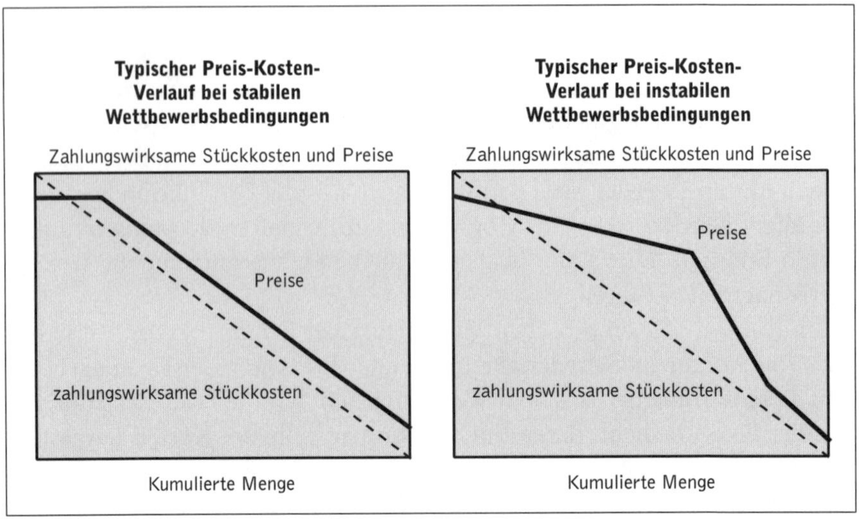

Abbildung 52: Preis- und Kostenentwicklung

Umsetzung

Inwieweit es generelle Regeln zur sinnvollen Anwendbarkeit der Erfahrungskurve gibt, ist umstritten. Tendenziell haben sich folgende Gesetzmäßigkeiten als gültig erwiesen:

Erfolge aufgrund der Erfahrungskurve waren hauptsächlich dann zu erzielen, wenn

- es sich um eine kapitalintensive Industrie handelte,
- der Markt sich durch starkes Wachstum auszeichnete,
- die Wertschöpfung hauptsächlich im Produktionsprozess und weniger in den verwendeten Rohmaterialien lag.

Dies traf z. B. auf die Autoproduktion und die Halbleiterindustrie zu.

Als weniger anwendbar zeigte sich die Erfahrungskurve, wenn durch zunehmende Größe keine Erfahrungsvorteile entstehen oder keine zunehmende Größe erreichbar ist. Ersteres gilt oftmals für Branchen des Dienstleistungsgewerbes, etwa Banken, Fluggesellschaften oder das Hotelgewerbe. Eine umfassende Studie des Bankgewerbes zeigte, dass mögliche Erfahrungskurven-Effekte bei großen Einrichtungen aufgrund der Inflexibilität großer Organisationen überkompensiert wurden und umgekehrte Skaleneffekte auftraten: Je größer die Organisation, desto höher die Stückkosten.

Eine weitere Untersuchung ergab, dass tendenziell industrielle Vor- und Zwischenprodukte in höherem Maße von Erfahrungskurven-Effekten profitieren als Endprodukte.

Die Frage, inwieweit die Erfahrungskurven-Analyse in unterschiedlichen Branchen zu brauchbaren Ergebnissen führt, kann mithilfe von Anzahl und Größe der Wettbewerbsvorteile einer Branche beantwortet werden. Auf der vertikalen Achse einer Matrix wird die Anzahl von dauerhaften Wettbewerbsvorteilen einer Branche abgetragen, die horizontale Achse beschreibt ihre Größe. In jedem Quadranten befindet sich ein Koordinatensystem, das den Zusammenhang zwischen der Unternehmensgröße und dem Return on Assets (ROA) darstellt.

Lediglich für Branchen, die sich im rechten unteren Quadranten befinden, den so genannten Massenindustrien, lässt sich die Erfahrungskurve anwenden. Sie haben wenige Wettbewerbsvorteile, einer der wichtigsten sind die Kosten. Dies trifft in der Regel auf Commodity-Güter zu. Der positive Zusammenhang zwischen ROA und Unternehmensgröße deutet auf die Gültigkeit der Erfahrungskurve hin.

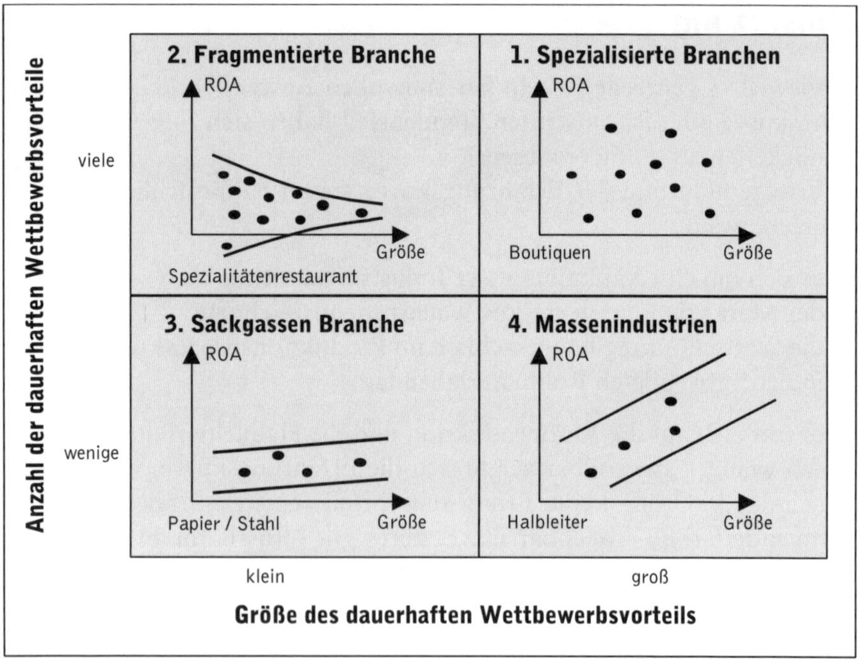

Abbildung 53: Matrix des Wettbewerbsumfeldes

Die Industrien der drei anderen Quadranten sind für die Anwendung der Erfahrungskurve zumindest nicht primär geeignet. Im linken unteren Quadranten befinden sich die so genannten »Sackgassen«-Industrien, bei denen es nur wenige Möglichkeiten zur Profilierung gibt. Die Unternehmensgröße bietet keine Möglichkeit, den ROA zu steigern. Im rechten oberen Quadranten sind solche Industrien angesiedelt, bei denen Größe und ROA in keinem systematischen Zusammenhang stehen, da sowohl viele als auch große Wettbewerbsvorteile vorhanden sind. Kosten spielen keine größere Rolle. Ein Beispiel hierfür sind Autos der Luxuskategorie, die sich nicht über niedrige Preise positionieren. Im Fall des linken oberen Quadranten ist der Zusammenhang zwischen Größe und ROA negativ. Ob ein Spezialitätenrestaurant erfolgreich ist oder nicht, hängt von dem jeweiligen Restaurant ab. Eine Erweiterung der Kette würde den ROA nivellieren.

Abschließend sollen noch einige Fälle aufgezeigt werden, in denen die Anwendung der Erfahrungskurve als einziges strategisches Instrument beträchtliche Nachteile gebracht hat.

- Ford hatte bei seiner Fokussierung auf die Kostenoptimierung für die Tin Lizzy übersehen, dass die Kunden neue Anforderungen – wie mehr Komfort – an ein Auto stellten. Es wurden grundlegende Reorganisationen notwendig, die über ein Jahr dauerten und mehrere hundert Millionen Dollar kosteten. Die Erfahrungskurve sollte also nicht als alleiniges Instrument zur strategischen Planung verwendet werden, da ansonsten der Blick für notwendige Richtungsänderungen unter anderen Gesichtspunkten verloren geht.
- In einem anderen Fall eines industriellen Herstellers wurde durch den Versuch, Marktanteile durch Niedrigpreispolitik zu gewinnen, eine ruinöse Preisspirale nach unten zwischen den Wettbewerbern ausgelöst. Dies impliziert, dass bei der Entscheidung, in einem Wettbewerbsumfeld die Kostenführerschaft zu übernehmen, immer berücksichtigt werden muss, welche Reaktionen vom Wettbewerb zu erwarten sind. Nutzen alle Unternehmen die Kostensenkungspotenziale der Erfahrungskurve aus, bleibt der relative Kostenvorteil gleich. Die Erfahrungskurve verliert an strategischer Bedeutung. Dies gilt nur nicht, wenn die Marktpositionen der Unternehmen sehr unterschiedlich sind. Bei zwei relativ gleich starken Wettbewerbern ist ein Preiskrieg recht wahrscheinlich. Dieser sollte aber in jedem Fall verhindert werden.
- Da Synergieeffekte von der Erfahrungskurve nicht abgebildet werden, ist die Übertragung ihrer Aussagen für den Fall eines diversifizierten Unternehmens problematisch. Auf der einen Seite können aufgrund von Synergieeffekten Erfahrungstransfers zwischen verschiedenen Produkten realisiert werden, die den Erfahrungskurven-Effekt tendenziell verstärken. Auf der anderen Seite kann es aufgrund von Komplexitätskosten zu einer Erhöhung der Stückkosten kommen. Ein Nettoeffekt ist nicht vorherzusagen.

Die Erfahrungskurve birgt zwei wesentliche strategische Implikationen: Sie unterstreicht die Notwendigkeit der Ausrichtung von Unternehmen auf eine strikte Wachstumsphilosophie, um Kostenvorteile zu realisieren. Dies wird jedoch nur ermöglicht bei gleichzeitiger Umsetzung eines strikten Kostenmanagements. Beides hängt stark von situativen Faktoren ab. Eine einseitige Ausrichtung der Strategie auf die Erfahrungskurve ist daher zu vermeiden.

Lebenszyklus-Analyse

Die Lebenszyklus-Analyse ist ein Instrument, das entscheidungsrelevante Informationen zur Formulierung von Strategien zur Verfügung stellt. Die ökonomischen Lebenszyklus-Konzepte lehnen sich an das biologische Konzept des Lebenszyklus an. Dieses unterteilt den Entwicklungsprozess von Lebewesen in mehrere Stadien, die durch unterschiedliche Charakteristika geprägt sind. Dieser Gedanke wurde bereits Ende der fünfziger Jahre auf wirtschaftliche Fragestellungen übertragen und hat aufgrund seiner Popularität und Eingänglichkeit im Laufe der Zeit zahlreiche Erweiterungen erfahren. So gibt es Produkt-, Marken-, Unternehmens-, Kunden- sowie Branchen-Lebenszyklen und sogar Lebenszyklus-Modelle für Ferienziele.

Im Folgenden sollen die Grundgedanken der Lebenszyklus-Analyse am Beispiel des Produktlebenszyklus darstellt werden. Die Ergebnisse lassen sich problemlos auf andere Analyseobjekte übertragen. Folgt man dem Produktlebenszyklus-Konzept, so hängt die Formulierung der richtigen Produktstrategie davon ab, in welchem Entwicklungsstadium sich ein Produkt befindet. Dazu muss in einem ersten Schritt das Stadium des Produktlebenszyklus genau identifiziert werden, um in einem zweiten Schritt adäquate Strategien entwickeln zu können.

Definition und Zielsetzung

Unter dem Lebenszyklus eines Produktes wird allgemein die Entwicklung der Absatz- bzw. Umsatzzahlen eines Produktes im Laufe der Zeit verstanden. Idealtypisch entwickeln sich diese Größen entsprechend dem in Abbildung 54 dargestellten S-förmigen Verlauf.

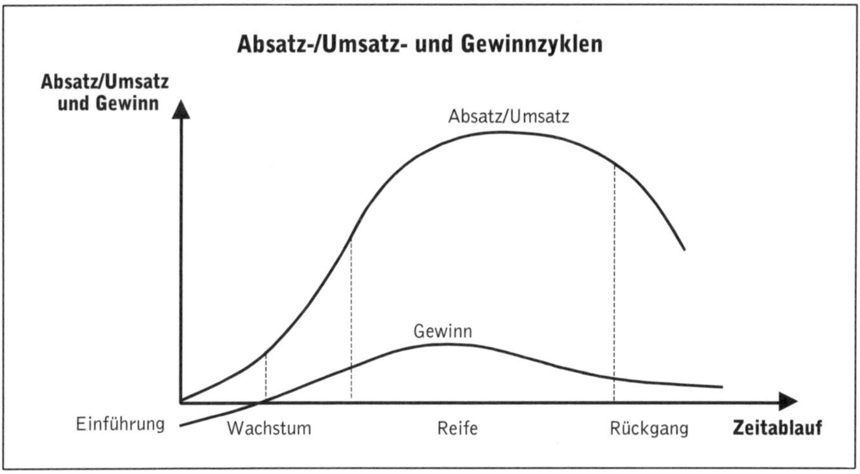

Abbildung 54: Idealtypischer Produktlebenszyklus

Es werden in der Regel vier bis fünf Phasen unterschieden. Das Vier-Phasen-Modell unterscheidet: Einführung, Wachstum, Reife und Rückgang, während das Fünf-Phasen-Modell die Reifephase zweiteilt und nach dem Umsatzhöhepunkt eine Sättigungsphase einfügt.

Gestützt und empirisch abgesichert wird die Erklärung des Modells durch die Diffusionsforschung. Demnach reagieren Menschen unterschiedlich schnell auf innovative Produkte. Die Palette der Reaktionsweisen reicht von den so genannten »Innovatoren«, die sehr schnell neue Produkte kaufen, über »frühe Übernehmer« sowie »frühe« und »späte Mehrheiten« bis hin zu den »Nachzüglern«, die das Produkt erst sehr spät annehmen.

Vom Produktlebenszyklus ist der Markenlebenszyklus zu unterscheiden. So kann sich bei Produkten wie etwa Antibiotika, die es unter verschiedenen Marken gibt, der Markenlebenszyklus schon längst im Stadium des Rückgangs befinden, während der Lebenszyklus des Produkts noch in der Reifephase ist. Wenn es sich bei dem betrachteten Produkt jedoch um eine Innovation handelt, sind beide Zyklen identisch.

Die Zielsetzung der *Produktlebenszyklus-Analyse* besteht neben der Abbildung der Verkaufshistorie in

- der Prognose des künftigen Absatzverlaufs,
- der Entscheidungshilfe bei der Generierung von Strategien sowie beim Einsatz des absatzpolitischen Instrumentariums,
- der Unterstützung der Produktionsprogrammplanung (Programmbereinigungen, Durchführung von Markterweiterungen, Diversifikationsstrategien).

Darstellung

Einführungsphase

Diese Phase beginnt, wenn das Produkt auf dem Markt erhältlich ist. Je nach Innovationsgrad des Produktes ist sie unterschiedlich lang. Je höher der Neuigkeitsgrad des Produktes, desto länger die Einführungsphase, da die Kunden zunächst den Nutzen des Produktes kennen lernen und oft ihr Verhalten umstellen müssen. Ein Beispiel eines innovativen Produktes mit langer Einführungsphase ist Nescafé, der erste lösliche Kaffee.

In der Einführungsphase erfolgt eine mehr oder weniger vorsichtige Annahme des Produktes durch Innovatoren, der Absatz entwickelt sich langsam. Weitere Kennzeichen dieser Phase sind niedrige Umsätze, geringe Gewinne bzw. Verluste aufgrund hoher Marketingausgaben, negativer Cash-Flow und wenige Konkurrenten. Je nach strategischer Grundausrichtung wird entweder die Skimming- oder die Penetrations-Strategie für den Markteintritt gewählt. Bei der Skimming-Strategie (Abschöpfung der höheren Zahlungsbereitschaft früher Käufer) werden die Marketinginstrumente wie folgt ausgestaltet: Produkt: Grundmodell, Preis: hoch, Kommunikation: Bekanntheit erhöhen, Distribution: selektiv. Bei einer Entscheidung für eine Penetrations-Strategie (rasches Marktwachstum oder Marktanteilssteigerung) wird der Preis von Anfang an nicht so hoch gesetzt und mehr Druck in die Absatzkanäle gegeben, um schnell eine bestimmte Masse zu erreichen. Dies ist insbesondere sinnvoll für Güter mit Netzwerkeffekten, deren Nutzen für den Einzelnen umso höher ist, je mehr Produkte insgesamt verkauft und genutzt werden (z. B. Telefon), sowie für Me-too-Produkte, die eine kürzere Einführungsphase haben.

Wachstumsphase

Erfüllt das Produkt die Ansprüche der Nachfrager, steigt der Absatz aufgrund von Wiederholungskäufen und Empfehlungen der zufriedenen Kunden stärker an. Zu diesem Zeitpunkt treten meist neue Konkurrenten auf. Das strategische Gebot der Stunde lautet: Marktpenetration durch Produktverbesserung, Preiskonstanz (ggf. leichte Preissenkungen) und Intensivierung der Distribution. Da die Stückkosten stark sinken (gleichbleibende Absatzförderungsbudgets, Economies of Scale und Lerneffekte in der Produktion), ist dies die Phase der stark ansteigenden Gewinne. Bei einer stark auf Marktanteilserweiterung ausgerichteten Strategie würde das aber zulasten des Gewinns gehen. Die Absatzförderungsbudgets müssten deutlich erhöht und Preise im Vergleich zum Wettbewerb trotz Marktwachstum stark gesenkt werden.

Reifephase

Die meisten Produkte, die sich derzeit im Markt befinden, haben ihre Reifephase erreicht. Sie ist auch in der Regel die längste Phase des gesamten Produktlebenszyklus. Sie tritt ein, wenn das Umsatzwachstum sich verlangsamt (»Wachstumsreife«). Lediglich die oben beschriebenen Nachzügler entscheiden sich noch für einen Produktneukauf, ansonsten besteht der Absatz aus Wiederholungskäufen. Danach kommt es in der Regel innerhalb der Reifephase zur so genannten »stabilen Reife« bei gleichbleibendem Umsatz. Der Markt ist gesättigt. Tritt die »Überreife« ein, geht der Umsatz zurück, weil ein Teil der Kunden sich anderen Produkten und Substituten zuwendet. In der Reifephase verschärft sich der Wettbewerb zwischen den Anbietern, deren Anzahl jetzt maximal ist. Kapazitätsauslastung lässt sich nur durch Marktanteilsausweitung erzielen, die häufig nur durch Preissenkungen zu erreichen ist. Die Gewinne sinken ebenfalls stetig, der Cash-Flow ist hoch.

Die marketingstrategische Herausforderung besteht nun darin, den Marktanteil zu verteidigen und in der Phase der Wachstumsreife mit den hohen Gewinnen bzw. zumindest in der stabilen Reife zu verbleiben. Dazu bieten sich drei Strategien an:

- Marktmodifikation durch Suche nach neuen Märkten bzw. Segmenten oder Intensivierung der Verwendung durch Anregungen für wei-

tere Produkteinsatzmöglichkeiten (insbesondere für Lebensmittel beliebt, z. B. die Anwendung von Frischkäse nicht nur als Brotaufstrich, sondern auch, um Kuchen zu backen);
- Produktmodifikation durch Qualitätsverbesserung (ein schnelleres Auto), Vorteilsmehrung (Hinzufügung neuer Produktmerkmale: der Rasenmäher, der jetzt auch Schnee schieben kann) oder Styling-Verbesserung;
- Marketing-Mix-Modifikation durch Sonderangebote oder neue Werbebotschaften. Dieses Instrument ist nur kurzfristig erfolgversprechend und langfristig schädlich. Erstens können hiermit kaum dauerhafte Wettbewerbsvorteile erzielt werden, da die Imitationsgefahr durch den Wettbewerb besonders hoch ist. Zweitens birgt die Strategie der Preissenkung die Gefahr, dass sich alle Anbieter bei dem Versuch der Marktanteilsverteidigung in einer Preisspirale nach unten bewegen. Somit gerät das Produkt schnell in die unprofitable Zone.

Durch die Aneinanderreihung von erfolgreichen Strategien in der Reifephase erhält der Produktlebenszyklus ein so genanntes »Kerbschnittmuster«. Gelingt der Relaunch erst nach der Reifephase, so erhält man ein Zyklus-Neuzyklus-Muster.

An dieser Stelle wird deutlich, dass der Übergang zwischen dem Beginn eines neuen Produktlebenszyklus und einem Neuzyklus fließend ist. Die Abgrenzung sei an einem Beispiel aus der Automobilbranche erläutert: Die 1995 eingeführte E-Klasse von Meredes war ein Neuprodukt, das innerhalb einer etablierten Baureihe (E-Klasse) platziert wurde. Im Laufe der folgenden Jahre wurde eine Variante (T-Modell) eingeführt und neben jährlichen leichten Design-Veränderungen 1999 ein signifikantes »face lifting« durchgeführt, das eine erweiterte Basisausstattung mit sich brachte. Bis dahin handelte es sich immer noch um dasselbe Modell, also ein und denselben Produktlebenszyklus. Mit der »neuen E-Klasse«, die für Juni 2002 erwartet wird, kommt ein neues Modell auf den Markt. Neben optischen Neuerungen und neuen Ausstattungsoptionen wurden in der Technik erhebliche Weiterentwicklungen vorgenommen. Damit wird ein neuer Produktlebenszyklus eröffnet.

Rückgangsphase

Die letzte Phase des Produktlebenszyklus ist gekennzeichnet durch ständig fallende Umsätze, niedrige Gewinne und zunehmend weniger Wettbewerber. Neue Relaunches haben keinen Sinn mehr oder sind schon gescheitert. Für ein nun noch im Markt verbliebenes Unternehmen stellt sich die Frage, ob es ebenfalls aus dem Markt aussteigt oder die verbleibenden Nachzüglerkunden mit möglichst wenig Aufwand bedient. Es zeigt sich, dass Unternehmen z.T. zögerlich, fast sentimental mit dem Entschluss umgehen, ein Produkt aufzugeben. Dabei sind die Kosten eines schwachen Produktes, selbst wenn es seine variablen Kosten deckt, sehr hoch. Beispielsweise beansprucht es Kapazitäten der Unternehmensführung, der Werbeleute und des Verkaufspersonals, die bei jungen Produkten besser eingesetzt wären. Sie schwächen damit die Zukunftsaussichten eines Unternehmens.

	Einführung	Wachstum	Reife	Rückgang
Merkmal				
Umsätze	Niedrig	Schnelles Wachstum	Langsames Wachstum	Abnahme
Gewinne	Nicht beachtenswert	Spitzenwerte	Absinkend	Niedrig oder Null
Cash-Flow	Negativ	Mäßig	Hoch	Niedrig
Kunden	Innovativ	Massenmarkt	Massenmarkt	Nachzügler
Konkurrenten	Wenige	Zunehmend mehr	Viele	Zunehmend weniger
Maßnahmen				
Haptstrategie	Markt ausdehnen	Marktpenetration erhöhen	Marktanteil verteidigen	Produktivität sichern
Marketing-Ausgaben	Hoch	Hoch	Abfallend	Niedrig
Nachdruck auf:	Bekanntmachung	Markenpräferenz	Markentreue	Rationalisierung
Distribution	Selektiv	Intensiv	Intensiv	Selektiv
Preis	Hoch	Niedriger	Am Tiefpunkt	Ansteigend
Produkt	Grundmodell	Verbessert	Differenziert	Rationalisiert

Abbildung 55: Merkmale und Maßnahmen für die einzelnen Phasen des Produktlebenszyklus

Entscheidet sich das Unternehmen gegen die Produktelimination, so lautet die strategische Direktive: Produktivität sicherstellen. Dies erfolgt durch niedrige Marketingausgaben, selektive Distributionspolitik und ein rationalisiertes Produkt, d. h. es wird nur noch in wenigen Varianten angeboten.

Die Hauptmerkmale und wichtigsten strategischen Maßnahmen für die einzelnen Phasen des Produktlebenszyklus sind in Abbildung 55 zusammengefasst.

Umsetzung

Trotz ihrer Beliebtheit ist die Übertragung der Produktlebenszyklus-Analyse als Handlungsanweisung für die strategische Planung nicht ohne weiteres möglich. Die Hauptprobleme dafür liegen in den folgenden Punkten:

Empirisch hat sich der S-förmige Verlauf des Produktlebenszyklus nicht bestätigt. Es hat sich gezeigt, dass Produkte zwar einen Lebenszyklus durchlaufen, dieser jedoch die unterschiedlichsten Formen annehmen kann. Die folgenden empirischen Beispiele sollen diesen Zusammenhang verdeutlichen.

Volkswagen 1500/1600: In den ersten fünf Jahren entwickelten sich die Verkaufszahlen steil nach oben. Es folgte ein Rückgang der Absatzzahlen, der sich als ein ca. drei Jahre andauerndes »Zwischentief« aufgrund wirtschaftlicher Rezession herausstellte. Anschließend konnten noch einmal steigende Absatzzahlen verzeichnet werden. Aus technischen und geschmacklichen Gründen setzte nach zehn Jahren die Reifephase ein, der Absatz ging dauerhaft zurück.

Diolen-Baumwollhemden: Diolen-Baumwollhemden sind mit der Marke »Schwarze Rose« gewachsen. Nach fünf Jahren wurde »Schwarze Rose« aufgrund von erheblichen Preissenkungen zum Massenprodukt, das bald jeder trug, und man wurde ihrer überdrüssig. Das Produkt Diolen-Baumwollhemden befand sich zum Zeitpunkt des Niedergangs der Marke »Schwarze Rose« jedoch noch in der Wachstumsphase.

Feinseife: Dies zeigt den Lebenszyklus eines Produktes, das zu Anfang stark beworben wurde und viele Käufer zu Versuchskäufen animierte. Innerhalb eines Jahres war das Absatzmaximum erreicht. Auf Dauer konnte es jedoch die Kunden nicht halten. Sie kehrten nach und nach zu ihren alten Marken zurück.

Durch die nicht idealtypischen Verläufe ist es für den Analysten sehr schwierig festzustellen, in welchem Stadium des Produktlebenszyklus sich das Produkt gerade befindet. Ein Abschwung in der Reifephase kann nur ein Zwischentief sein, das konjunkturell bedingt ist, oder es kann den Beginn der Rückgangsphase einläuten. Entsprechend ergibt sich die Problematik, die adäquaten Strategien zu ergreifen.

Ein weiterer Schwachpunkt der Produktlebenszyklus-Analyse ist die fehlende Einbeziehung des Marktgeschehens. Ihr Fokus ist das Produkt, nicht der Markt. Deswegen muss sie um Analysen ergänzt werden, die sich mit der Evolution des Marktes und mit den ständig neu entstehenden Chancen befasst.

Es ist festzuhalten, dass der individuelle Produktlebenszyklus Resultat einer Reihe von Faktoren ist, die für jedes Produkt unterschiedlich sein können. Deshalb ist es wichtig, die Produktlebenszyklus-Analyse niemals als alleinige Grundlage für eine Ableitung strategischer Entscheidungen heranzuziehen. Sie ist beispielsweise um die Portfolioanalyse und die sorgfältige, einzelfallbezogene Kausalanalyse zu ergänzen.

Fallbeispiel Samsung Electronics Company: Strategische Anwendung des Produktlebenszyklus-Konzepts

Die Samsung Electronics Company wurde 1969 innerhalb des Samsung Konzerns mit dem Ziel gegründet, einer der größten Elektronik Hersteller weltweit zu werden. Dieses ambitionierte Ziel wurde erreicht: Samsung hat sich zum größten Hersteller in Korea mit einem Jahresumsatz von 23,9 Milliarden US-Dollar (1997) entwickelt und realisiert knapp 33Prozent des gesamten Volumens der Elektronikindustrie. Seit 1971 ist das Unternehmen im Schnitt mit 38Prozent gewachsen. Es hat seine Produktpalette von einfachen Elektrogeräten für den Hausgebrauch hin zu technologisch anspruchsvollen Informations- und Kommunikationsinstallationen, Computern und Halbleitern ausgeweitet.

Drei Herausforderungen hatte Samsung zu meistern:

- Investitionen in die Produktion,
- Aufbau des notwendigen Know-how,
- Erzielen von Wettbewerbsfähigkeit auf den Weltmärkten.

Die dazu ausgewählte Strategie soll hier in der Produktdimension beleuchtet werden.

Untersucht man Samsungs Erschließungsstrategie neuer Märkte, so zeigt sich deutlich, dass diese dem Schema des Aufrollens des Produktlebenszyklus von hinten folgt. Zu Beginn (1971) produzierte Samsung zunächst Schwarzweißfernsehgeräte, obwohl diese bereits in den entwickelten Ländern die Rückgangsphase ihres Lebenszyklus erreicht hatten. Das zweite von Samsung produzierte Produkt war der Farbfernseher, der 1977 in die Produktpalette aufgenommen wurde. Dieser wurde zu diesem Zeitpunkt bereits seit zwei Jahrzehnten produziert und hatte seine Reifephase erreicht. In den frühen achtziger Jahren begann das Unternehmen mit der Produktion von Videorekordern und Mikrowellengeräten, zwei Produkte, die sich in der frühen Wachstumsphase befanden. Zu Beginn der neunziger Jahre hatte Samsung die Position erreicht, um innovative Produkte wie DVD-Spieler und DRAMs erfolgreich herzustellen und zu vermarkten.

Dieses Vorgehen ermöglichte den stufenweisen Aufbau von Produktionsanlagen, das sukzessive Erlernen der notwendigen Technologien sowie den schrittweisen Aufbau von Wettbewerbsfähigkeit in den relevanten Märkten.

Brand-Equity-Analyse

Die Mergers & Acquisitions der achtziger und neunziger Jahre des vorigen Jahrhunderts brachten ein völlig neuartiges Verständnis über Bedeutung und Funktionen von Marken mit sich. Während zuvor bei Unternehmenskäufen noch sieben- bis achtfache Jahresgewinne bezahlt wurden, scheinen heute in der Markenartikelindustrie Price-Earnings-Ratios von 20 bis 25 die Norm zu sein.

Als eine der Ursachen für diese Entwicklung kann zunächst ein fundamentaler Wandel der Einstellung von Managern gegenüber Marken genannt werden: Früher waren es Produktionskapazitäten und/oder Fertigungstechnologien, welche ausschlaggebend für eine Unternehmensübernahme waren. Spätestens seit den achtziger Jahren jedoch steht der Platz oder die Bedeutung, den man mit der Akquisition eines Markennamens in den Köpfen der Konsumenten einnimmt, häufig im Vordergrund unternehmensstrategischer Überlegungen. In einer Umwelt, die von immer kürzeren Produktlebenszyklen und materiell zunehmend homogeneren Produkten gekennzeichnet ist, hat sich der Managementfokus konsequenterweise von der reinen Orientierung an primär physischen Markenattributen (so genannte »tangibles«) deutlich zugunsten intangibler oder immaterieller Bestandteile des Markenwertes verschoben.

Die vergangenen zwei Jahrzehnte haben auf eindrucksvolle Weise gezeigt, dass der rechnerische »Goodwill«, die Differenz zwischen (potenziellem) Kaufpreis und Buchwert einer Unternehmung bzw. deren Markenportfolio, eine zentrale Grundlage für die Generierung strategischer Wettbewerbsvorteile und die nachhaltige Erreichung und Sicherung von Rentabilitätszielen darstellt. Für das Marketingmanagement stellt sich vor diesem Hintergrund freilich die entscheidende Frage nach den Determinanten bzw. Bestimmungsfaktoren dieses »Goodwill« oder Markenwertes, der den monetären Wert jenes psychologischen »Goodwill« reflektiert, den ein Unternehmen oder eine Marke im Zeitablauf durch konsequente Kommunikationsinvestments in die anvisierten Zielmärkte und dazu konsistente Produktpolitik in Form von Markenreputation und Markenimage aufbaut.

Ein erfolgreiches modernes Markenmanagement benötigt folglich eine möglichst komplette und umfassende Kenntnis über die relative Wettbewerbsposition bezüglich der zentralen tangiblen wie auch intangiblen Dimensionen des Markenwertes, welcher die Festsetzung von im Markt durchsetzbaren Markenpremia und Preispositionierungen zulässt. Doch wie lässt sich der Wert einer Marke bestimmen? Nach einem kurzen Überblick über eine Auswahl an alternativen Ansätzen erläutern wir die Bedeutung der Marke für die Preisoptimierung sowie einen praxiserprobten Ansatz zur Ermittlung des Markenwertes.

Definition und Zielsetzung

Aus der Beobachtung von Firmenaufkäufen und Fusionen, bei denen der Wert der übernommenen Marken drei- bis viermal höher eingeschätzt wurde als der Börsenwert des entsprechenden Unternehmens, leitete David A. Aaker als einer der Pioniere in diesem Forschungsfeld Anfang der neunziger Jahre folgende fünf Elemente als zentrale *Bestimmungsfaktoren des Markenwertes* ab:

1. Bekanntheitsgrad des Namens,
2. Markentreue,
3. angenommene bzw. wahrgenommene Qualität,
4. Markenassoziation (Kommunikation) und
5. andere Markenvorzüge (Patente, Warenzeichen, Absatzwege, u. a.).

Eine Reihe von Arbeiten verfeinerten diese Einteilung noch um Komponenten wie »Verfügbarkeit einer Marke« (im Sinne von Penetrationsgrad oder Präsenz im Absatzkanal), »wahrgenommenes Kaufrisiko« oder »Markenzufriedenheit«. Die dabei durchwegs unterstellte Annahme lautet, dass ein hoher Markenwert-Index eine starke Zuversicht des Käufers, das gewünschte Bündel an »Benefits« (Nutzenstiftungen) durch die Auswahl einer bestimmten Marke auch zu bekommen, eine Zufriedenheit beim Gebrauch oder Konsum des Produktes und eine weitestgehend widerspruchsfreie Verarbeitung und Interpretation von produktbezogenen Informationen indiziert. Für den Hersteller signalisiert ein hoher Markenwert demnach eine erfolgreiche und effiziente Gestaltung und Realisierung seiner Marketinganstrengungen, hohe Markentreue und/oder Markenbekanntheit sowie – nicht zuletzt auch aufgrund einer in der Regel leichter durchsetzbaren Verhandlungsstärke in Margenverhandlungen mit dem Handel – einen vergleichsweise höheren Profit.

Begibt man sich auf die Suche nach gebräuchlichen Methoden zur Messung und Ermittlung des Markenwertes, so steht man einem reichhaltigen Repertoire an konkurrierenden Ansätzen gegenüber. So ist beispielsweise die von Aaker (1992 und 1996) selbst vorgeschlagene Ermittlung von Preisaufschlägen durch die Beobachtung des Marktes oder durch Kundenbefragung eine beliebte und pragmatische, aber auch stark vereinfachende Methode zur Ermittlung des Markenmehrwerts, da nur wenige Merkmale abgebildet werden können und somit auch nur eine verkürzte Perspektive des Marktes möglich ist. Die Berechnung der Ersatzkosten ist genauso wie die Börsenbewertung dazu geeignet, den Wert von Marken bei Übernahmen, Fusionen oder auch bei Kapitalanlagen zu ermitteln. Das Cash-Flow-Modell von Kapferer orientiert sich an der klassischen Investitionsrechnung, indem Schätzungen über zukünftig erwartete und einer Marke zurechenbare Einkünfte, Prognosen der Kapitalströme und Abzinsfaktoren Berücksichtigung finden. Da diese Schätzungen sowie die Bestimmung des Zeithorizontes in beträchtlichem Ausmaß der Subjektivität des Bewertenden unterliegen, kann diese Methode zu Ergebnissen führen, deren Verlässlichkeit und Gültigkeit zumindest fragwürdig erscheint. Ein weiteres Modell zur Ermittlung des Markenwertes ist das von Kapferer vorgeschlagene Multiplikatormodell, welches den Markenwert als einfachen Index abbildet, der sich aus der Kombination des Nettogewinns einer Marke und einem Korrekturfaktor ergibt. Letzterer errechnet sich nach einem Scoring-Modell unter Berücksichtigung vergleichbarer Transaktionen von Marken im gleichen Marktsegment und bei vergleichbarer Marktposition; der Korrekturfaktor unterliegt daher letzten Endes einer subjektiven Expertenschätzung. Zurechnungsprobleme dürfte hier auch die Ermittlung des Nettogewinns einer Marke bereiten, da eine Zerlegung von Gewinngrößen bzw. die Trennung einer Marke von allen sonstigen immateriellen Werten erforderlich ist.

Darstellung

Die Eignung der oben kurz skizzierten Methoden und eines Großteils ähnlich lautender Vorschläge beschränkt sich auf die mehr oder weniger exakte Bestimmung des Markenwertes als Entscheidungsgrundlage für den Kauf einer Marke (Übernahme). Derartige – meist finanzwirtschaftlich motivierte – Methoden versagen jedoch, wenn es darum geht, einen im Markt zu realisierenden Markenmehrwert zwischen mehreren konkurrierenden Produkten zu ermitteln und gleichzeitig darauf basierende Diagnoseinformationen für strategische Entscheidungszwecke abzuleiten. Eine besonders zentrale Fragestellung lautet beispielsweise, welcher Markenmehrwert im Markt bei materiell weitestgehend vergleichbaren Produkten realisierbar ist bzw. von welcher Wirkung auf Preisstellungs- und Marktanteilspotenziale auszugehen ist. Kamakura und Russell (1993) liefern einen entsprechenden Messvorschlag zur Quantifizierung solcher intrinsischer Markenwerte auf Basis von Paneldaten. Park und Srinivasan (1994) präsentieren hingegen einen Zutritt unter Heranziehung von Konsumentenwahrnehmungen. Nachfolgend wird ein praxiserprobter Ansatz vorgestellt, der auf diese und eine Reihe weiterer darauf basierender Fragestellungen von immenser markenstrategischer Bedeutung Auskunft zu geben imstande ist.

Erster Schritt: Taxierung der Beziehung Marke-Preis-Menge

Unter dem Markenmehrwert verstehen wir im Folgenden das auf individueller Basis (Einzelurteile) ermittelte und dann (zielgruppenspezifisch) aggregierte realisierbare Mengen- oder Preispremium von Produkten unter identischen technischen Bedingungen. Dieser Markenmehrwert existiert in zwei Versionen:

1. eine Beurteilung nur aufgrund der individuellen Wahrnehmung der Marke;
2. eine Beurteilung aufgrund von »weichen« Faktoren (intangibles), auf welche das Marketingmanagement Einfluss ausüben kann; dazu zählen etwa bei Automobilen die individuelle Wahrnehmung von Qualität/Verarbeitung, Design, Fahrkomfort u. a.

Ausgehend vom engen Zusammenhang zwischen Marke, Preis und Menge soll uns für unsere Betrachtung vorrangig die Preis-Mengen-Beziehung interessieren. Diese Beziehung kann über eine empirisch ermittelte Preis-Absatz-Funktion beschrieben werden. Die Marke-Preis-Beziehung ist einerseits durch die Preispremium-Komponente gekennzeichnet, d.h. die Fähigkeit der Marke, die wahrgenommene Nutzenstiftung in einen höheren Preis umzusetzen (Mehrpreis für die Marke). Andererseits hat der Preis auch ein Feedback auf die Marke oder vereinfacht formuliert: »Was nichts kostet, kann nichts sein« bzw. umgekehrt »Was teuer ist, muss auch gut sein«. Kurzum, der Preis übernimmt die Funktion eines Qualitätsindikators. Bei der letzten Beziehung im Dreieck geht es um die Marken-Mengen-Beziehung, die den Einfluss der Marke auf die Menge beschreibt.

Die Kenntnis dieser Zusammenhänge ist notwendig, um sowohl den absoluten als auch den relativen Markenmehrwert bestimmen zu können. Im Folgenden soll nun schematisch der Weg zur Bestimmung dieses Markenmehrwertes aufgezeigt werden.

Zweiter Schritt: Bestimmung des Markenmehrwertes

Das Vorgehen soll anhand eines anonymisierten Fallbeispieles gezeigt werden. Ziel der Untersuchung war es, den Wert der Marke qualitativ und empirisch abgesichert zu ermitteln. Mit dem Wert der Marke wird der erzielbare Mehrpreis einer Marke zu einer anderen Marke bei ansonsten gleichen Eigenschaften bezeichnet. Dabei werden die folgenden Fragen beantwortet:

1. Welches sind die Triebkräfte des Markenwertes (»Brand Value Driver«)?
2. Welches relative Preispremium oder welchen Malus weisen die Marken zueinander auf?

Zur Beantwortung dieser Fragen eignen sich vor allem sorgfältig konzipierte und durchgeführte Kundenbefragungen. Der Wert der Marke wird in dem vorgestellten Modell in einem mehrstufigen Verfahren ermittelt (Abbildung 56). Kernstück der Ermittlung des Markenwertes bildet eine Conjoint-Analyse, mit deren Hilfe aufgrund der individuellen Nutzenstrukturen aller Befragten zukünftiges Kaufverhalten prognostiziert werden kann. Im Rahmen einer Conjoint-Analyse gelangt eine spezielle Befragungsmethode zum Einsatz, welche es erlaubt, über die Variation von Markenattributen eine Folge von Kaufentscheidungssituationen möglichst realistisch nachzustellen. Die Auskunftsperson bekundet in solchen Experimenten ihre Präferenz (in Form von Produktwahl, Präferenz-Ratings, etc.) für zwar fiktive, aber doch weitestgehend realitätsnahe Eigenschaftskombinationen von »Produkten«, die immer einen gewissen Trade-Off beinhalten, d.h. »gute« oder »erwünschte« Eigenschaften werden mit »weniger guten« bzw. »weniger erwünschten« zu Angebotsbündeln zusammengefasst. Somit können nach Einsatz geeigneter Auswertungstechniken mithilfe der Conjoint-Analyse die Präferenzen jedes Befragten bezüglich der abgefragten Merkmale auf indirektem Wege abgebildet werden.

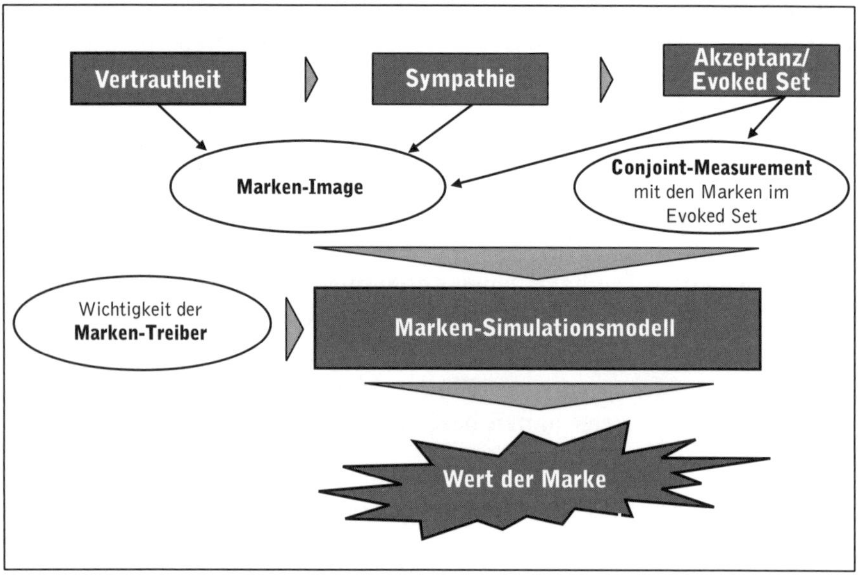

Abbildung 56: Inputs zur Ermittlung des Markenwertes

Die im Rahmen von Conjoint-Experimenten verwendeten Merkmale sind entweder »hard facts« (tangibles), die mehr oder weniger objektiv messbar sind (wie z.B. der Kraftstoffverbrauch bei Fahrzeugen), oder sie sind »soft facts« (intangibles), die von der individuellen Wahrnehmung des Befragten abhängen (z.B. Service, Design etc.).

Für die nachfolgende Simulation ist auch die Bestimmung der individuellen »Evoked Sets« wichtig, d.h. die Bestimmung der für den jeweiligen Konsumenten prinzipiell für einen Kauf infrage kommenden Marken. Dann folgt die Beurteilung dieses Evoked Set bezüglich der weichen Faktoren, d.h. jeder Befragte bewertet alle Marken, die für ihn infrage kommen, auf einer Rating-Skala. Damit ist eine individuelle Berechnung der Nutzenwerte der weichen Faktoren bei allen Marken des Evoked Set möglich. Darüber hinaus können noch Grenzwerte zu einzelnen Merkmalen abgefragt werden, wie z.B. Unter- und Obergrenzen für den Preis. Mit diesen Angaben lässt sich nun auf Basis von Sekundär-, Markt- und Wettbewerbsdaten das Marktsimulationsmodell konstruieren.

Dabei berechnet das Marktsimulationsmodell aufgrund der individuellen Nutzenstruktur für alle Marken des Evoked-Sets Kaufwahrscheinlichkeiten für jeden Befragten. Anschließend werden diese zu Marktanteilen aggregiert. Das Modell konnte bereits in vielen Szenarien getestet werden und zeigte seine Robustheit u.a. beim Korrelationskoeffizienten zwischen den tatsächlichen und simulierten Marktanteilen, die durchwegs bei > 0,9 lagen.

Um nun den Markenmehrwert berechnen zu können, ist es unter Umständen notwendig, die betrachteten Marken technisch »gleichzumachen«. Dies ist insbesondere in jenen Anwendungssituationen notwendig, in welchen ein direkter Vergleich der Produkte durch technische Ausstattungsdetails und -merkmale kaum möglich ist. Eine Variante zur Lösung dieses Problems bietet sich an, indem man die betrachteten Produkte dupliziert, wobei das Label des einen Produktes durch das Label des anderen Produktes ersetzt wird. So existiert dasselbe Produkt unter zwei Markennamen. Anschließend werden bis auf die Marke alle Wahrnehmungswerte für diese beiden Produkte gleichgesetzt. Die sich so ergebenden Marktanteile sind somit unabhängig von technischen Vor- und Nachteilen. Sie ergeben sich lediglich durch die (individuelle) Beurteilung der Marken.

Aufgrund dieses Vorgehens kann ein Marken-Mengenpremium und ein Marken-Preispremium berechnet werden. Das Mengenpremium ergibt sich durch die Mehrmenge (berechnete Marktanteile) bei gleichen Preisen, und das Preispremium ist die prozentuale Veränderung des Preises der einen Marke, bei dem eine Mengengleichheit erreicht wird. Es ist aber auch möglich, Zwischenstufen zu betrachten. Was passiert, wenn das Preispremium nicht bis zum Äußersten ausgereizt wird? Und was passiert mit dem Gewinn, wenn an der Preisschraube gedreht wird?

Umsetzung

Ein erfolgreiches, am marktorientierten Wert einer Marke ausgerichtetes Markenmanagement mündet zumeist in einen strategischen Wettbewerbsvorteil, der sich finanziell lohnt und für den Erfolg und oft auch das Überleben des Unternehmens erforderlich ist. Doch erst die hinreichend exakte Kenntnis des Markenmehrwertes aus Kundensicht schafft eine brauchbare Basis zur Generierung solcher Wettbewerbsvorteile, deren Voraussetzung in der Festsetzung einer optimalen Preispositionierung im Konkurrenzumfeld sowie einer optimalen Zuteilung von knappen Marketingressourcen auf die einzelnen rivalisierenden Marken innerhalb von Konzernportfolios besteht. Schlussendlich legen Preispositionierungen, Kapazitätenplanungen und als Folge resultierende Gewinnvorgaben fest, ob der Markenmehrwert in ein Preispremium oder in ein Mengenpremium umgesetzt werden soll, doch um diese Entscheidung treffen zu können, ist die Kenntnis des Markenmehrwertes unter Einbeziehung von Kundenbeurteilungen unerlässlich.

Die skizzierte Methode zur Bestimmung eines in diesem Sinne verstandenen Markenmehrwertes liefert einen reichhaltigen Informations-Output für Marketing-Diagnosezwecke, der je nach Problemstellung und/oder Anwendungsfall auch flexibel maßgeschneidert werden kann. Eine der wohl vorteilhaftesten Eigenschaften der oben skizzierten Methode besteht in der weitestgehend komplettierten Gesamtsicht des Marktes – die betrachteten Marken konkurrieren mit dem gesamten Markt, und nicht nur untereinander. Darüber hinaus können in die Untersuchung beliebig viele kaufrelevante Entscheidungsfaktoren einbezogen werden, wodurch eine realistische Kaufentscheidungssituation widergespiegelt wird. Insbesondere liegt die Stärke dieser Methode jedoch in der Ermittlung von im Markt vorhandenen Zahlungsbereitschaften für die Marke, welche die Aufgabe einer Preis-Mengen-Optimierung des Markenmanagements wesentlich unterstützt.

Analyse des Kaufverhaltens

Der Begriff Kauf- bzw. Konsumentenverhalten wird in unterschiedlichem Sinne benutzt. Je nach Abgrenzung umfasst er nicht nur das Verhalten von Menschen gegenüber den Leistungen eines Unternehmens, sondern auch das Verhalten von Kirchgängern, Wählern, Patienten usw. Aus der Perspektive eines nach wirtschaftlichem Erfolg strebenden Unternehmens ist aber zweckmäßigerweise von Kaufverhalten zu sprechen, wenn es um das Verhalten von Menschen beim Kauf und Konsum von wirtschaftlichen Gütern geht.

Die Analyse des Kaufverhaltens ist Grundvoraussetzung einer effektiven Strategieumsetzung. Schließlich entscheiden die Zielpersonen bzw. ihr Verhalten gegenüber dem Unternehmen und seinem Leistungsprogramm über den Erfolg der Unternehmensstrategie. Beim Einsatz von Instrumenten der Strategieumsetzung, etwa der Produkt- oder Vertriebspolitik, geht es folglich darum, das Verhalten der Zielpersonen im Sinne der zugrunde liegenden Unternehmensstrategie zu beeinflussen. Dies ist aber nur dann zu erreichen, wenn die Verhaltensweisen der Zielpersonen bekannt sind und Klarheit darüber besteht, wie diese durch den Einsatz des strategischen Instrumentariums beeinflussbar sind.

Definition und Zielsetzung

Zielsetzung von *Kaufverhaltensanalysen* ist es, den Erfolg des Einsatzes des absatzpolitischen Instrumentariums zu beurteilen und Ansatzpunkte für erforderliche Anpassungen im Einsatz der Marketinginstrumente aufzuzeigen.

Bei der Einschätzung des Erfolges des absatzpolitischen Instrumentariums ist das genaue Ziel dieser Einschätzung für die Auswahl passender

Maßgrößen ausschlaggebend. Deshalb ist im Vorfeld kaufverhaltensanalytischer Aktivitäten zunächst der Erfolgsbegriff inhaltlich einzugrenzen.

Zunächst ist der Gegenstand des Erfolges festzulegen. Das Unternehmen muss entscheiden, ob das Kaufverhalten im Hinblick auf das gesamte Leistungsprogramm des Unternehmens, auf verschiedene oder einzelne Marken des Unternehmens zu analysieren ist. Soll beispielsweise festgestellt werden, wie erfolgreich der Einsatz der Marketinginstrumente für Marken in unterschiedlichen Produktmärkten war, so ist bei der Auswahl von geeigneten Maßgrößen auf produktmarktspezifische Besonderheiten zu achten, wie etwa unterschiedliche Preisbereitschaften in den Märkten. Die vergleichende Analyse der Kaufbereitschaft in diesen Märkten ist um die unterschiedlichen Preisbereitschaften zu bereinigen. Derartige Bereinigungen sind nicht erforderlich, wenn der Erfolg einer einzelnen Marke im Mittelpunkt kaufverhaltensanalytischer Aktivitäten stehen soll.

Neben dem Gegenstand ist auch der Zielgruppenbezug des Erfolges zu klären. Sind beim Absatz von Herstellermarken Händler eingeschaltet, kann sich der Erfolg des absatzpolitischen Instrumentariums nicht nur auf der Endverbraucher-, sondern auch auf der Handelsebene ergeben. Ferner ist der Erfolg des absatzpolitischen Instrumentariums anhand des markenbezogenen Verhaltens der Zielpersonen zu konkretisieren. Dabei ist das äußere beobachtbare Verhalten der Zielpersonen von ihrem inneren, nicht beobachtbaren Verhalten zu unterscheiden. Dem vorliegenden Beitrag liegt die Beurteilung des Markenerfolges bei Endverbrauchern als Zielsetzung kaufverhaltensanalytischer Aktivitäten zugrunde.

Darstellung

Beobachtbares Verhalten als Indikator des Markenerfolges

Das beobachtbare markenbezogene Kaufverhalten eines Konsumenten spiegelt dessen Entscheidungen über die zu kaufende Marke, die Häufigkeit des Kaufs, die pro Kauf zu erwerbende Menge sowie die Ausgabe

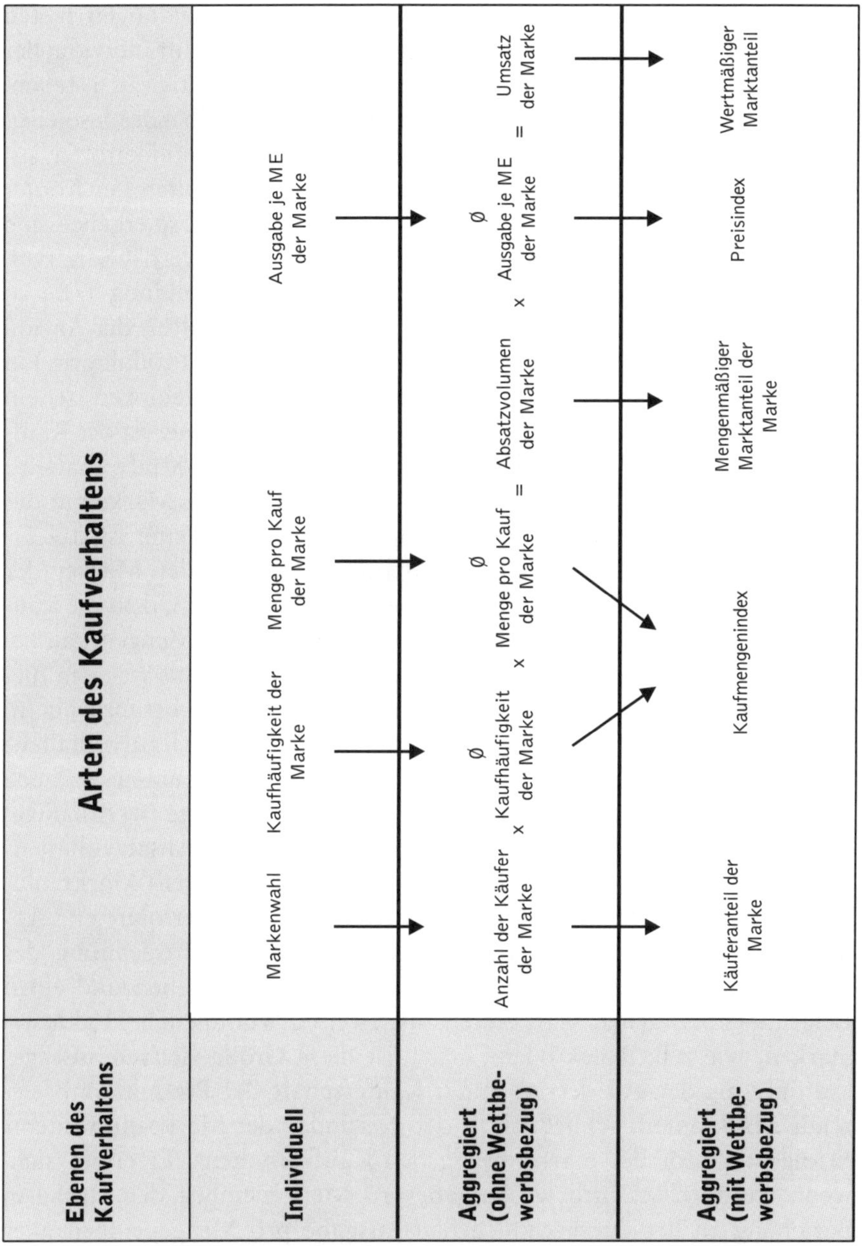

Abbildung 57: Erfolgsindikatoren des markenbezogenen Kaufverhaltens

pro Mengeneinheit der Marke wider. Diese Teilentscheidungen bieten Ansatzpunkte für die Ableitung von Erfolgsindikatoren auf individueller Ebene, die im Mittelpunkt kaufverhaltensanalytischer Aktivitäten stehen. Durch Aggregation über alle Käufer der Marke innerhalb eines festgelegten Zeitraums ergeben sich die entsprechenden Erfolgsindikatoren auf aggregierter Ebene. Wird bei der Aggregation das Verhalten der Käufer im Hinblick auf konkurrierende Marken mit einbezogen, so ergeben sich Erfolgsindikatoren auf aggregierter Ebene mit Wettbewerbsbezug (vgl. zu Erfolgsindikatoren auf unterschiedlichen Ebenen: Abbildung 57).

Der Käuferanteil der Marke ergibt sich aus dem Verhältnis der Anzahl der Käufer der Marke und der Anzahl der Käufer der Produktart. Ein hoher Käuferanteil zeigt an, dass es der Absatzpolitik gelungen ist, ein großes Käuferpotenzial für die Marke zu erschließen. Ferner ist der Kaufmengenindex ein Erfolgsindikator des markenbezogenen Kaufverhaltens. Zu seiner Berechnung ist zunächst die Kaufhäufigkeit der Marke mit der durchschnittlichen Menge pro Kauf zu multiplizieren. Dann ist das Ergebnis in das Verhältnis zum entsprechenden Wert bei allen Marken der Produktart zu setzen. Ein hoher Kaufmengenindex zeigt an, dass die Käufer der betrachteten Marke überdurchschnittlich große Mengen kaufen. Durch den Einsatz des absatzpolitischen Instrumentariums ist es in diesem Fall gelungen, so genannte Heavy User an die Marke heranzuführen.

Ein weiterer Erfolgsindikator des markenbezogenen Kaufverhaltens ist der Marktanteil einer Marke, der sowohl mengenmäßig als auch wertmäßig ausgewiesen werden kann. Der mengenmäßige (wertmäßige) Marktanteil einer Marke entspricht dem Verhältnis des Absatzvolumens (Umsatzes) der Marke zum mengenmäßigen (wertmäßigen) Marktvolumen. Ein hoher Marktanteil ist ein Indikator für eine erfolgreiche Absatzpolitik. Im Einzelfall kann es sinnvoll sein, zur Berechnung des Marktanteils nur die Käufer der Zielgruppe heranzuziehen und einen zielgruppenbezogenen Marktanteil auszuweisen. Vor allem bei Exklusivmarken, wie z.B. Rolex oder Cartier, ist diese Größe vielfach aussagekräftiger als der auf der gesamten Käuferschaft der Produktart basierende Marktanteil. Schließlich ist der Preisindex der Marke ein weiterer Erfolgsindikator des markenbezogenen Kaufverhaltens. Er ergibt sich, wenn die durchschnittliche Ausgabe pro Mengeneinheit der Marke in Beziehung zu der durchschnittlichen Ausgabe pro Mengeneinheit aller Marken der Produktart gesetzt wird. Ein hoher Preisindex ist ein wichtiger Indikator für den Erfolg von Hochpreisstrategien. Er zeigt an, dass die Käufer für die betrachtete Marke einen höheren als den Durchschnittspreis zu zahlen bereit sind. Hieran ist indirekt auch abzulesen, dass die Käufer überdurchschnittliche Qualitätserwartungen an die Marke stellen.

Vielfach ist es zweckmäßig, z. B. bei Dachmarken oder Markenfamilien, den Erfolg der einzelnen Produkte auf den verschiedenen Märkten zu vergleichen. Hierzu ist auf den relativen Marktanteil als Erfolgsindikator zurückzugreifen. Dieser resultiert aus dem Verhältnis des eigenen Marktanteils zum Marktanteil des im betreffenden Produktmarkt stärksten Wettbewerbers. Der relative Marktanteil ist ein häufig verwendeter Indikator für die Wettbewerbsstärke einer Marke. Insbesondere bei Verbrauchsgütern zeigt ein hoher relativer Marktanteil aber nur dann die Wettbewerbsstärke einer Marke an, wenn er auf einen hohen Anteil an Stammkäufern zurückzuführen ist. Ist dies nicht der Fall, so ist eine wesentliche Voraussetzung für eine dauerhafte Stabilität des Absatzes nicht gegeben.

Zur Beurteilung des dauerhaften Erfolges einer Marke ist es deshalb erforderlich, die mengenmäßige (wertmäßige) Wiederkaufrate zu ermitteln. Sie ergibt sich aus der Relation des Absatzvolumens (Umsatzes) bei den Wiederholungskäufern der Marke zum Absatzvolumen (Umsatz), das (der) aus den gesamten Käufen in der Produktart resultiert. Eine mengenmäßige Wiederkaufrate von 0.2 bedeutet beispielsweise, dass der aggregierte Produktbedarf der Kunden in der Folgeperiode zu 20 Prozent durch den Wiederkauf dieser Marke gedeckt wird und zu 80 Prozent durch den Kauf anderer Marken. Die dauerhafte Absatz- bzw. Umsatzentwicklung einer Marke ist positiver zu beurteilen, wenn der Marktanteil mit einer vergleichsweise hohen Wiederkaufrate und/oder einem hohen Kaufmengenindex einhergeht. Die Wiederkaufrate ist zudem ein wesentlicher Faktor der Markentreue von Konsumenten und gibt damit einen Hinweis auf den dauerhaften Erfolg einer Marke. Jedoch dürfen Wiederholungskäufe nicht in jedem Fall mit markentreuem Verhalten von Konsumenten gleichgesetzt werden. Beispielsweise könnte ein Konsument, der keine Qualitätsunterschiede zwischen den zur Auswahl stehenden Marken wahrnimmt, stets die preisgünstigste Marke auswählen. Dies führt zu Wiederholungskäufen des Konsumenten, ohne dass eine Bindung des Konsumenten an die Marke vorliegt. Zur Ermittlung der Markentreue sind deshalb weitere Erfolgsmaße erforderlich, die auf die innere Bindung der Kunden an Marken abstellen. Hierauf wird im Zusammenhang mit nicht-beobachtbarem Verhalten als Indikator des Markenerfolges eingegangen.

Nicht beobachtbares Verhalten als Indikator des Markenerfolgs

Die verhaltenswissenschaftliche Marketingtheorie versucht seit langem, das beobachtbare Kaufverhalten durch den Rückgriff auf nicht beobachtbare (= psychografische) Verhaltensweisen von Konsumenten zu beschreiben und zu erklären. Es ist mittlerweile unstrittig, dass markenbezogene Kenntnisse und Einstellungen die zentralen kaufverhaltensdeterminierenden Faktoren sind. Sie sind in ihren Ausprägungen zwar relativ stabil, können aber im Zeitablauf durch den Einsatz des absatzpolitischen Instrumentariums beeinflusst werden. Infolgedessen ist der Erfolg absatzpolitischer Anstrengungen für eine Marke auch an diesen psychografischen Erfolgsindikatoren abzulesen.

Die Kenntnis des Markennamens sowie das Wissen um zentrale Markeneigenschaften ist Grundvoraussetzung für die Berücksichtigung dieser Marke bei der Kaufentscheidung eines Konsumenten. Aktive Markenbekanntheit liegt vor, wenn der Konsument im Zusammenhang mit der Produktart oder bei Bestehen eines produktartspezifischen Bedürfnisses an den Markennamen denkt. Bei passiver Markenbekanntheit erinnert sich die Person erst an den Markennamen, wenn sie auf diesen Namen hingewiesen wird. Letztere ist vielfach nur ein schwacher Erfolgsindikator, da etablierte Marken häufig einen passiven Bekanntheitsgrad von über 90 Prozent erreichen. Die aktive Markenbekanntheit streut im Regelfall weit mehr, auch über etablierte Marken einer Produktkategorie.

Sie ist immer dann ein ausschlaggebender Faktor für die Kaufentscheidung, wenn die Käufer das Produkt als geringwertig einstufen, über wenig Produkterfahrungen verfügen und keine größeren Unterschiede zwischen den Marken wahrnehmen. Derartige Prädispositionen sind verstärkt in der Käuferschaft schnell drehender Konsumgüter vorhanden, z.B. bei Vollwaschmitteln, Geschirrspülmitteln, Erfrischungsgetränken, Toilettenseifen, Zahncremes, usw. In diesen Situationen ist zum einen von einem geringen Produkt-Involvement, d.h. von einer geringen gedanklichen Beteiligung der Konsumenten beim Kaufentscheidungsprozess in der Produktart auszugehen. Zum anderen haben die Konsumenten allenfalls schwach ausgeprägte Einstellungen gegenüber den angebotenen Marken. Daher haben die Marken aus dem Relevant Set mit der höchsten Bewusstseinspräsenz die größten Chancen, gekauft zu werden. Dies gilt insbesondere dann, wenn Konsumenten in einer ihnen unvertrauten Produktkategorie einkaufen. Denn in der Menge der aktiv bekannten Marken gibt es nur selten Marken, die nicht als Kaufkandidaten in Betracht kommen. Daher ist der (aktive) Bekanntheitsgrad einer Marke bei gering involvierten Konsumenten ein zentraler Indikator für den Markenerfolg.

Im Gegensatz zur aktiven Markenbekanntheit sind Markeneinstellungen immer dann ausschlaggebend für die Markenwahl, wenn das Produkt einen hohen Wert hat, der Käufer sich für die betreffende Produktart interessiert und/oder für ihn klare Unterschiede zwischen den Produkten zu erkennen sind. Zu solchen Entscheidungssituationen kann es beispielsweise beim Autokauf oder dem Erwerb einer neuen Hi-Fi-Anlage kommen. Die Käufer setzen sich mit den zur Disposition stehenden Marken in hohem Maße gedanklich auseinander, beurteilen die Marken und formieren Markeneinstellungen. Die Bildung von Markeneinstellungen kann auf affektiven (gefühlsbetonten) oder rationalen (verstandesbetonten) Einschätzungen beruhen. Folglich kann zwischen einer emotionalen und einer kognitiven Disposition eines Konsumenten gegenüber einer Marke unterschieden werden. Die emotionale und kognitive Disposition beeinflussen sich wechselseitig und sind im Regelfall konsistent, d.h. gleichermaßen positiv oder negativ.

Die Einstellung als emotionale Disposition eines Konsumenten gegenüber einer Marke äußert sich in pauschalen Einstufungen wie Sympathie/Antipathie, Vertrauen/Misstrauen oder Gefallen/Nichtgefallen. Bei den Verwendern einer Marke spiegelt sie die gefühlsmäßige Bindung an die Marke wider. Emotional gefärbte Markeneinstellungen sind damit auch ein Maß für die innere Markentreue von Konsumenten. Als kognitive Disposition kann die Einstellung eines Konsumenten gegenüber einer Marke ebenfalls pauschal zum Ausdruck kommen, z.B. in Form von Werturteilen wie vorteilhaft/unvorteilhaft, wirtschaftlich/unwirtschaftlich oder überlegen/unterlegen. Diese Werturteile hängen davon ab, wie der Konsument die Leistung der Marke in den für ihn wichtigen Produkteigenschaften wahrnimmt.

Ein eng mit der Markeneinstellung verwandter Indikator des Markenerfolgs ist die Zufriedenheit eines Konsumenten mit einer Marke. Sie ist das Ergebnis des Vergleichs zwischen den produktbezogenen Erwartungen und der wahrgenommenen Leistung der Marke. Im Gegensatz zur Markeneinstellung kann die Zufriedenheit mit einer Marke aber nur bei jenen Konsumenten erhoben werden, die die Marke zumindest einmal gekauft haben. Sie ist dennoch zentraler Indikator des Markenerfolgs, da nur zufriedene Kunden wiederkommen und -kaufen. Besondere Bedeutung hat die Kundenzufriedenheit demnach, wenn der langfristige Geschäftserfolg nachhaltig vom Bestehen dauerhafter Kundenbeziehungen abhängt. Dies ist vor allem in Dienstleistungsmärkten zu beobachten, z. B. bei Friseurunternehmen oder Restaurantbetrieben.

Messung der Indikatoren des Markenerfolgs

Die Messung des beobachtbaren Kaufverhaltens der Konsumenten ist im Regelfall mit keinen größeren Messproblemen verbunden. Deshalb wird hier nur kurz auf die gebräuchlichsten Informationsquellen und Meßmethoden eingegangen. Preisindex und Marktanteil einer Marke können ohne direkte Einbeziehung der Konsumenten erhoben werden. Hierzu stehen Einzelhandelspanels zur Verfügung, die von Marktforschungsinstituten, wie A.C. Nielsen oder der GfK betrieben werden. Beim Einzelhandelspanel werden die Abverkäufe und Preise sämtlicher Artikel der im Panel einbezogenen Handelsunternehmen mithilfe der Scannertechnik erhoben. Die relativ einfache Ermittlung des Marktanteils ist einer der Gründe, weshalb diese Größe in der Praxis besonders häufig als Maßstab zur Beurteilung des Markenerfolgs herangezogen wird.

Zur Erhebung des Käuferanteils der Marke, des Kaufmengenindex sowie der Wiederkaufrate der Marke bedarf es der Mithilfe der Konsumenten, da diese Erfolgsindikatoren auf individuellem Verhalten beruhen. Hierbei haben Haushaltspanels im Zuge verbesserter technischer Möglichkeiten der Datenerfassung wesentlich an Bedeutung gewonnen. Auch Haushaltspanels werden von den großen Marktforschungsinstituten betrieben. Derartige Panels bestehen in Deutschland aus mehreren Tausend Haushalten, die repräsentativ für das Kaufverhalten aller Haushalte im Land sind. Alle Haushalte eines Panels sind mit Handscannern ausgestattet, mit deren Hilfe die eingekauften Produkte vollständig erfasst werden. Haushaltspanels erlauben somit die Erfassung der Einkäufe aus allen Geschäften, die exakte Identifizierung einzelner Artikel und Artikelvarianten sowie die Erfassung der einzelnen Einkaufsakte in ihrer Gesamtheit, z. B. für Warenkorbanalysen.

Neben Haushaltspanels kommen auch Einmalbefragungen als Möglichkeit der Datenerhebung in Betracht. Sie liefern allerdings nur im Rahmen von zeitpunktbezogenen Messungen ausreichend genaue Ergebnisse. Zeitbezogene Größen, wie etwa die Wiederkaufrate, können zwar grundsätzlich durch geeignete Fragestellungen erfasst werden, doch sind die Ergebnisse aufgrund von Erinnerungsproblemen der Befragten meistens weniger exakt als die Ergebnisse von Panelerhebungen. Die Qualität der Befragungsergebnisse steigt aber, wenn mehrere aufeinander folgende Erhebungen stattfinden. Diese Art der Erfassung wird von Marktforschungsinstituten in Form von Mehrwellenerhebungen angeboten. Hierbei erfolgt in regelmäßigen Abständen die standardisierte Befragung gleich großer Konsumentenstichproben.

Neben dem Kaufverhalten kann auch das markenspezifische Kommunikationsverhalten als beobachtbares Verhalten von Konsumenten Ziel absatzpolitischer Aktivitäten sein. Eine Marke gilt als erfolgreich, wenn positiv über sie gesprochen wird. Die interpersonelle Kommunikation über eine Marke ist befragungsgestützt zu erfassen. Beispielsweise können die Befragten ihre Kommunikationsintensität über die betreffende Marke auf Rating-Skalen angeben.

Es ist festzuhalten, dass beobachtbare Verhaltensweisen von Konsumenten als Indikatoren des Markenerfolgs relativ leicht zu messen sind und hohe ökonomische Relevanz aufweisen. Abgesehen vom markenbezogenen Kommunikationsverhalten schlagen sie sich unmittelbar im Absatz oder Umsatz des Unternehmens nieder. Die Messergebnisse zeigen damit unmittelbar an, ob Anpassungen im Einsatz der Marketinginstrumente erforderlich sind. Allerdings gehen von den Messergebnissen im Regelfall kaum gezielte Handlungsimpulse hervor. Beispielsweise ist meistens unklar, wie einer Verfehlung des Marktanteilsziels der Marke im Rahmen der Werbepolitik zu begegnen ist.

Aktive und passive Markenbekanntheit können relativ problemlos mithilfe offener Fragen erfasst werden. Abbildung 58 gibt einen Überblick über die Messung von Markenbekanntheit, d.h. über Messprobleme, Erhebungsmethoden sowie einschlägige Methoden der Reaktionsmessung.

Zur Erfassung von Markeneinstellungen stehen mit der pauschalen sowie multiattributiven Messung grundsätzlich zwei Ansätze zur Verfügung. Bei der pauschalen Einstellungsmessung wird die Einschätzung der Konsumenten gegenüber der Marke pauschal ohne Ermittlung der Urteilswerte bezüglich einzelner Markeneigenschaften ermittelt. Dazu wird auf zweipolige Rating-Skalen zurückgegriffen. Zur Messung der emotionalen Disposition der Markeneinstellung sind diese Rating-Skalen an den Eckpunkten mit Paaren gegenteiliger gefühlsbezeichnender Adverbien, wie z.B. angenehm/unangenehm, sympathisch/unsympathisch auszustatten. Zur Messung der kognitiven Disposition sind hingegen entgegengerichtete Adverbienpaare auszuwählen, die wissensbasierte,

	Messproblem	Erhebungsmethode	Reaktionsmessung
Aktive Markenbekanntheit	Vorhandensein der Assoziation Produktkategorie Marke	Befragung	• Registrierung der Antworten auf offene Fragen
	Assoziationsstärke Produktkategorie Marke	Befragung	• Erfassung der Antwortreihenfolge • Erfassung der Antwortlatenz
Passive Markenbekanntheit	Vorhandensein der Erinnerung an die Marke	Befragung	• Registrierung der Antworten auf offene Fragen mit Präsentation von Marken als Erinnerungshilfen
	Stärke der Erinnerung an die Marke	Befragung	• Erfassung der Antwortlatenz • Rating-Skalen zur Unsicherheitsmessung

Abbildung 58: Überblick über die Messung von Markenbekanntheit

vom Verstand getragene Markenurteile zutage fördern, z. B. vorteilhaft/unvorteilhaft, vernünftig/unvernünftig, richtig/falsch. Die Befragten haben dann die Marke auf einer solchen Rating-Skala einzustufen.

Bei der multiattributiven Messung wird die Marke in verschiedene Markeneigenschaften zerlegt, hinsichtlich derer die Konsumenten nach ihrer Einschätzung befragt werden. Beispielsweise könnte eine Automarke durch die Eigenschaften Sportlichkeit, Sicherheit, Wirtschaftlichkeit beschrieben werden. Die ermittelten eigenschaftsbezogenen Einstellungswerte sind dann mithilfe einer Verrechnungsformel zu einem Gesamteinstellungswert zu verdichten. Ein geeignetes Verrechnungsmodell ist beispielsweise die Conjoint-Analyse, mit deren Hilfe die eigenschaftsbezogenen Einstellungswerte anhand der wahrgenommenen relativen Wichtigkeiten der Eigenschaften zu einem Gesamteinstellungs- bzw. -nutzenwert der Marke verdichtet werden. Durch den Vergleich der Gesamtnutzenwerte eines Konsumenten für verschiedene Marken einer Produktkategorie können auch seine Markenpräferenzen, d.h. der Grad der subjektiven Vorziehenswürdigkeit verschiedener Marken, ermittelt und quantifiziert werden. Eine hohe Markenpräferenz gilt als Erfolgsindikator, da sie dem Unternehmen einen preispolitischen Spielraum sichert. Analog zur Einstellungsmessung erfolgt die Erfassung der Zufriedenheit eines Kunden mit der Marke befragungsgestützt entweder pauschal anhand einer einzigen bipolaren Zufriedenheitsskala oder durch eine multiattributive Zufriedenheitsmessung.

Nicht-beobachtbare Verhaltensweisen von Konsumenten sind im Gegensatz zum beobachtbaren Verhalten relativ schwierig zu messen und nur dann ökonomisch relevant, wenn sie für das Kaufverhalten ausschlaggebend sind. Allerdings sind nicht beobachtbare Verhaltensweisen im Regelfall durch eine erheblich größere selektive Steuerungskraft für den Einsatz des absatzpolitischen Instrumentariums gekennzeichnet. Aus den Messergebnissen können häufig gezielte Handlungsimpulse für die Ausrichtung absatzpolitischer Anstrengungen abgeleitet werden. Geht beispielsweise aus einer multiattributiven Zufriedenheitsmessung hervor, dass die Kunden mit dem hohen Preis für die Marke unzufrieden sind, so sind dies konkrete Signale für eine erforderliche Anpassung der Produkt- und/oder Preispolitik. Aus der bloßen Information über die Verfehlung des Marktanteilsziels der Marke sind derartig konkrete Handlungsimpulse nicht abzuleiten.

Umsetzung

Zur Beurteilung des Markenerfolgs sind verschiedene Maßgrößen des Kaufverhaltens heranzuziehen. In der Praxis wird der Erfolg einer Marke aber häufig nur anhand einer Größe – im Regelfall anhand des Marktanteils – beurteilt. Um die Qualität von Kaufverhaltensanalysen zu steigern, ist es deshalb erforderlich, beobachtbare und nicht beobachtbare Indikatoren zu einem integrierten Markenerfolgsindex zusammenzuführen.

Dies ist die Grundidee neuerer Markenwertmodelle. Neben vielen der hier behandelten Erfolgsindikatoren fließen in diese Modelle oft auch Maßgrößen ein, die das Erfolgspotenzial des mit der Marke zu bearbeitenden Marktsegments anzeigen. Schließlich können auch absatzpolitische Anstrengungen für eine Marke in derartige Modelle einbezogen werden, z. B. der Share of Advertising. Damit können die verschiedenen Erfolgsindikatoren unmittelbar in Bezug zum Marketingeinsatz, z. B. der relativen Höhe des Werbebudgets, gesetzt werden.

Neben der unzureichenden Berücksichtigung von Indikatoren des Markenerfolgs arbeiten Kaufverhaltensanalysen in der Praxis noch häufig mit unterschiedlichen Stichproben im Zeitablauf. Daher unterliegt selbst eine Beurteilung der Marktanteilsentwicklung häufig erheblichen konsumentenbezogenen Verzerrungen. Die zunehmende Popularität so genannter »Single Source Services« (Daten zum Kaufverhalten aus einer Quelle) legt den Schluss nahe, dass sich diese Erkenntnis auch in der Marketingpraxis mehr und mehr durchsetzt. Vor allem große Marktforschungsinstitute haben in den letzten Jahren verstärkt in den Ausbau ihrer »Single Source Services« investiert. Auf der Grundlage einer Integration von Haushalts- und Handelspanel gehen die Institute den Fragen nach, wer, wo, wann und warum welche Marke gekauft hat. Auf individueller Ebene liefern diese Single-Source-Panels nicht nur detaillierte Informationen zum beobachtbaren Kaufverhalten, auch das Mediennutzungsverhalten von Konsumenten ist mittlerweile genau nachzuvollziehen. Unternehmen können diese Informationen problemlos in Bezug zu den eigenen absatzpolitischen Anstrengungen im Zeitablauf setzen und erhalten damit Hinweise über den Erfolg bzw. Misserfolg der eingesetzten Marketingmaßnahmen. Die Qualität dieser Hinweise kann aber noch erheblich gesteigert werden, wenn in den Panels auch nicht beobachtbare Indikatoren des Markenerfolgs Eingang finden. Wünschenswert ist in diesem Zusammenhang vor allem die Einbeziehung der aktiven Markenbekanntheit sowie der Markeneinstellung als zentralen kaufverhaltensdeterminierenden Variablen.

2.2 Umsetzungsbezogene Instrumente

Value-to-Customer

Beim Kauf eines Produktes vergleicht ein Käufer die verschiedenen Angebote am Markt hinsichtlich ihres Preises sowie des Nutzens, den sie in seiner Wahrnehmung stiften. Wird der zu zahlende Preis als Nutzenminderung betrachtet, so entscheidet sich der Käufer im Idealfall für dasjenige Produkt mit dem höchsten Gesamtnutzen. In Wirklichkeit wird der rationale und klare Blick des Käufers durch verschiedene »Störfaktoren«, wie etwa unvollständige Information über die Produkte oder deren Eigenschaften, Werbung oder Zeitknappheit, getrübt. Trotzdem spielt der wahrgenommene Nutzen eine zentrale Rolle bei der Kaufentscheidung. Die Kenntnis des Kundennutzens muss daher im Mittelpunkt der Gestaltung einer marktorientierten Wettbewerbsstrategie stehen. Leider gerät dieser Grundsatz häufig in Vergessenheit. So wurde etwa in den Anfangsphasen von E-Commerce im Zuge übertriebener Technikbegeisterung Kundennutzen fälschlicherweise mit technischem Entwicklungsstand gleichgesetzt. In anderen Fällen führt eine mangelnde Kenntnis der geeigneten Instrumente zur Bestimmung des Kundenutzens dazu, dass am Markt vorbei entwickelt und produziert wird.

Definition und Zielsetzung

Ziel des *Value-to-Customer* ist die Bestimmung des Nutzens, den ein Produkt für einen Kunden stiftet. Der Begriff des Nutzens ist dabei weit gefasst: Nutzenstiftend ist jede Eigenschaft eines Produktes oder seines Anbieters, die einen Kunden zum Kauf bewegen kann. Um Kaufentscheidungen analysieren zu können, muss der Produktnutzen in monetären Einheiten bestimmt werden. Das angestrebte Ergebnis einer Value-to-

Customer-Analyse geht dabei über die Aussage hinaus, dass Produkt X einen Nutzen in Höhe von Y Euro besitzt. Vielmehr wird der Produktnutzen als Funktion der Ausprägungen verschiedener Produktmerkmale bestimmt. Auf diese Weise kann dargestellt werden, wie sich der Produktnutzen ändert, wenn die Eigenschaften des Produktes verändert werden. Dies ermöglicht die Anwendung der Value-to-Customer-Analyse bereits zum Zeitpunkt der Produktentwicklung, und nicht erst, wenn das fertige Produkt bereits am Markt ist.

Darstellung

In manchen Fällen besteht der Nutzen eines Produktes in Kosteneinsparungen, die durch seinen Einsatz erzielt werden können. Ein einfaches Beispiel soll dies verdeutlichen: Eine Energiesparlampe von 13 W elektrischer Leistung erzeugt die gleiche Helligkeit wie eine gewöhnliche Glühbirne von 60 W Leistung. Ihre Lebensdauer ist mit 8 000 h achtmal so lang wie die Lebensdauer einer Glühbirne. Im Laufe ihrer Lebensdauer erspart die Energiesparlampe also zum einen den Kauf von acht Glühbirnen à 75 Cent, d.h. 6 Euro. Der geringere Energieverbrauch führt darüber hinaus zu Einsparungen von (60 W – 13 W) × 8 000 h = 376 kWh à 15 Cent, d.h. 56 Euro. Insgesamt erbringt die Energiesparlampe im Laufe ihrer Lebensdauer im Vergleich zur Verwendung normaler Glühbirnen also eine (nicht diskontierte) Einsparung von 62 Euro, was ihrem Wert für den Käufer entspricht. Um einen tatsächlichen Anreiz zum Kauf der Energiesparlampe zu bieten, muss ihr Kaufpreis unterhalb dieses Wertes liegen.

Einfache Monetarisierungen des Produktnutzens wie in diesem Beispiel sind jedoch selten möglich. Im Falle privater Konsumgüter liegt dies darin begründet, dass der Produktnutzen nicht in einer monetären Einsparung besteht, was am Beispiel von Büchern, Unterhaltungselektronik und Sportgeräten schnell klar wird. Bei Investitionsgütern besteht der Produktnutzen in manchen Fällen in einer Kostenersparnis im Produktionsprozess. Bisweilen wird auch versucht, diese im Rahmen von sogenannten Total-Cost-of-Ownership-Modellen zu quantifizieren. In der Mehrzahl der Fälle sind solche Berechnungen jedoch aus Komplexitäts- oder Zeitgründen nicht durchführbar. Darüber hinaus ist grundsätzlich für Kaufentscheidungen der vom Käufer wahrgenommene Kundennutzen ausschlaggebend, der nicht immer mit einer objektiv bestimmbaren Nutzengröße (wie etwa Kosteneinsparungen) übereinstimmen muss. Trotzdem besteht für diese Güter eine Zahlungsbereitschaft, die den monetären Gegenwert des Produktnutzens darstellt. Diesen in Form einer Zahlungsbereitschaft ausgedrückten Produktnutzen zu messen ist Aufgabe der Value-to-Customer-Analyse.

Die einfachste denkbare Variante der Ermittlung monetarisierter Produktnutzen ist die direkte Befragung möglicher Käufer eines Produktes nach ihrer Zahlungsbereitschaft. Die Ergebnisse solcher direkten Fragen sind jedoch äußerst unzuverlässig. Im Falle innovativer Produkte besteht das Problem, dass die Befragten ihre Zahlungsbereitschaft aufgrund mangelnder Vergleichsmöglichkeiten schlecht einschätzen können. Sind hingegen bereits ähnliche Produkte auf dem Markt, geben zumindest einige der Befragten bewusst zu niedrige Zahlungsbereitschaften an, in der Hoffnung, so den Preis des neuen Produktes nach unten zu drücken. Ein weiteres Problem direkter Befragungen sind die beschränkten Möglichkeiten, den Einfluss bestimmter Produktmerkmale auf die Zahlungsbereitschaften zu bestimmen. Den Befragten können nämlich im Rahmen ihrer Aufnahme- und Konzentrationsfähigkeit nur eine begrenzte Anzahl verschiedener Produktvarianten vorgestellt werden. Dies gilt insbesondere dann, wenn sich die Produktvarianten jeweils nur in einem Merkmal unterscheiden und die im Vergleich zum absoluten Kaufpreis kleineren Differenzen der Zahlungsbereitschaften zwischen den Produktvarianten festgestellt werden sollen.

Die Nachteile direkter Befragungen können durch so genannte indirekte Befragungsmethoden vermieden werden. Die bewährteste und zuverlässigste indirekte Befragungsmethode zur Ermittlung von Kundennutzen und Zahlungsbereitschaften ist das Conjoint-Measurement. Die Vorgehensweise bei der Durchführung eines Conjoint-Measurement gliedert sich in die drei Phasen Befragungsdesign, Datenerhebung sowie die Datenauswertung und -interpretation.

In der Phase des Befragungsdesigns müssen für den untersuchten Typ von Produkten eine Reihe von Produktmerkmalen definiert werden, die den Nutzen für den Kunden bestimmen. Im Falle von Schwarzweiß-Laserdruckern für das Home-Office sind etwa Druckgeschwindigkeit, Auflösung, Kapazität des Papierfaches und Preis die nutzenbestimmenden Merkmale. Für jedes der Merkmale muss der Bereich der Leistungswerte festgelegt werden, der untersucht werden soll. Dieser Bereich sollte so gewählt werden, dass alle wesentlichen, heute am Markt vertretenen

Produkte darin Platz finden. Wird die Value-to-Customer-Analyse im Zusammenhang mit der Entwicklung eines neuen Produktes durchgeführt, muss es darüber hinaus Spielraum für mögliche zukünftige Leistungsverbesserungen geben.

Die festgelegten Leistungsbereiche jedes Merkmals müssen im Rahmen des Conjoint-Measurements durch eine endliche Anzahl diskreter Ausprägungen dargestellt werden. Für einige Produktmerkmale, wie etwa die Auflösung im Fall der Laserdrucker, finden sich de facto ohnehin nur diskrete Ausprägungen (z.B. 300 dpi, 600 dpi und 1200 dpi). Für Merkmale mit kontinuierlichen Ausprägungen, wie etwa den Preis, müssen dagegen diskrete Ausprägungen definiert werden. Werden z.B. Laserdrucker im Preisbereich von 300 bis 700 Euro untersucht, können als diskrete Ausprägungen beispielsweise die Werte 300, 400, 500, 600 und 700 Euro verwendet werden. In ähnlicher Weise kann die Druckgeschwindigkeit z.B. in den Stufen 3, 6, 9 und 12 Seiten/Minute und die Kapazität des Papierfaches in den Stufen 50, 150 und 250 Blatt dargestellt werden. Allgemein sollte die Anzahl der Produktmerkmale zwischen drei und zehn, die Anzahl der diskreten Ausprägungen pro Merkmal zwischen zwei und fünf liegen, da sonst für die Durchführung des Conjoint Measurements zu viel Zeit benötigt wird.

Durch die Festlegung von Produktmerkmalen und deren Ausprägungen wird ein Raum möglicher Produkte aufgespannt. Innerhalb dieses Raumes werden im Rahmen der Nutzenmessung durch Kombinationen von Ausprägungen der untersuchten Merkmale hypothetische Produkte – so genannte Produktkonzepte – generiert. Die Grundidee des Conjoint-Measurement besteht darin, dass dem Befragten in einer Serie von Paarvergleichen jeweils zwei verschiedene Produktkonzepte präsentiert werden. Die Aufgabe des Befragten besteht darin, seine Präferenz für eines der beiden Produktkonzepte auf einer Rating-Skala anzugeben. Wie das in Abbildung 59 gezeigte Beispiel verdeutlicht, sind die zwei Produktkonzepte dabei so konstruiert, dass keines der beiden Konzepte in allen gezeigten Merkmalen überlegen ist. Vielmehr wird der Befragte einem Zielkonflikt (trade-off) ausgesetzt. Die Präferenz des Befragten innerhalb des Zielkonfliktes impliziert eine Gewichtung des Nutzens der gezeigten Merkmalsausprägungen gegeneinander. Bevorzugt z.B. der Befragte in dem in Abbildung 59 gezeigten Beispiel trotz des höheren Preises stark den Laserdrucker B, lässt sich daraus schließen, dass für ihn der zusätzliche Nutzen durch die Erhöhung der Auflösung von 600 dpi auf 1200 dpi deutlich höher ist als der entgangene Nutzen durch die Reduktion der

Druckgeschwindigkeit von 12 Seiten/Minute auf 6 Seiten/Minute. Der Befragte legt also bei seiner Kaufentscheidung mehr Wert auf die Auflösung des Druckers als auf seine Geschwindigkeit.

Um die abgefragten Präferenzentscheidungen für die Befragten überschaubar zu halten, werden nicht alle der untersuchten Merkmale in jeden einzelnen Paarvergleich einbezogen. In Abbildung 59 ist ein Paarvergleich mit drei der vier untersuchten Merkmale der Laserdrucker gezeigt. Im Allgemeinen liegt die Anzahl der verwendeten Merkmale zwischen zwei und vier. Für jeden Paarvergleich wird angenommen, dass die zwei Produktkonzepte in den nicht gezeigten Merkmalen gleich sind.

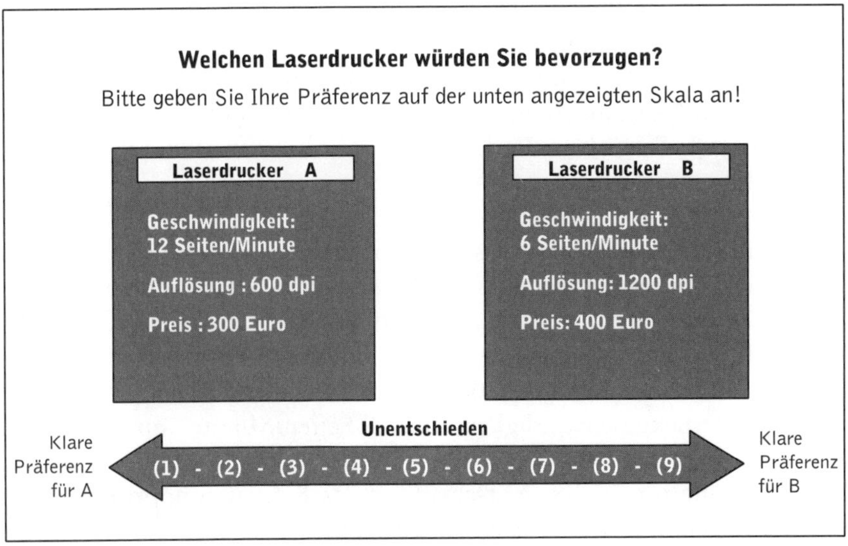

Abbildung 59: Indirekte Nutzenmessung durch Conjoint-Measurement

Im Rahmen eines Conjoint-Measurements durchläuft der Befragte eine Serie von Paarvergleichen. Eine computergestützte Durchführung der Befragung ermöglicht es, bei der Zusammenstellung der Paarvergleiche die Ergebnisse der vorausgegangenen Paarvergleiche zu berücksichtigen. Der Interviewablauf wird also an das Antwortverhalten des Befragten angepasst. Auf diese Weise kann die maximale Information über den vom Befragten wahrgenommenen Produktnutzen gewonnen werden.

Die Anzahl der Paarvergleiche, die notwendig sind, um den Kundennutzen für alle Ausprägungen aller Merkmale zu bestimmen, steigt mit der Anzahl der Merkmale und ihrer Ausprägungen. Im Beispiel der Laserdrucker (vier Merkmale mit insgesamt 15 Ausprägungen) sind z.B. 15 Paarvergleiche notwendig. Allgemein sind bei M Merkmalen mit insgesamt A Ausprägungen P = 2A – 3M – 3 Paarvergleiche notwendig. Die Rückrechnung von den P Präferenzangaben des Befragten auf die A Nutzenwerte der Merkmalsausprägungen erfolgt mithilfe eines multivariaten statistischen Verfahrens.

Abbildung 60 zeigt ein Beispiel für die aus den Antworten eines Befragten berechneten Nutzenwerte. Wie erwartet steigt der Nutzen, wenn Auflösung, Geschwindigkeit oder die Kapazität des Papierfaches zunehmen. Ein höherer Preis ist hingegen mit einem geringeren Nutzen verbunden. Der Ausprägung eines Merkmals mit dem jeweils geringsten Nutzen kann der Nutzenwert Null zugewiesen werden, da lediglich Differenzen von Nutzenwerten, nicht jedoch deren absolute Höhe von Bedeutung sind. Das obere Ende der Nutzenskala ist dadurch definiert, dass die Summe der maximalen Nutzenwerte für jedes Merkmal 100 ergibt.

Anhand der Nutzenwerte lässt sich zum einen ablesen, wie stark der Einfluss verschiedener Produktmerkmale auf den Gesamtnutzen eines Produktes und damit auf die Kaufentscheidung des Befragten ist. So steigt z.B. der Produktnutzen gemäß Abbildung 60 durch die Erhöhung der Auflösung von 300 auf 1200 dpi um 34 Einheiten, bei einer Steigerung der Druckgeschwindigkeit von 3 Seiten/Minute auf 12 Seiten/Minute jedoch nur um 17 Einheiten. In diesem Sinne ist die Bedeutung der Auflösung für die Kaufentscheidung des Befragten doppelt so hoch wie die Bedeutung der Druckgeschwindigkeit. Allgemein entspricht die relative Bedeutung eines Merkmals dem höchsten der Nutzenwerte seiner Ausprägungen. Im Beispiel der Abbildung 60 verhalten sich die Bedeutungen der Merkmale Preis, Auflösung, Geschwindigkeit und Kapazität des Papierfaches also wie 39 : 34 : 17 : 10.

Auch der Verlauf der Nutzenwerte innerhalb eines Merkmals gibt wichtige Aufschlüsse über die Bedürfnisse des Befragten. So ist z.B. die Erhöhung der Kapazität des Papierfaches von 50 auf 150 Blatt für den Befragten nützlich, wogegen eine weitere Erhöhung auf 250 Blatt kaum zusätzlichen Nutzen stiftet. In diesem Falle also wird das Phänomen des abnehmenden Grenznutzens bereits im betrachteten Leistungsbereich sichtbar.

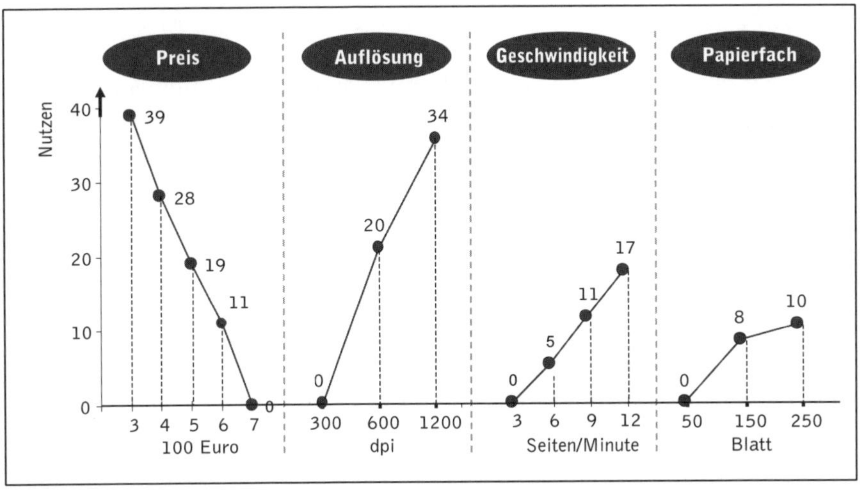

Abbildung 60: Nutzen verschiedener Leistungsstufen eines Laserdruckers

Da die Nutzenwerte über die Produktmerkmale hinweg vergleichbar sind und der Preis eines der Produktmerkmale ist, lassen sich die Nutzenwerte auch in Form von Zahlungsbereitschaften ausdrücken. So entsprechen 11 Nutzeneinheiten sowohl dem Unterschied zwischen 3 und 9 Seiten/Minute Druckgeschwindigkeit als auch einem Preisunterschied von 100 Euro. Dem Befragten ist eine Steigerung der Druckgeschwindigkeit von 3 auf 9 Seiten/Minute also 100 Euro wert.

Für ein bestimmtes Produkt berechnet sich der Gesamtnutzen als Summe der Nutzenwerte der zugehörigen Merkmalsausprägungen. Ein Laserdrucker mit 300 dpi, 12 Seiten/Minute und 250 Blatt Papierfachkapazität zum Preis von 400 Euro hätte also für den Befragten einen Gesamtnutzen von 55 Einheiten. Ein Modell mit 1200 dpi, 6 Seiten/Minute und 50 Blatt Papierfachkapazität zum Preis von 500 Euro hätte dagegen einen Gesamtnutzen von 58 Einheiten und würde vom Befragten daher bevorzugt. Wie bereits erwähnt, werden die Nutzendaten der in Abb. 60 gezeigten Art im Rahmen einer Value-to-Customer-Analyse zunächst für jeden einzelnen Befragten bestimmt. Durch Mittelwertbildung lassen sich daraus die entsprechenden Nutzendaten für die Gesamtheit aller Befragten oder für geeignet gewählte Teilsegmente des Marktes bestimmen.

Umsetzung

Die durch die Value-to-Customer-Analyse bestimmten Nutzendaten lassen sich in der Praxis zu vielfältigen Zwecken einsetzen, die alle Elemente des strategischen Dreiecks Produkt – Kunden – Wettbewerb betreffen. Im Rahmen der Produktgestaltung können die Ergebnisse sowohl zur Richtungsbestimmung der weiteren Entwicklung als auch zur Bestimmung optimaler Leistungsniveaus in einzelnen Produktmerkmalen verwendet werden. Die Gesamtheit der Kunden lässt sich auf der Basis der bestimmten Nutzenwerte in Segmente mit verschiedenen Anforderungen an das Produkt unterteilen. Schließlich stellen die Nutzenwerte eine zentrale Eingangsgröße für komplexe Modelle dar, mit denen sich der Wettbewerb verschiedener Produkte in einem Markt realitätsnah simulieren lässt. Die genannten Anwendungsmöglichkeiten der Value-to-Customer-Analyse werden im Folgenden näher erläutert.

Priorisierung von Innovationsideen: Für die Entwicklung oder die Verbesserung eines Produktes existieren in den meisten Fällen zahlreiche Innovationsideen, die sich dahingehend unterscheiden, welchem Produktmerkmalen besondere Aufmerksamkeit zuteil wird. Aufgrund von Budgetrestriktionen können jedoch nie alle Ideen verwirklicht werden. Die Budgetrestriktionen betreffen sowohl den Entwicklungsaufwand als auch die Herstellkosten des Produktes. Eine zielgerichtete Priorisierung der Innovationsideen ist daher unabdingbar. Diese wird zweckmäßigerweise anhand einer Gegenüberstellung der Kosten der Realisierung der Innovation auf der einen Seite und dem damit verbundenen Kundennutzen auf der anderen Seite vorgenommen. Verfolgt werden sollten vor allem diejenigen Innovationsideen, die geringe Realisierungskosten mit einem hohen Kundennutzen verbinden. Von Entwicklungen, die in der Wahrnehmung der Kunden von geringem Nutzen sind, obwohl sie sehr aufwändig zu realisieren sind, sollte dagegen abgesehen werden.

Bestimmung optimaler Leistungsniveaus: Die Priorisierung von Innovationsideen kann z. B. ergeben, dass die Leistung eines Produktes in einem bestimmten Merkmal verbessert werden soll. Stellt sich z. B., wie in Abb. 60 gezeigt, die Auflösung des Laserdruckers als besonders wichtig für die Kunden heraus und lässt sich eine Steigerung der Auflösung kostengünstig realisieren, dann sollte diese Richtung in der Entwicklung verfolgt werden. Daraus folgt jedoch keineswegs, dass unbedingt die im Rahmen der technischen Möglichkeiten höchstmögliche Auflösung angestrebt werden sollte. Typischerweise nimmt nämlich der Grenznutzen einer Leistungsverbesserung ab, während die Grenzkosten ihrer Realisierung zunehmen. Optimal ist also dasjenige Leistungsniveau, das die Differenz zwischen Kundenutzen und Realisierungskosten maximiert. Nur in seltenen Fällen ist das optimale Leistungsniveau auch das maximal mögliche. Durch eine systematische Kosten-Nutzen-Betrachtung auf der Basis einer Value-to-Customer-Analyse kann also ein »Overengineering« vermieden werden.

Nutzenorientierte Kundensegmentierung: Märkte sind in der Regel nicht homogen, sondern bestehen aus verschiedenen Kundensegmenten mit jeweils spezifischen Anforderungen an ein Produkt. Das Angebot segmentspezifischer Produktvarianten ist daher häufig sinnvoll. Die Unterteilung der Kunden in verschiedene Segmente kann grundsätzlich anhand verschiedener Merkmale wie etwa Alter, Ausbildung oder Verhaltensgewohnheiten erfolgen. Ein besonders zweckmäßiges Segmentierungskriterium im Hinblick auf eine Produktdifferenzierung sind die mithilfe der Value-to-Customer-Analyse bestimmten Nutzenprofile, da sie in unmittelbarer Verbindung zu den von den Kunden präferierten Ausgestaltungsformen des Produktes stehen. Wie bereits erwähnt, werden diese Nutzenprofile individuell für jeden einzelnen Befragten bestimmt. Aufbauend auf diesen kundenindividuellen Nutzenprofilen lassen sich mithilfe von statistischen Verfahren (Cluster-Analysen) Kundensegmente identifizieren, die jeweils homogene Nutzenstrukturen aufweisen, untereinander jedoch signifikante Nutzenunterschiede besitzen. Im Falle der Laserdrucker für den Heimbereich kann sich auf diese Weise z. B. ergeben, dass für ein Kundensegment die Druckgeschwindigkeit und die Kapazität des Papierfaches besonders wichtig sind, während für ein anderes Segment die Auflösung im Vordergrund steht. Anschaulich ließe sich eine solche Segmentierung so interpretieren, dass es sich bei dem ersten Segment um Nutzer handelt, die häufig längere Texte ausdrucken, während die Kunden im zweiten Segment vor allem Grafiken zu Papier bringen wollen.

Allgemein zeigt eine segmentspezifische Nutzenanalyse also auf, ob eine Differenzierung in mehrere Produktvarianten zweckmäßig ist. Ist dies der Fall, so lässt sich mithilfe der Value-to-Customer-Analyse darüber hinaus bestimmen, in welchen Merkmalen sich die Produktvarianten unterscheiden sollten und wo eine identische Leistung über alle Segmente hinweg sinnvoll ist. Ein häufig anzutreffendes Beispiel ist die Differenzierung in ein »High-End«-Produkt mit hoher Leistung in den wichtigsten Produktmerkmalen und in ein »Low-End«-Produkt mit reduzierter Leistungsfähigkeit. Mit der Leistungsdifferenzierung geht eine

Preisdifferenzierung einher. Die im Falle von Produktdifferenzierungen gewinnoptimalen Preise der einzelnen Produktvarianten lassen sich auf Basis der in der Value-to-Customer-Analyse ermittelten Zahlungsbereitschaften für bestimmte Leistungsmerkmale bestimmen.

Marktsimulationsmodelle: Wie oben erläutert, erlaubt ein Vergleich der Gesamtnutzen verschiedener Produkte eine Aussage darüber, welches Produkt ein Befragter bevorzugen würde. Sind alle für die Kaufentscheidung relevanten Produktmerkmale berücksichtigt worden, dann ist zu erwarten, dass sich der Befragte unter den am Markt vertretenen Produkten für dasjenige mit dem höchsten Gesamtnutzen entscheidet. Aufgrund ihrer unterschiedlichen Nutzenprofile entscheiden sich die Befragten für verschiedene Produkte. Mithilfe eines Rechenmodells lassen sich auf dieser Basis die Marktanteile konkurrierender Produkte bestimmen. Um realitätsnahe Ergebnisse zu erzielen, müssen in solchen Marktsimulationsmodellen neben dem Spektrum der am Markt vertretenen Produkte und der Nutzenstruktur der Nachfrager auch weitere Einflussgrößen wie etwa die nicht vollständige Rationalität der Nachfrager, Werbung oder unterschiedliche Vertriebsstärken der Hersteller berücksichtigt werden. Bei Marktsimulationsmodellen handelt es sich daher um komplexe Modelle, deren Erstellung fundierte Erfahrungen sowohl in der Modellierung als auch mit den betrachteten Märkten voraussetzt. Dem hohen Aufwand stehen allerdings auch vielfältige Anwendungsmöglichkeiten gegenüber. Insbesondere ermöglichen Marktsimulationsmodelle die Prognose des Erfolges von neuen Produkten, wobei die Produkteigenschaften beliebig variiert werden können. Eine spezielle Anwendung dieser Art ist die Bestimmung der Preis-Absatz-Funktion für ein neues Produkt. Zu deren Bestimmung muss lediglich bei festgelegten Produkteigenschaften der Preis des Produktes variiert und der zugehörige Marktanteil mit dem Simulationsmodell berechnet werden.

Marktsegmentierung

Unternehmen sehen sich einer Vielzahl unterschiedlicher Kunden gegenüber und versuchen, die am Markt zu beobachtende Heterogenität der Kundenbedürfnisse durch maßgeschneiderte Positionierungs- und Marktbearbeitungsstrategien zu berücksichtigen. Der Grundstein für die heutige Bedeutung von Ansätzen zur Segmentierung von Märkten als integrativer Bestandteil des strategischen Marketingmanagements wurde spätestens durch die Arbeiten von Derek F. Abell gelegt. Der Ansatz ist durch seinen explizit kunden- und technologieorientierten Fokus charakterisierbar und damit viel eher in der Lage, das produktfixierten und primär technokratischen Ansätzen innewohnende Risiko einer gewissen Kurzsichtigkeit mit Hinblick auf die zugrunde liegenden Kundenbedürfnisse zu überwinden. Im Abell-Schema wird zur Abgrenzung von Strategischen Geschäftseinheiten auf die wahrgenommene Austauschbarkeit der am Markt befindlichen Produkte aus Abnehmersicht abgestellt. Demnach werden Strategische Geschäftseinheiten als eine Teilmenge aller möglichen Festlegungen entlang der Dimensionen

- Funktion bzw. Problemlösung (»what need is being satisfied«),
- Kundensegmente bzw. Abnehmergruppen (»who is being served«) sowie
- Technologie der Leistungserstellung (»how customer functions are being served«)

definiert. Entsprechend der Darstellung in Abbildung 61 wird eine am Markt angebotene Produktleistung als Eigenschaftsbündel (Fixierung in der Technologiedimension) aufgefasst, das geeignet ist, für eine anvisierte Kundengruppe (Segment) eine bestimmte Funktion (Problemlösung) zu erfüllen und daher Nutzen zu stiften.

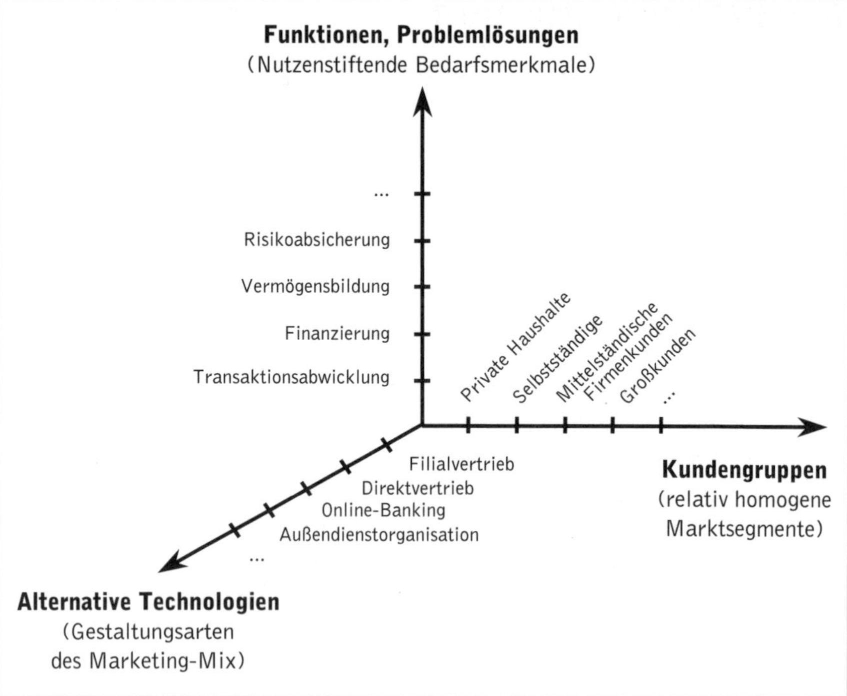

Abbildung 61: Abells 3-D-Schema zur Geschäftsfeldabgrenzung

Abbildung 61 skizziert eine mögliche Geschäftsfeldstrukturierung am Beispiel des Retail-Banking-Geschäfts von Kreditinstituten. Eine typische strategische Geschäftseinheit eines Kreditinstituts – etwa das häufig zentral bearbeitete Firmenkundengeschäft für spezifische Erfordernisse von Großkunden – wäre anhand dieses Schemas somit als eine Festlegung entlang der Dimensionen »verwendete Technologie« (etwa als Kombination von zentralisiertem Direktvertrieb und Außendienstorganisation), »Kundensegment« (hier: Großkunden) und »Funktionserfüllung« (z. B. individualisierte Abwicklung sämtlicher Banktransaktionen) zu strukturieren. Die Positionierung einzelner Bankdienstleistungen innerhalb dieses Geschäftsfeldes erfolgt über die Fixierung von spezifischen Ausprägungen entlang dieser Dimensionen. Innovationen sind im Rahmen dieses Gedankenschemas als eine Erweiterung bzw. als eine Verfeinerung der Ausprägungen innerhalb dieser Dimensionen erklärbar; man denke z. B. an die Ansprache neuer Zielgruppen (Markterweiterung), die Verwendung neuer Technologien oder das Entdecken neuer Problemlösungen (technologische oder funktionale Innovation).

Die soeben skizzierten Zusammenhänge machen deutlich, dass bei Verfolgung einer am Kundennutzen ausgerichteten Unternehmensphilosophie die strategischen Aufgabenstellungen der Segmentierung, Strukturierung und Abgrenzung von Märkten untrennbar miteinander verknüpft sind und lediglich die beiden Seiten ein und derselben Medaille repräsentieren.

Definition und Zielsetzung

Ziel der *Marktsegmentierung* ist die Zerlegung eines Marktes in mehrere Teilmärkte, in denen die Kunden auf den Einsatz des Marketings eines Unternehmens jeweils gleichförmiger reagieren als die Kunden im Gesamtmarkt (Identifikation der Marktsegmente). Die tatsächlichen und potenziellen Kunden sollen so in Gruppen aufgeteilt werden, dass die Mitglieder einer Gruppe hinsichtlich ihrer Anforderungen möglichst ähnlich sind. Anschließend ist unter den Marktsegmenten eine Auswahl zu treffen und das Marketinginstrumentarium auf diese Segmente so auszurichten, dass für die einzelnen Kundengruppen gezielt ein effizientes Marketing umgesetzt werden kann.

Von diesem Problem der Segmentbildung zu unterscheiden ist der Fall, in dem diese Gruppen bereits existieren oder aus irgendwelchen Gründen vorgegeben sind und für einen einzelnen (noch nicht zugeordneten oder neu hinzukommenden) Kunden entschieden werden muss, welchem Segment er zugewiesen werden soll. Ersteres wird häufig als *Partitionierungs-* oder *Segmentierungsproblem* (i.e.S.), Letzteres als *Diskriminanzproblem* bezeichnet. Insbesondere in Zeiten des Database-Marketings sowie informationstechnologisch gestützter Systeme des Customer-Relationship-Management (CRM) kommt den beiden Problemstellungen eine gleichrangige Bedeutung zu.

In der Praxis sind beide Teilaufgaben der Marktsegmentierung eng miteinander gekoppelt. Bei Banken und Versicherungen ist es z. B. übliche Praxis, sämtliche kundenbezogenen Datenbestände in einem Data-Warehouse zu organisieren. Um diese vorerst im »Datenkübel« angesammelten, verwalteten und gepflegten Daten in wertvolle entscheidungsrelevante Informationen zu transformieren und diese in weiterer Folge per Management-Informationssystem (MIS) für die Gestaltung von Marketingmaßnahmen verfügbar zu machen, wird angesichts derart enormer Datenvolumina ein Datenverdichtungsproblem evident. Letzteres ist dann mit dem *Segmentierungsproblem* identisch, wenn eine Zerlegung bzw. Partitionierung der Kundendatenbasis so vorgenommen wird, dass Kunden mit ähnlichen Verhaltensmustern (also z.B. hinsichtlich der aufgezeichneten Finanztransaktionen, etc.) ein und demselben Kundensegment angehören und dieses sich gleichzeitig gegenüber anderen Kundensegmenten deutlich unterscheidet.

Umgekehrt geht es beim *Diskriminanzproblem* um die Suche nach einer Vorschrift, die basierend auf einem (meist inkompletten) Datenprofil einzelner Kunden eine möglichst akkurate und trennscharfe Zuordnung zu ihren jeweiligen Segmenten gewährleistet. Von enormer praktischer Bedeutung ist diese Aufgabenstellung vor allem dann, wenn es gilt, aktuelle oder auch potenzielle neue Kunden trotz lückenhafter und unzureichender Informationen mit einer hohen Trefferquote einem »passenden« Segment zuzuordnen. Letzteres ist die entscheidende Herausforderung bei jedem Versuch einer Personalisierung (auf neudeutsch auch »Customization« genannt) von Diensten aller Art, wie dies etwa im gesamten Bereich des Online-Banking, aber auch im Zusammenhang mit der Behandlung von Kundenanfragen in Call-Centern beim Beschwerdemanagement, der Kreditwürdigkeitsanalyse oder der Insolvenzprognose der Fall ist.

Angestrebt werden in beiden Fällen kompakte und gut separierte Gruppen, die intern möglichst homogen sein sollen. Sind Segmente erst einmal gebildet, können darauf basierend zielgruppenspezifisch maßgeschneiderte Bearbeitungsstrategien (»Target Marketing«) entwickelt werden. Die Forderung nach möglichst hoher Homogenität der Segmente hängt unmittelbar damit zusammen, dass mit der Segmentbildung eine *Effizienzsteigerung* des Einsatzes knapper Ressourcen angestrebt wird. Streuverluste können in diesem Sinne nur dann reduziert werden, wenn gezielte Marketingaktionen (wie beispielsweise Kommunikations- und Markenpolitik) seitens der gebildeten Segmente auch ein ausreichendes Maß an homogenen Verhaltensreaktionen erwarten lassen. Freilich lässt sich dieser Homogenitätsgrad durch die Ausdifferenzierung von immer feineren Segmentierungen beliebig erhöhen, allerdings stehen dem wiederum Effizienzüberlegungen entgegen, die sich aus der Bearbeitung von sehr kleinen Marktnischen ergeben können. Im Extremfall kann dieser Prozess bis zu einer Segmentgröße von Eins fortgeführt werden; man spricht dann vom so genannten *One-to-One-Marketing*.

Darstellung

Das Strategieinstrument der Marktsegmentierung weist folgende Charakteristika auf:

Prozess der Marktsegmentierung

Im *Prozess der Marktsegmentierung* wird je nach Komplexitätsgrad des bearbeiteten Marktes das Herzstück der Markterfassungsseite der Segmentierung häufig in einen zwei- oder mehrstufigen Teilprozess unterteilt: Während die Segmentierung erster Ordnung (1) meist unter Heranziehung eines elementaren Sortierkriteriums eine erste Grobstrukturierung möglicher Käuferschichten zum Ziel hat, wird bei einer Segmentierung höherer Ordnung (2) mit der Verwendung von kaufverhaltensrelevanteren Kriterien die Generierung von Käufersegmenten verfolgt, die der obigen Definition entsprechen. Um diese für eine treffsichere Marktbearbeitung zugänglich zu machen, ist eine Beschreibung der Zielgruppenmitglieder mithilfe von Informationen über deren Mediennutzungs- und Kommunikationsverhalten erforderlich. Diese Interpretation der Segmente wird häufig auch als »Segment-Profiling« (3) bezeichnet.

Die Schritte (4) und (5) des Segmentierungsprozesses dienen der Attraktivitätsbewertung und der Selektion einzelner profitabel erscheinender Marktsegmente, bevor diese für eine weitere Bearbeitung in Erwägung gezogen werden. Als mögliche Maße zur Beurteilung der relativen Attraktivität von Marktsegmenten kommen neben der Segmentgröße und erwarteten zukünftigen Wachstumsraten unter anderem auch produktbezogene Kundenmerkmale, wie Ausgabenneigungen, Zahlungsbereitschaften, Preis- und andere Marketing-Elastizitäten, Loyalitäts- bzw. Markenwechselraten sowie Kennziffern der Präferenzstärke von potenziellen Kunden in der Zielgruppe in Betracht. Analog zu den aus der strategischen Planung bekannten Portfolio-Ansätzen können auch hier die einzelnen Faktoren einer Gewichtung unterzogen und dann in ein Scoring-Modell integriert werden.

Nachdem die grundlegende Entscheidung über die zu bearbeitenden (und möglichst lukrativ erscheinenden) Segmente gefallen ist, kann mit dem Design oder auch Re-Design einer *segmentspezifischen Positionierungsstrategie* (6) für das jeweilige Zielpublikum im Konkurrenzumfeld fortgefahren werden. Die Hauptaufgabe in dieser Phase des Segmentierungsprozesses besteht darin, den von den Kunden der anvisierten Zielgruppe erwarteten Nutzen so in ein Produkt oder eine Dienstleistung zu transformieren, dass diese Nutzenstiftung von Kundenseite auch entsprechend wahrgenommen wird. Geeignete Planungstechniken zur Unterstützung dieses Unterfangens sind beispielsweise Positionierungstechniken, die Conjoint-Analyse oder der Quality-Function-Deployment (QFD)-Ansatz.

Nachdem die segmentspezifische Zielpositionierung einer Leistung vereinbart wurde, hat sich die *taktisch-operative Umsetzung* (7) im Rahmen eines aufeinander abgestimmten Programms von Marketing-Mix-Aktivitäten konsistent an diesen Zielvorgaben zu orientieren. Insbesondere bei der Neuproduktplanung bzw. der Planung von Produktvariationen ist in diesem Zusammenhang darauf zu achten, dass sämtliche am Design der physischen Produkteigenschaften beteiligten Aktivitäten (also neben der Fertigung auch die F&E- oder die Engineering-Abteilung), aber auch deren kommunikative Umsetzung letztlich auf die »Stimme des Kunden« ausgerichtet werden sollten. Ähnliches gilt konsequenterweise auch für das *Lebenszyklus-Management* (8) und das begleitende Monitoring- und Controlling-System.

Anforderungen an relevante Segmentierungskriterien

Die vorangehenden Ausführungen haben klargelegt, dass ein vollständiges Segmentierungsmodell aus einem oder mehreren Segmentierungskriterien sowie aus einer Menge von so genannten Deskriptorvariablen besteht. Es existiert eine Vielzahl von Katalogen alternativ einsetzbarer Segmentierungskriterien. Eine gebräuchliche Einteilung dieser Kriterienkataloge für Konsumgütermärkte ist in Abbildung 62 wiedergegeben.

Eine Klassifikation der Kriterien erfolgt dabei nach der Unterscheidung, ob generelle oder produktspezifische Kundenmerkmale als Basis für die Segmentierung herangezogen werden. Bei der Anwendung *genereller Kriterien* wird die Segmentierung auf Basis von einstelligen Kundenmerkmalen (also unabhängig von Produkten oder Kauf- bzw. Ver-

		Kundenmerkmale	
		Generelle (produkt-/ situationsunabhängig)	Produktspezifische (produkt- und/ oder situationsbezogene Kundenmerkmale)
Messung der Merkmale	direkt beobachtbzw. messbar	• geografische Merkmale (Wohnortgröße, Region, Stadt/ Land) • demografische Merkmale (Alter, Geschlecht, Familienstand, Haushaltsgröße usw.) • sozio-ökonomische Merkmale (Einkommen, Beruf, Bildung)	• Verwendungshäufigkeit • Kaufvolumen • Marken-, Lieferantentreue • Innovationsneigung • Verwendungssituation
	nur indirekt (abgeleitet) messbar	• Persönlichkeitsmerkmale (Risikoneigung, akzeptierte Werte, Entscheidungstyp) • Lifestyle (activities, interests, opinions)	• Kaufmotive/Kauferwartungen • Einstellungen • wahrgenommene Nutzenstiftung • Kaufabsichten • Präferenzen • Elastizitäten

Abbildung 62: Klassifikation von Segmentierungskriterien

wendungssituationen) vorgenommen. *Produktspezifische Kriterien* der Kundensegmentierung berücksichtigen hingegen die Beziehungen zwischen Kunden, Produkten und/oder Kauf- bzw. Verwendungssituationen. Eine weitere Klassifikation der grundsätzlich infrage kommenden Kundenmerkmale richtet sich danach, ob diese *beobachtbar* und daher direkt messbar sind oder ob diese *unbeobachtbar* bzw. nur auf indirektem Wege über verschiedene Indikatoren einer Messung zugänglich gemacht werden können.

Direkt messbare generelle Merkmale sind in den meisten Fällen ohne weiteres über die Stammdateneinträge in Kundendatenbanken abrufbar; produkt- oder situationsbezogene Kundendaten sollten in der Regel ebenfalls als interne Aufzeichnungen über die laufenden Kundenbeziehungen (Transaktionsdaten wie etwa Kaufvolumina, Kaufintensität bzw. –häufigkeiten oder Wiederkaufraten von Stammkunden) verfügbar oder im Konsumgüterbereich auch extern über verschiedene Haushalts- oder

Handelspanelerhebungen beschaffbar sein. Bei Verwendung von *indirekt messbaren* Segmentierungskriterien ist regelmäßig mit einem höheren Beschaffungsaufwand zu rechnen. Zwar existiert für generelle Kundenmerkmale eine Reihe von recht brauchbaren Persönlichkeits- und Lifestyle-Typologien (wie beispielsweise die Sinus-Lifestyle-Milieus für die Bereiche Markt und Media), bei produktspezifischen Kriterien führt aber in der Regel kaum ein Weg an der Durchführung von aufwändigeren Primärerhebungen im Rahmen der empirischen Marktforschung vorbei.

Warum also begnügt man sich für die Segmentierung von Märkten nicht einfach mit direkt zugänglichen Kriterien? Die Beantwortung dieser Frage führt zur Ausgangsfragestellung einer jeden Kundensegmentierung zurück. Die Erfüllung der Zwecksetzung einer jeden Segmentierung hängt davon ab, inwiefern aus dem Segmentierungsvorschlag möglichst effektive und profitable Strategien ableitbar sind. Diese Anforderung wird üblicherweise anhand folgender sechs Kriterien gemessen:

- Identifizierbarkeit: Die tatsächliche Existenz von sich deutlich unterscheidenden Marktsegmenten sollten mit dem gewählten Segmentierungsansatz nachweisbar sein. Außerdem sollten einzelne Segmentmitglieder mit leicht beobachtbaren bzw. direkt messbaren Käufermerkmalen (z. B. geo- oder demografische Merkmale) auch identifizierbar sein.
- Substanz: Die zu bearbeitenden Segmente sollten nach Art und Volumen ein ausreichendes Umsatz- und Gewinnpotenzial zulassen. Die »Aufdeckung« von kleinen Marktnischen mit illusorischen Anforderungen an Produkte und/oder Dienstleistungen, die mit den aktuell und auch in absehbarer Zukunft bestehenden technologischen und ökonomischen Restriktionen nicht realisierbar erscheinen, ist in diesem Sinne wenig lohnend.
- Erreichbarkeit: Die identifizierten Segmente müssen mittels geeigneter Kommunikations- und Distributionsinstrumente erreichbar sein. Diese Erfordernis bedingt die Verfügbarkeit und Genauigkeit von Daten über die Segmentmitglieder (wie z. B. Mediennutzungsprofile, segmentspezifischer Distributionsgrad, etc.).
- Stabilität: Die Ableitung einer erfolgversprechenden Marktbearbeitungsstrategie bedingt, dass die ausgewählten Kundensegmente im Zeitablauf eine gewisse Stabilität aufweisen. Zumindest für die Zeitdauer von der Entwicklung und Implementierung einer Strategie bis

hin zur Realisierung der Resultate sollten die Marktsegmente weitestgehend stabil bleiben. Dieser Zeithorizont variiert über Branchen hinweg.

- Reaktionshomogenität: Die bearbeiteten Segmente sollten einzigartige Reaktionsmuster auf die vom Management gesetzten Marketinganstrengungen aufweisen. Diese Forderung ist vor allem bei der Verfolgung von differenzierten Marketingstrategien (z.B. bei Multimarkenstrategien) von entscheidender Bedeutung. In solchen Fällen genügt es nicht nur, wenn die Segmente auf Preisvariationen oder kommunikationspolitische Maßnahmen in gewünschter Weise reagieren. Die Verhaltensreaktionen sollten vielmehr in einem segmentspezifisch möglichst stark unterschiedlichen Ausmaß auftreten. Dies bedingt u.a. auch klar voneinander abgegrenzte Segmente, da ansonsten Preisdifferenzierungen nur schwer durchsetzbar sein werden. In der Markenpolitik wird die damit verbundene Vermeidung einer Kannibalisierung unter eigenen Marken auch als »Fencing« bezeichnet.
- Ansprechbarkeit: Schließlich sollte eine Segmentierung dem Management auch Hinweise liefern, wie (mit welchen Ressourcen) und mit welchen Marketinginstrumenten die einzelnen Segmente angesprochen werden können. Für die Auswahl der zu bearbeitenden Segmente ist es nicht nur wichtig zu wissen, dass diese auf die Marketingaktivitäten des Unternehmens in einer gewissen Weise reagieren. Aus Managementsicht sollte es vielmehr auch möglich sein, das zur Befriedigung segmentspezifischer Bedürfnisse benötigte Marketing-Mix auf Konsistenz mit den Unternehmenszielen und den vorhandenen Kernkompetenzen hin zu überprüfen.

Abbildung 63 zeigt eine zusammenfassende Beurteilung der oben besprochenen Gruppen von Segmentierungskriterien anhand der genannten Anforderungen an eine erfolgversprechende, effektive und profitable Marktsegmentierung. Es zeigt sich, dass die weniger aufwändig zu erhebenden, direkt beobachtbaren Kriterien hinsichtlich Identifizierbarkeit, Substanz, Stabilität und vor allen Dingen hinsichtlich Erreichbarkeit der generierten Segmente überlegen sind. Andererseits weisen vor allem generelle Kundenmerkmale wie geo-, demografische oder sozio-ökonomische Kriterien typischerweise schwere Defizite hinsichtlich der Reaktionshomogenität und Ansprechbarkeit der Segmente auf. Wie soeben festgehalten wurde, sind Letztere aber Eigenschaften, die gerade aus Marketing-Management-Perspektive unerlässlich sind. Vor allem produktspezifische, nicht direkt beobachtbare Indikatoren wie die *erwartete Nutzenstiftung* weisen diesbezüglich erhebliche Vorzüge auf.

Basis/Kriterium	**Identifizierbarkeit**	**Substanziell**	**Erreichbarkeit**	**Stabilität**	**Reaktionshomogenität**	**Ansprechbarkeit**
1) Generell, beobachtbar	++	++	++	++	–	–
2) Produktspezifisch, beobachtbar						
– kaufbezogen	+	++	–	+	–	+
– verwendungsbezogen	+	++	+	+	–	+
3) Generell, direkt nicht beobachtbar						
– Persönlichkeit	±	+	–	±	+	–
– Lifestyle	±	+	–	±	+	–
– Psychographics	±	+	–	±	+	–
4) Spezifisch, direkt nicht beobachtbar						
– Psychographics	±	+	–	–	++	±
– Wahrnehmungen	±	+	–	–	+	–
– Erwartete Nutzenstiftung	+	+	–	+	++	++
– Kauferwartungen	+	+	–	±	–	++

Legende: ++ sehr gut, + gut, ± moderat, – schlecht, – – sehr schlecht

Abbildung 63: Zusammenfassende Beurteilung von Segmentierungskriterien

Angesichts der mit den diversen Segmentierungskriterien verbundenen Vor- und Nachteile ist in der Marketingpraxis daher ein *mehrstufiger Ansatz* üblich. Wie bereits im Zusammenhang mit dem Segmentierungsprozess dargestellt, dienen dabei generelle und direkt beobachtbare Kundenmerkmale meist als Ausgangspunkt für eine erste Grobstrukturierung der Kundendatenbasis (Segmentierung erster Ordnung). Darauf aufbauend werden dann mithilfe von produktspezifischen abgeleiteten Merkmalen, wie z.B. Einstellungen, Präferenzen oder wahrgenommene Kundennutzenstiftung, verfeinerte Segmentierungsanalysen zweiter und höherer Ordnung durchgeführt. Diese Strategie liegt auch der nachfolgend skizzierten Einteilung verschiedener Segmentierungsansätze zugrunde.

Umsetzung

Eine Grobklassifikation von konkurrierenden Segmentierungsansätzen folgt nach der Unterscheidung, ob Kunden aufgrund eines generellen Sortierkriteriums vorweg in Gruppen eingeteilt werden oder bei Anwendung von indirekt messbaren Kriterien zunächst noch unbestimmt bleiben. Im ersten Fall spricht man von einer *A-Priori-Segmentierung*, die meist einer Segmentierung erster Ordnung entspricht. Im zweiten Fall handelt es sich um eine *A-Posteriori-Segmentierung*, die unabhängig von den letztlich gewählten Kriterien erst nach Durchführung einer entsprechenden Prozedur zur Gruppenbildung (häufig ist dies ein Verfahren der Cluster-Analyse) – also im Nachhinein, eben »a posteriori« – zur Verfügung steht.

Wie bereits bei der Diskussion verschiedener Segmentierungskriterien angemerkt wurde, sind die A-Posteriori-Segmentierungsansätze trivialen Sortierungen mittels genereller (z.B. demografischer oder sozio-ökonomischer) Kundenmerkmale hinsichtlich Verhaltensrelevanz und Ansprechbarkeit der resultierenden Segmente weitaus überlegen. In der Vergangenheit haben sich vor allem zwei Gruppen von Ansätzen etablieren können: die wahrnehmungs- und die reaktionsbasierten Ansätze.

Bei der *wahrnehmungsbasierten Marktsegmentierung* werden Einstellungen von Kunden gegenüber konkurrierenden Marken oder Markenimages aus Kundensicht als Basis für die Segmentierung herangezogen. Als zentrale und insbesondere auf Konsumgüter- und Dienstleistungsmärkten nicht unberechtigte Annahme gilt dabei, dass Einstellungen oder Images langfristig kaufverhaltenswirksam sind. Die wahrnehmungsbasierte Marktsegmentierung ist eine Domäne der verschiedensten Mapping-Techniken, allen voran sei etwa auf die bekanntesten Vertreter der so genannten Multidimensionalen Skalierung (MDS) sowie der Faktorenanalyse hingewiesen.

Abbildung 64 zeigt als Beispiel für einen solchen wahrnehmungsbasierten Segmentierungsansatz die Ergebnisse einer Positionierungsstudie für den Lebensmitteleinzelhandel (LEH) in Österreich. Die aus Konsumentensicht wahrgenommenen Positionen der miteinander konkurrierenden LEH-Konzepte wurden auf Basis von Beurteilungen einer Stichprobe von Konsumenten hinsichtlich der als Pfeile dargestellten Einzelmerkmale von LEH-Outlets abgeleitet.

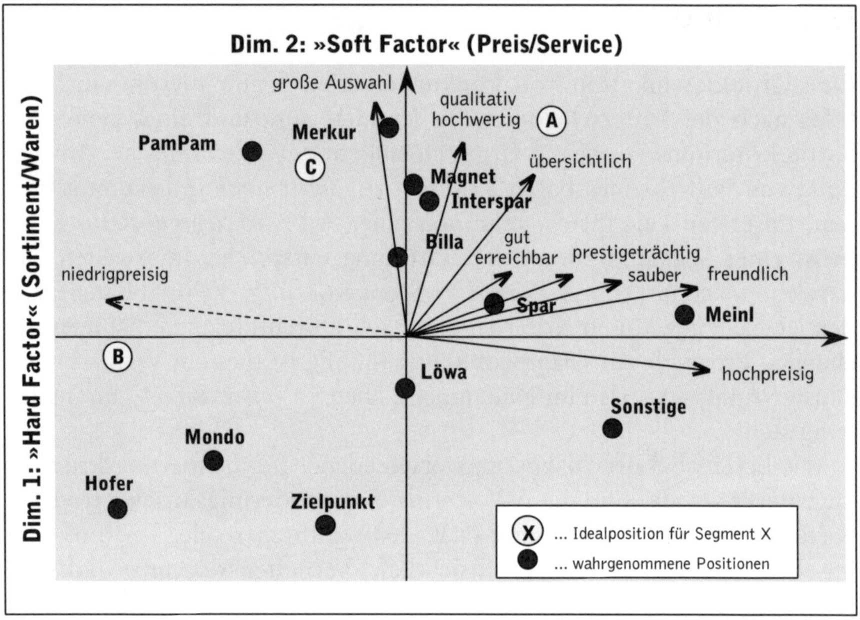

Abbildung 64: Beispiel für die Positionierung von Konkurrenten im österreichischen Lebensmitteleinzelhandel

Die relative Position der in Abbildung 64 als Mitglieder des *Segments A* ausgewiesenen Verbraucher macht deutlich, dass diese recht *anspruchsvolle Käufer* darstellen, da sie offensichtlich sowohl qualitativ hochwertige Waren, eine große Auswahl und Übersichtlichkeit im Verkaufsraum wünschen, dafür aber im Vergleich zu den anderen beiden Marktsegmenten auch bereit sind, etwas höhere Preise zu akzeptieren. Im Gegensatz zu den A-Kunden stellen *Segment-B-Kunden* geringere Ansprüche an die Convenience-Elemente von LEH-Outlets, fordern aber niedrigere Preisniveaus bei ebenfalls relativ hohen Standards hinsichtlich der Sortiments- bzw. Warensphäre. Schließlich sind die in *Segment C* vertretenen Verbraucher als primär *Discount-orientierte LEH-Kunden* mit starken Präferenzen zugunsten niedrigpreisig positionierter Outlets charakterisierbar.

Die relativen Distanzen der konkurrierenden LEH-Konzepte signalisieren das wahrgenommene Ausmaß an Konkurrenzbeziehungen zwischen den in der Studie berücksichtigten Outlet-Typen, während die

Distanzen zu den segmentspezifischen Idealpositionen Verbesserungspotenziale für die jeweilige Positionierungsstrategie aufzudecken imstande sind.

Obwohl im soeben skizzierten Beispiel zwar nur begrenzt zutreffend, haben wahrnehmungsbasierte Kundensegmentierungen mit dem Problem zu kämpfen, dass direkte Präferenzabfragen von Einzelattributen (meist als Präferenz-Ratings) zu illusorischen und kaum realisierbaren Vorstellungen über die Nutzenbeiträge einzelner Produktmerkmale führen können (wie beispielsweise hohe Qualität zu einem niedrigen Preis).

Reaktionsbasierte Segmentierungsansätze versuchen, dies zu vermeiden, indem Auskunftspersonen im Erhebungsinstrument zu expliziten Trade-off-Abwägungen zwischen konkurrierenden Produktmerkmalen gezwungen werden. Eine hierfür geeignete Methode ist das Conjoint-Measurement. Dabei kommt eine spezielle Befragungstechnik zum Einsatz, die es erlaubt, über die experimentelle Variation von Produkt- oder Markenattributen eine Folge von Kaufentscheidungssituationen möglichst realistisch zu simulieren. Die Auskunftspersonen äußern in solchen Experimenten ihre Präferenz für in den meisten Fällen zwar fiktive, aber doch weitestgehend realitätsgetreue Eigenschaftsbündel, die immer eine Entscheidung mit einer gewissen *Trade-off-Komponente* implizieren. Das bedeutet: A priori als eher »erwünscht« geltende Eigenschaften (wie z. B. hohe Produktqualität) werden mit »weniger erwünschten« Eigenschaften (z. B. hohes Preisniveau) zu Angebotsbündeln kombiniert.

Nach Vorliegen des kompletten Sets an Paarvergleichen für eine Stichprobe aktueller und/oder potenzieller Kunden können dann mittels Einsatz geeigneter Auswertungstechniken im Rahmen einer Conjoint-Analyse die *relativen Teilnutzenbeiträge* für jedes der im Design berücksichtigten Merkmale auf indirektem Wege abgeleitet werden. Diese Teilnutzenwerte können auf individuellem, auf aggregiertem oder unter Anwendung geeigneter Modellspezifikationen (z. B. mittels einer latenten Klassenregression) auch auf segmentspezifischem Niveau ermittelt werden. Die berechneten Teilnutzenwerte drücken den relativen Beitrag eines einzelnen Produktmerkmals zum Gesamtnutzen eines Leistungsbündels aus; bei Gültigkeit der Annahme rationalen (also nutzenmaximierenden) Verhaltens der Individuen ist ein höherer Gesamtnutzen wiederum gleichbedeutend mit einer höheren Akzeptanz- bzw. Wahlwahrscheinlichkeit zugunsten einer bestimmten Leistungskonfiguration.

Anders ausgedrückt können über die nicht preislichen Merkmale *Wertetreiber* identifiziert werden, die, mit der entsprechenden Preisforderung in Beziehung gesetzt, merkmalsspezifische *Preisbereitschaften* zum Ausdruck bringen. Diese Beziehungen zwischen Nutzentreibern und dem »Opfer«, das den Kunden mit einem bestimmten Preisniveau abverlangt wird, sind darüber hinaus imstande, unter Umständen noch ungenutzte Potenziale für Preiserhöhungen aufzudecken bzw. als wertvolle Argumentationshilfen in das Sales-Management Eingang zu finden.

Abschließend sei darauf hingewiesen, dass die beiden skizzierten Fälle einer wahrnehmungsbasierten und einer reaktionsbasierten Kundensegmentierung typische Anwendungsbeispiele für in der Marketingpraxis weit verbreitete Varianten der A-Posteriori-Segmentierung darstellen. Die hier nur kurz illustrierten Ergebnisse können als eine ideale Entscheidungshilfe für die Formulierung von zielgenauen und profitablen segmentspezifischen Marktbearbeitungsstrategien dienen. Im Vergleich zu den in weiten Teilen der Unternehmenspraxis nach wie vor gebräuchlichen trivialen Sortierungen von Kunden nach demografischen oder sozio-ökonomischen Kriterien verursachen diese natürlich einen höheren Erhebungs- und Analyseaufwand. Dieser wird aber erfahrungsgemäß durch die sich eröffnende Möglichkeit einer stark verbesserten Zielgruppenansprache bei weitem übertroffen. Für Unternehmen, die einem scharfen Branchenwettbewerb gegenüberstehen, sollte die Segmentierung von Märkten jedenfalls nicht bei Zielgruppendefinitionen nach dem Muster »Die Gruppe der 15- bis 45-Jährigen« stehen bleiben.

Instrumente des Produkt-Bundling

Während die neunziger Jahre durch Reengineering, Kostensenkungsstrategien und Prozessoptimierung geprägt waren, so gilt es heute, mithilfe von innovativen, am Kundenbedürfnis ausgerichteten Mehrwertangeboten Umsatzsteigerungen zu erzielen. Das Produkt- bzw. Innovationsmanagement spielt hierbei eine zentrale Rolle. Es hat die wichtige Aufgabe, neue Ideen zu marktreifen Produkten zu entwickeln, und liefert deshalb die Basis für Umsatzwachstum. Ein vielversprechender strategischer Ansatz für Unternehmen stellt hierbei das Bundling dar, d.h. das Bündeln von Produkten und Dienstleistungen zu einem Paket. Die geschickte Integration unterschiedlicher Komponenten zu einem »Bundle« bildet einen der interessantesten Ansätze zur Neupositionierung von Mehrproduktunternehmen. In der Praxis setzen deshalb zahlreiche Anbieter zunehmend auf diese Produktstrategie, wie die folgenden Beispiele zeigen:

- In der Computerindustrie werden seit Jahren Pakete angeboten. Als Beispiele sind Vobis mit seinen »Vobis Bundles« oder Microsoft mit den »Office-Paketen« zu nennen. Das Potenzial, das in der Produktbündelung steckt, lässt sich sehr gut an den Strategien von Microsoft verdeutlichen. Das Softwareunternehmen hat es durch geschickte Bündelung seiner Programme zu »Office-Paketen« verstanden, seine Vormachtstellung von der Textverarbeitung (Winword) auf die Tabellenkalkulation (Excel), die Grafik (Powerpoint) und die Datenbank (Access) auszudehnen. Auf diese Weise hat es das Unternehmen geschafft, mit über 80 Prozent Marktanteil eine quasi monopolartige Stellung bei den Office-Paketen zu erreichen.
- In der Bankenbranche werden zunehmend Bundles eingesetzt. So offeriert die Hamburgische Sparkasse verschiedene »Joker«-Pakete, in

denen rund um das Girokonto Zusatzleistungen wie Reise-Service oder Schlüsseldienste angeboten werden.
- Im Zuge der aktuellen Renaissance des Allfinanz-Gedankens werden Bündel von Bank- und Versicherungsleistungen sehr stark an Bedeutung gewinnen.
- Telekommunikatonsanbieter wie T-Online gehen verstärkt dazu über, Übertragungsleistung und Content zu koppeln.

Bei richtiger Umsetzung verspricht die Produktbündelung zahlreiche Vorteile für den Anbieter, etwa ein besseres Cross-Selling oder Kostensynergien, die im Folgenden näher darstellt werden.

Definition und Zielsetzung

Bundling liegt dann vor, wenn ein Anbieter mehrere (mindestens zwei) heterogene Produkte – dies können Sachgüter und/oder Dienstleistungen sein – zu einem Bündel (Paket) zusammenfasst und für dieses einen Gesamtpreis (Bündelpreis) verlangt, der in der Regel niedriger ist als die Summe der Einzelpreise. Im Folgenden werden die Ziele vorgestellt, die der Anbieter – bei richtiger Umsetzung – mithilfe der Produktbündelung realisieren kann.

- *Gewinnsteigerung durch besseres Abschöpfen der Preisbereitschaften*: Durch Bundling wird ungenutzte Preisbereitschaft von einem Produkt auf ein anderes übertragen. Ein einfaches Praxisbeispiel aus dem Bankenbereich soll dies verdeutlichen. Eine Bank wollte ihr Girokonto um weitere Dienstleistungen wie Online-Banking und Kreditkarte erweitern. Zu entscheiden war über den Preis dieser Zusatzleistungen. Mittels einer nutzenbasierten Cluster-Analyse wurden vier etwa gleich große Segmente identifiziert. Die ermittelten Zahlungsbereitschaften (auch Maximalpreise genannt) sind in Tabelle 65 dargestellt. Während für Segment 1 das Online-Banking einen großen Nutzen hat, stiftet die Kreditkarte Segment 4 einen hohen Nutzen. Bei Einzelpreisstellung betragen die optimalen monatlichen Preise 4 Euro für das Online-Banking bzw. 6,5 Euro für die goldene Kreditkarte.

  Bei diesen Preisen kaufen jeweils zwei Segmente, sodass sich der monatliche Umsatz bzw. – bei vernachlässigbaren Kosten – der Gewinn auf 21 Euro beläuft. Beim Bundling ist der optimale Bündelpreis 7,5 Euro pro Monat. Bei diesem Preis kaufen alle vier Segmente, und der monatliche Umsatz bzw. Gewinn beträgt 30 Euro – eine Gewinnsteigerung gegenüber der Einzelpreisstellung von 42 Prozent, und das, obwohl der optimale Bündelpreis (7,5 Euro) um 28 Prozent günstiger ist als die Summe der optimalen Einzelpreise (10,5 Euro). Doch Bundling ist nicht immer gewinnoptimal. Entscheidend ist die Kenntnis über die Verteilung der Zahlungsbereitschaften, die Größe der jeweiligen Segmente sowie über die Kosten.

Kunden-segment	**Online-Banking (Maximalpreis in Euro pro Monat)**	**Goldene Kreditkarte (Maximalpreis in Euro pro Monat)**	**Bundle (Online-Banking plus Kreditkarte; Maximalpreis in Euro pro Monat)**
1	5	2,5	7,5
2	4	4	8
3	2,5	6,5	9
4	1,5	6,5	8

Abbildung 65: Maximalpreise für Online-Banking und Kreditkarte

- *Gewinnsteigerung durch Mehrabsatz und Cross-Selling*: Wie oben verdeutlicht, führt Bundling zu höherem Cross-Selling und damit zu Absatzsteigerungen. Anstelle von vier Serviceeinheiten werden acht Einheiten abgesetzt. Dies liegt daran, dass der optimale Bündelpreis geringer ist als die Summe der Einzelpreise (7,5 vs. 10,5 Euro). Ein sehr gutes Praxisbeispiel für erfolgreiches Cross-Selling mittels Bundling liefert Microsoft. Dies war das wichtigste Erfolgselement der Microsoft-Strategie.
- *Vermeiden der Preisfalle*: Durch Bundling gelingt es dem Anbieter, sich der Preisvergleichbarkeit zu entziehen, da er verstärkt als Problemlöser und Systemanbieter auftritt. Der Wettbewerb verlagert sich von der Einzelprodukt- auf die Systemebene, wodurch die Anzahl der Wettbewerber reduziert wird. Ein gutes Beispiel ist Lufthansa, das mit der Einführung von Miles & More den Wettbewerb von der Einzelstrecke auf die Verbundebene verlagert hat.
- *Reduktion der Kosten*: Bundling reduziert die Produktions- und Komplexitätskosten. Der Anbieter realisiert Synergieeffekte, die er in Form

von Preisnachlässen an die Kunden weitergeben kann. So verringerte beispielsweise der Automobilhersteller Chrysler in den achtziger Jahren durch Bundling die Anzahl der Kombinationsmöglichkeiten von Sonderausstattungskomponenten für seine Modelle Dodge Omni und Plymouth Horizon von über acht Millionen auf lediglich 42. Die damit verbundenen Einsparungen in der Produktion ermöglichten einen Preisnachlass auf die jeweiligen Modelle von circa 10 Prozent. Dies führte zu einer Erschließung neuer Segmente sowie beachtlichen Umsatz- und Gewinnsteigerungen.

- *Kundenvorteile*: Bundling hat aus Kundensicht zahlreiche Vorteile. Die Kunden erhalten bequem alles aus einer Hand, und das zu einem günstigeren Preis. Dies führt zu einer Steigerung der Kundenzufriedenheit und einer höheren Kundenbindung.

Die angeführten Vorteile des Bundling erlauben erfahrungsgemäß Ertragssteigerungen von ca. 15 bis 30 Prozent.

Darstellung

Das Vorgehen zur Entwicklung von Bundling-Angeboten lässt sich in sechs Phasen darstellen.

In der ersten Phase sollte man die Unternehmensstrategie und die Zielpositionierung definieren. Immer mehr Anbieter sehen dabei in der geschickten Zusammenfassung unterschiedlicher Geschäfte zu einem Paket einen strategischen Ansatz zur Neupositionierung ihres Unternehmens (etwa als Problemlöser). Aktuelle Beispiele sind Multi-Utility in der Energieversorgungsbranche, d. h. das Bündeln von Strom, Erdgas, Wasser, Entsorgung und Services, und Allfinanz bei Finanzdienstleistungen, d. h. die Integration finanzieller Teilmärkte wie Versicherung, Bank und Baufinanzierung. Die Fusion zwischen Allianz und Dresdner Bank verdeutlicht wohl am konsequentesten den Weg zur Umsetzung dieser Allfinanz-Strategie, die Prof. Dr. Bernd Fahrholz, stellvertretender Vorstandsvorsitzender des Allianz-Konzerns, wie folgt formuliert: »Mit dem Zusammenschluss von Allianz und Dresdner Bank werden wir in den Zukunftsmärkten »Vermögensverwaltung« und »Altersvorsorge« als Gesamtanbieter von Versicherungs-, Vermögens- und Bankprodukten agieren.«

Auf Basis der Zielpositionierung und der strategischen Ziele sollte der Anbieter dann die Ziele des Bundling definieren. Eine Bank hat z. B. auf Basis ihrer Positionierung das Ziel, die profitablen Kunden stärker an sich zu binden. Das Bundling von verschiedenen Leistungen (wie Bank- und Versicherungsleistungen) kann hierbei ein Instrument zum Erreichen dieses Zieles sein. Konkret möchte der Anbieter mithilfe des Bundling im Firmenkundengeschäft das Cross-Selling erhöhen, die Wechselrate reduzieren und sich als Problemlöser positionieren. Wichtig ist, dass der Anbieter seine Bundling-Strategie auf klar messbare Zielgrößen für das betrachtete Segment herunterbricht. Denn nur so lässt sich der Erfolg des Bundling messen. Die zweite Phase endet mit einer Klärung der Rahmenbedingungen für das Bundling. Hierbei sind insbesondere zwei Aspekte zu beachten: die Festlegung der Bundlingtypologie (z. B. reine Bankleistungen; Bank- und Versicherungsleistungen oder Bank- und Zusatzleistungen) sowie die Auswahl des relevanten Segmentes (Privat- vs. Firmenkunden). Das Interesse an Bundling-Angeboten unterscheidet sich stark je nach Kundensegment. Erfahrungsgemäß ist zum Beispiel das Interesse an Bundling-Angeboten bei Privatkunden (Retail-, Private-Banking- und Onlinekunden) sehr hoch, während es bei den so genannten Key-Accounts eher niedrig ist. Bei der Auswahl der Segmente sollte der Anbieter neben dem Interesse an Bundling-Angeboten noch weitere Bewertungskriterien, wie etwa Umsatz- und Ertragspotenzial oder Segmentgröße heranziehen.

Hat der Anbieter die Rahmenbedingungen geklärt, so müssen in den nächsten beiden Phasen die geeigneten Produkte ausgewählt und das gewinnoptimale Bundling-Angebot ermittelt werden. Die Auswahl und Bewertung der Produkte erfolgt in mehreren Schritten. Zunächst sollte eine Liste potenzieller Leistungen mittels verschiedener Techniken wie Brainstorming oder Wettbewerbsanalyse erstellt werden. Eine solche Sammlung reduziert der Anbieter, indem er die aus Kundensicht wichtigen Komponenten grob bewertet. Dazu behilft man sich erster explorativer Kundengespräche oder Workshops mit Kunden (Fokusgruppen) wie auch Mitarbeitern. Ein fundiertes Bundling erfordert die Kenntnis der kundenspezifischen Präferenzen und Zahlungsbereitschaften sowohl für die Einzelkomponenten als auch für die in Betracht gezogenen Bündel. Deshalb ist es erforderlich, in einem nächsten Schritt die Kunden eingehender zu befragen. Für die Ermittlung dieser Größen kommen mehrere Verfahren infrage. Eine sehr zuverlässige und valide Methode ist das Conjoint-Measurement. Hierbei sind Bündel in die Vergleiche einzubeziehen, und die Zahlungsbereitschaften werden indirekt berechnet. Eine Restriktion bildet die Komplexitätsbewältigung durch die befragten Kunden. In jedem Falle ist es notwendig, die Zahl zu überprüfender Bündel klein zu halten. Auf Basis der erhobenen Informationen (beispielsweise Präferenzen, Zahlungsbereitschaften oder Segmentgrößen) und der Kosten werden dann mithilfe der mathematischen Programmierung die optimalen Bundling-Angebote ermittelt. Empirische Studien haben gezeigt, dass ein gemischtes Bundling, bei dem neben dem Paket die Leistungen auch einzeln erworben werden können, unter Gewinnoptimierungsaspekten sinnvoller ist als das reine Bundling, bei dem man die Leistungen nur im Paket offeriert. Dieses birgt die Gefahr, dass manche Kunden gar nicht gewonnen werden können, da sie an bestimmten Bündelelementen nicht interessiert sind.

In den letzten beiden Phasen muss der Anbieter die Marketing-Mix-Variablen (Preis, Produkt, Vertrieb und Kommunikation) ausgestalten, das Bundling-Konzept umsetzen sowie den Erfolg der Bundles mithilfe vorab definierter Kennzahlen kontinuierlich messen. Bei der Ausgestaltung des Marketing-Mix sollte der Anbieter folgende Aspekte berücksichtigen:

- Produkt: Welche Produkte dürfen gebündelt werden? Gibt es juristische, organisatorische oder sonstige Gründe, die eine Umsetzung bestimmter Produktpakete verhindern?
- Preis: Wie müssen die Preise gestaltet und letztlich kommuniziert werden (z.B. Rabatt auf Gesamtpreis vs. Rabatt auf Komponente)? Wie sollten die Preisvorteile des Bundling-Angebotes an den Kunden weitergegeben werden (z. B. direkte Preisnachlässe, höhere Leistungen, Sachwerte)?
- Kommunikation/Marke: Unter welcher Marke/Submarke sollte der Anbieter das Bundling-Angebot offerieren? Diese Frage ist relevant, wenn verschiedene Unternehmen gemeinsam ein Paket anbieten. Wie können die Vorteile des Bundles effektiv kommuniziert werden?
- Vertrieb: Wie teilt sich der Rabatt auf die verschiedenen Sparten/ Einzelprodukte auf? Wie sollte die Grundstruktur der Incentivierung für den Vertrieb ausgestaltet werden?

Umsetzung

Dass Bundling trotz der oben aufgezeigten Vorteile gelegentlich scheitert, liegt unserer Erfahrung nach meist an folgenden Faktoren:

1. *Fehlen einer validen Datenbasis* (Zahlungsbereitschaften, Kosten, Segmentgrößen). Es wird einfach falsch gebündelt und gepreist, da die Kundenbedürfnisse zu wenig berücksichtigt werden.
2. *Fehlendes Know-how zur Steuerung des komplexen Bundling-Prozesses* (etwa Auswahl der Produkte und rechtliche Prüfung, Ermittlung der Zahlungsbereitschaften und Segmentgrößen, Simulation und Optimierung der relevanten Kombinationen).
3. *Fehlende oder falsche Incentivierung des Vertriebs* zum Cross-Selling weiterer Produkte. Deshalb bedarf es eines geeigneten Incentive-Systems für die Vertriebsmitarbeiter. Haben sich diese auf einzelne Produkte spezialisiert, so besteht für sie nur ein geringer Anreiz, Bündel zu verkaufen.
4. *Fehlen eines umfassenden Know-how des Vertriebspersonals* hinsichtlich aller im Paket vertretenen Produkte. Dies ist insbesondere bei Allfinanzangeboten schwierig, da Versicherungs- und Bankdienstleistungen sehr verschieden sind. Deshalb sind ein Know-how-Transfer und eine umfassende Qualifizierung der Mitarbeiter notwendig, um die Pakete erfolgreich verkaufen zu können.
5. *Unterschiede in der Unternehmenskultur*. Dies trifft zu, wenn verschiedene Geschäftssparten integriert werden. Aktuelle Beispiele sind Multi-Utility in der Energieversorgungsbranche und Allfinanz bei Finanzdienstleistungen. Hierdurch entsteht zugleich die Aufgabe, unterschiedliche Kulturen zu vereinen: So müssen bei der Integration von Versicherungen und Banken traditionell gewachsene Vergütungssysteme (Gehälter vs. Abschlussprovisionen) zusammengeführt werden. Diese sind wiederum oftmals Ausdruck unterschiedlicher Unternehmenskulturen: Hard Selling des Versicherungsverkäufers vs. Relationship-Banking des Bankangestellten. Hier liegt eine Quelle vielfältiger Zusammenschlussprobleme.
6. *Unterschätzung der organisatorischen Umsetzungsaspekte*. Bundling-Angebote bestehen häufig aus Produkten, die verschiedenen Profit-Centern im Unternehmen zugeordnet sind. Da der Paketpreis in der Regel unter der Summe der Einzelpreise liegt, muss diese Differenz von mehreren Profit-Centern getragen werden. Über die Auf-

teilung entstehen bei einer derartigen Organisationsstruktur häufig Konflikte. Man muss daher zunächst eine geeignete Struktur schaffen, um zu verhindern, dass die Bündelstrategie in der Praxis an solchen Problemen scheitert. Um dies zu umgehen, eignet sich beispielsweise eine Organisation nach Kundengruppen.

7. *Unterschätzung der technologischen Aspekte.* Hier sollte im Vorfeld geprüft werden, ob die hinter den einzelnen Produkten stehenden IT-Systeme zueinander kompatibel sind bzw. wie die Schnittstellen zwischen den Systemen gemanagt werden können.

Nur wenn diese Erfolgsfaktoren in der Umsetzung beachtet werden, realisiert der Anbieter die obigen Vorteile des Bundling. Abbildung 66 verdeutlicht dies anhand zahlreicher Praxisbeispiele. Die dort erzielten Profitsteigerungen durch Bundling gegenüber der Einzelproduktstrategie sind enorm und liegen zwischen 8 und 45 Prozent.

Anwendungen	**Anzahl der Bundle-komponenten**	**Profitsteigerung gegenüber Einzel-preisstrategie**	**Optimaler Preis-nachlass***
Software-Paket	4	45%	21%
Wartungs-Paket	2	20%	16%
Computer-Paket	3	8%	6%
Saisonticket	10	32%	62%
Sonderausstattung bei Autos	5	33%	30%
Sonderausstattung bei Autos	2	20%	21%
Saisonticket	6	28%	33%
Sonderausstattung bei Autos	3	17%	24%
Fast-Food-Menü	3	10%	7%

* Gegenüber Summe der Einzelpreise

Abbildung 66: Praxisbeispiele für erfolgreiches Bundling

Zusammenfassend lassen sich folgende Managementempfehlungen ableiten:

1. Durch Bundling kann der Anbieter erhebliche Profitsteigerungen (Abbildung 66) erzielen. Gründe hierfür sind die verbesserte Abschöpfung von Zahlungsbereitschaften durch Marktsegmentierung, die Nutzung des Cross-Selling-Potenzials, das Umgehen der Preisfalle durch Fokussierung auf Wert- statt auf Preisargumente sowie die Nutzung von Synergieeffekten bei Verwaltung und Vertrieb bzw. die Einsparung von Distributions- und Kommunikationskosten.
2. Der Anbieter sollte die aus Kundensicht attraktiven Komponenten (Zugpferde) mit weniger attraktiven Komponenten bündeln. Hierbei ist anzuraten, die Auswahl der Bündelprodukte durch fundierte Analysen zu validieren (Workshops, Fokusgruppen, Conjoint-Measurement).
3. Die Höhe des optimalen Rabattes auf das Bundling-Angebot hängt von der Anzahl der Bündelkomponenten und von der Zahlungsbereitschaft der Kunden ab. Das optimale Angebot kann erst auf Basis der Verteilung der kundenspezifischen Zahlungsbereitschaften – unter Berücksichtigung der Kosten – ermittelt werden. Die Optimierung ist komplex.
4. Der Anbieter sollte die gemischte Preisbündelung anwenden, d.h. sowohl Einzelprodukte als auch das Bündel anbieten, da sich dadurch im Regelfall ein höherer Profit erreichen lässt. Außerdem können rechtliche Probleme durch diese Art des Bundling vermieden werden.
5. Bundling-Angebote sollten geprüft werden, ob sie juristisch einwandfrei sind.
6. Der Anbieter sollte die zahlreichen Umsetzungsaspekte (Kultur, Prozesse, Organisation, Technologie, Mitarbeiter, Vertrieb) ausreichend berücksichtigen und auf keinen Fall unterschätzen.

Instrumente des Pricing

Der Preis eines Produktes ist der Geldbetrag, den der Käufer eines Produktes an den Verkäufer entrichtet. Da in der Regel eine Wahlmöglichkeit zwischen mehreren konkurrierenden Produktangeboten besteht, hat der Preis zusammen mit den Qualitätsmerkmalen der Produkte einen wesentlichen Einfluss darauf, für welches Produkt sich der Käufer entscheidet. Darüber hinaus bestimmt der Preis nach Abzug der variablen Kosten, welcher Deckungsbeitrag pro verkaufter Mengeneinheit des Produktes erzielt wird. Der Preis wirkt sich also sowohl auf den Absatz als auch auf den Deckungsbeitrag eines Produktes aus. Der Preisgestaltung kommt daher eine zentrale Bedeutung für den Unternehmenserfolg zu.

Definition und Zielsetzung

Unter *Pricing* wird im Folgenden die Gestaltung des Preises eines Produktes verstanden. Dies schließt nicht nur die Festlegung des anfänglichen Preises eines neuen Produktes, sondern auch eventuelle Preisanpassungen im Laufe des Produktlebenszyklus ein.

Unmittelbare Zielsetzung des Pricing ist die Erreichung bestimmter Zielgrößen von Marktanteil, Absatz, Umsatz oder Deckungsbeitrag eines Produktes. Zwischen diesen Zielgrößen kann ein Zielkonflikt bestehen, d. h. nicht alle Größen lassen sich gleichzeitig maximieren. In vielen Fällen ist es empfehlenswert, die Maximierung des produktbezogenen Deckungsbeitrages anzustreben. Über die unmittelbaren finanziellen Ziele hinaus kann die Preisgestaltung auch zur kommunikativen Positionierung eines Produktes eingesetzt werden. Je weniger die Qualität eines

Produktes durch einen Käufer unmittelbar beurteilt werden kann, umso mehr kann z. B. durch einen hohen Preis verdeutlicht werden, dass es sich um ein Produkt von hoher Qualität und Leistungsfähigkeit handelt.

Darstellung

Das Fundament der Preisgestaltung bildet die Preis-Absatz-Funktion (siehe Abbildung 67). Diese gibt den Zusammenhang wieder, der zwischen dem Preis und der (innerhalb einer Periode) abgesetzten Menge des Produktes besteht. In aller Regel sinkt der Absatz mit zunehmendem Preis, da immer weniger Käufer bereit sind, den gegebenen Preis für das Produkt zu zahlen. Sie reduzieren daher bei zunehmendem Preis entweder die Anzahl der gekauften Einheiten oder kaufen das Produkt gar nicht mehr. Ausnahmen hiervon sind nur dann denkbar, wenn der Preis einen Einfluss auf die Wahrnehmung der Produktqualität hat. So kann z. B. das Unterschreiten einer bestimmten Preisschwelle beim Käufer Zweifel an der Produktqualität hervorrufen. In diesem Ausnahmefall sinkt der Absatz mit abnehmendem Preis. In der Regel sinkt jedoch der Absatz mit zunehmendem Preis, während andererseits die Differenz zwischen Preis und variablen Kosten, d. h. der Deckungsbeitrag pro verkaufter Mengeneinheit des Produktes zunimmt. Der durch den Verkauf des Produktes erzielte Deckungsbeitrag ergibt sich als das Produkt aus Absatzmenge und Deckungsbeitrag pro Mengeneinheit und entspricht der rechteckigen Fläche in Abbildung 67 (a). Anhand der Preis-Absatz-Funktion kann der Produktpreis so festgelegt werden, dass der Deckungsbeitrag des Produktes maximiert wird.

Bei der obigen Überlegung wurde vorausgesetzt, dass allen Nachfragern das Produkt zu einem einheitlichen Preis angeboten wird. Dies führt auf der einen Seite dazu, dass einige Kunden das Produkt nicht kaufen, weil der Preis oberhalb ihrer Zahlungsbereitschaft liegt. Andererseits zahlen die meisten Käufer des Produktes einen Preis, der unterhalb ihrer Zahlungsbereitschaft liegt. Könnte dagegen jedem Kunden das Produkt genau zu dem Preis verkauft werden, der seiner Zahlungsbereitschaft entspricht, würde ein Deckungsbeitrag erzielt, der der dreieckigen Fläche in Abbildung 67 (c) entspricht. Dieser theoretische Maximaldeckungsbeitrag soll im Folgenden als das Gewinnpotenzial des Produktes bezeichnet werden. Abbildung 67 zeigt, dass das Gewinnpo-

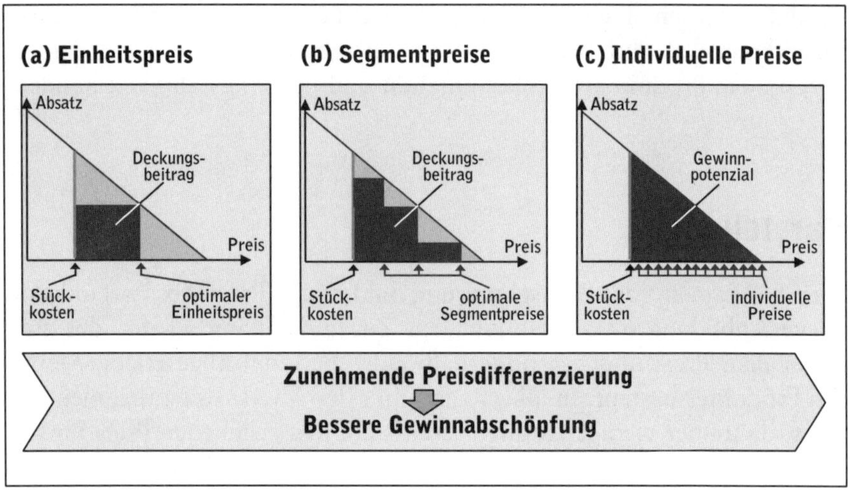

Abbildung 67: Gewinnabschöpfung durch Preisdifferenzierung

tenzial wesentlich höher ist als der maximale Deckungsbeitrag, der bei einem einheitlichen Preis erzielt werden kann. Durch einen einheitlichen Preis wird also Gewinnpotenzial »verschenkt«.

Ein besseres Abschöpfen des Gewinnpotenzials lässt sich dadurch erreichen, dass das Produkt nicht an alle Kunden zum selben Preis verkauft wird, sondern dass der Preis zwischen verschiedenen Kunden entsprechend ihrer Zahlungsbereitschaft differenziert wird. Die grundsätzliche Pricing-Strategie zur Erreichung von Gewinnsteigerungen besteht also in der Preisdifferenzierung. Hierfür stehen verschiedene Instrumente zur Verfügung, die im Folgenden vorgestellt und an Praxisbeispielen erläutert werden.

Kundenspezifisches Pricing

Das theoretisch maximale Gewinnpotenzial wird also dann voll ausgeschöpft, wenn jeder Kunden genau den Preis zahlt, der seiner maximalen Zahlungsbereitschaft für das Produkt entspricht. Eine solche kundenspezifische Preisgestaltung lässt sich allerdings nur dann in die Praxis umsetzen, wenn es beim Kauf zu einer direkten Interaktion mit dem Kunden kommt, die Zeit für individuelle Preisverhandlungen bietet. Der mit den Preisverhandlungen verbundene Personalaufwand muss sich darüber hinaus lohnen, was eine bestimmte Mindesthöhe des Produktwertes voraussetzt. Schließlich darf es zwischen den verschiedenen Kunden nicht zu einem Informationsaustausch über die Höhe des erzielten Preises kommen, da sonst jeder Kunden mit Verweis auf einen anderen Kunden den niedrigstmöglichen Preis fordern wird.

Aus diesen Gründen kommt ein kundenspezifisches Pricing vor allem im Business-to-Business-Geschäft zum Einsatz, und dort vor allem beim Verkauf an wenige Schlüsselkunden, die einen Großteil des Umsatzes ausmachen. Ein typisches Beispiel ist der Verkauf von Maschinen, die der Käufer in seinem Produktionsprozess einsetzt. Je nach Branche geht es hier um Kaufpreise im sechs- bis achtstelligen Euro-Bereich, über die mehrere Tage, Wochen oder Monate lang verhandelt wird. Bei den Kunden handelt es sich zumeist um eine überschaubare Zahl von Unternehmen, die untereinander in Konkurrenz stehen, sodass ein Informationsaustausch über Einkaufspreise unwahrscheinlich ist. Entscheidend für den Erfolg eines kundenspezifischen Pricing ist die möglichst treffende Einschätzung der Zahlungsbereitschaften der jeweiligen Kunden. Dies ist zum einen eine Frage des Verhandlungsgeschicks des einzelnen Verkäufers. Zum anderen sollten Informationen über die in früheren Transaktionen mit dem Kunden erzielten Preise systematisch zusammengetragen werden, um daraus eine allgemeine Einschätzung seiner Preissensitivität abzuleiten.

In Situationen, in denen eine kundenspezifische Preisgestaltung nicht möglich oder zu aufwändig ist, kann eine Preisdifferenzierung lediglich zwischen verschiedenen Kundensegmenten erfolgen (Abbildung 67 (b)). Die im Folgenden beschriebenen Instrumente der Preisdifferenzierung unterscheiden sich in der Art und Weise, in der die Kunden in verschiedene Segmente unterteilt werden.

Gruppenspezifisches Pricing

Beim gruppenspezifischen Pricing werden Kundengruppen anhand von eindeutig feststellbaren Merkmalen oder Verhaltensweisen identifiziert, die mit der Zahlungsbereitschaft in Verbindung stehen. So wird z. B. das geringere Einkommen von Senioren oder Studenten durch spezielle Vergünstigungen bei Zugtickets, Kino- und Theaterkarten oder touristischen Attraktionen berücksichtigt. Bei Zug- oder Flugtickets gelten für Touristen oft günstigere Preise als für Berufstätige. Die Unterscheidung erfolgt hier anhand der Frage, ob der Reisezeitraum einen Samstag umfasst, was bei Geschäftsreisen normalerweise nicht der Fall ist. Für die praktische Umsetzbarkeit eines gruppenspezifischen Pricing ist entscheidend, dass sich die jeweiligen Kundengruppen mit geringem Aufwand eindeutig identifizieren lassen. Um den Erfolg eines gruppenspezifischen Pricing sicherzustellen, muss außerdem darauf geachtet werden, dass die verkauften Produkte personengebunden sind. Nur so kann vermieden werden, dass einzelne Personen aus einer begünstigten Gruppe die Produkte günstig erwerben und dann an Kunden aus anderen Gruppen weiterverkaufen. Bei Tickets jeglicher Art kann eine Personenbindung dadurch erreicht werden, dass eine Personenkontrolle nicht nur beim Verkauf, sondern auch zum Zeitpunkt der Nutzung stattfindet. Im Allgemeinen eignet sich ein gruppenspezifisches Pricing eher für personengebundene Dienstleistungen als für handelbare physische Produkte.

Internationale Preisdifferenzierung

Bei international vertriebenen Produkten können Preise auch zwischen verschiedenen Ländern differenziert werden, um unterschiedlichen Pro-Kopf-Einkommen oder Währungsstärken der Länder Rechnung zu tragen. Von dieser Möglichkeit wird in der Praxis häufig Gebrauch gemacht. So sind bestimmte Medikamente in Deutschland oder den Niederlanden etwa dreimal so teuer wie in Griechenland oder Spanien. Die Unterschiede in den Preisen von neuen Pkws betragen zwischen den Ländern der EU zwischen 15 und 50 Prozent. Große internationale Preisdifferenzen bestehen auch bei zahlreichen anderen Konsumgütern (z. B. Unterhaltungselektronik), Dienstleistungen (z. B. Mietwagen) oder Investitionsgütern (z. B. Maschinen zur Herstellung elektronischer Bauteile). Eine internationale Preisdifferenzierung ist grundsätzlich leicht umzusetzen, da die einzelnen Ländermärkte räumlich voneinander getrennt sind und oft durch verschiedene Währungen eine Intransparenz geschaffen wird, die die Preisunterschiede verschleiert.

Der internationalen Preisdifferenzierung sind jedoch mitunter rechtliche Grenzen gesetzt. So hat z. B. die Europäische Kommission gegen einige Hersteller von Pkws rechtliche Schritte eingeleitet, weil hohe Preisunterschiede von Neuwagen der entsprechenden Marken innerhalb der EU gegen EU-Recht verstoßen. Die EU-Kommission empfiehlt eine Schwankungsbreite der Preise von weniger als 12 Prozent. Einige Hersteller haben als Reaktion darauf sowie als Vorbereitung auf den Euro, der für mehr Preistransparenz sorgt, bereits die Preisdifferenzen innerhalb der EU reduziert. Porsche hat im Herbst 1999 die europäischen Preise vereinheitlicht, und die neue BMW-7er-Reihe wird ebenfalls zu einem europäischen Einheitspreis angeboten.

Im Falle physischer Produkte stellt der internationale Handel eine weitere Einschränkung der Möglichkeit internationaler Preisdifferenzierung dar. Ab einer bestimmten Höhe der internationalen Preisdifferenz wird es für einen Händler lohnend, das Produkt in den Ländern mit niedrigem Preis zu kaufen und in den Ländern mit hohem Preis, immer noch mit einem Preisabschlag im Vergleich zu den dortigen Preisen des Herstellers, zu verkaufen. Solche Parallelimporte oder Grauimporte sind tatsächlich z. B. bei Medikamenten oder Pkws zu beobachten. Ein Hersteller kann die nachteiligen Wirkungen von Parallelimporten in vertretbaren Grenzen halten, indem er seine Länderpreise innerhalb eines bestimmten, nicht zu breiten internationalen Preiskorridors setzt. Die gewinnoptimale Lage und Breite eines solchen Preiskorridors kann mithilfe spezieller Simulationsmodelle berechnet werden.

Multi-Kanal-Pricing

Beim Multi-Kanal-Pricing werden Kundensegmente danach unterschieden, über welchen Vertriebskanal sie das Produkt kaufen. Eine Preisdifferenzierung, die sich am Vertriebskanal orientiert, ist dann sinnvoll, wenn sich die Zahlungsbereitschaften der Kunden je nach Vertriebskanal unterscheiden. Dies ist in der Tat häufig der Fall. So sind z. B. Internet-Nutzer tendenziell eher preisbewusste »Schnäppchenjäger«. Fluggesellschaften offerieren dementsprechend auf ihren Websites häufig Flugtickets zu deutlich günstigeren Preisen als in ihren eigenen Verkaufsbüros oder in sonstigen Reisebüros. Einige Energieversorger bieten Kunden, die einen Stromliefervertrag per Internet abschließen, Vergünstigungen in Form von Stromfreimengen oder Startguthaben auf dem Abrechnungskonto an. Noch höhere Preisdifferenzen zwischen verschiedenen Vertriebskanälen finden sich bei Lebensmitteln. So unterscheidet sich der Preis für eine 0,33-Liter-Dose eines Erfrischungsgetränkes zwischen verschiedenen Verkaufsstellen (z. B. Supermarkt, Getränkeautomat, Tankstelle, Flughafen), bezogen auf den niedrigsten Preis, um bis zu 250 Prozent. Dies spiegelt die Tatsache wider, dass sich die Käufer in den jeweiligen Vertriebskanälen in ganz verschiedenen Kaufsituationen im Hinblick auf zeitliche Dringlichkeit des Konsumbedürfnisses und die Anzahl der konkurrierenden Produkte befinden. Dementsprechend unterscheidet sich auch ihre Zahlungsbereitschaft. Allgemein ist das Instrument des Multi-Kanal-Pricing vor allem für kurzlebige Konsumgüter geeignet, da hier die Kaufentscheidung aus dem Augenblick heraus oder innerhalb kurzer Zeit gefällt wird. Wird hingegen die Kaufentscheidung über längere Zeit vorbereitet, ist die Wahrscheinlichkeit groß, dass der Kunde mehrere Vertriebskanäle zur Information nutzt und sich dann den günstigsten Preis heraussucht.

Zeitliche Preisdifferenzierung

Eine zeitliche Differenzierung von Preisen ist dann zweckmäßig, wenn die Nachfrage nach einem Produkt stark von der Zeit abhängt. Dies ist vor allem bei Produkten der Fall, deren Verbrauch an bestimmte Zeiten gebunden ist und die nicht gespeichert werden können. Typischerweise handelt es sich also eher um Dienstleistungen als um physische Produkte. So ist z. B. die Nachfrage nach Elektrizität, Telekommunikation und Restaurantspeisen stark von der Tageszeit abhängig. Der Bedarf an Hotelzimmern in nicht touristischen Städten ist an Werktagen deutlich höher als am Wochenende. Bei Unterkünften in Naherholungsgebieten verhält es sich genau umgekehrt. Saisonale Schwankungen der Nachfrage sind z. B. bei Hotels in Feriengebieten sowie den Reisen zu den entsprechenden Orten zu beobachten.

In solchen Fällen lassen sich die unterschiedlichen Zahlungsbereitschaften der Kunden mithilfe zeitlich gestaffelter Preise abschöpfen, die sich dem Verlauf der Nachfrage anpassen. Zu Zeiten hoher Nachfrage kommen nur diejenigen Kunden zum Zuge, die bereit sind, einen hohen Preis für das Produkt zu zahlen. Kunden mit geringerer Zahlungsbereitschaft haben die Wahl, ihren Konsum auf die Zeiten schwächerer Nachfrage zu verschieben oder ganz auf das Produkt zu verzichten. Ein typisches Beispiel zeitlicher Preisdifferenzierung findet sich bei der Elektrizität, bei welcher der Preis pro Kilowattstunde zwischen Spitzenlast- und Schwachlastzeiten um 30 bis 40 Prozent differiert. Noch höhere Preisabschläge von teilweise mehr als 50 Prozent finden sich bei den Mittagsmenüs von Restaurants, bei den Abend- und Nachttarifen von Telekommunikationsdiensten sowie den Wochenendtarifen von städtischen Hotels.

Nicht lineares Pricing

Eine etwas weniger offensichtliche Art der Preisdifferenzierung ist das nicht lineare Pricing. Diese Art der Preisdifferenzierung ist anwendbar auf Produkte, von denen im Rahmen einer Kauftransaktion eine variable Menge gekauft wird. Der Kunde entscheidet also nicht nur darüber, ob er das Produkt kauft oder nicht (wie z.B. im Falle eines privaten Pkw), sondern auch, welche Menge des Produktes er kauft. Kunden, die eine größere Menge des Produktes abnehmen, sind jedoch häufig nur zur Zahlung eines geringeren Preises *pro Mengeneinheit* des Produktes bereit als solche Kunden, die eine geringere Menge kaufen. Dies liegt zum einen an dem abnehmenden Grenznutzen jeder zusätzlichen Mengeneinheit. Zum anderen können Kunden, die große Mengen abnehmen, auch mehr Aufwand bei der Informationsbeschaffung über alternative Angebote betreiben und finden daher in der Regel günstigere Einkaufskonditionen als kleinere Kunden.

Diese unterschiedlichen Zahlungsbereitschaften werden beim nicht linearen Pricing berücksichtigt. Nicht lineares Pricing bedeutet im einfachsten Fall, dass sich der Preis des Produktes aus zwei Komponenten zusammensetzt, von denen nur eine von der gekauften Menge abhängt, die andere jedoch ein fixer »Grundpreis« ist. Der Gesamtpreis pro Mengeneinheit sinkt dann mit zunehmender Verbrauchsmenge, da sich die »fixe« Preiskomponente auf eine größere Menge verteilt. Beispiele für vom Verbrauch unabhängige Grundpreise finden sich bei Elektrizität und Telekommunikation in Form einer monatlichen Grundgebühr. Für Mietwagen muss häufig zusätzlich zu dem Mietpreis pro Tag ein bestimmter Betrag pro gefahrenem Kilometer bezahlt werden, sobald ein festgelegtes Kontingent an Kilometern überschritten wird.

Bei der Umsetzung des nicht linearen Pricing ist zu vermeiden, dass verschiedene kleinere Kunden ihre Nachfrage zu einer größeren Menge zusammenfassen. Außerdem sollte berücksichtigt werden, welche der Preiskomponenten von den Kunden besonders stark beachtet wird. Ein niedriger Wert der stärker beachteten Komponente kann bei den Kunden die Wahrnehmung eines günstigen Angebotes hervorrufen, gleichzeitig jedoch für den Anbieter durch einen höheren Wert der weniger beachteten Preiskomponente ausgeglichen werden. Selbst wenn keine der beiden Preiskomponenten in der Wahrnehmung der Kunden dominiert, hat eine mehrkomponentige Preisstruktur neben der Preisdifferenzierung den zusätzlichen Effekt, dass sie Preisvergleiche zwischen verschiedenen Anbietern erschwert. Unternehmen, die bestehende Kunden trotz preisaggressiver Wettbewerber weiter an sich binden wollen, können diesen Effekt zu ihrem Vorteil nutzen.

Produktdifferenzierung

Bei sämtlichen bisher vorgestellten Instrumenten der Preisdifferenzierung bleibt das Produkt jeweils das Gleiche, nur der Preis variiert zwischen verschiedenen Kundensegmenten. Bei der Produktdifferenzierung wird auch das Produkt selbst differenziert, ohne dass dadurch allerdings vollkommen verschiedene Produkte entstehen. Die Idee besteht vielmehr darin, am Produkt wenig kostenwirksame Veränderungen vorzunehmen, die jedoch für die Kunden einen großen Unterschied ausmachen und auf diese Weise deutlich verschiedene Preise rechtfertigen. Ein häufig zur Differenzierung von Konsumgütern herangezogenes Produktmerkmal ist die Marke. So unterscheiden sich manche Lebensmittel, die als No-Name-Produkte in Supermärkten verkauft werden, in ihrer Qualität nur geringfügig von Markenprodukten des gleichen Herstellers, jedenfalls weniger stark, als es der deutliche Preisunterschied suggeriert. Eine stärker mit tatsächlichen Leistungsunterschieden verbundene Form der Produktdifferenzierung findet man bei elektronischen Geräten verschiedener Größe, von Laserdruckern im Preisbereich von Tausenden Euro bis zu Maschinen zur Herstellung elektronischer Bauteile im Preisbereich von einigen Millionen Euro. Wesentliche Leistungsmerkmale wie etwa die Durchlaufgeschwindigkeit werden hier nicht durch grundsätzlich verschiedene Hardware, sondern durch eine einfache Einstellung der geräteinternen Betriebssoftware variiert. Am Markt werden verschiedene Modelle mit abgestufter Leistung angeboten, die sich in ihren Herstellungskosten kaum, im Preis allerdings sehr stark unterscheiden.

Entscheidend für den Erfolg einer durch Produktdifferenzierung gestützten Preisdifferenzierung ist, dass die Produkte von den Käufern tatsächlich als verschieden wahrgenommen werden. Dies erfordert eine kommunikative Differenzierung der Produkte im Hinblick auf Markenname und Werbeintensität. Durch eine mehr oder weniger ausgeprägte Leistungsdifferenzierung und einen Vertrieb über verschiedene Kanäle kann die Differenzierung weiter stabilisiert werden.

Umsetzung

Spezifische Aspekte der praktischen Umsetzung, die einzelne der dargestellten Instrumente der Preisdifferenzierung betreffen, wurden bereits im Zusammenhang mit den jeweiligen Instrumenten dargestellt. Im Folgenden werden übergreifende Gesichtspunkte der Umsetzung erläutert, die für alle Preisdifferenzierungsinstrumente gleichermaßen gelten.

Kundensegmentierung

Der erste Schritt bei der Umsetzung einer Preisdifferenzierungsstrategie besteht in der Auswahl eines geeigneten Differenzierungsinstrumentes. Welches der oben vorgestellten Instrumente infrage kommt, hängt davon ab, auf welche Weise die Kunden am besten in Segmente unterschiedlicher Zahlungsbereitschaft eingeteilt werden können. Wird die Zahlungsbereitschaft z.B. vor allem durch den Vertriebskanal bestimmt, bietet sich ein Multi-Kanal-Pricing an. Sofern die Abnahmemenge den stärksten Einfluss auf die Zahlungsbereitschaft hat, ist das nicht lineare Pricing das geeignete Instrument. Im ersten Schritt muss also eine geeignete Segmentierungsvariable zur Bildung von Kundensegmenten mit unterschiedlicher durchschnittlicher Zahlungsbereitschaft gefunden werden. Im Falle mehrerer relevanter Segmentierungsvariablen ist auch eine Kombination verschiedener Preisdifferenzierungsinstrumente denkbar. So wird bei Elektrizitäts- oder Telekommunikationstarifen häufig das nichtlineare Pricing mit der zeitlichen Preisdifferenzierung kombiniert. Die Tarife bestehen in diesem Fall aus einem monatlichen Grundpreis und einem zeitlichen gestaffelten Verbrauchspreis pro Kilowattstunde bzw. pro Gesprächssekunde.

Preis-Absatz-Funktion

Für jedes der im ersten Schritt bestimmten Kundensegmente muss eine Preis-Absatz-Funktion bestimmt werden. Dies kann auf der Basis von Expertenschätzungen oder Kundenbefragungen geschehen. Kundenbefragungen liefern zuverlässigere Ergebnisse, sind jedoch aufwändiger als Expertenschätzungen durch Mitarbeiter des Unternehmens (z.B. Vertriebsmitarbeiter) oder externe Kenner des Marktes. In einigen Fällen sind auch Testmärkte oder Zeitreihenanalysen von historischen Preis- und Verkaufsdaten denkbar. Welches Verfahren angewendet wird, hängt von der Zeit und den Ressourcen ab, die zur Verfügung stehen. Verzichtet werden kann auf die Bestimmung der Preis-Absatz-Funktionen jedoch nicht, da sich nur so ein gewinnoptimaler Preis für die verschiedenen Segmente bestimmen lässt. Besonders einfach ist die Bestimmung des gewinnoptimalen Preises dann, wenn angenommen wird, dass die verschiedenen Kundensegmente vollständig voneinander getrennt sind. Dies ist jedoch in der Realität häufig nicht der Fall. So werden zum Beispiel auch einige der Kunden, die elektronische Geräte normalerweise im Fachhandel kaufen, auf andere Vertriebskanäle wie etwa das Internet ausweichen, wenn die Preisunterschiede zwischen den Kanälen eine gewisse Höhe überschreiten. Solche Wechselwirkungen zwischen den einzelnen Kundensegmenten können nur mithilfe komplexer Marktsimulationsmodelle erfasst werden.

Abgrenzung der Segmente

Um die Preisdifferenzierung zwischen verschiedenen Kundensegmenten in der Praxis aufrechtzuerhalten, ist eine möglichst gute Abgrenzung zwischen den Segmenten notwendig. Die Segmente mit hoher Zahlungsbereitschaft müssen daran gehindert werden, das Angebot mit dem niedrigsten Preis wahrzunehmen. Auf welche Weise dies geschehen kann, wurde im Zusammenhang mit den einzelnen Instrumenten bereits im Detail erörtert. Zusammenfassend ist festzustellen, dass in den Fällen des gruppenspezifischen Pricing, der internationalen Preisdifferenzierung, der zeitlichen Preisdifferenzierung und des nicht linearen Pricing die Kundensegmente beim Kauf anhand beobachtbarer Merkmale, geografischer Lage, Zeitpunkt der Nachfrage bzw. der Abnahmemenge strikt voneinander getrennt werden. Ergänzend dazu muss ein Handel der Produkte nach dem Kauf unterbunden werden. Im Falle des Multi-Kanal-Pricing und der Produktdifferenzierung sind größere Anstrengungen zur Abgrenzung der Segmente zu unternehmen, da einem Kunden prinzipiell die Wahl zwischen verschiedenen Verkaufskanälen oder Produktvarianten offen steht. Um die Trennung zwischen den Segmenten zu verstärken, bietet es sich oft an, Multi-Kanal-Pricing und Produktdifferenzierung miteinander zu kombinieren.

Anzahl der Segmente

Aus den grundsätzlichen Überlegungen zu Beginn geht hervor, dass das theoretisch maximale Gewinnpotenzial umso besser ausgeschöpft wird, je stärker die Preise zwischen verschiedenen Kunden oder Kundensegmenten differenziert werden. Dies würde also für eine möglichst hohe Anzahl an Kundensegmenten sprechen. Andererseits sind mit der Umsetzung der Preisdifferenzierung selbst Kosten verbunden, die mit der Anzahl der Segmente überproportional zunehmen. Diese Kosten entstehen durch die Festlegung der Segmente, die Bestimmung der segmentspezifischen Preis-Absatz-Funktionen, eventuelle Produktdifferenzierungen sowie kommunikative Maßnahmen zur Abgrenzung der Segmente. Im Falle von Produktdifferenzierungen erhöhen sich außerdem die Herstellungskosten aufgrund geringerer Stückzahlen. Unter Berücksichtigung der Differenzierungskosten erweist sich in der Praxis zumeist eine Preisdifferenzierung zwischen zwei oder drei Kundensegmenten als gewinnoptimal.

Instrumente der Marktkommunikation

Die Marktkommunikation ist ein Marketinginstrument, mit dessen Hilfe das Unternehmen sich und seine Leistungen den relevanten externen Zielgruppen darstellen kann. Wie alle Marketinginstrumente muss auch die Marktkommunikation einen Beitrag zur erfolgreichen Umsetzung der Unternehmensstrategie leisten. Die Hauptaufgabe der Marktkommunikation ist es in diesem Zusammenhang, die angestrebte Positionierung des Unternehmens bzw. seiner Leistungen in den Köpfen der relevanten Zielgruppen zu verankern. Zu diesem Zweck kann der Einsatz der Marktkommunikation ganz unterschiedlich in Erscheinung treten, z. B. in Form von Bannerwerbung im Internet, eines Werbespots im Fernsehen, der Versendung von Werbebriefen oder der Durchführung eines Verkaufsgesprächs.

Allen Kommunikationsmaßnahmen ist das strategische Ziel gemein, das Unternehmen bzw. seine Leistungen in der Wahrnehmung der Zielpersonen vom Wettbewerb abzugrenzen. Dies gilt selbstverständlich auch für den Einsatz der übrigen Marketinginstrumente. Jedoch fällt der Marktkommunikation hierbei eine zunehmend exponierte Rolle zu. Angesichts der steigenden Homogenisierung von Produkten sowie des zunehmend gleichartigen Einsatzes der übrigen Marketinginstrumente ist es heute vielfach kaum noch möglich, sich durch produkt-, preis- oder vertriebspolitische Maßnahmen vom Wettbewerb abzuheben. Aus einer Studie der Stiftung Warentest geht hervor, dass bereits Mitte der neunziger Jahre 85 Prozent der Verbrauchsgüter und 65 Prozent der Gebrauchsgüter eine gleiche Produktbeurteilung erhalten haben. Offensichtlich findet eine Differenzierung über Produktmerkmale immer weniger statt. In dieser Situation versuchen Unternehmen daher verstärkt, über den Einsatz der Marktkommunikation strategische Wettbewerbsvorteile zu erzielen. Die Realisierung einer Unique Selling Proposition (USP) wird mehr und mehr von der Erzielung einer Unique Communication Proposition (UCP) abgelöst. Infolgedessen ist Marktkommunikation heute nicht mehr nur unterstützendes Verkaufsinstrument und damit lediglich eine Begleiterscheinung der Produktpolitik, sondern ein eigenständiges und professionell einzusetzendes Instrument moderner Unternehmensführung.

Mehr und mehr Unternehmen erkennen dies und erhöhen ihren Kommunikationsetat. In der Telekommunikationsbranche beispielsweise stiegen die Werbeinvestitionen in Deutschland im Jahre 2000 um fast 20 Prozent auf 1,41 Milliarden Euro an. Die Nettowerbeeinnahmen der Medien als Spiegelbild der werblichen Investitionstätigkeit von Unternehmen haben sich in den vergangenen 20 Jahren mehr als verdreifacht und beliefen sich im Jahre 2000 auf 23,29 Milliarden Euro. Das ständig steigende kommunikative Investitionsvolumen führt unweigerlich zu einer Verschärfung des Kommunikationswettbewerbs, woraus in erster Linie strukturelle Veränderungen der Kommunikations- und Medienmärkte resultieren.

Kennzeichnend hierfür ist auf der Angebotsseite das immer größer werdende Medienangebot bzw. die steigende Anzahl an Medienanbietern. Existierten im Jahre 1984 elf Fernsehsender in Deutschland, sind es im Jahre 2001 mehr als 70. Beim Radio und im Printbereich können ähnliche Wachstumsraten beobachtet werden. Neben dieser »Atomisierung der Medien« stellt die zunehmende Anzahl kommunikativ unterstützter Marken ein weiteres zentrales Kennzeichen der Veränderungen der Kommunikations- und Medienmärkte dar. Wurden im Jahre 1984 in Deutschland ca. 39 000 Marken kommunikativ unterstützt, sind es im Jahr 2001 mehr als 60 000. Parallel zu diesen Entwicklungen haben notwendigerweise auch die entsendeten Kommunikationsimpulse erheblich zugenommen. Beispielsweise hat sich die Anzahl der ausgestrahlten TV-Spots zwischen 1984 und 1999 mehr als verzehnfacht.

Das quantitativ steigende Kommunikationsangebot bleibt nicht ohne Konsequenzen für die Nachfrageseite, d.h. für die Empfänger von Kommunikationsbotschaften. Sie werden mit immer mehr Kommunikationsimpulsen konfrontiert. Dies führt angesichts der begrenzten menschlichen Fähigkeiten zur Informationsaufnahme und -verarbeitung zu einer Überlastung mit Informationen. Das Niveau an Informationsüberlastung in Deutschland wird mit etwa 98 Prozent beziffert. Das bedeutet, dass nur etwa 2 Prozent des Informationsangebotes von den Rezipienten aufgenommen wird, 98 Prozent der Informationen »verpuffen« im adressatenlosen Raum. Die Kommunikationsadressaten selbst reagieren auf den erhöhten Kommunikationsdruck, indem sie sich Kommunikationsimpulsen nur sehr kurz zuwenden und die gesendeten Informationen bestenfalls oberflächlich verarbeiten.

Definition und Zielsetzung

In dieser Situation eines sich kontinuierlich verschärfenden Kommunikationswettbewerbs wird es für das einzelne Unternehmen immer schwieriger, mithilfe des Einsatzes der *Marktkommunikation* in das Gedächtnis der Zielpersonen zu gelangen und sich dort vom Wettbewerb zu differenzieren. Auf Dauer ist dies nur durch eine strategische Ausrichtung der Marktkommunikation zu erreichen, die darauf ausgerichtet ist, den relevanten Zielgruppen ein eigenständiges, konsistentes und vor allem einzigartiges Bild vom Unternehmen bzw. den beworbenen Marken zu vermitteln.

Kommunikationsprozesse finden in Unternehmen auf vielfältigen Hierarchieebenen statt und betreffen verschiedene Entscheidungsträger. Folglich sind auch Kommunikationsstrategien auf verschiedenen Ebenen zu beobachten (vgl. Abbildung 68). Dies ist bei einer strategischen Ausrichtung der Marktkommunikation zu beachten. Für ein erfolgreiches Kommunikationsmanagement ist es deshalb erforderlich, den Einsatz der Marktkommunikation auf der Ebene der Gesamtkommunikation und auf der Ebene einzelner Kommunikationsinstrumente strategisch auszurichten.

Darstellung und Funktionsweise

Ausgangspunkt für den strategischen Einsatz der einzelnen Kommunikationsinstrumente ist das kommunikative Gesamtkonzept eines Unternehmens. Jedes Unternehmen muss zunächst Einigkeit über die mittel- bis langfristige Positionierung des Unternehmens bzw. seiner Leistungen in den Köpfen der relevanten Zielgruppen erzielen. Dazu ist es erforderlich, ein Konzept der Integrierten Marktkommunikation zu entwickeln. Dieses umfasst die Integration von Zielen, Botschaften und Instrumenten

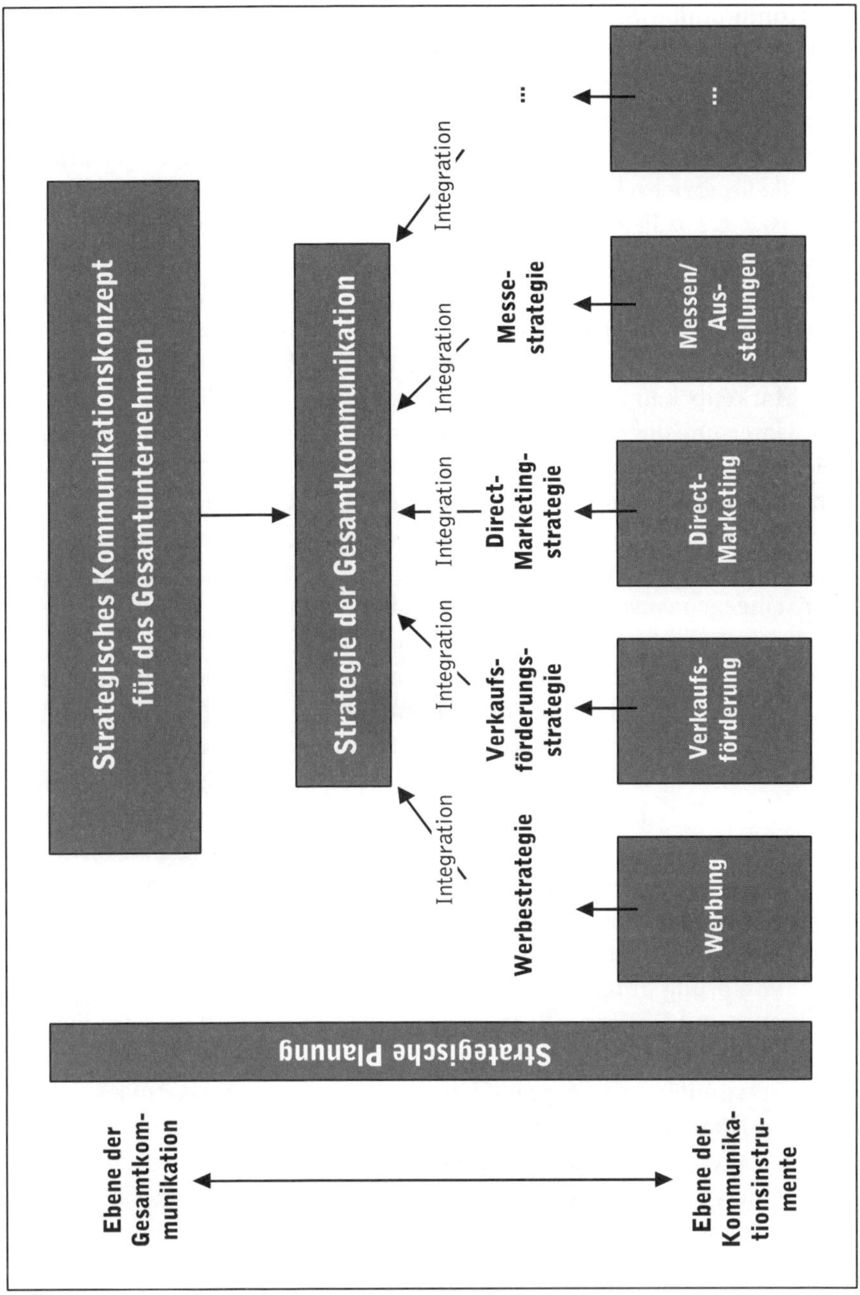

Abbildung 68: Kommunikationsstrategien auf unterschiedlichen Ebenen

der Kommunikation. Um Ordnung und Priorität in das komplexe System der Kommunikation zu bringen, sind diese drei Hauptelemente der Integrierten Marktkommunikation nach dem Prinzip der Hierarchisierung zu strukturieren.

Hinsichtlich der Zielintegration sind aus der strategischen Positionierung als Oberziel z.B. Qualitäts- oder Kostenführerschaft, die Kommunikationsziele abzuleiten. Kommunikationsziele haben eher mittelfristigen Charakter und sind darauf ausgerichtet, die strategische Positionierung auf nachgelagerten Ebenen zu konkretisieren. Anders als die strategische Positionierung, die sich gemeinhin auf das Unternehmen bezieht, werden die Kommunikationsziele in der Regel nach Zielgruppen differenziert, z.B. Markenbekanntheit bei Konsumenten oder Einstellungen bei Händlern. Unterschiedliche Kommunikationsinstrumente sprechen aber häufig gleiche Zielgruppen an; so haben etwa die klassische Werbung und das Direktmarketing häufig Endverbraucher als Zielgruppe. Daher ist eine Abstimmung und gemeinsame Ausrichtung, bezogen auf die jeweilige Zielgruppe, unbedingt erforderlich. Durch eine derartige Zielintegration kann eine gemeinsame Ausrichtung aller Kommunikationsinstrumente auf die strategische Positionierung sichergestellt werden.

Ausgangspunkt der Botschaftsintegration ist die kommunikative Leitidee, d.h. die Formulierung einer Grundaussage über das Unternehmen, in der die wesentlichen Merkmale der Positionierung enthalten sind. Sie repräsentiert ein leicht kommunizierbares Leitmotiv des Unternehmens und dient als inhaltliches Schlüsselsignal für alle Zielgruppen. Infolgedessen ist die kommunikative Leitidee zielgruppenunabhängig zu formulieren und von allen Kommunikationsinstrumenten, ob klassische Werbung, Sponsoring oder Verkaufsförderung, immer wieder aufzugreifen. Die Leitidee ist auf einem relativ hohen Abstraktionsniveau zu formulieren, z.B. »Vorsprung durch Technik« von Audi, »Wir machen den Weg frei« der Volks- und Raiffeisenbanken oder »The Heart of Asia« der Fluggesellschaft Cathay Pacific. Auf diese Weise ist sichergestellt, dass sie instrumenteübergreifend und für alle Zielgruppen eingesetzt werden kann. Alle weiteren Kommunikationsaussagen müssen sich an der kommunikativen Leitidee orientieren und diese nach Möglichkeit aufnehmen, damit ein konsistentes und unverwechselbares Bild des Unternehmens entsteht.

Es ist daher zu empfehlen, ein Set von Kernaussagen zu definieren, mit dessen Hilfe die kommunikative Leitidee konkretisiert und gleichzeitig einem eintönigen Kommunikationsauftritt vorgebeugt wird. Kernaussagen sind im Vergleich zur kommunikativen Leitidee daher weniger abstrakt und stellen Leistungsversprechen des Unternehmens für die wichtigsten Zielgruppen des Unternehmens dar, z. B. für Kunden, Händler, Aktionäre und Öffentlichkeit. Für die Zielgruppe »Kunden« können Kernaussagen eines Transportdienstleisters beispielsweise auf jene Schwerpunkte abstellen, die das Unternehmen in der Vertriebspolitik setzt, z. B. »Wir garantieren Auslieferung am nächsten Tag« oder »Sie können sich über den Standort ihrer Lieferung jederzeit online informieren«. Wie die kommunikative Leitidee sind auch Kernaussagen durch die verschiedenen Kommunikationsinstrumente aufzugreifen, damit sich für die Kommunikationsempfänger ein Wiedererkennungseffekt ergibt.

Bei der Instrumenteintegration sind zunächst die Leitinstrumente der Marktkommunikation zu identifizieren. Leitinstrumente sind am besten in der Lage, die kommunikative Leitidee zu transportieren, und haben daher für das Unternehmen eine besondere strategische Bedeutung. In vielen Unternehmen, vor allem in der Konsumgüterindustrie, ist die klassische Werbung das zentrale Leitinstrument. Dies ist in erster Linie darauf zurückzuführen, dass mit ihrer Hilfe wie mit keinem anderen Kommunikationsinstrument ein breites Zielpublikum zu erreichen ist. Außerdem ist die Werbung besonders zur Beeinflussung von Markenbekanntheit und -einstellungen als zentralen kaufverhaltensdeterminierenden Faktoren geeignet.

Dem Einsatz von Leitinstrumenten ist höchste Priorität einzuräumen, an ihnen muss sich die Auswahl von Begleitinstrumenten orientieren. Bei der Auswahl von Begleitinstrumenten ist herauszufinden, welche Kommunikationsinstrumente alleine oder im Verbund mit anderen Instrumenten das Leitinstrument am besten unterstützen. Dabei ist es zweckmäßig, ein Suchraster zu entwickeln, das die Kommunikationsinstrumente anhand ihrer Hauptfunktionen, Ziele, Zielgruppen sowie ihrer Eignung zum Botschaftstransport inhaltlich spezifiziert. Dadurch lassen sich Gemeinsamkeiten zwischen Kommunikationsinstrumenten identifizieren, aus denen Ansatzpunkte für einen synergetischen Instrumenteeinsatz abgeleitet werden können. Synergiewirkungen entstehen vor allem dann, wenn die Verteilung der Kommunikationsressourcen nicht nach dem Gießkannenprinzip auf viele Instrumente erfolgt. Eine Konzentration auf wenige Kommunikationsinstrumente ist z. B. bei Unternehmen wie Allianz, Unilever und Kraft Foods zu beobachten. Neben reduzierten Kommunikationskosten haben diese Unternehmen nun erheblich weniger Schwierigkeiten, ihre Kommunikationsaktivitäten so aufeinander abzustimmen, dass Synergiewirkungen erzielt werden.

Bisher wurde deutlich, dass im Rahmen eines Konzeptes der Integrierten Marktkommunikation Ziele, Botschaften und Instrumente aufeinander abzustimmen sind. Abbildung 69 zeigt einen Überblick über die verschiedenen Formen der Integrierten Marktkommunikation. Bei der inhaltlichen Integration sind Kommunikationsmittel, wie z.B. Werbespots, Messestände oder Prospekte, thematisch durch Verbindungslinien abzustimmen, um den relevanten Zielgruppen ein einheitliches und widerspruchfreies Erscheinungsbild des Unternehmens und seines Leistungsprogramms zu vermitteln. Als Verbindungslinien können beispielsweise Kernaussagen oder Schlüsselbilder verwendet werden. So hat etwa die Adam Opel AG den Einsatz ihrer Kommunikationsmittel jahrelang durch das Schlüsselbild »Steffi Graf« thematisch miteinander verbunden. Dies äußerte sich u.a. in der Kampagne »Corsa Steffi Special«, Preisausschreiben mit Gewinnkarten für Steffi-Turniere oder Interviews mit Steffi Graf im Rahmen der Vorstellung neuer Modelle auf der IAA.

Formen	Gegenstand	Ziele	Hilfsmittel	Zeithorizont
Inhaltliche Integration	Thematische Abstimmung durch Verbindungslinien	Konsistenz, Eigenständigkeit, Kongruenz	Einheitliche Slogans, Botschaften, Argumente, Bilder	langfristig
Formale Integration	Einhaltung formaler Gestaltungsprinzipien	Präsenz, Prägnanz, Klarheit	Einheitliche Zeichen/Logos, Slogans nach Schrifttyp, Größe und Farbe	mittel- bis langfristig
Zeitliche Integration	Abstimmung innerhalb und zwischen Planungsperioden	Konsistenz, Kontinuität	Ereignisplanung (»Timing«)	kurz- bis mittelfristig

Abbildung 69: Formen der Integrierten Marktkommunikation

Die formale Integration der Marktkommunikation erfolgt durch die Verbindung von Kommunikationsmitteln mithilfe von Gestaltungsprinzipien, sodass ein formal einheitliches und somit leicht wiedererkennbares Erscheinungsbild sichergestellt wird. Als Gestaltungsprinzipien kommen anhand von Schrifttyp, Größe und Farbe vereinheitlichte Markenzeichen, Logos und Schriftzüge des Unternehmens infrage. Derartige Gestaltungsprinzipien sind beim Einsatz sämtlicher Kommunikationsinstrumente und -mittel einzusetzen. Eines der besten Beispiele für eine formale Integration liefert der Zigarettenhersteller Marlboro. Seit Jahrzehnten ist das Marlboro-Logo durch die gleichen roten und weißen Farbelemente gekennzeichnet, die vom Kinospot bis hin zum gesponserten Formel-1-Team in sämtlichen Kommunikationsmitteln eingesetzt werden. Derartige Gestaltungsprinzipien liegen in vielen Unternehmen in Form schriftlich formulierter Corporate-Identity- bzw. Corporate-Design-Programmen vor, deren Einhaltung relativ leicht angeordnet und kontrolliert werden kann.

Schließlich ist eine zeitliche Integration der Marktkommunikation erforderlich. Hierbei ist der Einsatz der Kommunikationsinstrumente innerhalb und zwischen verschiedenen Planungsperioden abzustimmen. Durch ein geeignetes Timing lässt sich eine gegenseitige Verstärkung von Kommunikationsaktivitäten erreichen, z. B. in Form einer werblichen Ankündigung bestimmter Sponsorships. Coca-Cola kündigt beispielsweise immer das eigene Sponsoring-Engagement im Rahmen sportlicher Großveranstaltungen, wie Olympischer Spiele oder der Fußball-Weltmeisterschaft, bereits einige Monate vor Beginn der Veranstaltungen in den Werbespots an. Hierbei legt das Unternehmen besonderes Augenmerk auf Kontinuität im Kommunikationsauftritt, um Lerneffekte bei den Adressaten zu erzielen und gleichzeitig Glaubwürdigkeitsverlusten im Zeitablauf vorzubeugen.

Umsetzung

Die Umsetzung einer Integrierten Marktkommunikation obliegt sämtlichen Kommunikationsfachabteilungen, wie Werbung, Verkaufsförderung oder Direktmarketing, und damit allen Mitarbeitern, die am kommunikativen Auftritt des Unternehmens beteiligt sind. Es ist daher erforderlich, nicht nur inhaltlich, sondern auch organisatorisch und personell die Voraussetzungen für eine erfolgreiche Umsetzung der Integrierten Marktkommunikation zu schaffen.

Im Zusammenhang mit der inhaltlichen Umsetzung ist ein Konzeptpapier der Integrierten Marktkommunikation zu entwickeln und allen Kommunikationsfachabteilungen und -mitarbeitern zugänglich zu machen. In diesem Konzeptpapier sollen konkrete Aussagen über die strategische Positionierung und die Kommunikationsziele des Unternehmens (Positionierungspapier), die zentralen Kommunikationsbotschaften (Kommunikationsplattform) sowie Vorgaben für den Einsatz der verschiedenen Kommunikationsinstrumente enthalten sein (Regeln zum Instrumenteeinsatz). Auf diese Weise sind die wesentlichen Inhalte der Integrierten Marktkommunikation, d.h. Ziele, Botschaften und Instrumente, in allen relevanten Kommunikationsbereichen des Unternehmens präsent.

Im Rahmen der organisatorischen Umsetzung sind sowohl aufbau- als auch ablauforganisatorische Maßnahmen zu ergreifen, um den Erfolg der Integrierten Marktkommunikation sicherzustellen. Im Mittelpunkt der aufbauorganisatorischen Gestaltung steht die institutionelle Verankerung der Integrierten Marktkommunikation. Hauptaufgabe dieser Instanz ist die zentrale Steuerung der Integration. Denn im Regelfall ist nicht davon auszugehen, dass die einzelnen Kommunikationsfachabteilungen ihrer Integrationsaufgabe in vollem Umfang nachkommen, sondern in der Kommunikationsumsetzung oft isoliert vorgehen. Dies belegt eine Studie zur internen Kommunikation von US-Unternehmen, in der die Hälfte der Befragten die unzureichende abteilungsübergreifende Kommunikation als größte Barriere des externen Kommunikationserfolges herausstellte. Um diesem Problem zu begegnen, müssen der Abteilung Integrierte Marktkommunikation umfassende Entscheidungskomptenzen für Planung und Umsetzung der Integrierten Marktkommunikation sowie Weisungsbefugnisse eingeräumt werden. Nicht umsonst ist die Integrierte Kommunikation in vielen Unternehmen Chefsache. Bei der Deutschen Telekom beispielsweise ist die Verantwortung für die Integrierte Kommunikation ganz oben beim Vorstandsvorsitzenden Ron Sommer persönlich aufgehängt.

Bei der ablauforganisatorischen Umsetzung der Integrierten Marktkommunikation ist besonderes Augenmerk auf die Teamorientierung zu legen. Aufgabenstellungen von Projektteams könnten beispielsweise die Entwicklung eines Aussagen- und Argumentationssystems oder die Erarbeitung von Gestaltungsprinzipien für die Integrierte Marktkommunikation sein. Vorrangige Zielsetzung der Teamorientierung ist aber die Zusammenarbeit zwischen den Kommunikationsfachabteilungen bei der Umsetzung der Integrierten Marktkommunikation. Bei der Zusammensetzung dieser Teams ist deshalb darauf zu achten, dass Mitarbeiter unterschiedlicher Qualifikation und Hierarchieebenen im Team sind. Hierdurch ist die Kooperationsbereitschaft von Kommunikationsmitarbeitern zu erhöhen. Außerdem wird der Einsatz der Integrierten Marktkommunikation auf breiter Basis akzeptiert, und es erfolgt ein Know-how-Transfer zwischen den einzelnen Kommunikationsfachabteilungen. General Motors beispielsweise hat im Rahmen der Einführung der Integrierten Marktkommunikation im Unternehmen so genannte »War Rooms« eingerichtet, um die Zusammenarbeit innerhalb der interdisziplinären Kommunikationsteams zu fördern. In diesen Räumlichkeiten können sich die Mitglieder der Teams jederzeit treffen, um den Einsatz der Kommunikationsmaßnahmen abzustimmen.

Zur Koordination dieser Teams bietet es sich an, ein Lenkungsgremium zu bilden. Dieses Lenkungsgremium trägt die politische Verantwortung für die Arbeit der Projektteams. Daneben muss es sicherstellen, dass die erarbeiteten Lösungen im Unternehmen einen verbindlichen Charakter bekommen. Deshalb sollte sich das Lenkungsgremium aus den Hauptverantwortlichen für die Marktkommunikation, z.B. dem Leiter der Unternehmenskommunikation und dem Marketingleiter, zusammensetzen.

Bei der personellen Umsetzung der Integrierten Marktkommunikation ist zunächst ein Integrationsbewusstsein im Unternehmen zu schaffen. Führungskräfte und Mitarbeiter auf allen Ebenen sind im Hinblick auf die Dringlichkeit des Themas zu sensibilisieren. Dies kann beispielsweise durch Kick-off-Veranstaltungen zum Thema Integrierte Marktkommunikation, Workshops oder Mitarbeitergespräche geschehen. Von besonderer Bedeutung ist in diesem Zusammenhang, dass möglichst viele Mitarbeiter frühzeitig in die Planung der Integrierten Marktkommunikation eingebunden werden. Hierdurch steigen ihr Verständnis und die Akzeptanz des Themas. Gleichzeitig ist eine gemeinsame kulturelle Basis zu schaffen, die die Wertvorstellungen und Denkweisen der beteiligten Mitarbeiter im Hinblick auf den Einsatz der Marktkommunikation integriert. Durch die Schaffung eines Konsenses über die Priorisierung von Kommunikationszielen, -botschaften und -instrumenten entsteht eine Kommunikationskultur, die die Grundlage für den Erfolg der Integrierten Marktkommunikation ist.

Schließlich kann es erforderlich sein, die Stelle eines Kommunikationsmanagers einzurichten. Hauptaufgabe des Kommunikationsmanagers ist es, die Planung, Organisation, Durchführung und Kontrolle der Integrierten Marktkommunikation zu koordinieren. Seine Stelle fungiert daher als Verbindungseinheit zwischen den einzelnen Kommunikationsfachabteilungen. Die Etablierung eines Kommunikationsmanagers ist besonders in großen Unternehmen erforderlich, wenn die Koordinationsaufgaben nicht (mehr) durch die einzelnen Mitarbeiter der vielfach dezentralen Kommunikationsfachabteilungen erfüllt werden können.

Die Integrierte Marktkommunikation ist ein ganzheitlicher Managementprozess, der nicht mit der Umsetzung endet. Vielmehr ist es erforderlich, den Erfolg der Integrierten Marktkommunikation zu kontrollieren, um im Fall von Zielabweichungen korrigierend auf den Prozess einzuwirken. Unter strategischen Aspekten ist die Erfolgskontrolle der Integrierten Marktkommunikation auf der Ebene der Gesamtkommunikation besonders wichtig. Denn die Verankerung der strategischen Positionierung in den Köpfen der relevanten Zielpersonen ist in Zeiten intensiven Kommunikationswettbewerbes nur durch einen konsistenten Kommunikationsauftritt des Unternehmens zu realisieren. Deshalb muss in Erfahrung gebracht werden, inwieweit der Kommunikationsauftritt

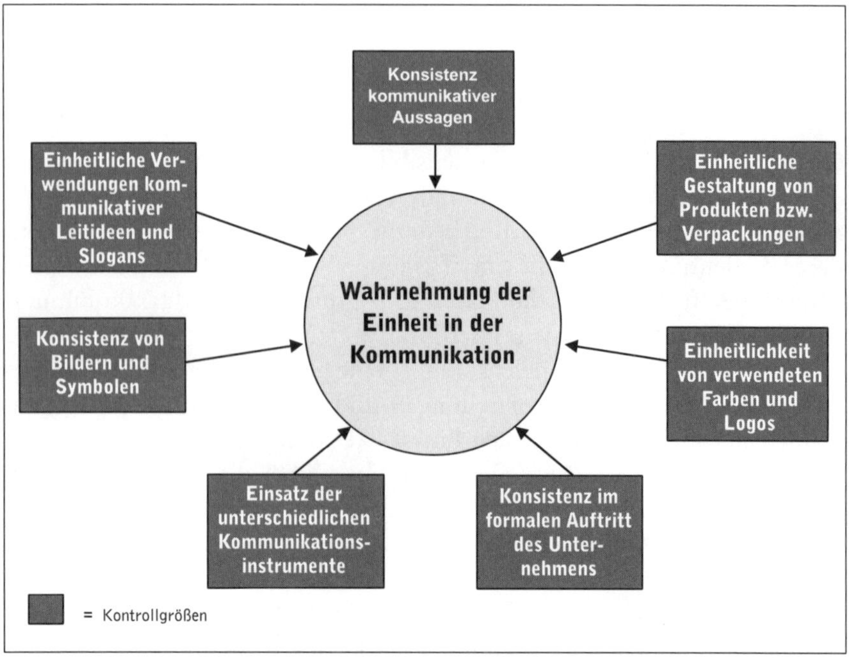

Abbildung 70: Kontrollgrößen der Integrierten Marktkommunikation auf der Ebene der Gesamtkommunikation

des Unternehmens von den relevanten Zielpersonen als konsistent wahrgenommen wird. Abbildung 70 zeigt jene Kriterien, die für die Wahrneh mung der Konsistenz im Kommunikationsauftritt eines Unternehmens maßgeblich sind. Diese Kriterien dienen somit gleichzeitig als Kontrollgrößen für den Einsatz der Integrierten Marktkommunikation auf der Ebene der Gesamtkommunikation.

Um zu bestimmen, inwieweit die verschiedenen Zielgruppen den Kommunikationsauftritt des Unternehmens als konsistent wahrnehmen, müssen Befragungen durchgeführt werden. Beispielsweise kann mithilfe von Recall- oder Recognition-Tests in Erfahrung gebracht werden, an welche der beim Einsatz der verschiedenen Kommunikationsinstrumente verwendeten Kommunikationsbotschaften oder Slogans sich die Zielpersonen erinnern. Je häufiger sich die Adressaten der verschiedenen Zielgruppen und auch innerhalb einer Zielgruppe an die gleichen Slogans oder Kommunikationsbotschaften erinnern, desto höher ist der Grad der inhaltlichen Integration.

Abschließend ist festzuhalten, dass in der derzeitigen Situation des Kommunikationswettbewerbs ein integrierter Einsatz der Marktkommunikation dringend erforderlich ist, um die Unternehmensstrategie erfolgreich umzusetzen. Dessen sind sich zwar die meisten Unternehmen bewusst, jedoch haben sie vor allem mit der Umsetzung der Integrierten Marktkommunikation erhebliche Schwierigkeiten. Sie sind sich insgesamt noch zu wenig darüber im Klaren, dass die Durchsetzung einer Integrierten Marktkommunikation umfassende konzeptionelle, organisatorische und auch personelle Konsequenzen erfordert. Eine konsequente Umsetzung ist aber notwendige Voraussetzung dafür, dass die Marktkommunikation einen höchstmöglichen Beitrag zur erfolgreichen Realisierung der Unternehmensstrategie leisten kann.

Instrumente der Distribution

Der Marketing-Mix konkretisiert unmittelbar die übergeordneten langfristigen Zielvorgaben eines Unternehmens und transformiert diese in produktbezogene, marktgerichtete Strategien. Distributionsziele sind somit immer hierarchisch aus der Gesamtstrategie und der Marketingstrategie eines Unternehmens abgeleitet. Zum Gegenstandsbereich der Distributionspolitik zählt eine Reihe spezifischer Entscheidungen, die in diesem Beitrag im Überblick dargestellt werden.

Definition und Zielsetzung

Eine erste Annäherung an den Gegenstandsbereich der Distributionspolitik kann über die Fragestellung: »Wie kommt die Ware zum Kunden?« erfolgen. Diese relativ offen gehaltene Formulierung macht deutlich, dass der Gegenstandsbereich der *Distribution* sowohl strategische als auch unmittelbar umsetzungsbezogene Aspekte betrifft. Entsprechend wird hier auf eine umfassende Definition zurückgegriffen, die den Aufgabenbereich der Distribution darin sieht, die Distributionsziele zu setzen, die Distributionsstrategie auszuwählen und die Maßnahmen zur zielkonformen, strategiegeleiteten Gestaltung der Distributionsprozesse zu planen, durchzuführen sowie zu kontrollieren.

Es lassen sich zwei elementare Teilbereiche der Distributionspolitik unterscheiden: die physische und die akquisitorische Distribution.

Die *physische Distribution* (Logistik) bezeichnet den Fluss materieller Güter, der zwangsläufig dann notwendig wird, wenn Produkte in die unmittelbare Verfügungsgewalt des Abnehmers gelangen sollen. Entscheidungen der Distributionspolitik, die sich auf diese physische Distribution beziehen, betreffen die Planung, Organisation und Abwicklung raum- und zeitüberbrückender Prozesse des Transportierens, Lagerns und Umschlagens von Produkten auf dem Weg zum Kunden. Nach allgemeinem Verständnis ist hiermit der Teil der Logistikkette eines Unternehmens gemeint, der sich vom Warenausgang des Produzenten bis zur körperlichen Entgegennahme der Erzeugnisse durch den Kunden erstreckt.

Die *akquisitorische Distribution* beantwortet die Frage, welche Institutionen bzw. Personen die auf dem Weg der Produkte zum Kunden erforderlichen Vertriebsleistungen übernehmen und wie die notwendigen und möglichen Aktivitäten auf die Betroffenen verteilt werden. Damit sind so genannte Make-or-Buy-Entscheidungen gemeint, also die Wahl zwischen selbst zu leistenden Vertriebstätigkeiten und dem Fremdbezug, regelmäßig ein bedeutender Bestandteil der akquisitorischen Distribution.

Die übergeordnete *Zielsetzung* der Distributionspolitik kann darin gesehen werden, eine unter Kosten- und Erhältlichkeitsgesichtspunkten optimale Versorgung der nachfragenden Stellen im relevanten Marktraum mit den eigenen Produkten sicherzustellen.

Darstellung

Distributionspolitische Entscheidungen decken ein breites Spektrum strategischer und operativer Fragestellungen ab. Abbildung 71 gibt einen Überblick über die beiden Kernbereiche der Distributionspolitik und ihre jeweiligen bedeutendsten Einzelprobleme, auf die anschließend eingegangen wird. Allerdings wird die in der Fachliteratur vorgenommene Trennung von physischer und akquisitorischer Distribution nicht der praktischen Problemstellung gerecht. De facto bestehen zwischen den Entscheidungsbereichen zahlreiche Wechselwirkungen und auch inhaltliche Überschneidungen.

Absatzwegeentscheidungen

Mit der Bestimmung der Absatzwege werden die Stufigkeit des Vertriebssystems sowie Art und Anzahl der in den Vertrieb einzubindenden Institutionen festgelegt. Kernproblem ist also die Frage, ob ein produ-

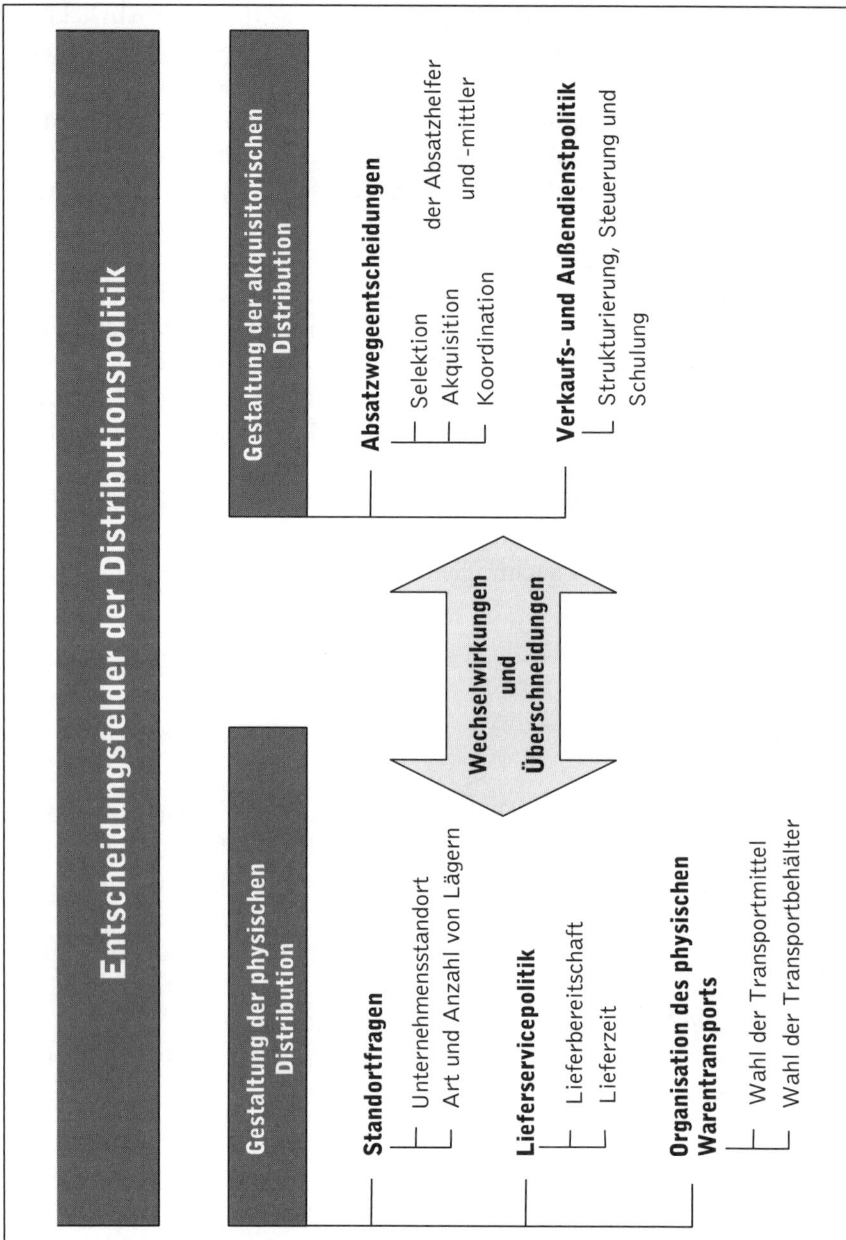

Abbildung 71: Entscheidungsbereiche der physischen und der akquisitorischen Distribution

zierendes Unternehmen seine Erzeugnisse entweder direkt oder über ein ein- oder mehrstufiges Handelssystem vertreiben will. Dieser Entscheidungsbereich ist in höchstem Maße strategisch, da z. B. der Verkaufspreis durch Handelsspannen beeinflusst wird und es für den Kunden ein qualitätsrelevantes Kriterium ist, in welchem Geschäftstyp (etwa Supermarkt vs. Feinkostladen) er die Erzeugnisse des Herstellers erwerben kann.

Institutionen, die Bestandteil des Vertriebssystems sein können, sind in erster Linie der Hersteller mit seinen Verkaufsabteilungen, seinen eigenen Filialsystemen (auch die so genannten Factory Outlets) und firmenzugehörigen Reisenden. Neben diesen internen Verkaufsorganen zählen auch externe *Absatzhelfer* (etwa Handelsvertreter) sowie die Handelsbetriebe (Groß- und Einzelhandel) verschiedener Stufen als *Absatzmittler* zum Vertriebswegesystem.

Externe Distributionshelfer sind rechtlich selbstständige Personen bzw. Unternehmen, die nicht Eigentümer der zu verteilenden Produkte und insofern nicht unmittelbar Träger des Absatzrisikos werden. Jedoch ist die Hauptaufgabe solcher Helfer in der akquisitorischen Distribution darin zu sehen, mit den Abnehmern Vertragsabschlüsse herbeizuführen. Rechtlich unterscheidet man zwischen Kommissionären, die Verträge in eigenem Namen auf fremde Rechnung abschließen, und Handelsvertretern, die in fremdem Namen kontrahieren.

Neben Kommissionären und Handelsvertretern sind Makler zu nennen, deren Hauptaufgabe in der Vermittlung zwischen Angebot und Nachfrage zu sehen ist. Die Börsen- bzw. Maklerfunktion erfährt aktuell wachsende Bedeutung, da das Internet ein raumunabhängiges Vermittlungssystem bietet, das in idealer Weise dazu geeignet ist, potenzielle Nachfrager mit Informationen zum Produkt zu versorgen und bei Kauf- bzw. Verhandlungsinteresse einen Kontakt zum Hersteller/Anbieter zu vermitteln.

Eine Sonderstellung innerhalb der möglichen Absatzkanäle stellen Franchise-Systeme dar. Während der Franchise-Nehmer rechtlich selbstständig ist, besteht faktisch ein hoher Steuerungsgrad durch den Hersteller (Franchise-Geber), wobei das Ausmaß der Einflussnahme durch vertikale Kooperationsabkommen bestimmt werden muss.

Zwischen der Gestaltung des Absatzweges und der physischen Distribution besteht naturgemäß ein enger Zusammenhang. Dies wird am Beispiel der Entscheidung über die Stufigkeit des Handelssystems unmittelbar deutlich, denn mit der Festlegung der Art und Anzahl der in einem

Distributionssystem empfangenden bzw. liefernden Stellen werden auch gleichzeitig große Teile der zu durchlaufenden Logistikkette vorherbestimmt. Die Stufigkeit eines Handelssystems wird durch Kostengesichtspunkte geprägt. Allgemein kann festgestellt werden, dass mit steigender Anzahl von Handelsstufen (Importgroßhandel, Großhandel, regionaler Großhandel, lokaler Großhandel, Einzelhandel) die auf ein Produkt notwendigerweise aufzuschlagende Handelsspanne anwächst und damit das Produkt für den Endkunden tendenziell teurer wird. Insofern werben viele Dienstleister (etwa Banken, Versicherungen), aber auch Unternehmen der Kosmetik- oder Tiefkühlindustrie mit dem Attribut »Direktvertrieb«, um auf die hierdurch für den Nachfrager vermiedenen Provisionen und Handelsspannen eines vielstufigen Vertriebssystems hinzuweisen. Neben dem Preis des Endproduktes ist darüber hinaus immer auch das Image eines Vertriebskanals vom Hersteller kritisch zu prüfen. So legen beispielsweise einige eher qualitativ und preislich höher positionierte Hersteller Wert darauf, dass ihre Produkte nicht in Cash-and-Carry-Märkten oder Discount-Einzelhandelsketten vertrieben werden.

Als zweiter Teilbereich der akquisitorischen Distribution wird die *Verkaufs- und Außendienstpolitik* eines Unternehmens betrachtet. Diese weist enge Bezüge zur Absatzwegepolitik auf. Die Frage, ob ein Unternehmen mit selbstständigen Handelsvertretern oder mit fest angestellten Reisenden operieren möchte, wird beispielsweise sehr stark durch verkaufs- bzw. außendienstpolitische Argumente geprägt. Die Wahl zwischen eigenen oder fremden Vertriebsorganen stellt ein klassisches Trade-off-Problem der Betriebswirtschaft dar und ist Gegenstand von Kostenoptimierungsrechnungen. Während der fest angestellte Mitarbeiter ein Gehalt zum größten Teil als Fixum bezieht (unabhängig von der Verkaufsmenge), wird der externe Vertriebsmittler erfolgsabhängig bezahlt. Demnach gibt es einen kritischen Punkt, ab dem ein Festangestellter niedrigere Kosten verursacht als z.B. der Handelsvertreter. Jedoch reicht eine reine Kostenbetrachtung nicht aus, um eine ausreichende Entscheidungsgrundlage zugunsten einer optimierten Verkaufspolitik fällen zu können. Neben Kostengesichtspunkten sind gleichermaßen motivatorische Aspekte im Spannungsfeld zwischen unternehmerischer Eigenständigkeit und Kontrollierbarkeit eigener Verkaufsorgane zu betrachten. Ferner muss berücksichtigt werden, dass Handelsvertreter nicht nur die Produkte des eigenen Unternehmens, sondern immer auch weitere Waren bei einem potenziellen Kunden präsentieren, wobei der Gesamtzusammenhang der Warendarbietung verändert wird.

Weitere Fragestellungen der Verkaufs- und Außendienstpolitik betreffen etwa die Dimensionierung der Teamgröße, die Aufteilung von Außendienstgebieten und die Koordination der einzelnen Vertriebstätigkeiten.

Immer wenn Personen eine zentrale Funktion im Verkaufsprozess wahrnehmen, besteht in der Qualität der Interaktionsprozesse mit dem Kunden ein entscheidender Erfolgsfaktor. Vor diesem Hintergrund kommt der *Personalführung* eine zentrale Bedeutung zu. Damit gehört auch die Ermittlung von Kennzahlen zur Leistungsbeurteilung von Vertriebsmitarbeitern und das Setzen motivierender Steuerungs- und Zielgrößen zum Gegenstandsbereich der Verkaufs- und Außendienstpolitik eines Unternehmens.

Die physische Distribution ist zuallererst ein Management gegenläufiger Kostenfunktionen (Kosten-Kosten-Trade-offs) bzw. von Kosten-Lieferservice-Trade-offs.

Ein *Kosten-Kosten-Trade-off* ist beispielsweise zu beobachten, wenn Transportkosten und Lagerhaltungskosten in ihrer jeweiligen Abhängigkeit von der Anzahl der einzurichtenden Lagerhäuser betrachtet werden (vgl. Abbildung 72). Mit der zunehmenden Anzahl von Regionallägern sinken die Transportkosten (vom Lager zum Kunden) aufgrund der geringeren zu überbrückenden Entfernungen. Umgekehrt verursacht ein Anwachsen der Lagerzahl höhere (zum Teil auch sprungfixe) Kosten für die Einlagerung der Waren (Kapitalbindung) sowie so genannte Systemkosten für den Betrieb der Lagerhäuser (Personal- und Infrastrukturkosten).

Gleichzeitig ist zu berücksichtigen, dass die Transportkosten der Belieferung der Depots ansteigen. Neben diesen Kostenverläufen müssen simultan auch noch die jeweilige geografische Lage und die jeweilige Kapazität der einzurichtenden Lagerhäuser in Abhängigkeit von der Größe des geografisch zu bedienenden Marktes bestimmt werden. Die aus solchen Fragestellungen resultierenden, mithilfe verschiedener Verfahren des Operations Research zum Teil nur heuristisch zu lösenden Optimierungsrechnungen bilden einen zentralen Gegenstandsbereich der Distributionsplanung.

Der zentrale, für den Kunden nachvollziehbare Qualitätsmaßstab der Distributionsleistung eines Unternehmens ist der *Lieferservice*. Die Bestimmung der Lieferservicepolitik in Abhängigkeit von den jeweiligen Produkten und (z. T. parallel verwendeten) Absatzwegen ist ein zentraler Bestandteil der Distribution, da z. B. Modalitäten der Warenübergabe an

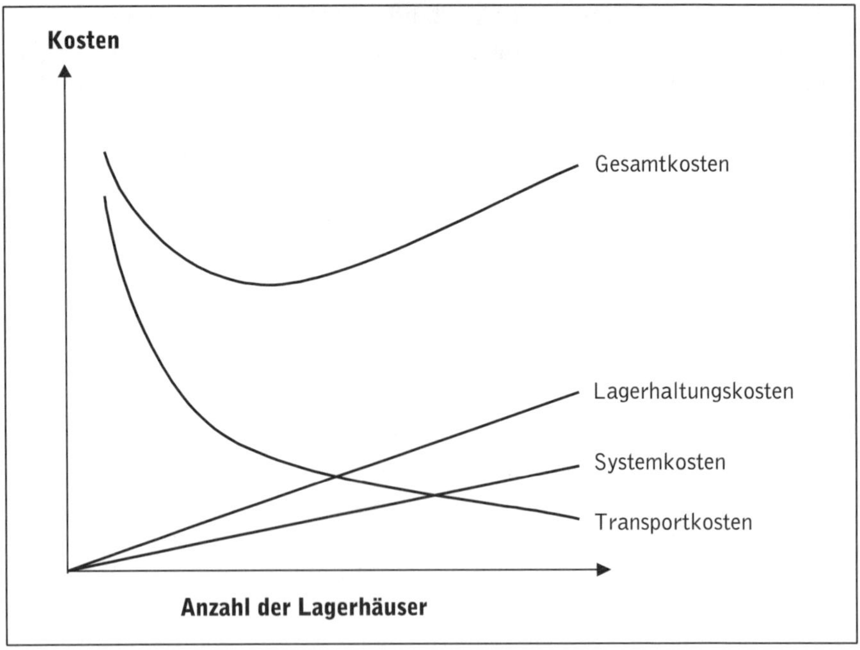

Abbildung 72: Kosten-Kosten-Trade-off in der Distribution

den Kunden einschließlich Auslieferzeiten mit der gesamten Produkt-, Preis- und Kommunikationsstrategie abgestimmt werden müssen. Beispielhaft sei dies anhand der Online-Bestellung eines Buches verdeutlicht. Wird das Internet als Bestellmedium verwendet, wäre es inkonsequent, wenn der Kunde 14 Tage auf die Übersendung der Ware warten müsste. Ein schneller, mit geringen Transaktionskosten verbundener Einkaufsvorgang würde in seiner Nutzenstiftung für den Kunden deutlich eingeschränkt, wenn der Lieferservice nicht konsequent angepasst wäre. Der Lieferservice setzt sich aus mehreren Komponenten (Lieferzeit, Zuverlässigkeit, Lieferbeschaffenheit, Lieferflexibilität) zusammen.

Eine Verbesserung des Lieferservice verursacht regelmäßig Mehrkosten, sodass eine gleichzeitige Optimierung sowohl der Kosten als auch des Lieferserviceniveaus nicht möglich ist. Entsprechend muss so vorgegangen werden, dass zunächst das Anspruchsniveau an den Lieferservice definiert wird, um anschließend bei diesem gegebenen Level die Kosten zu minimieren. Die entgegengerichtete Wirkung von Kosten und Lieferservice macht folgendes Beispiel eines Kosten-Lieferservice-Trade-offs deutlich. Ein Unternehmen setzt sich zum Ziel, die Schadenquote ausgelieferter Versandstücke (Lieferbeschaffenheit) von 5 Prozent auf 3 Prozent abzusenken. Ein geeignetes Mittel wird in der Verwendung neuartiger, besonders schützender Verpackungen gesehen, die jedoch vom Unternehmen neu angeschafft werden müssten. Damit stünden der zweiprozentigen Verbesserung der Schadenquote Investitionen im Distributionssystem gegenüber, sodass vom Distributionsmanagement eine Tradeoff-Entscheidung gefällt werden muss.

Das oben angesprochene Problem der Einrichtung unterschiedlich stufiger Lager- und Ausliefersysteme ist eng mit dem Problem der Standortwahl der physischen Distribution verbunden. Insbesondere bei einer Neugründung bzw. bei der Eröffnung einer zusätzlichen Niederlassung stellt sich die Frage des möglichst optimalen Standorts. In diesem Zusammenhang stellen Standortbewertungsverfahren ein wichtiges Instrument der Distributionsplanung dar. Die Qualität eines zu erschließenden Standortes kann dabei anhand zahlreicher Kriterien überprüft werden, deren Bedeutung bzw. Zielerfüllungsgrade in Scoring-Modelle eingebracht werden können. Eines der wichtigsten Kriterien für einen Standort ist die im jeweiligen Einzugsgebiet verfügbare Kaufkraft. Weitere zu berücksichtigende Größen stellen regionale/lokale Investitionsbeihilfen, Steuervergünstigungen, Grundstückspreise oder Arbeitskräfteangebot dar. Aus distributionslogistischer Sicht sind vor allem die Möglichkeiten der Verkehrsanbindung und die vorhandene Verkehrsinfrastruktur (Bahnanschluss, Autobahnnähe, Parkplatzangebot etc.) von Bedeutung.

Als originärer distributionslogistischer Entscheidungskomplex gilt die Planung, Steuerung und Kontrolle der *Transportprozesse.* Alle Einzelentscheidungen im Bereich Transport werden beeinflusst durch

- Art und Anzahl der zu transportierenden Güter,
- Struktur des Liefergebietes (etwa die räumliche Ausdehnung),
- Standorte der zu ver- und entsorgenden Depots,
- Nachfragespezifika wie beispielsweise die Zyklizität des Bedarfs.

Innerhalb dieser strukturgebenden Merkmale muss im Distributionssystem entschieden werden, welche Verkehrsträger (Straße, Schiene, Wasser) bzw. Verkehrsmittel (Eisenbahnen, Lastkraftwagen, Flugzeuge etc.) bzw. welche Kombinationen eingesetzt werden sollen – unter jeweiliger Berücksichtigung der verkehrsmittelspezifischen Kosten bzw. Eignung –, um die gesetzten Lieferserviceziele zu erreichen. Gerade im Bereich des

Lkw-gebundenen Straßentransports rückt die Frage über die Einrichtung eines eigenen Fuhrparks (Werkverkehre) bzw. der Einschaltung von Distributionshelfern (also Logistikdienstleistern) in den Mittelpunkt. Wiederum ist eine Optimierungsentscheidung zwischen dem Eigenfuhrpark und den entsprechend hohen Fixkosten einerseits und den höheren variablen Kosten im Falle der Fremderstellung andererseits zu treffen.

Umsetzung

Es wäre unzutreffend, Distributionsmanagement in eine Reihe mit Managementkonzepten wie TQM oder Lean Management einzuordnen. Distribution ist in diesem Sinne kein Konzept, sondern eine betriebswirtschaftliche Notwendigkeit. Jedes Unternehmen ist darauf angewiesen, dass seine Produkte ihren Weg zum Nachfrager nehmen können. Vor diesem Hintergrund ist hinsichtlich der Umsetzung distributionspolitischer Überlegungen lediglich auf einige Fallstricke hinzuweisen.

Problem der Trennung von physischer und akquisitorischer Distribution

Es darf nicht übersehen werden, dass die organisatorische Trennung zwischen akquisitorischer und physischer Distribution kontraproduktiv für die Lösung der Distributionsaufgaben eines Unternehmens ist. Während die Logistikströme nach dem Willen und der Incentivierung der Logistikmanager primär kostenorientiert gestaltet werden, handeln Verkaufsorgane stark umsatzorientiert. Hieraus ergibt sich für das Distributionsmanagement ein permanenter Konfliktherd, der am besten durch das frühzeitige Zusammenbringen der verschiedenen Mitarbeiter und durch eine Homogenisierung der Zielsetzungen und Anreizsysteme umgangen werden kann.

Isolierte Optimierung der Distributionsfunktion

Wie für alle anderen Marketing-Mix-Elemente gilt auch für die Distributionspolitik, dass eine isolierte Optimierung der relevanten Problemstellungen im Hinblick auf die Erreichung der Gesamtziele möglicherweise kontraproduktiv ist. Jedes einzelne Marketing-Mix-Element kann nur dann effektiv eingesetzt werden, wenn alle Teilbereiche aufeinander abgestimmt werden. Es macht keinen Sinn, eine Sonderverkaufsaktion mit stark reduzierten Preisen anzukündigen (Verkaufsförderung/Preispolitik), ohne vorher die distributionslogistische Realisierbarkeit der zusätzlich anfallenden Warenströme überprüft zu haben.

Eine letzte Anmerkung gilt der zunehmenden Bedeutung *»elektronischer« Vertriebskanäle*. Für ein bestimmtes Warenspektrum, die so genannten »binären Güter«, verändern sich künftig die Distributionsvorgänge ganz elementar. Für Tonträger, Videos, auch Bücher, Fahr- und Eintrittskarten etwa können physische Distributionsprozesse mehr und mehr durch informationslogistische Ströme ersetzt werden, sodass sich ein tiefgreifender Wandel in den Distributionsinfrastrukturen ergeben wird. Bei der Gestaltung solcher neuen Absatzwege steht die Distributionspolitik vor neuen Aufgaben.

Gleiches gilt für die derzeit in sehr vielen Unternehmen relevante Frage, ob neben der bestehenden stationären Vertriebsinfrastruktur eine ergänzende oder gar ersetzende Vertriebsschiene über Online-Medien einzurichten ist. Kannibalisierungseffekte und die informationslogistische Verzahnung der Güterströme in solchen neuen Absatzkanälen verändern bzw. erweitern derzeit das Aufgabenspektrum der Distribution.

Decision-Support-Systeme

Decision-Support-Systeme werden heute in den verschiedensten Branchen eingesetzt. Immer ist das Ziel, komplexe Zusammenhänge, die nicht auf einfache Weise intuitiv oder analytisch erfasst werden können, so realitätsnah und gleichzeitig so einfach wie möglich in einem Computermodell abzubilden. Dadurch können Entwicklungskosten und Entwicklungszeiten von Produkten reduziert, die Wirkungen von Entscheidungen prognostiziert sowie Risiken minimiert werden.

Die Anwendung solcher Systeme umfasst ein breites Spektrum. Halbleiterbausteine oder Prozessoren werden heute fast ausschließlich mithilfe von Computern entworfen, entwickelt und getestet. In einem Flugsimulator können verschiedene außergewöhnliche Situationen simuliert werden, ohne Piloten oder Fluggäste in Gefahr zu bringen. In der Automobilindustrie gibt es Simulatoren, in denen das Fahrverhalten von Fahrzeugen bei unterschiedlichen Witterungsverhältnissen simuliert wird. Die Entwicklungskosten bei Crashtests werden durch den Einsatz von Simulationsmodellen reduziert. Der Vorteil all dieser Simulationen ist, dass man verschiedene Szenarien unter vorher festgelegten Rahmenbedingungen testen kann.

Umso verwunderlicher ist es, dass moderne Simulationsmethoden nur zögerlich in der strategischen Unternehmensführung eingesetzt werden. Denn gerade hier herrscht große Unsicherheit darüber, wie bei zunehmender Wettbewerbsintensität und wachsender Komplexität von Markt- und Wettbewerbsbedingungen die Produkt- und Preisgestaltung optimal auf die Kundenbedürfnisse ausgerichtet werden können. Um in diesem Umfeld die richtigen Entscheidungen zu treffen, bieten Decision-Support-Systeme eine wertvolle Unterstützung. Mit ihnen kann man den Effekt einer Angebotsveränderung vor der Implementierung abschätzen und somit deutlich die Unsicherheit bei der Entscheidung reduzieren.

Definition und Zielsetzung

Aufgrund der komplexen Marktgegebenheiten reichen heute Gespür, Erfahrung und Intuition nicht mehr aus, um den Absatz-, Umsatz- oder Deckungsbeitragseffekt von Fragestellungen wie Produktveränderung, -einführung oder -elimination bzw. Preisdifferenzierung oder -bündelung zu quantifizieren. Hier liegt der Mehrwert von *Decision-Support-Systemen*. Mit ihnen steht dem Management ein Werkzeug zur Verfügung, mit dem es Reaktionen des Marktes im Vorfeld abschätzen und verschiedene Handlungsoptionen kostengünstig sowie ohne Risiken testen kann. Dabei können Decision-Support-Systeme sowohl zur Ideengenerierung als auch zur Entwicklung von Reaktionsstrategien verwendet werden. Idealerweise kann ein einmal implementiertes Decision-Support-System für alle Produkt- und Preisentscheidungen während des gesamten Produktlebenszyklus genutzt werden. So hat z. B. ein deutscher Mobilfunkanbieter ein solches System über einen Zeitraum von ca. drei Jahren genutzt, um einerseits die Auswirkungen neuer Tarifstrukturen zu testen und andererseits die im vierteljährlichen Rhythmus notwendigen Tarifanpassungen festzulegen.

Im Einzelnen lassen sich mithilfe eines solchen Systems folgende Fragen beantworten:

- Wie lautet die Preis-Absatz-Funktion, wie hoch ist die Preiselastizität?
- Wie wirken sich Produkt- und Preisvariationen einzelner Produkte oder Produktlinien auf Absatz, Umsatz und Deckungsbeitrag des Unternehmens aus?
- Wie sieht die ertragsoptimale Produktkonfiguration aus? Wo liegt das optimale Preisniveau unter Einbeziehung möglicher Wettbewerbsreaktionen?
- Wie verändern sich Absatz und Ertrag eines Unternehmens bei Produkteinführung oder -elimination?
- Wie reagieren die verschiedenen Kundensegmente auf Produkt- und Preisvariationen? Können auf Basis dieser Ergebnisse zielgruppenspezifische Marketingmaßnahmen entwickelt werden?

Neben der gezielten Untersuchung produkt- oder dienstleistungsbezogener Fragestellungen können Decision-Support-Systeme zur Lösung von Zielkonflikten eingesetzt werden. Beispielsweise wird durch die Quantifizierung des Trade-offs zwischen Absatz und Umsatz eine objektive Basis für eine rationale strategische Entscheidung geschaffen. Ein weiterer Aspekt ist die Versachlichung der Diskussion zwischen verschiedenen Einheiten in einem Unternehmen (z. B. Vertrieb, Marketing, Produktion, Controlling), indem die Konsequenzen einer Entscheidung durch »harte« Zahlen untermauert werden.

Decision-Support-Systeme liefern Antworten auf einige der am häufigsten gestellten Fragen im Marketing. Allerdings ist ein solches Tool nicht für jede Art von Produkt und Markt gleichermaßen geeignet. Der optimale Einsatzbereich sind Märkte mit einer Vielzahl von (potenziellen) Kunden und Produkte mit einem hohen Maß an Standardisierung. Damit bietet sich in erster Linie der Endkundenmarkt an. Aber auch im Business-to-Business-Markt kann die Verwendung eines solchen Tools durchaus sinnvoll sein, wenn der Markt aus mindestens drei bis fünf Unternehmen besteht und keines von ihnen das Marktgeschehen dominiert. Daneben spielt der Grad der Standardisierung eine wichtige Rolle. Stellt im Endkundenbereich mangelnde Produktstandardisierung nur selten eine Einschränkung für die Verwendung von Decision-Support-Systemen dar, so muss die Situation im B-2-B-Geschäft differenzierter betrachtet werden. In Industrien wie z. B. Anlagenbau, Facility Management oder Consulting, bei denen die Produkte stark variieren, ist die Entwicklung eines Decision-Support-Systems nicht sinnvoll. Dagegen ist z. B. in den Bereichen Logistik und Maschinenbau der Einsatz solcher Systeme durchaus denkbar.

Eine weitere Einschränkung beim Einsatz von Decision-Support-Modellen ist ihre Entwicklungszeit, die in Abhängigkeit von der Problemstellung mindestens drei bis fünf Monate beträgt. Somit sind solche Tools nicht für eine kurzfristige Entscheidungsunterstützung geeignet. Grund für die lange Entwicklungszeit ist, dass es nicht ein generell anwendbares Decision-Support-System gibt, sondern dass das Modell im Hinblick auf die individuellen Bedürfnisse des Unternehmens »maßgeschneidert« werden muss.

Darstellung und Funktionsweise

In einem Decision-Support-System wird Kundenverhalten im Spannungsfeld der eigenen und der Wettbewerbsprodukte untersucht. Daher benötigt jedes Decision-Support-System Informationen über Kundenpräferenzen und -bedürfnisse, den Kaufentscheidungsprozess, die Marktstruktur und -entwicklung (eigene Produkte und Wettbewerbsprodukte) sowie sonstige Marketingelemente (wie etwa Kommunikation oder Vertrieb). Diese Informationen werden dann, wie in Abbildung 73 dargestellt, im Decision-Support-System verdichtet und erlauben eine Prognose der Mengen- und Absatzeffekte bei Veränderungen der Marketingparameter. Dabei wird eine Vielzahl von Interaktionen berücksichtigt: Wanderungsbewegungen zwischen verschiedenen Anbietern, Wanderungen zwischen Produktkategorien desselben Anbieters und Wanderungen innerhalb einer Produktkategorie. Werden darüber hinaus Kosten in das System integriert, können zusätzlich Deckungsbeiträge ermittelt werden. Neben der ökonomischen Bewertung einzelner Maßnahmen kann auch eine Optimierung des Produktportfolios durchgeführt werden. Dies erfolgt in einem iterativen Prozess: Das Ergebnis der vorherigen Simulation wird als Input für die nächste Simulation verwendet; somit wird durch kontinuierliche Anpassung die Optimierung im Hinblick auf die Ziele des Managements erreicht.

Um die reale Kaufentscheidung in einem Decision-Support-System näherungsweise abbilden zu können, muss eine Vielzahl von Einflussfaktoren berücksichtigt werden:

- Als Rahmenbedingung für die Entwicklung eines Decision-Support-Systems ist der abzubildende relevante Markt zu definieren. Dieser richtet sich nach der Fragestellung und muss im Projektteam präzisiert werden. Enthält der relevante Markt im Falle von Autos z.B. nur die Fahrzeuge der Oberklasse, oder sollen auch Mittelklassefahrzeuge berücksichtigt werden? Sind von der künftigen Produktentscheidung nur Privatkunden betroffen, oder hat dies auch Einfluss auf die Kaufentscheidung von Geschäftskunden? Dieser Modellmarkt bestimmt dann die eigenen Produkte und die Wettbewerbsprodukte, die in das Modell integriert werden. Dabei gilt der Grundsatz: Es müssen nicht alle, sondern nur die wichtigsten Wettbewerbsprodukte integriert werden. Weiterhin gilt es, bei der Systementwicklung stagnierende oder schwach wachsende von stark wachsenden Märkten zu unterscheiden. Letztere verändern schnell ihre Marktstruktur und stellen somit höhere Anforderungen an die Flexibilität und die Dynamik eines Decision-Support-Systems.
- Kern eines Decision-Support-Systems sind die Kundenbedürfnisse und -präferenzen sowie der Kaufentscheidungsprozess. Daten zu diesen

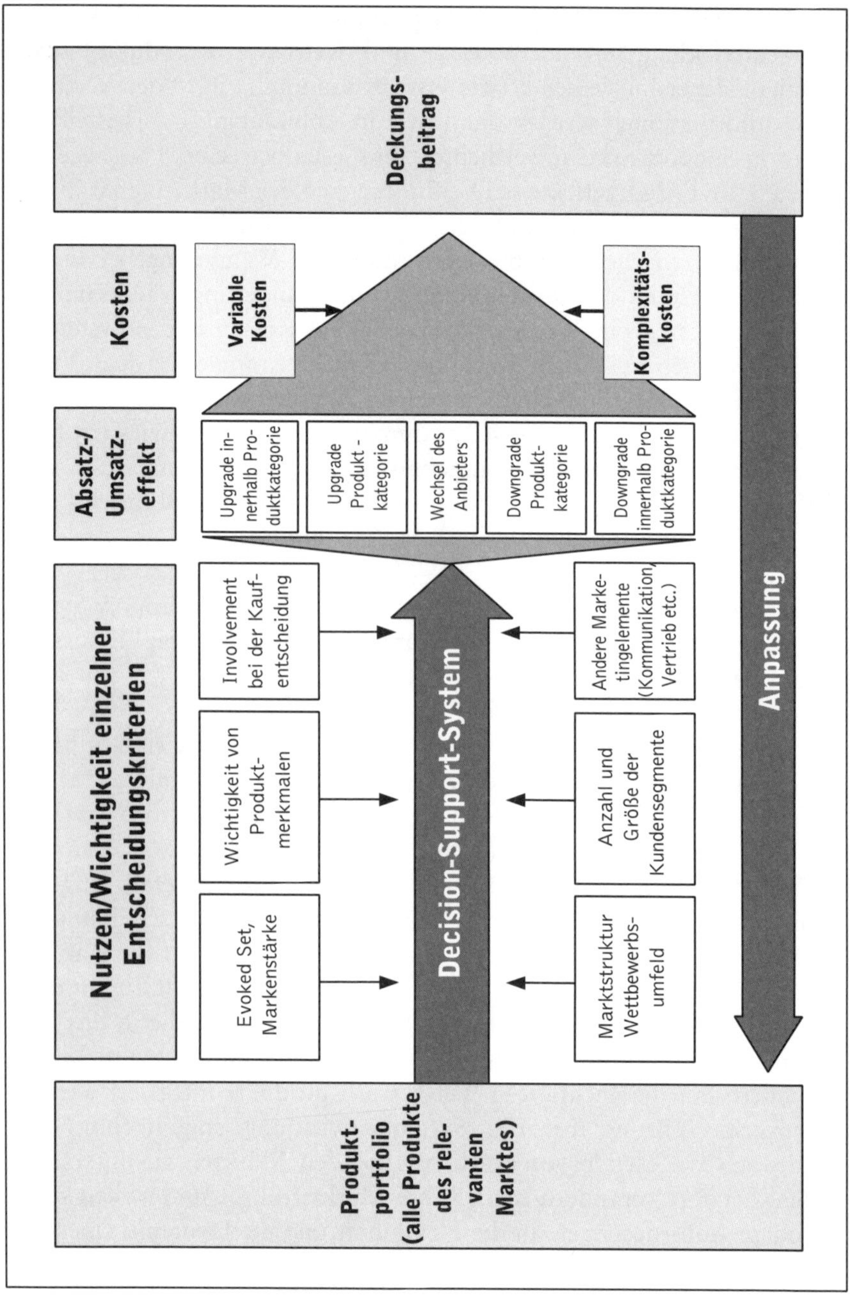

Abbildung 73: Elemente und Struktur eines Decision-Support-Systems

Aspekten werden im Rahmen einer Kundenbefragung erhoben. Versucht man allerdings, diese Elemente mittels konventioneller Marktforschungstechniken zu messen, so werden meist Fragen nach der Bedeutung einzelner Produkteigenschaften und der Preisbereitschaft für dieses Produkt gestellt. Als Problem erweist sich dabei regelmäßig eine Anspruchsinflation der Interviewpartner. Tendenziell werden alle Produktmerkmale als wichtig oder sehr wichtig eingeschätzt. Um diesem Dilemma zu entgehen, empfiehlt sich ein indirektes Befragungsverfahren, z. B. das Verfahren des Conjoint-Measurement, mit dem Kundennutzen und Preisbereitschaften für verschiedene Leistungsmerkmale eines Produktes valide gemessen werden können. Dabei muss sich der Kunde wie in der Realität zwischen verschiedenen Produktalternativen entscheiden. Anschließend können anhand der Antworten des Befragten so genannte Nutzenwerte für jede Merkmalsausprägung ermittelt werden, die dann in das System integriert werden.

- Kaufentscheidungsprozesse sind je nach Produkt und Situation unterschiedlich. Niemand wird bezweifeln, dass der Kaufentscheidungsprozess bei Waschmitteln ein anderer ist als bei Autos. Und selbst bei ähnlichen Produkten fällt der Prozess häufig unterschiedlich aus. So wird ein und dieselbe Person bei einer geschäftlichen Flugreise einen anderen Prozess durchlaufen als bei einer privaten Reise. Dieses individuell unterschiedliche Involvement kann im Wesentlichen durch folgende vier Aspekte erfasst und muss während einer Befragung mit erhoben werden: finanzielle Bedeutung des Kaufes für den Nachfrager, Kaufhäufigkeit, Dauer des Kaufentscheidungsprozesses und Informationsstand des Nachfragers.
- Markentreue und Mindestanforderungen an bestimmte Produktmerkmale dominieren in vielen Fällen das Kaufverhalten und müssen deshalb auch im Decision-Support-System berücksichtigt werden. Dies geschieht, indem man das individuelle Evoked Set des Befragten bestimmt. So wird ein Autokäufer selten alle angebotenen Marken und Fahrzeuge in dem für ihn relevanten Segment bei seiner Kaufentscheidung berücksichtigen, vielmehr spielen dabei meist nur wenige Fahrzeuge eine Rolle. Je nach Produkt steht in vielen Fällen sogar die Marke von vornherein fest, und es findet nur noch eine Wahl zwischen den Modellen einer Marke statt. Daneben sind vollständige Nichtakzeptanz einer Produkteigenschaft oder bestimmte Mindestanforderungen von großer Bedeutung. So werden Geschäftsreisende in vielen Fällen einen Mindestaufenthalt bei Inlandsflugreisen nicht akzeptie-

ren, und bei der Vorausbuchungsfrist akzeptieren sie keine Restriktionen.

Wie detailliert diese Informationen sein müssen, hängt von den vom Management im Vorfeld gestellten Anforderungen und Fragestellungen ab, die zu beantworten sind. Soll eine Preispositionierung für eine gesamte Produktlinie durchgeführt werden, oder sollen Preisabstände zwischen einzelnen Produkten dieser Produktlinie optimiert werden? Genügt eine Aussage zum Reiseverhalten von Geschäftskunden, oder werden getrennte Aussagen nach viel und wenig reisenden Geschäftskunden erwartet? Dabei gilt der Grundsatz: Die feinste Segmentierung bestimmt die Anforderungen an das System und damit den Detaillierungsgrad der notwendigen Information.

Umsetzung

Ein Decision-Support-System soll dem Manager helfen, die Konsequenzen seiner Produkt- und Preisentscheidungen besser abschätzen zu können und damit im Hinblick auf seine Ziele zur optimalen Entscheidung zu gelangen. Will das Management den Gewinn maximieren? Kurzfristig oder langfristig? Oder verfolgt es eine Kombination von angemessenem Gewinn und Erreichung eines bestimmten Marktanteils (eine in der Realität sehr häufige Zielsetzung)? Oder will der Manager die Penetration in einem bestimmten Kundensegment erhöhen? Die Ziele legt das Management fest, und das Decision-Support-System hilft, diejenigen Aktionen zu wählen, die die Ziele optimal erfüllen.

Produkteinführung, -modifikation und -elimination

Der Automobilmarkt ist durch eine Vielzahl von Anbietern, Motorisierungsvarianten und unterschiedlichen Aufbauformen gekennzeichnet, sodass eine Quantifizierung der Auswirkungen produkt- und preispolitischer Maßnahmen auf subjektiver Basis nahezu unmöglich ist. Aufgrund der komplexen Wirkungszusammenhänge ist somit der Einsatz eines Decision-Support-Systems sinnvoll. Dazu wird das allgemeine Modell aus Abbildung 73 auf den Automobilmarkt angewendet. Die dazugehö-

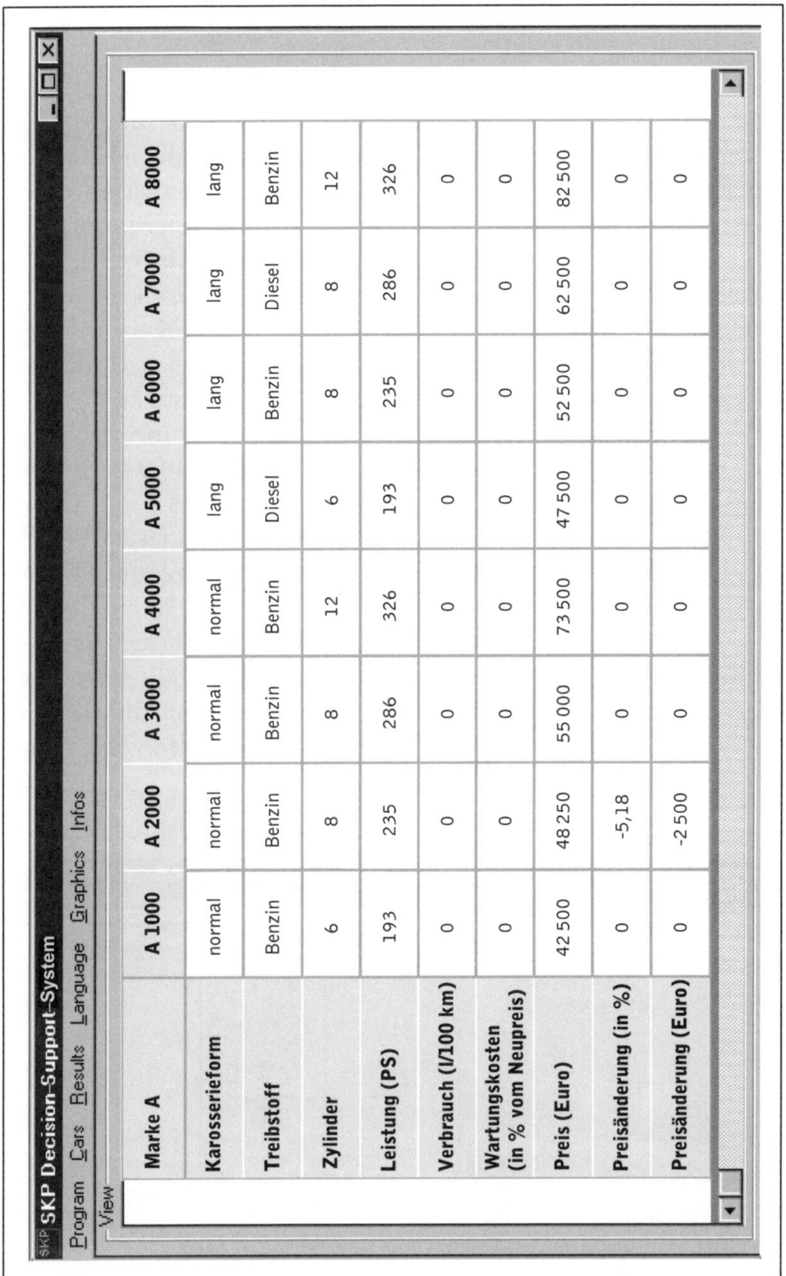

Marke A	A 1000	A 2000	A 3000	A 4000	A 5000	A 6000	A 7000	A 8000
Karosserieform	normal	normal	normal	normal	lang	lang	lang	lang
Treibstoff	Benzin	Benzin	Benzin	Benzin	Diesel	Benzin	Diesel	Benzin
Zylinder	6	8	8	12	6	8	8	12
Leistung (PS)	193	235	286	326	193	235	286	326
Verbrauch (l/100 km)	0	0	0	0	0	0	0	0
Wartungskosten (in % vom Neupreis)	0	0	0	0	0	0	0	0
Preis (Euro)	42 500	48 250	55 000	73 500	47 500	52 500	62 500	82 500
Preisänderung (in %)	0	-5,18	0	0	0	0	0	0
Preisänderung (Euro)	0	-2 500	0	0	0	0	0	0

Abbildung 74: Benutzeroberfläche eines Decision-Support-Systems

rige Benutzeroberfläche für den Hersteller A mit den acht Modellen A1000 bis A8000 ist in Abbildung 74 dargestellt.

Entsprechende Tabellen gibt es für alle anderen Hersteller, die in diesem Segment des Automarktes konkurrieren, sowie für weitere Modellreihen des Herstellers A. Links sind die Merkmale angegeben, die im Rahmen dieser Analyse zur Simulation der Marktanteile herangezogen werden. Einige dieser Merkmale, z. B. Verbrauch und Wartungskosten, können im Decision-Support-System verändert werden, sodass man sowohl die Wirkung einer Preisänderung als auch die Wirkung von Änderungen anderer Merkmale simulieren kann. Darüber hinaus ist es möglich, ein Fahrzeug ganz aus dem Angebot zu nehmen und zu analysieren, wie sich dies auf den eigenen Absatz und denjenigen der Wettbewerber auswirkt.

In der vorliegenden Anwendung wird eine Preissenkung von 2 500 Euro (das entspricht 5,18 Prozent) für das Modell A 2000 betrachtet. Diese Preisänderung wird in das System eingegeben, was dann Absatzzahlen für alle Modelle des Herstellers A sowie der wichtigsten Wettbewerber B und C liefert. Der linke Teil der folgenden Abbildung 75 zeigt die Auswirkungen der Preissenkung für das Modell A 2000 auf die Modelle von A. Im rechten Teil sind die Absatzänderungen für die Hersteller B und C dargestellt. Die Preissenkung beim Modell A 2000 führt zu einer Absatzsteigerung bei diesem Modell von etwa 1400 Einheiten. Es wird deutlich, dass dieser Mehrabsatz zu erheblichen Teilen von anderen

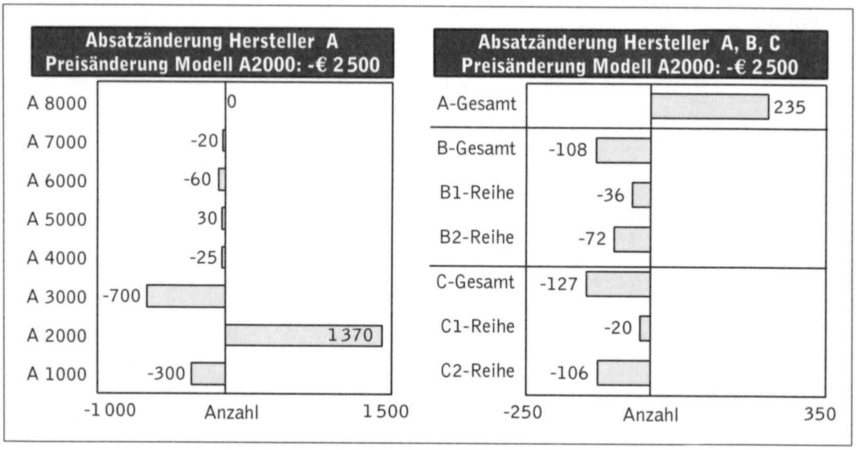

Abbildung 75: Absatzänderung

Modellen des Herstellers A stammt (Kannibalisierung). So verlieren das Modell A 3000 etwa 700 Stück und das Modell A 1000 etwa 300 Stück an das nun deutlich billigere Produkt A 2000. Die Modelle A 4000 bis A 8000 sind hingegen kaum betroffen. Bei der Berechnung der Gewinnwirkung für Hersteller A müssen die Verschiebungen bei den anderen Modellen natürlich einbezogen werden. Die vorliegende Simulation gilt für die isolierte Preissenkung von 2500 Euro beim Modell A 2000, Reaktionen der Wettbewerber sind nicht einbezogen. Selbstverständlich lassen sich mithilfe des Decision-Support-Systems auch alle Arten von Wettbewerbsreaktionen simulieren. Um das Risikopotenzial einer Produkt- oder Preisveränderung abschätzen zu können, werden in der Praxis häufig verschiedene mögliche Wettbewerbsszenarien entwickelt und simuliert. Je nachdem, wie hoch das Management die Wahrscheinlichkeit für die eine oder andere Wettbewerbsreaktion einschätzt, kann somit eine sehr realistische Gesamtabsatzwirkung der entsprechenden Maßnahme abgeleitet werden.

Abbildung 75 zeigt die Auswirkungen einer Preissenkung auf die Absatzmenge. Aus diesen Daten lassen sich durch Einbeziehung der Kosten die Gewinnwirkungen für unterschiedliche Preisänderungen berechnen. In der folgenden Abbildung 76 sind die Mengen- und Gewinnwirkungen für Preisänderungen der gesamten Modellreihe im Kernmarkt für ein

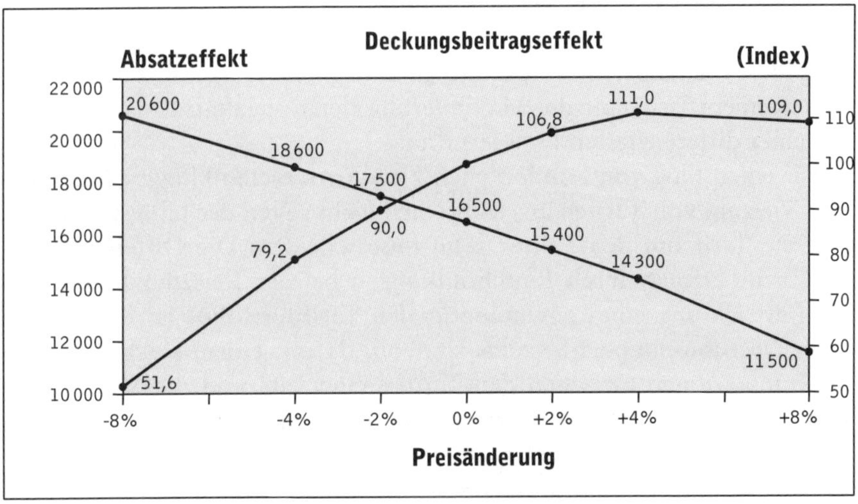

Abbildung 76: Nachfrage- und Gewinneffekt

weltweit führendes Automobilunternehmen im Bereich von –8 Prozent bis +8 Prozent dargestellt. Die Gewinnkurve erreicht ihr Maximum bei einer Preiserhöhung von +4 Prozent. Der Gewinn ist dort um 11 Prozent höher als im Ausgangsszenario, was einem Mehrgewinn von ca. 90 Millionen Euro pro Jahr entspricht. Ein Decision-Support-System dieser Art liefert präzise Aussagen für die Preisoptimierung. Im vorliegenden Fall sind dabei die Gewinnwirkungen für die gesamte Modellreihe einbezogen. Statt der gleichartigen Preiserhöhung von 4 Prozent für alle Modelle können natürlich auch differenzierte Preisanpassungen für einzelne Modelle betrachtet werden.

Preisdifferenzierung und Revenue Management

Revenue Management ist ein umfassendes Instrument zur Gestaltung gewinnbringender Kombinationen von Preis und Absatzmenge. Es wird vorwiegend in Dienstleistungsbranchen wie Hotelketten, Mietwagenfirmen oder Personen- und Gütertransportunternehmen eingesetzt. Dienstleistungen sind durch eine hohe Integrativität gekennzeichnet: Sie können nicht erstellt werden, ohne dass sich Kunden an der Erstellung beteiligen. Eine Beförderungsdienstleistung ohne Gast ist nicht möglich. Einerseits bieten sich einem Unternehmen daher besonders gute Möglichkeiten, die Preise nur zeitlich, räumlich und personenbezogen zu differenzieren. Andererseits besteht die Notwendigkeit, eine hohe Auslastung der vorhandenen Kapazität zu erreichen. Aufgabe des Revenue Management ist somit die Maximierung der Kapazitätsauslastung mittels einer differenzierten Preisgestaltung.

Für einen Flug von London nach New York bieten Fluggesellschaften eine Vielzahl von Tarifen an, wobei sich nicht selten der billigste und der teuerste Tarif um den Faktor zehn unterscheiden. Die Differenzierung der Tarife erfolgt durch Einschränkungen bei der Reiseflexibilität. Für die Entwicklung eines gewinnoptimalen Tarifportfolios ist der Einsatz eines Decision-Support-Systems sinnvoll, da mit einem solchen System die Interaktionen zwischen den Tarifen einerseits und die Wechselwirkungen mit anderen Anbietern andererseits quantitativ erfasst werden können. Abbildung 77 zeigt ein gewinnoptimales Tarifportfolio, das mithilfe eines Decision-Support-Systems für ein europäisches Bahnunternehmen entwickelt wurde. Die optimale Tarifkombination besteht aus drei Business-Class- und vier Economy-Class-Tarifen, die sich neben dem Servicekomfort durch die Vorausbuchungsfrist, den Mindestaufenthalt, die Reservierung und die Umbuchungsmöglichkeiten unterscheiden. Der Preisunterschied zwischen dem billigsten und dem teuersten Tarif liegt bei 4:1.

	Tarif 1	Tarif 2	Tarif 3	Tarif 4	Tarif 5	Tarif 6	Tarif 7
Buchungsklasse	Business	Business	Business	Economy	Economy	Economy	Economy
Vorausbuchungsfrist	Nein	Nein	7 Tage	Nein	3 Tage	3 Tage	7 Tage
Mindestaufenthalt	Nein	Nein	Nein	Nein	Nein	3 Nächte	3 Nächte
Buchungsgarantie	Garantie	Normal	Normal	Normal	Normal	Normal	Normal
Umbuchung/ Erstattung	immer möglich	immer möglich	50 % Erstattung	immer möglich	50 % Erstattung	50 % Erstattung	nicht möglich
Preis	400	320	200	200	170	130	100

Abbildung 77: Optimale Tarifstruktur für einen Transportdienstleister

Der teuerste Tarif bietet den besten Servicekomfort und volle Flexibilität. Dagegen muss der günstigste Tarif lange im Voraus gebucht werden, ist verbunden mit einem Mindestaufenthalt und kann nicht umgebucht werden. Diese Buchungsrestriktionen ermöglichen somit deutliche Preisunterschiede zwischen verschiedenen Tarifen, ohne jedoch auf die hohe Preisbereitschaft der Geschäftsreisenden verzichten zu müssen.

In Abbildung 78 sind Nachfrage und Gewinn für verschiedene Tarifportfolios, die sich in der Anzahl und Art der Tarife unterscheiden, dargestellt.

Ausgehend vom Basispreissystem, das aus zwei voll flexiblen Tarifen in der Business- und der Economy-Class besteht (Nachfrage = 100, Gewinn = 100), können Absatz und Gewinn durch die Hinzunahme weiterer Tarife gesteigert werden. Allerdings nimmt diese Steigerung mit zunehmender Anzahl der bereits vorhandenen Tarife ab, sodass ein Tarifportfolio, das aus mehr als sieben verschiedenen Tarifen besteht, nicht sinnvoll ist. Insgesamt kann durch die Einführung eines differenzierten Preissystems gegenüber dem Basispreissystem Absatz und Gewinn um ca. 14 Prozent gesteigert werden. Eine weitere Gewinnsteigerung, die allerdings mit einem leichten Nachfragerückgang verbunden ist, lässt

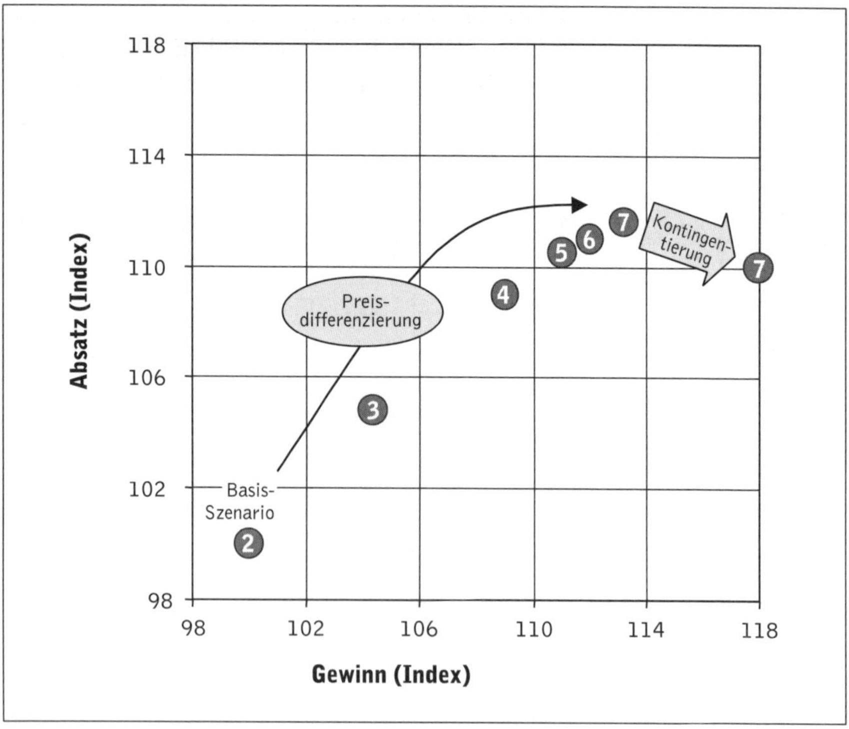

Abbildung 78: Nachfrage- und Gewinnauswirkungen verschiedener Tarifportfolios für einen Transportdienstleister

sich durch die Kontingentierung einzelner, hauptsächlich der preisgünstigen, Tarife erreichen. Dadurch wechseln weniger preissensible Kunden in »höherwertige« und damit teurere Tarife; nur ein kleiner Teil wechselt bei moderater Kontingentierung zu einem anderen Anbieter oder verschiebt seine Reise. Insgesamt kann somit der Gewinn um knapp 20 Prozent gesteigert werden. Ein Decision-Support-System ist hervorragend geeignet, um Absatz-, Umsatz- und Gewinnauswirkungen verschiedener Tarifkombinationen bezüglich Anzahl und Ausgestaltung der Tarife zu bestimmen und die Wirkung einer Kontingentierung einzelner Tarife abzuschätzen.

Die meisten Fluggesellschaften steuern ihre Preise und Kontingentgrößen tageszeit-, wochentag- und streckenspezifisch auf Basis vergangenheitsbezogener Buchungsdaten und des aktuellen Buchungsstands. Damit sind allerdings Prognosen über die Absatz-, Umsatz- und Gewinnauswirkungen zukünftiger Tarife oder Modifikationen bestehender Tarife nicht möglich. Ebenso können die Auswirkungen von Wettbewerbsmaßnahmen nicht quantifiziert werden. Dieser Blick in die Zukunft und die Beantwortung der Frage »Was wäre, wenn?« ist mithilfe eines Decision-Support-Systems möglich. Somit stellt ein solches, auf die Zukunft gerichtetes System eine ideale Ergänzung zu den vergangenheitsbezogenen, bereits vorhandenen Datenbanken der Fluggesellschaften dar.

Lösung von strategischen Zielkonflikten: Gewinn, Nachfrage oder beides

Decision-Support-Systeme eignen sich hervorragend zur Lösung von Zielkonflikten. Bei den bisherigen Überlegungen wurde immer davon ausgegangen, dass das Unternehmen seinen Gewinn maximieren will. Dies wird durch zahlreiche Studien auch belegt. Allerdings haben unserer Erfahrung nach viele Unternehmen neben dem Ziel der Gewinnmaximierung auch das Ziel, ihren Marktanteil zu maximieren. So ist etwa die dominierende Größe in den Marketingplänen führender Automobilhersteller die Anzahl verkaufter Fahrzeuge. In der Computerindustrie richtet sich die Dimensionierung einer Fertigungsstätte nach den Absatzzielen des Unternehmens, wodurch implizit eine Mindestauslastung vorgegeben ist, um profitabel zu produzieren. Ebenso ist in fast allen Dienstleistungsbereichen die Kapazitätsauslastung die entscheidende Größe für den Erfolg eines Unternehmens. Angesichts dieser Restriktionen wird deutlich, dass Gewinnmaximierung in vielen Branchen und Unternehmen nicht die einzige Zielgröße sein kann. Vielmehr beobachten wir, dass in der Praxis eine Kombination der beiden Ziele Gewinn und Absatz verfolgt wird. Dabei ist der Trade-off zwischen diesen beiden Zielen eine strategische Entscheidung. Der Absatz ist dabei eine Proxy-Variable für die zukünftige Position eines Unternehmens.

Manager wollen sich in der Regel nicht zwischen Gewinn und Absatz entscheiden: Sie wollen sowohl eine Gewinn- als auch eine Absatzsteigerung. Zur Darstellung dieses Zielkonfliktes eignet sich die so genannte »Trade-off-Matrix« (Abbildung 79). In dieser Matrix sind das Gewinnwachstum auf der vertikalen Achse und das Absatzwachstum auf der horizontalen Achse aufgetragen (100 stellt die heutige Situation dar). Der obere rechte Quadrant I ist der Wunschtraum eines jeden Managers:

In ihm nehmen Gewinn und Nachfrage zu. In Quadrant II steigt der Gewinn auf Kosten des Absatzes, während Quadrant IV die umgekehrte Entwicklung darstellt. In diesen beiden Quadranten muss der Manager einen Trade-off zwischen Gewinn und Absatzwachstum akzeptieren. Quadrant III schließlich stellt den Albtraum eines jeden Managers dar. In der Regel kann eine gleichzeitige Steigerung von Gewinn und Nachfrage nur durch eine Produktveränderung erreicht werden. Bemühungen, den Quadrant I allein durch Pricing-Maßnahmen zu erreichen, sind häufig unrealistisch und frustrierend.

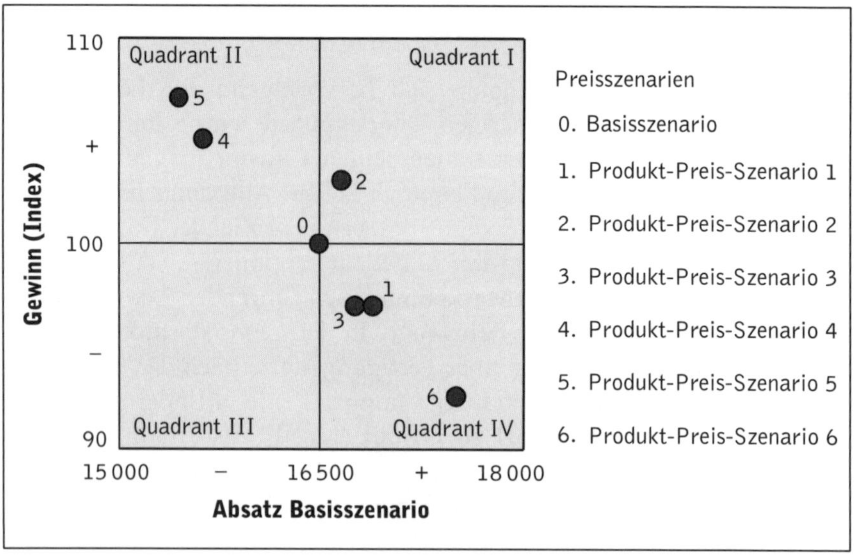

Abbildung 79: Trade-off-Matrix

Abbildung 79 zeigt eine Anwendung dieser Matrix für ein Computerunternehmen. Neben dem Ausgangsszenario werden sechs weitere Szenarien mit unterschiedlichem Ergebnis betrachtet. Die Produkt-Preis-Szenarien 4 und 5 führen durch Preiserhöhung zu deutlich höheren Gewinnen, aber die Absatzmenge geht auch spürbar zurück. Bei den Szenarien 1, 3 und 6 ist es umgekehrt: Niedrigere Preise bringen höhere Absatzmengen, aber auch niedrigere Gewinne. Lediglich in Szenario 2 gelingt eine Steigerung sowohl der Absatzmenge als auch des Gewinns.

Szenario 2 besteht nicht aus einer reinen Preiserhöhung, sondern die Preiserhöhung wird mit einer verbesserten Ausstattung verbunden. Das Management entschied sich für dieses Szenario. Unserer Erfahrung zufolge gelingt es am ehesten mit kombinierten Produkt-Preis-Kommunikationsaktionen, in den Quadranten I zu gelangen, in dem sowohl Gewinn als auch Absatzmenge bzw. Marktanteil höher sind. Ein Decision-Support-System ist das ideale Werkzeug, um dem Management den Trade-off zwischen Absatzmenge und Gewinn zu verdeutlichen und damit Entscheidungen zu erreichen, die der jeweiligen Kombination der Ziele optimal entsprechen. In diesem Sinne eignen sich Decision-Support-Systeme zur Unterstützung strategischer Entscheidungen.

Kundenbindungsmaßnahmen

Die Bindung von Kunden an das Unternehmen durch speziell auf dieses Ziel ausgelegte Programme findet in Deutschland immer größere Verbreitung. Hierfür gibt es drei wesentliche Treiber: Änderungen im Kundenverhalten, ausgelöst etwa durch den Wegfall des Rabattgesetzes und der Zugabeverordnung sowie durch neue Medien, die Verstärkung der Wettbewerbsintensität sowie die Erkenntnis, dass das Gewinnen eines Neukunden um ein Vielfaches teurer ist, als die Bestandskunden zu pflegen und an das Unternehmen zu binden. Vor diesem Hintergrund benötigt der Anbieter Instrumente, mit deren Hilfe er systematisch und professionell seine Kundenbeziehungen gestalten und somit die Bindung seiner Kunden erhöhen kann.

Definition und Zielsetzung

Unter *Kundenbindung* versteht man sämtliche Maßnahmen eines Unternehmens, die darauf abzielen, das Verhalten eines Kunden gegenüber einem Anbieter oder dessen Leistungen positiv zu gestalten, um die künftige Kundenbeziehung zu stabilisieren bzw. auszuweiten. Hauptziel ist der Aufbau einer langfristigen profitablen Beziehung zu den Kunden. Kundenbindungsprogramme werden daher eine immer wichtigere Rolle im Rahmen der Unternehmensstrategie haben. Neben den direkten Instrumenten zur Kundenbindung:

- Kundenkarten,
- Kundenclubs und
- Bonusprogramme,

kann der Anbieter auch Service und den Preis als wirkungsvolle Marketinginstrumente zur Steuerung einer Erhöhung der Kundenbindung einsetzen. Eine wesentliche Voraussetzung für den Erfolg dieser Werkzeuge ist, dass sie dem Kunden einen echten wahrgenommenen Zusatznutzen stiften. Dieser kann zum Beispiel durch einen schnelleren Service oder durch einen Preisvorteil erzielt werden. Mithilfe der Instrumente lässt sich eine emotionale Beziehung aufbauen, die zu einer höheren Identifikation mit dem Unternehmen und zu einer stärkeren Kundenbindung führt.

Im Folgenden werden die Instrumente definiert und anhand konkreter Beispiele verdeutlicht.

Kundenkarte

Hierbei handelt es sich um eine Karte, die den Kunden berechtigt, bei dem Emittenten (und seinen Vertragspartnern) spezielle Leistungen (z. B. 3 Prozent Rabatt auf den beim Anbieter getätigten Umsatz) zu beziehen. Die offerierten Leistungen müssen aus Kundensicht einen hohen Nutzen stiften. In Deutschland gehen immer mehr Unternehmen (z. B. Karstadt, Porsche, Mercedes oder BMW) dazu über, die Bindung ihrer Kunden über die Herausgabe einer eigenen Karte zu stärken. Die mit der Kundenkarte verbundenen wesentlichen Ziele sind die Verringerung der Kundenabwanderung, die Erhöhung des Cross-Selling durch Verlagerung von bisherigen Einkäufen beim Wettbewerb auf das eigene Unternehmen, die stärkere Kundenidentifikation mit der Marke sowie die Steigerung der Markenbekanntheit.

Kundenclub

Der Kundenclub vereinigt Nutzer und Anwender bestimmter Produkte und Dienstleistungen einzelner Unternehmen. Im Allgemeinen werden diese Clubs von einem Unternehmen initiiert und betrieben, um mit den Mitgliedern in regelmäßigem, direkten Kontakt zu stehen und ihnen ein Leistungspaket mit hohem wahrnehmbaren Nutzen zu offerieren. Anbieter von Kundenclubs sind zum Beispiel Märklin, Pro Sieben, Swatch oder SWR 3. Der Club dient dazu, treue Kunden zu belohnen, Daten über Kunden, ihre Bedürfnisse und Wahrnehmungen zu erheben, den Dialog mit den Kunden zu führen, emotionale Bindungen aufzubauen, den Aufbau einer Marke zu fördern und letztendlich die gewünschte Kundenbindung herzustellen. Über Kundenclubs kann der Anbieter also Kundennähe institutionalisiert realisieren.

Bonusprogramme

Bonusprogramme berechtigen den Kunden, beim Emittenten und ausgewählten Partnerunternehmen Bonuspunkte zu sammeln, die er dann gegen Prämien (Sach- und Geldprämien) eintauschen kann. Bekannte Beispiele hierfür sind Miles & More, das Bonusprogramm der Lufthansa, oder Payback, das Bindungsinstrument von Loyalty Partner. Payback ist in Bezug auf die absolute Anzahl an Mitgliedern eines der erfolgreichsten Bonusprogramme in Deutschland. Seit dem Start im März 2000 hat es mehr als elf Millionen Kunden gewonnen (Stand: September 2001). Diese können bei ausgewählten Partnern wie OBI, Ricardo, Kaufhof, Real, Dea, AOL, dm Drogeriemarkt oder Consors Payback-Punkte sammeln und gegen Prämien einlösen. Den Vorteil für die beteiligten Unternehmen und für die Kunden drückt der Gründer und Aufsichtsratsvorsitzende der OBI Bau- und Heimwerkermärkte Manfred Maus wie folgt aus: »Das Thema Kundenbindung nimmt einen immer größeren Stellenwert ein. Die Partnerschaft mit Payback bringt unseren Kunden einen ersichtlichen Nutzen, da unterschiedliche Handelspartner aus dem Offline- und Onlinebereich in das Programm einbezogen sind.«

Add-on-Services

Hierunter versteht man Leistungen, die der Anbieter seinen Kunden zusätzlich zu seinem Kernprodukt anbietet. So offerieren Automobilhändler solche Add-on-Services, wie z. B. Probefahrten mit neuen Vorführmodellen. Dies führt zu einer Steigerung der Kundenzufriedenheit und einer höheren Kundenbindung.

Preis

Im Rahmen des Kundenbindungs-Pricing unterscheidet man verschiedene Methoden und Ansätze:

- *Mengenabhängiges Pricing*: Mit höherer Kaufmenge wird der Preis pro Mengeneinheit niedriger angesetzt. Diese Form der nicht linearen Preisbildung veranlasst Kunden, eine größere Menge (Produkte oder Dienstleistungen) von einem Unternehmen zu beziehen und nicht bei jeder Bestellung zu wechseln. Ein gutes Beispiel ist die BahnCard. Mit jeder durchgeführten Bahnfahrt erhöht sich der tatsächliche Rabatt; die Bindungswirkung ist enorm.
- *Loyalitätsabhängiges Pricing*: Der Anbieter gewährt unterschiedliche Preise in Abhängigkeit von der Dauer der Kundenbeziehung. Loyale Kunden werden stärker belohnt als der sporadische »Einmalkunde«.
- *Preisbündelung*: Der Anbieter offeriert heterogene Produkte in einem Paket. Der Kunde konzentriert seinen Bedarf an verschiedenen Produkten auf ein Unternehmen; dies führt zu einer erhöhten Kundenbindung. Ein gutes Beispiel ist das Office-Paket von Microsoft.
- *Mehrpersonen-Pricing*: Hierunter versteht man eine in Abhängigkeit von der Anzahl der Personen differenzierende Preissetzung. Der Durchschnittspreis pro Person ist dabei niedriger als der Preis, den eine einzelne Person für diese Leistung zahlen muss. Über die Hauptperson versucht der Anbieter, weitere Personen oder eine ganze Gruppe an sich zu binden.

Darstellung

Wir werden uns im Folgenden ausschließlich auf die Instrumente Clubs, Karten und Bonusprogramme fokussieren, da sich diese Instrumente auf den Ausbau der Kundenbeziehungen konzentrieren. Die Kundenbindungsinstrumente Preis und Add-on-Services werden in anderen Beiträgen des Buches behandelt. Welches der hier betrachteten drei Instrumente geeignet ist, hängt von verschiedenen Faktoren ab (etwa Programmziele oder Kundenbedürfnisse) und muss im Einzelfall bestimmt werden. Das Vorgehen dazu lässt sich in folgenden Phasen darstellen.

1. Klärung von Rahmenbedingungen:
   Zunächst sollte der Anbieter die Rahmenbedingungen für die Entwicklung von Kundenbindungsprogrammen klären. Folgende Aspekte sind wichtige Bestandteile dieser ersten Phase:

- Analyse und Bewertung der möglichen Programmtypen: Abbildung 80 stellt die verschiedenen Programmtypen im Überblick dar, verdeutlicht, was der Anbieter bei der Bewertung dieser Typen beachten sollte, und beschreibt das Miles & More-Beispiel. Hierbei handelt es sich um ein offenes (jeder Lufthansa-Kunde kann ohne Entgelt Mitglied werden), eigenes (die Lufthansa selbst ist Betreiber) Loyalitätsprogramm mit Leistungsprinzip (nur wer fliegt, erhält einen Bonus) mit einer personalisierten Mitgliedschaft. Darüber hinaus gibt es je nach getätigtem Umsatz nach Leistungen differenzierte Programme bzw. Karten. Jeder neue Teilnehmer erhält zum Einstieg eine Miles & More Card (Basisversion). Sobald der Kunde 50 000 bzw. 150 000 Statusmeilen innerhalb eines Jahres geflogen ist, erhält er die Frequent Traveller bzw. Senator Card, die mit zahlreichen Vorteilen für den Kunden verbunden sind (z. B. Freigepäckgewicht bis 40 bzw. 60 kg, Wartelistenpriorität, Nutzung der Business bzw. Senator Lounges, kein Verfallsdatum der Meilen). In einem nächsten Teilschritt geht es darum, die Vor- und Nachteile der verschiedenen Typen zu erarbeiten und sorgfältig gegeneinander abzuwägen. Ein Beispiel soll dies verdeutlichen. Beim geschlossenen Konzept entrichtet der Kunde im Gegensatz zum offenen Programm ein Entgelt für die Mitgliedschaft. Die Vorteile für den Anbieter sind die Erschließung einer zusätzlichen Ertragsquelle durch die Mitgliedsgebühr, die höhere Wertschätzung durch die Kunden (»Was nichts kostet, ist auch nichts wert.«) sowie wirkliches Interesse der Mitglieder am Kundenprogramm. Als Nachteile sind zu nennen: geringere Anzahl an Mitgliedern aufgrund der Eintrittsgebühr und damit einhergehend geringere Verhandlungsmacht bei der Partnerwahl.
- Erarbeitung und Priorisierung von Zielsetzungen für das Kundenbindungsprogramm: Diese sollte der Anbieter auf Basis seiner Gesamtstrategie ableiten. Die Ziele müssen klar, verständlich und quantifizierbar sein. Nur so kann der Anbieter den Erfolg und die Zielerreichung messen. Als typische Ziele eines Bindungsprogrammes können die Erhöhung der Kundenbindung und -zufriedenheit, die Wirtschaftlichkeit der Maßnahmen, die Erhöhung der Bekanntheit, die Verbesserung des Images und die Schaffung eines zusätzlichen Vertriebskanals für neue Produkte genannt werden.
- Festlegung und Beschreibung der Zielkunden: In diesem Teilschritt wird festgelegt, an wen sich das Programm richtet (z. B. Business-vs. Privatkunden). Die Entscheidung für eine enge oder weite Abgren-

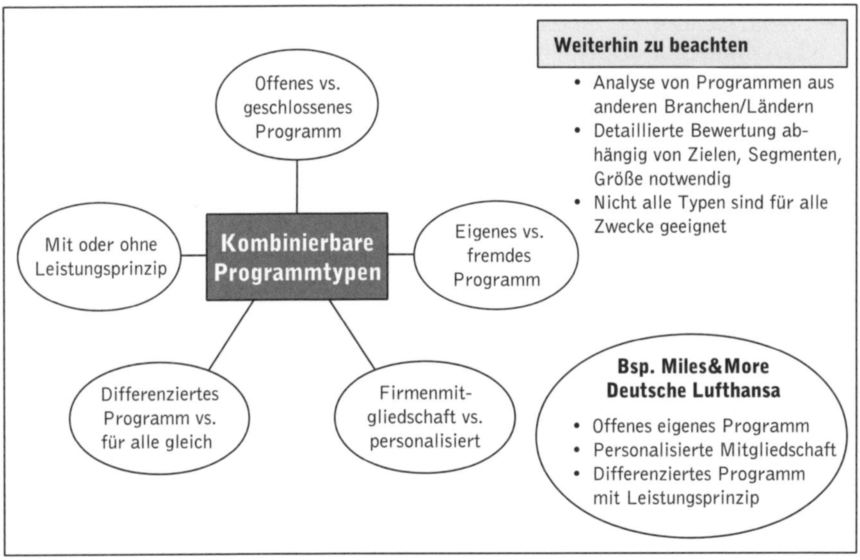

Abbildung 80: Typologien von Kundenbindungsprogrammen

zung des Zielsegmentes hängt stark von den verfolgten Zielen ab. Wenn zum Beispiel ein Hauptziel in der Pflege der wichtigsten Key Accounts besteht, ist eine enge Abgrenzung notwendig. Das ausgewählte Segment sollte mit klaren, beobachtbaren Merkmalen wie Absatz, Umsatz, Ertrag, Einkommen oder Haushaltsgröße beschrieben werden können. So sind bei Miles & More die zwei Hauptkriterien Anzahl der geflogenen Meilen und Anzahl der Flüge. Das Ergebnis dieses Schrittes ist ein Zielkunden-Steckbrief, der im Falle einer Online-Bank folgende Informationen enthalten könnte: Segmentgröße (etwa 500 000 Kunden); Beschreibung der Zielgruppe (etwa Hausbesitzer; Nettoeinkommen > 3 000 Euro pro Monat; Haushaltsgröße > zwei Personen; Alter: > 30 Jahre); Angaben über Preissensitivität (etwa Anteil derjenigen, die preissensibel sind); Interessensgebiete (Garten, Altersvorsorge etc.) sowie angestrebte Mitgliederzahl (etwa 100 000 Kunden nach zwei Jahren).

2. Ermittlung der optimalen Leistungen und Auswahl des Programms: Auf Basis des ersten Schrittes muss der Anbieter die Leistungen für sein Programm auswählen und evaluieren. Hierbei ist ein mehrstufiger

Auswahl- und Bewertungsprozess empfehlenswert (siehe Abbildung 81). Zunächst sollte eine Liste potenzieller Leistungen mittels verschiedener Techniken wie Brainstorming, Benchmarking oder Desk Research erstellt werden. Eine solche Sammlung kann mehrere Hundert Leistungen umfassen, die der Anbieter mithilfe einer ersten groben Bewertung auf die wichtigen »Nutzentreiber« reduzieren sollte. Dazu behilft man sich erster explorativer Kundengespräche oder Workshops mit Kunden (Fokusgruppen) wie auch Mitarbeitern. In einem nächsten Schritt wird eine umfangreiche Kundenbefragung durchgeführt, auf deren Basis dann eine Kosten-Nutzen-Matrix erstellt werden kann. Mithilfe dieses Instrumentes wählt der Anbieter seine optimalen Leistungen aus. Zur Nutzenmessung sollten dabei hoch entwickelte Methoden wie z. B. Conjoint-Measurement eingesetzt werden. Der befragte Kunde gibt dabei – wie in der Realität – nur an, welches von alternativen Programmangeboten er kaufen würde. Durch geschickte Zusammenstellung derartiger Angebote können die Nutzentreiber eines Kundenbindungsprogrammes zuverlässig und valide gemessen werden. Durch die Ermittlung der Kosten kann der Anbieter jetzt die Kosten-Nutzen-Matrix erstellen. Die optimalen Leistungen aus Kunden- und Anbietersicht befinden sich im Quadranten mit niedrigen Kosten und einem hohen Nutzen. Aus Anbietersicht inakzeptabel sind die Leistungen im Quadranten mit hohen Kosten und einem niedrigen Nutzen.

In einem nächsten Teilschritt wählt der Anbieter das geeignete Programm (Club, Karte oder Bonusprogramm) aus. Die Festlegung hängt davon ab, welche Ziele der Anbieter verfolgt und welches der drei Instrumente die Kunden bevorzugen.

3. Wirtschaftlichkeitsprüfung:
Wenn das kundenorientierte Leistungspaket geschnürt ist, sollte der Anbieter ein solides Finanzkonzept aufstellen. Hierbei sind zahlreiche Ertrags- und Aufwandsquellen zu beachten. Die wichtigsten Aufwandsquellen sind die Kosten für die Entwicklung eines Konzeptes, Treueprämien, Pflege der Datenbasis, kommunikative Maßnahmen (Anschub- und laufende Kommunikation) sowie die Verwaltungskosten. Dem können als Ertragsquellen ein Mitgliedsbeitrag bzw. eine Beitrittsgebühr, der Verkauf von Clubwaren, Erlöse durch den Verkauf von Werbeflächen, Eintrittsgelder für spezielle Veranstaltungen sowie Gebühren für die Inanspruchnahme bestimmter Leistungen gegenübertreten.

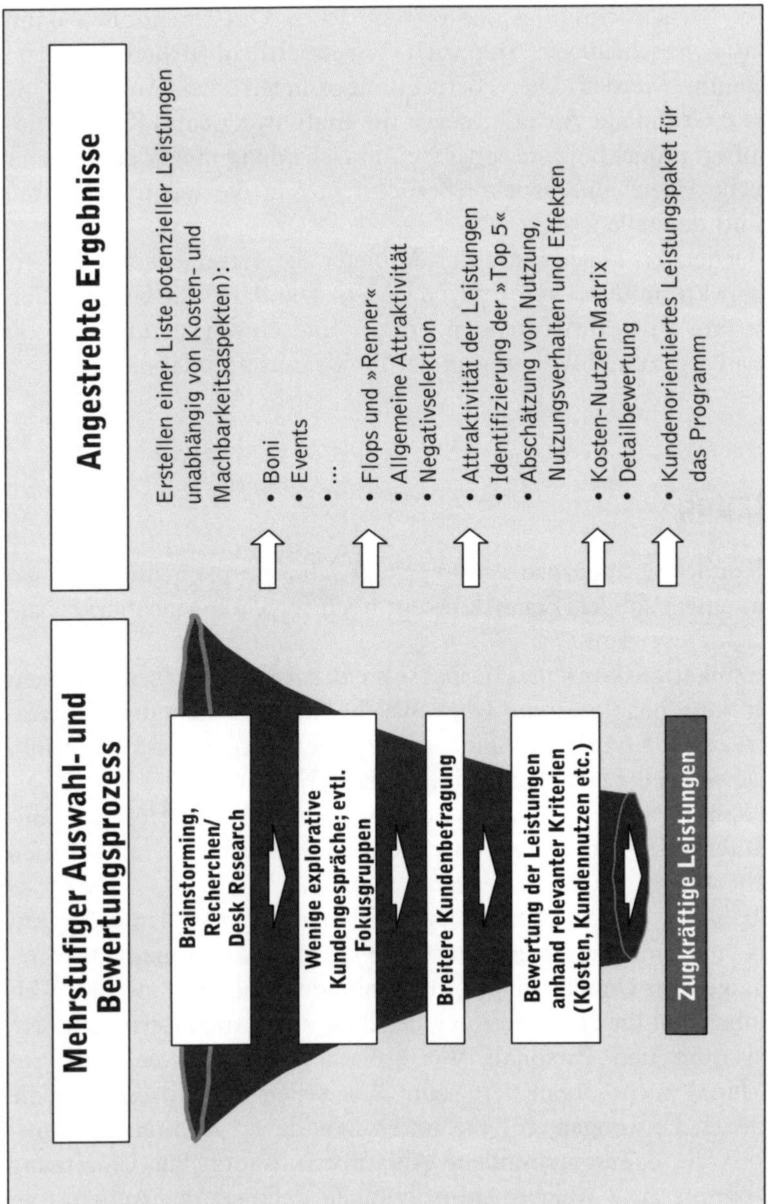

Abbildung 81: Prozess zur Ermittlung der optimalen Leistungen

Unter Berücksichtigung der verschiedenen Quellen können dann auf Basis verschiedener Szenarien Wirtschaftlichkeitsberechnungen durchgeführt werden. Diese Berechnungen liefern dem Anbieter eine fundierte Grundlage für oder gegen die Einführung eines Kundenbindungsprogramms. Bei einer positiven Entscheidung muss der Anbieter zahlreiche Umsetzungsaspekte berücksichtigen, die wir im nächsten Abschnitt darstellen.

In der letzten Phase muss der Anbieter die verschiedenen Umsetzungsaspekte untersuchen und bewerten. Die dabei zu beachtenden Punkte und zu beantwortenden Fragen sind entscheidend dafür, ob sich das Programm überhaupt in der Praxis umsetzen lässt.

Umsetzung

Um das Kundenbindungsprogramm erfolgreich zu implementieren, müssen neben einem soliden Finanzkonzept noch folgende Machbarkeitsaspekte beachtet werden:

Kommunikationskonzept: Hierbei sollte der Anbieter folgende Fragen bedenken und beantworten: Über welche Medien (Kundenmagazin, Kunden werben Kunden, Mailings, Webpage) werden das Programm und die jeweiligen Leistungen kommuniziert? Über welche Kanäle erfolgt die Kommunikation des Kunden mit dem Anbieter (Hotline, Call-Center, Internet)? Wie gestaltet sich die Kommunikation nach innen (Mitarbeiterzeitschrift, Betriebsversammlungen)?

Datenbank/IT: Welche Daten müssen erhoben werden, damit der Anbieter das Programm einführen kann? Wie sehen die Hard- und Softwareanforderungen zur Umsetzung des Kundenbindungsprogramms aus? Welche Datenbank ist für die Einführung des Programms am besten geeignet?

Organisation und Personal: Wie sollten Service-Center und Programm-Management organisiert sein? Wie sehen die Prozesse für die verschiedenen Leistungen, für die unterschiedlichen Kommunikationskanäle und die damit verbundene Ablauforganisation zur Umsetzung des Programms aus? Welche Anforderungen definiert der Anbieter an sein Personal? Wie erfolgt die Schulung der Mitarbeiter? Welche Leistungen werden selbst bzw. von Partnerunternehmen erbracht? Welche Partner wählt der Anbieter zur Leistungserstellung aus?

Weitere Autoren der einzelnen Beiträge

Dipl.-Wi.-Ing. Jumana Al-Sibai ist Director bei *Simon, Kucher & Partners*. Schwerpunkte ihrer Tätigkeit liegen in den Bereichen Internationale Markt- und Wettbewerbsstrategie, Preismanagement und Neuproduktpositionierung. Mit diesen Themen hat sie sich im Rahmen zahlreicher Projekte für Unternehmen der Automobilindustrie, des Maschinenbaus und der Chemie in verschiedenen europäischen und außereuropäischen Ländern beschäftigt. Zuvor studierte sie Wirtschaftsingenieurwesen an der *Universität Karlsruhe (TH)* und an der *HEC Lausanne*, Schweiz *(Optionenauswahl)*.

Dr. Bernhard Ebel arbeitete nach seinem Wirtschaftsingenieurstudium bis 1988 im *Forschungszentrum Karlsruhe/Institut für Material- und Festkörperforschung* (IMF) und promovierte 1990 an der *RWTH Aachen* im Bereich Werkstoffwissenschaften. Von 1989 bis 1991 war er Assistent von *Dr. Kajo Neukirchen*. *Dr. Bernhard Ebel* ist seit 1995 Partner bei *Simon, Kucher & Partners*. Er beschäftigt sich insbesondere mit der Konzeption von strategischen Planungen, Wettbewerbs-, Preis- und Marketingstrategien, besonders im Bereich Investor Marketing *(Investor Marketing)*.

Dr. Jan Engelke ist als Director für *Simon, Kucher & Partners* tätig. Seine Spezialgebiete liegen in der Entwicklung und Implementierung von Marketing- und Preisstrategien. Ein Schwerpunkt seiner Arbeit ist die Entwicklung und Erstellung komplexer nutzenbasierter Kaufverhaltens- und Marktsimulationsmodelle als Decision-Support-Systeme für die Preisoptimierung sowie Produkt- und Dienstleistungsgestaltung *(Decision-Support-Systeme)*.

Dr. Tobias Engelsleben ist als Director für die Unternehmensberatung *Simon, Kucher & Partners* tätig. Im Anschluss an sein Studium der Betriebswirtschaftslehre promovierte er an der *Universität zu Köln* mit den Schwerpunkten Unternehmensplanung, Marketing und Logistik. Er berät Dienstleistungsunternehmen, insbesondere der Logistikwirtschaft, in marketing-strategischen und organisatorischen Problemstellungen *(Supply Chain Management, Instrumente des Qualitätsmanagements, Instrumente der Distribution).*

Dipl.-Ökonomin Claudia Fichtner ist Senior Consultant bei *Simon, Kucher & Partners.* Dort arbeitet sie hauptsächlich auf den Gebieten der Entwicklung von Preis- und Produktstrategien sowie der Vertriebsorganisation und -steuerung für nationale und internationale Unternehmen der KEP- und Tourismus-Branche *(Lebenszyklus-Analyse, Erfahrungskurven-Analyse).*

Mag. Thomas Haller ist Consultant bei *Simon, Kucher & Partners* in Wien. Haller ist Lektor an der *Fachhochschule der Wiener Wirtschaft* und unterrichtet Marketing mit Schwerpunkt Neuproduktplanung und Pricing. Bei *Simon, Kucher & Partners* beschäftigt er sich mit der Entwicklung und Umsetzung strategischer Planungen von Preis- und Marketingstrategien. Sein Spezialgebiet ist die Entwicklung von Strategien für Neuprodukte. *Mag. Thomas Haller* ist derzeit Doktorand am Institut für Handel und Marketing an der *Wirtschaftsuniversität Wien (Szenario-Analyse).*

Dr. Petra Hardock ist Senior Consultant bei *Simon, Kucher & Partners.* Sie studierte Betriebswirtschaftslehre mit den Schwerpunkten Marketing, Personalwesen und Englisch an der *Universität Mannheim.* Danach war sie als Wissenschaftliche Mitarbeiterin am Lehrstuhl für ABWL und Marketing I der *Universität Mannheim* (*Prof. Dichtl*) tätig. Bei *Simon, Kucher & Partners* konzentriert sie sich auf Pricing- und Segmentierungsstrategien, insbesondere für Produktinnovationen *(Instrumente für das Outsourcing, SWOT-Analyse).*

Dipl.-Wi.-Ing Markus B. Hofer studierte Wirtschaftsingenieurwesen mit der Fachrichtung Unternehmensplanung an der *Universität Karlsruhe* und Industrial Engineering an der *Louisiana State University* in Baton Rouge, LA (USA). Als Senior Consultant bei *Simon, Kucher & Partners* hat er sich u.a. auf den Bereich Investor Marketing spezialisiert *(Investor Marketing).*

Dr. Volker Janssen ist Director und Projektleiter in der Life Science Division von *Simon, Kucher & Partners*. Seine Beratungsschwerpunkte liegen in den Bereichen strategisches Marketing, Marktsegmentierung, internationales Preismanagement sowie Kundennutzenmanagement für Pharmaunternehmen. Er promovierte 1999 zum Thema »Werbecontrolling« an der *Universität Basel*, Schweiz *(Analyse des Kaufverhaltens, Instrumente der Marktkommunikation)*.

Dr. Rainer Meckes ist Partner bei *Simon, Kucher & Partners*. Seine Spezialgebiete liegen in der Entwicklung von Unternehmens-, Vertriebs- und Marketingstrategien. Er arbeitet hauptsächlich auf den Gebieten Entwicklung von Marketingkonzepten im Industriegüter- und Dienstleistungsbereich sowie in der Automobilindustrie. Im Bereich Health Care hat er zahlreiche Projekte zum Thema Vertriebs-/Standortoptimierung, Prozessoptimierung und Unternehmensstrategie geleitet *(Geschäftsdefinition)*.

Dr. Karl-Michael Nigge ist Senior Consultant bei *Simon, Kucher & Partners*. Er studierte Physik an der *Universität Konstanz*, Umweltwissenschaften an der *York University* in Toronto und wurde im Bereich Maschinenbau an der *Technischen Universität Clausthal* promoviert. Seine Beratungsschwerpunkte liegen in der Entwicklung von Strategien für technische Güter und Dienstleistungen sowie für Energieversorger *(Value-to-Customer, Instrumente des Pricing)*.

Dr. Michael Paul leitet als zuständiger Partner für Österreich und Mitteleuropa das Büro Wien von *Simon, Kucher & Partners*. Seine Beratungsschwerpunkte sind Strategieentwicklung und die Konzeption von Marketingsystemen. Vor seiner Tätigkeit als Berater promovierte er als Wissenschaftlicher Mitarbeiter an der *Ruhr-Universität Bochum*, an der er zuvor auch studierte *(Kompetenz-Mapping)*.

Dr. Alexander Pohl ist Partner bei *Simon, Kucher & Partners* und Geschäftsführer des Büros in Paris. Er ist Mitbegründer des Competence Centers IT/Telecommunications und leitete das weltweite Knowledge Management von *Simon, Kucher & Partners*. Er studierte Betriebswirtschaftslehre und »International Marketing« an der *Universität Trier* und der *Dublin City University*. Er promovierte zum Thema »Leapfrogging bei technologischen Innovationen« *(Instrumente des Wissensmanagements)*.

Dr. Jan Remmert ist Consultant bei *Simon, Kucher & Partners*. Der Schwerpunkt seiner Tätigkeit liegt auf dem Gebiet der Logistik sowie der Strategieentwicklung und -implementierung. Von 1996 bis 2001 war er Wissenschaftlicher Mitarbeiter am Lehrstuhl für Planung und Logistik der *Universität Köln (Supply Chain Management)*.

Dr. Thomas Reutterer war nach seinem Studium der Betriebswirtschaftslehre an der *Wirtschaftsuniversität (WU) Wien* Wissenschaftlicher Mitarbeiter in der Abteilung für Handel und Marketing (*Prof. Dr. Peter Schnedlitz*). Aktuelle Beratungsschwerpunkte als Consultant bei *Simon, Kucher & Partners* in Wien sind die Branchen Banken, Handel und Industriegüter. *Dr. Thomas Reutterer* lehrt an der *WU-Wien (Szenario-Analyse, Marktsegmentierung)*.

Mag. Ronald F. Scheucher ist Senior Consultant bei *Simon, Kucher & Partners* in Wien. Vorher war er Berater im Bereich Wirtschafts- und Finanzpolitik (u.a. Finanzausschuss der Republik Österreich) und Senior Economic Adviser für das internationale Geschäft der *Österreichischen Elektrizitätswirtschafts-AG* (Verbund) *(Strategische Geschäftsfeldanalyse, Wertkettenanalyse)*.

Dr. Diether Tillmann ist Director bei *Simon, Kucher & Partners*. Nach einer Tätigkeit für die *MST Aerospace GmbH*, bei der er insbesondere die Umsetzung innovativer Technologien in marktgerechte Produkte vorantrieb, wechselte er in die Pariser Unternehmensberatung *Novespace S.A.* Die Auswahl und Beratung von Unternehmen bei internationaler Partnersuche, Ausgestaltung der Zusammenarbeit sowie Produktdefinition und Ausarbeitung von Marketingstrategien bildeten hier die Schwerpunkte seiner Arbeit. Seine Arbeitsschwerpunkte bei *Simon, Kucher & Partners* liegen in der Analyse und Begleitung von Unternehmen bei der Fragestellung, wie neue und innovative Produkte erfolgreich im Markt eingeführt werden können *(Konkurrenzaufklärung, Benchmarking)*.

Dr. Hannes Utikal ist Consultant bei *Simon, Kucher & Partners*. Nach seinem Studium an der *Universität Köln*, der *H.E.C. in Paris* und der *Pennsylvania State University* war er Wissenschaftlicher Mitarbeiter am Seminar für Organisationslehre an der *Universität Köln*. In seinen Beratungsprojekten befasst er sich mit Fragen des strategischen Managements und der Organisationsgestaltung *(Organisatorische Fit-Analyse)*.

Dipl.-Kffr. Gesa von Wichert arbeitet als Consultant bei *Simon, Kucher & Partners*. Ihre Diplomarbeit zum Thema »Strategieentwicklung in Handelsunternehmen« wurde mit dem *Kantorovic-Forschungspreis* ausgezeichnet. Der Fokus ihrer Beratungstätigkeit liegt in der Entwicklung von Marketingstrategien und in der Neugestaltung von Prozessen *(Instrumente der Distribution)*.

Dr. Georg Wübker ist Director des Kompetenz-Centers Finanzdienstleistungen bei *Simon, Kucher & Partners*. Seine Spezialgebiete liegen im Bereich Strategie, strategisches Marketing, Preis- und Produktmanagement, Innovationsmanagement, Kundenbindungsprogramme und Bundling *(Balanced Scorecard, Instrumente des Product-Bundling, Kundenbindungsmaßnahmen)*.

Register